Français

4e

NOUVELLE COLLECTION

L'ART DE LIRE

Cycle central des collèges
Programme 1998

sous la direction de

Françoise Colmez
Agrégée de lettres classiques

Marie-Louise Astre
Certifiée de lettres modernes

Marc Defradas
Certifié de lettres classiques

BORDAS

Avant-propos

Démarche pédagogique

- *L'Art de lire 4e* fait découvrir aux élèves le plaisir de la lecture, les aide à construire les bases d'une culture personnelle et leur donne une méthode pour devenir des lecteurs autonomes et critiques.
- Conformément au nouveau programme, *L'Art de lire 4e* aborde tous les types de textes : on approfondit l'étude des **textes narratifs et descriptifs** ; on s'initie à la lecture et à la production des **textes explicatifs** ; on commence à identifier les **textes argumentatifs**.

Organisation des chapitres

Méthode

Une notion est dégagée à partir d'un texte court, grâce à un questionnaire méthodique. Une série d'exercices permet de s'approprier la notion étudiée. La rubrique **À retenir** aide à mémoriser les points importants.

Le coin du lecteur

Les connaissances acquises sont réinvesties lors de la lecture de textes plus longs, dans une démarche qui associe à la **lecture** la réflexion sur le **lexique** et la **syntaxe,** la **production de textes.**

Groupement de textes

Ils sont l'occasion de confronter différents types de textes sur un thème donné.

L'art d'écrire

Ces pages proposent des conseils et des exercices pour des activités d'expression écrite et orale.

Les textes des XVIIe, XVIIIe et XIXe siècles, en relation avec le **programme d'histoire,** sont répartis dans tous les chapitres. Ils ne font pas l'objet d'un regroupement particulier (sauf pour *Les Chouans*), car leur lecture ne relève pas d'une technique spécifique.
L'astérisque* signale les mots expliqués dans le **lexique** en fin d'ouvrage.

sommaire

ISBN : 2-04-028694-2

- Les titres des textes en relation avec le **programme d'histoire** sont précédés d'une pastille bleue dans le sommaire. Voir aussi l'**Index thématique**, p. 319.

sommaire

3 Comprendre un texte explicatif 76

Méthode

Le coin du lecteur

4 S'initier au texte argumentatif 100

Méthode

Le coin du lecteur

Groupement de textes

L'art d'écrire

5 *Analyser la construction du récit* *128*

6 *Étudier le point de vue dans le récit* *158*

sommaire

sommaire

9 Découvrir le théâtre 252

Méthode

Le coin du lecteur

Annexes

10 S'initier à la poésie 282

Le coin du lecteur

Poésie

1

Pour comprendre le sens d’un texte

Pour comprendre un texte, apprécier son style, en savourer l’humour, reconnaître les intentions de l’auteur, apprenez à repérer les éléments qui en construisent le sens.

Les objectifs du chapitre

- Identifier le type de texte et son enjeu.
- Repérer les champs lexicaux dominants.
- Reconnaître quelques procédés d’écriture.
- Déterminer une situation d’énonciation.
- Lire et étudier des lettres.

Un poète, tableau d’Ernest MEISSONIER (1815-1891). (Musée du Louvre, Paris.)

- Qu’est-ce qui est au centre du tableau ? Comment le peintre a-t-il mis en valeur le travail de création du poète ?

LES USUELS

Texte A

1. **POULE** [pul] n. f. — v. 1340 ; h. XIIIe ; lat. *pulla*, fém. de *pullus* « petit d'un animal » ; cf. a. fr. *poul* n. m. « coq ».
I. **1.** Femelle du coq, oiseau de basse-cour *(gallinacés)*, à ailes courtes et arrondies, à queue courte, à petite crête dentelée. ⇒ **poularde, poulet, poulette ;** 1. **cocotte.** *Poule de Bresse, de Houdan. Poule qui picore. La poule caquette, glousse. Poule pondeuse. Œuf de poule. Les poules couvent. La poule et ses poussins. « Une grosse poule gloussante promenait un bataillon de poussins »* (Maupass.). — *« Honteux comme un renard qu'une poule aurait pris »* (La Font.). — *Bouillon de poule. Poule au riz.* — ALLUS. HIST. *« Je veux qu'il n'y ait si pauvre paysan en mon royaume qu'il n'ait tous les dimanches sa poule au pot »,* phrase attribuée à Henri IV. **2.** LOC. *Quand les poules auront des dents :* jamais. *Tuer la poule aux œufs d'or :* détruire par avidité ou impatience la source d'un profit important. — *Être comme une poule qui a trouvé un couteau,* très embarrassé, très étonné. — *C'est comme l'œuf* et la poule. Une poule n'y retrouverait* pas ses poussins.* — *Se coucher, se lever comme (avec) les poules,* très tôt. *« Ce noble débris des vieilles phalanges napoléoniennes se couchait et se levait avec les poules »* (Balz.). ◊ MÈRE POULE : mère qui « couve » ses enfants. PÈRE POULE, PAPA POULE : père affectueux et protecteur. — POULE MOUILLÉE : personne poltronne, timorée. Adj. *Il est un peu poule mouillée.* ◊ *Cage* à poules.* — *Chair* de poule.* — *Bouche en cul de poule.* ⇒ **cul de poule** (en). *Lait* de poule.* **3.** (1555) Femelle de certains gallinacés. *Poule faisane.* ◊ Mâle ou femelle de diverses espèces d'oiseaux. *Poule des bois, des coudriers :* gélinotte. — *Poule d'Afrique, de Barbarie, de Guinée, de Numidie, de Pharaon :* pintade. — POULE D'EAU : oiseau *(échassiers)* de la taille d'un pigeon, appelé aussi *gallinule.* — *Poule sultane,* appelée aussi *porphyrion.*
II. **1.** FAM. T. d'affection *Viens, ma poule.* ⇒ 1. **cocotte, poulet, poulette.** VAR. FAM. POUPOULE. **2.** (1890) FAM. et PÉJ. Fille de mœurs légères. ⇒ 1. **cocotte.** *« Elle lui parut appartenir à cette catégorie des "poules de luxe" »* (Carco). — VIEILLI Maîtresse d'un homme. *« Cet homme grave, ce protestant qui entretient une poule »* (Aragon).
◊ HOM. Pool.

Petit Robert de la langue française,
3e édition mise à jour 1997.

POULE de la race New Hampshire.

Texte B

1. POULE n.f. (lat. *pulla*). **1.** Femelle du coq, élevée pour sa chair et pour ses œufs. (Cri : la poule glousse, caquette. Petits de la poule : poussins, poulets. Genre *Gallus* ; ordre des galliformes.) ◇ ***Avoir la chair de poule***, des frissons de froid ou de peur. – ***Mère poule*** : mère qui entoure ses enfants d'attentions excessives. – ***Poule mouillée*** : personne lâche, irrésolue. – *Fam.* ***Quand les poules auront des dents*** : jamais. – ***Tuer la poule aux œufs d'or*** : détruire une source durable de revenus en cédant à l'appât d'un gain immédiat. **2.** Femelle de divers gallinacés. ◇ ***Poule faisane*** : faisan femelle. – ***Poule d'eau*** : échassier des roseaux à bec rouge et blanc, et à plumage sombre. (Long. 35 cm env. ; genre *Gallinula*, famille des rallidés.) – ***Poule des bois*** : gelinotte. – ***Poule sultane*** : échassier des marécages d'Europe méridionale aux pattes puissantes et aux doigts très longs. (Genre *Porphyrio* ; famille des rallidés.) **3.** *Fam.* Terme d'affection adressé à une femme, à une petite fille. *Ma poule !* **4.** *Fam.* Épouse, maîtresse. **5.** *Fam.*, vieilli. Femme légère.

Petit Larousse illustré 1998
© Larousse Bordas, 1997.

« Vo insultè Milady ! », caricature de GRANDVILLE, extraite des *Métamorphoses du jour, 1829.*

L'enjeu d'un **dictionnaire de langue** est de donner toutes les informations concernant le sens des mots.
L'enjeu d'un **dictionnaire encyclopédique** est de donner des informations sur les objets, les êtres, les notions désignés par les mots.
On appelle **usuels** ce genre d'ouvrages, car on les utilise couramment pour répondre à toutes sortes de questions.

Type et enjeu du texte

La Poule au pot, caricature extraite du journal *Le Sans-culotte*, 1879. (Musée Carnavalet, Paris.)

OBJECTIF

Être capable :
- d'identifier le type d'un texte, c'est-à-dire s'il s'agit d'un article de journal, d'un article de dictionnaire, d'une lettre, d'une page de roman ou d'un poème… ;
- d'identifier son enjeu, c'est-à-dire le but visé par l'auteur ;
- de consulter un dictionnaire.

Observez

Type et enjeu des textes

a. Quelles indications et quelles particularités dans la mise en pages vous permettent d'identifier au premier coup d'œil le type de textes dont il s'agit ?

b. Précisez, au fur et à mesure que vous les rencontrez, le sens des différentes abréviations.

c. En complétant le tableau suivant, comparez les deux textes :

	Texte A	Texte B
Mot entrée*		
Précisions sur l'origine du nom		
Les différents sens du nom : **- sens premier** **- sens dérivés** **- …** **- …**		
Champ lexical* de la poule (anatomie, races, cri…)		
Locutions de sens figuré		
Titre de l'ouvrage d'où l'article est extrait		

d. Quel est l'enjeu de chacun de ces textes ?

e. Chacun des deux articles correspond-il à l'enjeu de l'ouvrage dont il est extrait ? Justifiez votre réponse.

f. Pourquoi appelle-t-on *usuels* les ouvrages de ce genre ?

à retenir

Pour identifier le type d'un texte et son enjeu, il faut observer :
- le titre et la mise en pages ;
- les indications qui l'accompagnent (titre de la publication ou de l'ouvrage dont le texte est tiré, nom de l'auteur, date de la publication).

L'enjeu d'un texte peut être d'informer, de convaincre, de séduire, de distraire, d'émouvoir…

Jules RENARD
(1864-1910)
Il passa la majeure partie de sa vie à la campagne, dans le Morvan.
Il aimait observer les animaux, qu'il évoque de façon poétique et humoristique dans ses *Histoires naturelles*.

LE TEXTE LITTÉRAIRE

La poule

Pattes jointes, elle saute du poulailler, dès qu'on lui ouvre la porte.

C'est une poule commune, modestement parée et qui ne pond jamais d'œufs d'or.

Éblouie de lumière, elle fait quelques pas, indécise, dans la cour.

Elle voit d'abord le tas de cendres où, chaque matin, elle a coutume de s'ébattre.

Elle s'y roule, s'y trempe, et, d'une vive agitation d'ailes, les plumes gonflées, elle secoue ses puces de la nuit.

Puis elle va boire au plat creux que la dernière averse a rempli.

Elle ne boit que de l'eau.

Elle boit par petits coups et dresse le col, en équilibre sur le bord du plat.

Ensuite elle cherche sa nourriture éparse.

Les fines herbes sont à elle, et les insectes et les graines perdues.

Elle pique, elle pique, infatigable.

De temps en temps, elle s'arrête.

Droite sous son bonnet phrygien[1], l'œil vif, le jabot avantageux[2], elle écoute de l'une et de l'autre oreille.

Et, sûre qu'il n'y a rien de neuf, elle se remet en quête.

Elle lève haut ses pattes raides, comme ceux qui ont la goutte[3]. Elle écarte les doigts et les pose avec précaution, sans bruit.

On dirait qu'elle marche pieds nus.

Jules RENARD, *Histoires naturelles,* 1896.

1. La crête de la poule fait penser au bonnet que portaient dans l'Antiquité les habitants de Phrygie, adopté par les révolutionnaires de 1789.
2. *Le jabot avantageux* : la poule gonfle la poche qui se trouve dans son œsophage, ce qui lui donne une allure imposante.
3. *La goutte* : inflammation douloureuse des articulations, en particulier aux pieds.

Dessins de Pierre BONNARD, 1908, pour *Histoires naturelles* de Jules Renard.

La Poule aux œufs d'or, dessin de Youri VASNETJOV, 1964.

OBJECTIF
Être capable de reconnaître un texte littéraire.

Observez

1. Le texte littéraire et son enjeu

a. Ce texte est-il signé ?
b. Que décrit-il ?
c. De quoi est-il question dans les lignes 1-8 ? 9-22 ? À quoi la poule occupe-t-elle presque toute sa journée ?
d. À l'aide du tableau suivant, comparez le texte de Jules Renard avec l'article du *Dictionnaire Larousse* p. 10 :

	Dictionnaire Larousse	Texte de Jules Renard
En dehors des expressions ou exemples cités, les phrases sont-elles verbales ? non verbales ?		
Termes appartenant au champ lexical* de la poule (anatomie, nourriture, fonction ...)		
Métaphores* et comparaisons* du texte		
Termes prêtant à la poule des sentiments, des attitudes et des pensées qui pourraient être ceux d'un être humain		

e. Dans le texte de Jules Renard, quelle remarque faites-vous sur la longueur des phrases et des paragraphes ? la disposition des groupes de mots dans la phrase ? Qu'a voulu traduire ainsi l'auteur ?
f. Le texte de Jules Renard pourrait-il figurer dans un dictionnaire encyclopédique ? Justifiez votre réponse.

à retenir

Pour repérer si un texte est littéraire ou non, il faut observer :
- s'il s'agit d'un texte d'auteur ou non ;
- de quel type d'ouvrage il est extrait ;
- s'il comporte ou non des termes qui traduisent les sentiments, les pensées ou les réactions de son auteur ;
- si le plus important ce sont les idées développées, ou bien la manière dont elles sont exprimées ;
- si les procédés d'écriture qui visent à produire un effet révèlent un certain art d'écrire.

À vous de jouer

2. Rédigez à la manière de Jules Renard

Le cerf, l'âne, le chien, la souris, etc.
Choisissez un de ces titres ou un autre à votre convenance. À l'aide du dictionnaire encyclopédique, précisez les traits caractéristiques de l'animal ; puis, à la manière de Jules Renard, mettez en scène l'animal choisi.

3. Imaginez une légende

Choisissez une des locutions citées dans l'article du *Petit Robert*, p. 10. Imaginez une légende pour expliquer son origine.

La bicyclette et le vélo

C'est le contraire du vélo, la bicyclette. Une silhouette profilée[1] mauve fluo dévale à soixante-dix à l'heure : c'est du vélo. Deux lycéennes côte à côte traversent un pont à Bruges[2] : c'est de la bicyclette. L'écart peut se réduire. Michel Audiard[3] en knickers[4] et chaussettes hautes s'arrête pour boire un blanc sec au comptoir d'un bistro : c'est du vélo. Un adolescent en jeans descend de sa monture, un bouquin à la main, et prend une menthe à l'eau à la terrasse : c'est de la bicyclette. On est d'un camp ou bien de l'autre. Il y a une frontière. Les lourds routiers[5] ont beau jouer du guidon recourbé : c'est de la bicyclette. Les demi-course ont beau fourbir[6] leurs garde-boue : c'est du vélo. Il vaut mieux ne pas feindre, et assumer sa race. On porte au fond de soi la perfection noire d'une bicyclette hollandaise, une écharpe flottant sur l'épaule. Ou bien on rêve d'un vélo de course si léger : le bruissement de la chaîne glisserait comme un vol d'abeille. À bicyclette, on est un piéton en puissance, flâneur de venelles[7], dégustateur du journal sur un banc. À vélo, on ne s'arrête pas : moulé jusqu'aux genoux dans une combinaison néospatiale[8], on ne pourrait marcher qu'en canard, et on ne marche pas.

C'est la lenteur et la vitesse ? Peut-être. Il y a pourtant des moulineurs à bicyclette très efficaces, et des petits pépés à vélo bien tranquilles. Alors, lourdeur contre légèreté ? Davantage. Rêve d'envol d'un côté, de l'autre familiarité appuyée avec le sol. Et puis... Opposition de tout. Les couleurs. Au vélo l'orange métallisé, le vert pomme granny[9], et pour la bicyclette le marron terne, le blanc cassé, le rouge mat. Matières et formes aussi. À qui l'ampleur, la laine, le velours, les jupes écossaises ? À l'autre l'ajusté dans tous les synthétiques.

On naît bicyclette ou vélo, c'est presque politique. Mais les vélos doivent renoncer à cette part d'eux-mêmes pour aimer – car on n'est amoureux qu'à bicyclette.

Philippe DELERM, *La Première Gorgée de bière et autres plaisirs minuscules*

1. *Profilée* : dont la forme est étudiée pour augmenter la vitesse.
2. *Bruges* : ville de Belgique.
3. *Michel Audiard* : écrivain et dialoguiste de films, passionné de vélo.
4. *Knickers* (ou *knickerbockers*) : pantalon de golf qui s'arrête au-dessous du genou, bouffant sur les cuisses et serré au genou.
5. *Les lourds routiers* : les cyclistes utilisant des vélos de route.
6. *Fourbir* : faire briller.
7. *Flâneur de venelles* : qui flâne dans les ruelles.
8. *Néospatiale* : d'astronaute.
9. *Pommes granny* : variété de pommes vert acide.

Les Loisirs, Hommage à Louis David, tableau de Fernand LÉGER, 1948-1949. (Musée national d'art moderne, Paris.)

■ Décrivez ce tableau en un paragraphe (décor, personnages, couleurs dominantes, impression générale).

Le champ lexical

Affiche de MICH.

■ Cette affiche vous semble-t-elle efficace pour inciter à acheter le produit qu'elle vante ? Justifiez votre réponse.

OBJECTIF

Être capable :
- de repérer les champs lexicaux dominants d'un texte ;
- de prendre conscience des idées et des images que certains termes éveillent dans l'esprit de l'auteur et du lecteur.

Observez

1. Le champ lexical dominant

a. Dégagez le thème du texte d'après le titre et la première phrase.
b. Quel champ lexical domine dans ce texte ?
c. Relevez dans le tableau suivant les termes qui appartiennent au champ lexical dominant :

Noms	Adjectifs	Verbes

2. Le sens du texte

a. Relevez dans le tableau suivant les mots et expressions du texte associés à *vélo* et à *bicyclette.*

	Le vélo	La bicyclette
Personnages évoqués		
Tenue vestimentaire		
Boisson		
Lieux fréquentés		
Comportement		
Expressions désignant l'engin		
Couleurs de l'engin		
Qualités de l'engin		

b. En quoi les noms *vélo* et *bicyclette* sont-ils synonymes* ? Le sont-ils aussi pour Philippe Delerm ?
c. Cherchez leur étymologie*. Confirme-t-elle ou non les associations d'idées que ces deux termes suscitent chez Philippe Delerm ?
d. La préférence de l'auteur va-t-elle, à votre avis, au vélo ou à la bicyclette ? Justifiez votre réponse.

À vous de jouer

3. Écrivez à la manière de Philippe Delerm

Rédigez un texte où vous mettrez en évidence les différences de sens de deux termes apparemment synonymes : par exemple, une maison et un pavillon ; une ferme et une exploitation agricole ; une voiture et une automobile ; un livre et un bouquin, etc.

à retenir

- Le **champ lexical** est l'ensemble des termes (noms, adjectifs, verbes, expressions...) qui se rapportent à un même thème.
- **Pour découvrir le(s) thème(s) d'un texte,** il faut observer les champs lexicaux dominants, c'est-à-dire ceux qui sont les plus représentés dans le texte.
- **Pour comprendre le sens du texte,** il faut découvrir les associations d'idées ou d'images suscitées par les termes appartenant au(x) champ(s) lexical(ux) dominant(s).

C'était l'hiver sur Belleville...

C'était l'hiver sur Belleville et il y avait cinq personnages. Six, en comptant la plaque de verglas. Sept, même, avec le chien qui avait accompagné le Petit à la boulangerie. Un chien épileptique, sa langue pendait sur le côté.

La plaque de verglas ressemblait à une carte d'Afrique et recouvrait toute la surface du carrefour que la vieille dame avait entrepris de traverser. Oui, sur la plaque de verglas, il y avait une femme, très vieille, debout, chancelante. Elle glissait une charentaise[1] devant l'autre avec une millimétrique prudence. Elle portait un cabas d'où dépassait un poireau de récupération, un vieux châle sur ses épaules et un appareil acoustique dans la saignée de son oreille. À force de progression reptante[2], ses charentaises l'avaient menée, disons, jusqu'au milieu du Sahara, sur la plaque à forme d'Afrique. Il lui fallait encore se farcir tout le sud, les pays de l'apartheid[3] et tout ça. À moins qu'elle ne coupât par l'Érythrée ou la Somalie, mais la mer Rouge était affreusement gelée dans le caniveau. Ces supputations[4] gambadaient sous la brosse[5] du blondinet à loden[6] vert qui observait la vieille depuis son trottoir. Et il se trouvait une assez jolie imagination, en l'occurrence, le blondinet. Soudain, le châle de la vieille se déploya comme une voilure de chauve-souris et tout s'immobilisa. Elle avait perdu l'équilibre ; elle venait de le retrouver. Déçu, le blondinet jura entre ses dents. Il avait toujours trouvé amusant de voir quelqu'un se casser la figure.

Daniel PENNAC, *La Fée Carabine* © Éd. Gallimard, 1987.

1. *Charentaise* : pantoufle chaude en tissu molletonné.
2. *Reptante* : rampant à la façon d'un reptile.
3. *Les pays de l'apartheid* : l'Afrique du Sud par exemple où, jusqu'en 1990, les Noirs étaient exclus de la vie politique et ne devaient pas se mêler aux Blancs.
4. *Ces supputations* : ces estimations sur les distances à parcourir ou parcourues.
5. *La brosse* : les cheveux coupés en brosse.
6. *Loden* : manteau de laine imperméable.

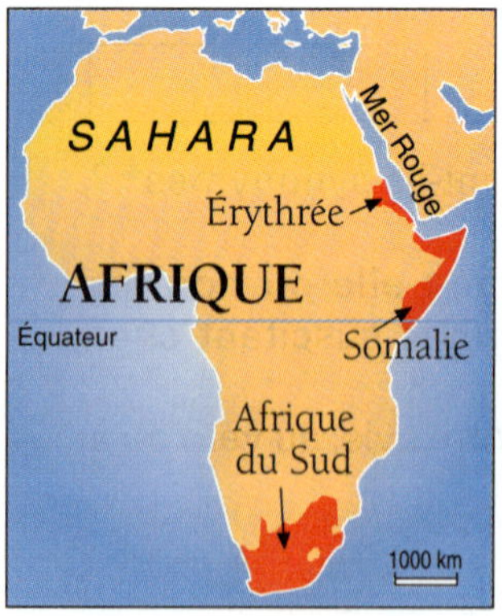

Belleville sous la neige.

Comparaisons et métaphores

Sculpture naturelle au Groenland.

■ Décrivez ce bloc de glace posé au bord de l'eau. Vous utiliserez métaphores et comparaisons.

OBJECTIF
Être capable :
- de repérer certains des procédés d'écriture utilisés dans un texte : ici, la comparaison et la métaphore ;
- de comprendre l'effet recherché par l'auteur.

Observez

1. La comparaison

a. Que raconte D. Pennac dans ce texte ? Proposez un autre titre.

b. Quelle comparaison (l. 5) marque le début de la description ? Analysez-la à l'aide du tableau suivant, en prenant pour modèle l'exemple proposé :
Ses cheveux sont blancs comme la neige.

Premier élément de la comparaison : élément comparé	Outil de comparaison : adverbe, verbe, adjectif, nom	Deuxième élément de la comparaison : élément comparant	Point commun
Ses cheveux	... comme	la neige	blancheur

c. Quelle expression du texte reprend cette comparaison sous une autre formulation ?

d. Quelle autre comparaison figure dans le texte ? Qu'a voulu exprimer l'auteur ?

2. La métaphore

Relevez dans la suite du texte les mots ou expressions qui reprennent et développent le deuxième élément de la comparaison, c'est-à-dire la carte d'Afrique. On parle dans ce cas de **métaphore**.

3. L'effet recherché

a. Qui regarde la scène et voit la plaque de verglas comme une carte d'Afrique ?

b. Quelles idées et quelles images suscitent chez le lecteur ces comparaisons et ces métaphores ?

À vous de jouer

4. Inventez des comparaisons et des métaphores

a. Voici des termes qui peuvent être le premier élément d'une comparaison :
un nuage en forme de... ; un jardin qui fait penser à... ; une maison ressemblant à ... ; un homme à l'allure de ... ; un enfant rond comme ... ; un bateau pareil à..., etc.
Cherchez des comparaisons possibles en vous aidant du schéma ci-dessus.

b. Composez un texte où vous développerez un de ces éléments, en jouant à la fois sur la comparaison et la métaphore.

5. Faites une recherche

Recherchez dans la presse sportive les comparaisons et métaphores utilisées par les journalistes pour évoquer les champions et leurs exploits.

à retenir

Pour repérer, identifier et analyser comparaisons et métaphores, il faut observer si le texte établit des rapprochements entre des objets ou des êtres qui ont entre eux un ou plusieurs points communs. Il s'agit :
- d'une **comparaison**, si l'auteur précise les deux éléments comparés et leur point commun *(la plaque de verglas ressemblait à une carte d'Afrique)* ;
- d'une **métaphore**, si l'auteur supprime le premier élément de la comparaison, l'outil de comparaison, et ne précise pas le point commun *(la vieille femme était presque arrivée au milieu du Sahara).*

Comparaisons et métaphores visent à éveiller des images et des idées dans l'esprit du lecteur.

Hiver en Provence

SÉVIGNÉ (Madame de)
(1626-1696)
Voir p. 24.

À COULANGES

À Grignan, le 3e février [1695].

Madame de Chaulnes[1] me mande[2] que je suis trop heureuse d'être ici avec un beau soleil ; elle croit que tous nos jours sont filés d'or et de soie. Hélas ! mon cousin, nous avons cent fois plus de froid ici qu'à Paris ; nous sommes exposés à tous les vents ; c'est le vent du midi, c'est la bise, c'est le diable, c'est à qui nous insultera ; ils se battent entre eux pour avoir l'honneur de nous renfermer dans nos chambres ; toutes nos rivières sont prises[3], le Rhône, ce Rhône si furieux, n'y résiste pas ; nos écritoires sont gelées ; nos plumes ne sont plus conduites par nos doigts, qui sont transis[4] ; nous ne respirons que de la neige ; nos montagnes sont charmantes dans leur excès d'horreur ; je souhaite tous les jours un peintre pour bien représenter l'étendue de toutes ces épouvantables beautés : voilà où nous en sommes. Contez un peu cela à notre duchesse de Chaulnes, qui nous croit dans des prairies, avec des parasols, nous promenant à l'ombre des orangers. [...]

Madame de SÉVIGNÉ, *Lettres.*

1. *Madame de Chaulnes* : femme du gouverneur de Bretagne, amie de la marquise.
2. *Me mande* : me fait savoir par lettre.
3. *Prises* : gelées.
4. *Transis* : engourdis par le froid.

Paysage de Provence, Villeneuve-lès-Avignon, tableau d'André DERAIN, 1930. (Musée de l'Orangerie, Paris.)

Anaphores et alliances de mots

OBJECTIF

Être capable :
- de repérer certains des procédés d'écriture utilisés dans un texte : ici, les anaphores et les alliances de mots ;
- de comprendre l'effet recherché par l'auteur.

Observez

1. Le thème et l'enjeu du texte

a. Qui est l'auteur de ce texte ? Où se trouve-t-elle ?
b. Quelle idée fausse de Mme de Chaulnes veut-elle corriger ?
c. Quel est le champ lexical* dominant dans cette lettre ?

2. Les anaphores

a. Par quelles expressions le groupe nominal *tous les vents* (l. 4) est-il développé ?
b. Combien y en a-t-il ? Quelle formule les introduit ?
c. Quelle progression observez-vous ?
d. On appelle **anaphore** le procédé qui consiste à reprendre le même mot ou groupe de mots plusieurs fois de suite avec la même fonction et à la même place dans la phrase. Cherchez dans la suite du texte un autre exemple d'anaphore.
e. Quel est l'effet produit par ce procédé ?

3. Les alliances de mots

a. Relevez les deux expressions du texte qui associent des termes de sens opposé.
b. Quel effet produisent ces alliances de mots ?

à retenir

- L'**anaphore** consiste à reprendre plusieurs fois de suite le même mot ou groupe de mots avec la même fonction et à la même place dans la phrase.
Ce procédé produit un effet d'insistance, d'accumulation et d'amplification : *c'est le vent du midi, c'est la bise, c'est le diable, c'est à qui...*
- L'**alliance de mots** consiste à associer des termes de sens opposé : *ces épouvantables beautés.*

Pour préciser l'effet recherché par l'auteur, il faut s'interroger sur les images ou impressions que peut éveiller chez le lecteur chacun de ces procédés.

À vous de jouer

4. Décrivez à la manière de Madame de Sévigné

a. Vous êtes dans le Midi, région qui a la réputation d'être ensoleillée en permanence. Mais il pleut des trombes d'eau à longueur de journée... Évoquez cette pluie en jouant sur les anaphores et les alliances de mots.
b. Vous êtes en vacances dans un lieu qui a la réputation d'être calme. En fait, il y règne des bruits incessants, la nuit comme le jour. Évoquez ce désagrément en utilisant certains des procédés d'écriture de Mme de Sévigné.

5. Décrivez le tableau d'André Derain

a. Observez avec attention le tableau ci-contre d'A. Derain et précisez sa composition, les couleurs dominantes et la saison à laquelle il a été peint.
b. Rédigez-en une courte présentation en insistant sur l'impression d'ensemble qui s'en dégage et en utilisant éventuellement métaphores, comparaisons, anaphores et alliances de mots.

Lettre à Théo

Arles, le 21 février 1888.

Mon cher Théo,

Durant le voyage j'ai pour le moins autant pensé à toi, qu'au nouveau pays que je voyais.

Seulement je me dis que plus tard tu viendras peut-être toi-même souvent ici. Il me semble presque impossible de pouvoir travailler à Paris, à moins que l'on n'ait une retraite[1] pour se refaire[2] et pour reprendre son calme et son aplomb. Sans cela on serait fatalement abruti.

Maintenant je te dirai que pour commencer il y a partout au moins 60 centimètres de neige de tombée, et il en tombe toujours. Arles ne me semble pas plus grand que Breda ou Mons[3].

Avant d'arriver à Tarascon j'ai remarqué un magnifique paysage d'immenses rochers jaunes, étrangement enchevêtrés des formes les plus imposantes.

Dans les petits vallons de ces rochers étaient alignés de petits arbres ronds au feuillage d'un vert olive ou vert gris, qui pourraient bien être des citronniers.

Mais ici à Arles le pays paraît plat. J'ai aperçu de magnifiques terrains rouges plantés de vignes, avec des fonds de montagnes du plus fin lilas. Et les paysages dans la neige, avec les cimes blanches contre un ciel aussi lumineux que la neige, étaient bien comme les paysages d'hiver qu'ont faits les Japonais.

Voici mon adresse :

Restaurant Carrel,
30, rue Cavalerie, Arles.
(Département Bouches-du-Rhône).

Je n'ai encore fait qu'un petit tour dans la ville, étant plus ou moins esquinté hier soir.

J'écrirai bientôt – un antiquaire où j'entrais hier dans la même rue ici, me disait connaître un Monticelli[4]. Avec une bonne poignée à toi et aux copains,

Tout à toi,

VINCENT.

Lettres de Vincent Van Gogh à son frère Théo,
© Éd. Grasset, 1937.

1. *Retraite* : un lieu où se reposer.
2. *Se refaire* : reprendre des forces, se rétablir.
3. *Breda* : ville hollandaise ; *Mons* : ville belge.
4. *Un Monticelli* : un tableau de Monticelli, peintre marseillais (1824-1886) qu'admirait Van Gogh.

Autoportrait de Vincent VAN GOGH, hiver 1887.
(Musée d'Orsay, Paris.)

■ En quoi cet autoportrait est-il différent d'une photographie ? Qu'expriment, à votre avis, le regard et le visage de Van Gogh ?

La situation d'énonciation

OBJECTIF
Être capable de déterminer la situation d'énonciation d'un texte : ici, une lettre.

Observez

1. La situation d'énonciation

a. Qui signe cette lettre ?
b. D'où est-elle expédiée et à quelle date ?
c. À qui est-elle adressée ?
d. Quel lien unit l'auteur de la lettre et son destinataire ? Où l'information figure-t-elle ?
e. À quelle adresse la réponse devra-t-elle être adressée ?
f. De quoi est-il question dans cette lettre ?

Les Oliviers, tableau de Vincent VAN GOGH, 1889. (Rijksmuseum, Kröller-Müller, Otterlo.)

- Ce tableau représentant une oliveraie est-il une simple reproduction de la réalité ? Comment Van Gogh a-t-il vu les oliviers et le ciel ?
- Quelle impression d'ensemble se dégage de ce tableau ?
- Décrivez-le en une page.

Paysage d'hiver de l'école d'HIROSHIGE, 2e moitié du XIXe siècle. (Musée Guimet, Paris.)

■ Cette estampe japonaise vous permet-elle de comprendre la comparaison qu'établit Van Gogh entre le paysage d'Arles en hiver et un paysage japonais ?

2. Une lettre personnelle

a. Quel sentiment semble unir les deux frères ? Justifiez votre réponse.

b. *Durant le voyage* : pourquoi Vincent écrit-il en utilisant l'article défini *le* sans préciser de quel voyage il s'agit ?

c. Relevez dans le texte d'autres mots et expressions qui montrent que les deux frères ont en commun des connaissances et des souvenirs qu'un lecteur extérieur ne peut pas toujours comprendre.

d. Quel aspect de la personnalité de Vincent se révèle dans ce texte ? Étudiez en particulier les champs lexicaux* dominants dans les lignes 11-21.

à retenir

Pour déterminer la situation d'énonciation d'un texte, il faut repérer :

- qui parle, à qui, c'est-à-dire **l'auteur du texte et le destinataire** ;
- où et quand, c'est-à-dire **les circonstances** de la rédaction du texte ;
- de quoi il est question, c'est-à-dire **le thème du texte** ;
- les expériences ou les connaissances que l'auteur et le destinataire ont en commun. Ils se contentent alors d'allusions souvent trop vagues pour qu'un lecteur extérieur puisse les comprendre : c'est ce qu'on appelle **l'implicite d'un texte**, c'est-à-dire ce qui n'est pas formulé de façon claire, car supposé connu de celui à qui on s'adresse.

À vous de jouer

3. Imaginez des situations d'énonciation

Le 21 février 1888, Vincent Van Gogh écrit à son frère Théo pour lui parler de son arrivée à Arles.

Sur le modèle de cette phrase qui formule la situation d'énonciation de la lettre que vous venez de lire, imaginez d'autres situations d'énonciation. Choisissez-en une et rédigez la lettre correspondante.

4. Écrivez à la manière de Van Gogh

Vous arrivez dans un lieu de vacances : vous écrivez à vos parents ou à vos grands-parents... pour leur raconter votre voyage et leur décrire le cadre dans lequel vous allez séjourner. N'oubliez pas de leur indiquer votre adresse pour qu'ils puissent vous répondre !

Autour de Madame de Sévigné

Madame de Sévigné,
gravure coloriée de G. GATINE (1773-1824).
(Musée Carnavalet, Paris.)

REPÈRES BIOGRAPHIQUES

Portrait de Madame de Sévigné, peinture de Pierre MIGNARD (1612-1695). (Musée Carnavalet, Paris.)

Texte A

SÉVIGNÉ (Marie DE RABUTIN-CHANTAL, marquise DE) ♦ Épistolière française (Paris 1626 - Grignan 1696). Très cultivée, enjouée et douée pour la vie mondaine, elle avait épousé en 1644 le marquis de Sévigné, qui fut tué en duel en 1651. Veuve à vingt-cinq ans, elle entrecoupa sa vie retirée aux Rochers (Bretagne) de séjours à Paris où elle fréquentait la Cour et des salons, comme celui de Mme de La* Fayette. On lui doit une vaste correspondance, adressée à ses amis de Paris et surtout à sa fille, Mme de Grignan, vivant en Provence et dont elle déplore l'absence. Ces *Lettres* (posth. 1726), dont l'apparente spontanéité est un effet de l'art, contiennent des évocations de la nature, rapides mais pleines de fraîcheur, et des anecdotes concernant des événements ou des personnages de la Cour. Longtemps perçues comme un tableau spirituel et précieux de la société, écrites dans une liberté de style exceptionnelle à l'époque classique, elles manifestent une vision du monde sereine où l'écriture devient la marque d'une victoire sur l'absence. Marcel Proust les tenait pour des chefs-d'œuvre.

Petit Robert des noms propres, mise à jour 1997.

Épistolière : du latin *epistula*, la lettre. Femme auteur de lettres.
Posth. : posthume, c'est-à-dire *après sa mort* ; les lettres furent publiées en 1726, après la mort de Mme de Sévigné.
Marcel Proust : écrivain, romancier français du XXe siècle, auteur de *À la recherche du temps perdu.*

Texte B

SÉVIGNÉ (Madame de)
1626-1696

La lettre est, au XVIIe siècle, un genre littéraire. Elle a ses règles ; elle a ses modèles. [...] C'est parce qu'elles sont toutes spontanées, écrites « à bride abattue », sous la dictée de l'impression ou de l'émotion du moment, parce qu'il n'y a en elles nul souci de purisme ou de pruderie[1], parce que la langue où sont puisées leurs meilleures trouvailles procède[2] de celle que parlait sous Louis XIII la bourgeoisie du Marais[3], que les lettres de Mme de Sévigné ont aussitôt connu le succès le plus vif. On les lisait à haute voix à Paris et en Provence. On leur donnait des titres. Mme de Thianges, sœur de Mme de Montespan[4], envoie, un jour, demander à Mme de Coulanges une copie de celle du « cheval » et de celle de la « prairie ». C'est pour cela aussi qu'après trois cents ans elles n'ont pas une ride. Nous pouvons y saisir encore le frémissement et le jaillissement de la vie.

Une petite orpheline

« Marie, fille de messire Celse Bénigne de Rabutin, baron de Chantal, et de dame Marie de Coulanges », a été baptisée à Paris le vendredi 6 février 1626, en l'église Saint-Paul. Elle était née la veille, place Royale[5], dans l'hôtel des Coulanges. Sa famille paternelle appartenait à la noblesse de Bourgogne : noblesse d'épée par les Rabutin, châtelains de Bourbilly, près de Semur-en-Auxois ; noblesse de robe par les magistrats dijonnais dont descendait la mère de Celse Bénigne. [...] Les Coulanges étaient de riches bourgeois parisiens, de souche auvergnate. Le père de Marie, dissipé et endetté, avait dû se mésallier[6].

Marie, la future Mme de Sévigné, perd son père à dix-huit mois et sa mère à moins de huit ans. Elle demeure à Paris, au quartier du Marais, chez son oncle Philippe de Coulanges, dans un milieu affectueux et gai. Elle fait de longs séjours dans le domaine des Coulanges à Sucy-en-Brie. Ses études sont solides. Chapelain lui donne le goût de la poésie ; Ménage lui apprend l'italien, un peu de latin et d'espagnol. Ils écrivaient l'un et l'autre de bien mauvais vers, mais leur culture était très étendue.

Un autre oncle de Marie, Christophe de Coulanges, abbé de Livry, celui qu'elle appelle « le bien Bon », s'emploie à la marier. Elle épouse à dix-huit ans un gentilhomme « d'une bonne et ancienne maison de Bretagne », Henri de Sévigné. Il porte le titre de marquis, indûment[7] semble-t-il, car la terre de Sévigné n'est pas un marquisat. Il possède d'autres châteaux en Bretagne dont les plus importants sont les Rochers près de Vitré et le Buron près de Nantes.

Mère et fille

En février 1651, Sévigné, mari volage, meurt en duel. La marquise ne se remariera pas. Elle a deux enfants : une fille, Françoise-Marguerite, qui sera l'adoration et le tourment de sa vie, et un fils, Charles. Elle se consacre à eux. Elle a autant de grâce et de bonne humeur que d'esprit. Nombreux sont ceux qui voudraient la consoler, en particulier son cousin Roger de Rabutin, comte de Bussy. Elle ne les décourage pas, mais ne cède, croit-on, à aucun d'eux.

Françoise-Marguerite, « la plus jolie fille de France », selon Bussy, avait peut-être l'air froid et dédaigneux. En tout cas, c'est seulement à vingt-trois ans qu'elle épouse le comte de Grignan ; il était de haute noblesse provençale, mais quadragénaire[8], deux fois veuf avec deux filles déjà grandes, et lourdement endetté. Moins d'un mois après son mariage, il est nommé lieutenant général de Provence et doit partir pour son château de Grignan, près de Montélimar. Pendant vingt-cinq ans, la mère et la fille auront bien des occasions de se revoir, mais à chaque séparation l'échange des lettres est presque quotidien. Mme de Sévigné en écrira pour sa part près d'un millier auxquelles la douleur d'être privée de sa fille donne souvent un accent pathétique. [...]

Une fois sa fille mariée, elle partage sa vie entre Paris, les Rochers et Grignan. À Paris, elle change plusieurs fois de résidence, mais sans jamais s'écarter du Marais de sa jeunesse. La solitude des Rochers plaît à son goût de la rêverie. Elle mène à peu de frais dans cette terre bretonne une existence de châtelaine. Elle est fort liée avec le duc de Chaulnes, gouverneur de la province, et avec la duchesse ; mais lors de la révolte de 1675[9], si prudente que soit sa correspondance (le secret des lettres alors n'était pas sûr), elle laisse percer la pitié que lui inspirent les rigueurs de la répression. À Grignan, elle découvre la haute Provence, sa lumière, ses parfums et aussi ses rudes hivers, quand le mistral s'engouffre dans les salles immenses du château haut perché.

Au début de 1696, sa fille tombe malade ; elle s'épuise à la soigner ; le 4 avril, elle doit elle-même s'aliter, saisie d'une fièvre continue ; elle meurt à Grignan le 17.

Pierre CLARAC,
Encyclopædia Universalis, première édition.

1. *Purisme* et *pruderie* : souci excessif de pureté du langage et refus de tout ce qui peut choquer.
2. *Procède de* : est issue de.
3. *Le Marais* : quartier de Paris où les nobles et les riches bourgeois firent construire de très beaux hôtels particuliers au XVIIe siècle (voir p. 39).
4. *Mme de Montespan* : favorite du roi Louis XIV à qui elle donna plusieurs enfants.
5. *La place Royale* : aujourd'hui place des Vosges, située dans le quartier du Marais à Paris.
6. *Se mésallier* : épouser une femme d'un rang social inférieur, n'appartenant pas à la noblesse.
7. *Indûment* : sans y avoir droit.
8. *Quadragénaire* : âgé de 40 ans.
9. Révolte contre l'alourdissement des impôts.

Gravure sur un cahier d'écolier à l'effigie de Mme de Sévigné. (Musée Carnavalet, Paris.)

Lettre de Mme de Sévigné à Mme de Grignan, en 1688.

Interrogez les textes

1. Type et enjeu des textes

a. De quel ouvrage le texte **A** est-il tiré ?
b. De quel ouvrage le texte **B** est-il tiré ? Que signifie le titre de cet ouvrage ?
c. Quel est l'enjeu de ce genre d'ouvrages ? Pourquoi les appelle-t-on des *usuels* ?
d. Quel est l'enjeu précis des textes **A** et **B** ?

2. Comparez les informations données

a. À l'aide du tableau suivant, comparez les informations fournies par les deux articles :

Informations sur Mme de Sévigné	Texte A	Texte B
Les dates importantes de sa vie		
Les origines familiales		
Le quartier de Paris où la marquise vécut une grande partie de sa vie		
Le nom de sa propriété de Bretagne		
Son éducation		
Ses enfants		
Les circonstances de sa mort		

b. Lequel des deux articles apporte les informations les plus complètes ?
c. De quoi le *Petit Robert* ne parle-t-il pas ?
d. Pour qui Mme de Sévigné écrivait-elle ses lettres ?
e. Ces articles comportent-ils un jugement sur les lettres de la marquise ? Justifiez votre réponse.
f. Lequel de ces deux articles évoque Mme de Sévigné de la façon la plus détaillée et la plus vivante ?
g. Peut-on dire que ces deux articles soient objectifs* ou subjectifs* ? Justifiez votre réponse.

À vous de jouer

3. Consultez les documents

a. En quelle année Mme de Sévigné est-elle née ?
b. Quel était son nom de jeune fille ?
c. Qui étaient ses grands-parents maternels ?
d. Son père appartenait-il à la noblesse ou à la bourgeoisie ?
e. À quel âge fut-elle orpheline de père et de mère ?
f. En quelle année s'est-elle mariée ?
g. À quel âge a-t-elle été veuve ?
h. Comment s'appelle sa fille ? son fils ?
i. À quel âge sa fille s'est-elle mariée ? Qui a-t-elle épousé ? Était-elle sa première épouse ?
j. Quelle était la fonction de son mari ?
k. Quelle est la résidence préférée de Mme de Sévigné ?
l. À quel âge meurt-elle ?

4. Cherchez des documents

Cherchez des documents sur les différents lieux de résidence de Mme de Sévigné : l'hôtel Carnavalet dans le Marais à Paris, la propriété des Rochers en Bretagne, le château de Grignan. Utilisez le résultat de vos recherches pour réaliser un dossier ou un panneau d'exposition.

5. Expression orale

Présentez oralement à vos camarades un des lieux sur lequel vous aurez réuni des documents. Notez sur une feuille de papier les points importants, dans l'ordre de votre exposé, mais ne rédigez rien : vous parlerez sans lire vos notes. Illustrez votre exposé par un panneau de documents.

enrichissez votre VOCABULAIRE

a. Un *quadragénaire* est un homme de quarante ans. Cherchez les termes qui désignent un homme de 50, 60, 70, 80, 90 et 100 ans.
b. On peut dire aussi *avoir la quarantaine*. Existe-t-il des expressions équivalentes pour tous les âges de 20 à 100 ans ?

la *grammaire* dans le TEXTE

Quand on n'est pas absolument sûr d'une information, on utilise ce qu'on appelle des expressions d'affirmation atténuée : *Il porte le titre de marquis, indûment semble-t-il....* (texte **B**, paragraphe 4).
a. Cherchez dans la suite du texte une autre expression de sens équivalent.
b. Écrivez un petit texte où vous utiliserez plusieurs formules d'affirmation atténuée.

UNE BROCHURE TOURISTIQUE

Chez le comte de Grignan

Le comte de Grignan, deux fois veuf, épouse en troisièmes noces [...] une certaine Françoise-Marguerite de Sévigné, fille de la marquise du même nom, dont les illustres lettres ont perpétué la mémoire de son gendre – et de sa demeure – jusqu'à nous.

C'est ainsi qu'entre dans la vie de ce château que l'on aurait sans doute oublié, par fille et gendre interposés, un grand nom des lettres françaises. Curieux destin que celui de cet édifice, sauvé de l'oubli par une marquise qui n'écrivit jamais pour être publiée mais seulement pour assouvir son amour maternel.

François de Castellane-Ornano-Adhémar de Monteil de Grignan, duc de Termoli, comte de Grignan et de Campobasso, baron d'Entrecasteaux, chevalier de l'Ordre du Roi.
Miniature de Jean PETITOT (1607-1691).

Gouverneur de Provence

Le premier mérite du comte fut sans doute d'exercer – un quart de siècle durant – les fonctions de lieutenant-général commandant en Provence et de gouverneur de cette province, représentant Louis XIV avec l'autorité et le prestige d'un « vice-roi ». On ne sait s'il vécut comme une promotion ou comme un exil cet éloignement de la cour de Versailles – qui constituait alors le creuset privilégié des intrigues politiques d'envergure[1] et le passage obligé de toutes les grandes ambitions –, mais on sait en tous les cas qu'il mena un train de vie d'une magnificence digne du roi Soleil (dont il était, après tout, le mandataire[2]). Le château de Grignan bénéficia grandement de ce faste.

On venait de très loin faire la cour au gouverneur. L'abbé d'Expilly, dans son *Dictionnaire géographique des Gaules* (1762), se plaît à perpétuer, jusqu'en plein XVIIIe siècle, le souvenir de la « pompe » que cultivait François en sa demeure de Grignan : *« Ce seigneur, qui commanda longtemps pour le roi en Provence, y assemblait dans la belle saison une cour fort nombreuse, à quoi il réussissait encore mieux par ses bonnes manières que par son emploi. Ceux qui voudront savoir comment on y était reçu n'ont qu'à lire les lettres de la marquise de Sévigné. »* Conseil que l'on peut suivre, en effet, pour mieux mesurer la prodigalité ordinaire des Castellane-Adhémar[3].

La vie de château

La marquise, il est vrai, ne lésine pas sur les exclamations, pour exprimer son enthousiasme. *« Vous êtes une très bonne et très grande compagnie ; c'est une ville que le château de Grignan »*, s'extasie-t-elle, le 12 juin 1680, pour dire l'effervescence qui y règne et la foule qui y loge. Et encore, comme dans cette lettre du 17 mai 1680 : *« Cinquante domestiques est une étrange chose ; nous avons eu peine à les compter.* [...] *Vous savez bien que, quand nous étions seules, nous étions cent dans votre château ; je trouvais que c'était assez ! »*

Si M. de Grignan logea d'abord à Aix, dans le palais du roi René[4], siège de son « gouvernement », il fit très vite de sa « résidence secon-

1. *Le creuset … d'envergure* : le lieu où se formaient tous les projets politiques ambitieux.
2. *Le mandataire* : le représentant.
3. Le comte de Grignan descend de deux familles qui se sont succédé à Grignan, les Adhémar puis les Castellane.
4. Le *roi René* (1409-1480), duc d'Anjou, comte de Provence, qui entretint à Aix une cour d'artistes et de savants.

daire », le château de Grignan, sa demeure permanente. De nombreux travaux s'ensuivirent visant à accroître le prestige et la commodité du lieu [...].

La marquise se demandait comment son gendre pouvait vivre sur un si grand pied[5]. Toujours est-il que le comte François de Grignan meurt en 1714 dans un état d'absolue faillite financière.

5. *Vivre sur un si grand pied* : vivre de façon si somptueuse, en dépensant beaucoup d'argent.

Reconstitution de la chambre de Mme de Grignan au château de Grignan.

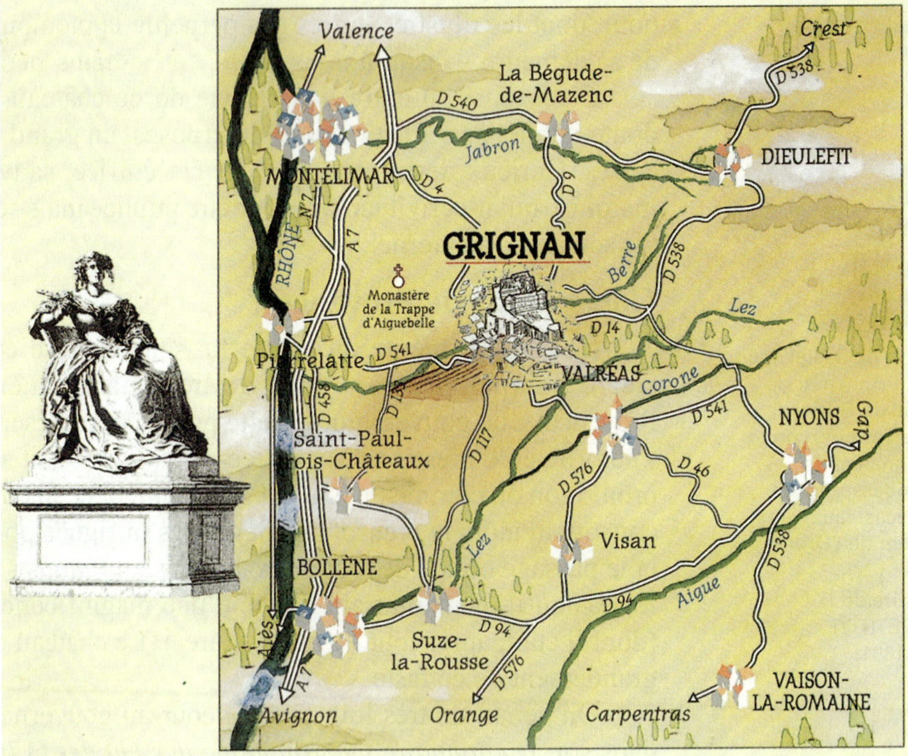

Informations pratiques

Le château de Grignan

Plusieurs expositions et animations sont prévues pour célébrer le souvenir de Mme de Sévigné en 1996.
La bibliothèque du château est ouverte au public sur rendez-vous. Elle propose des documents sur l'histoire régionale et le XVIIe siècle.
Ouvert tous les jours de 9h30 à 11h30 et de 14h00 à 17h30 (18h00 : juillet et août).
Fermé le mardi du 1er novembre au 31 mars.
26230 Grignan
Tél. 75 46 51 56
fax. 75 46 94 05.

Le château de Valréas

Autrefois propriété de Louis de Simiane qui épousa la petite-fille de la marquise de Sévigné, Pauline de Castellane, le château abrite aujourd'hui, pour une part, la mairie, et pour l'autre part, deux salles d'exposition.
Ouvert tous les jours de 15h00 à 17h00.
Informations : Office du Tourisme 84600 Valréas.
Tél. 90 35 04 71.

Le château des Adhémar

Evocation de l'époque médiévale. Présentation d'expositions temporaires.
Ouvert tous les jours de 9h30 à 11h30 et de 14h00 à 17h30 (18h00 : juillet et août).
Fermé le mardi du 1er novembre au 31 mars.
26200 Montélimar
Tél. 75 01 07 85.

Le château de Suze-la-Rousse

Forteresse médiévale et palais de la Renaissance, le château a été illustré par la famille de la Baume-Suze. Ouvert tous les jours de 9h30 à 11h30 et de 14h00 à 17h30 (18h00 : juillet et août).
Fermé le mardi du 1er novembre au 31 mars.
27790 Suze-la-Rousse
Tél. 75 04 81 44.

Jean-Pierre COUREN, conservateur du château de Grignan, et Jean-Louis ROUX, journaliste et écrivain, *Le Château de Grignan et Madame de Sévigné*, coll. « Les Patrimoines » © Éd. Le Dauphiné Libéré, 1996.

Interrogez le texte

1. Consultez votre dictionnaire

Précisez le sens des mots et expressions suivants :
– *perpétué* (l. 3) ; *par fille et gendre interposés* (l. 6) ; *la pompe* (l. 22) ; *la prodigalité* (l. 28) ; *ne lésine pas* (l. 30) ; *faillite financière* (l. 45)

2. Le type et l'enjeu du texte

a. De quelle publication ces documents sont-ils tirés ?
b. Sur quel personnage et quel aspect de la vie au château le texte principal insiste-t-il le plus ?
c. Quelles informations complémentaires apporte la page *Informations pratiques* ?
d. Observez l'année de publication : les informations de cette page sont-elles encore toutes valables ? Justifiez votre réponse.
e. Le château de Grignan est-il le seul de la région où l'on rencontre la famille des Adhémar-Castellane ?
f. L'enjeu de ces documents est-il seulement d'informer le lecteur sur l'histoire du château ? Justifiez votre réponse.

À vous de jouer

3. Organisez un séjour

En utilisant les informations fournies dans la page *Informations pratiques*, organisez un séjour dans la région de Grignan. Choisissez un itinéraire, des visites, des excursions. Vous pouvez compléter les informations en cherchant des documents sur Vaison-la-Romaine ou Dieulefit par exemple.

4. Établissez une fiche d'identité

D'après les indications fournies par le texte, établissez la fiche d'identité du comte de Grignan : état civil, traits physiques, caractère.

5. Expression orale

Réunissez une documentation sur un château ou un monument de votre région ; présentez-le oralement à vos camarades.

enrichissez votre VOCABULAIRE

a. *Vivre sur un si grand pied* (l. 43-44) : cherchez dans le texte d'autres expressions qui expriment la même idée.
b. Cherchez d'autres mots et expressions appartenant au champ lexical* de l'*opulence*. Cherchez leurs antonymes*.
c. Utilisez certains des mots ou expressions trouvés dans des phrases ou un petit texte de votre composition.

la *grammaire* dans le TEXTE

C'est ainsi qu'entre dans la vie de ce château que l'on aurait sans doute oublié, par fille et gendre interposés, un grand nom des lettres françaises (l. 5-7).
Analysez le mot et le groupe de mots soulignés.

Vue du château de Grignan.

UN ARTICLE DE JOURNAL

POÉSIE ▶ Dans le château

À Grignan on badine avec l'amour

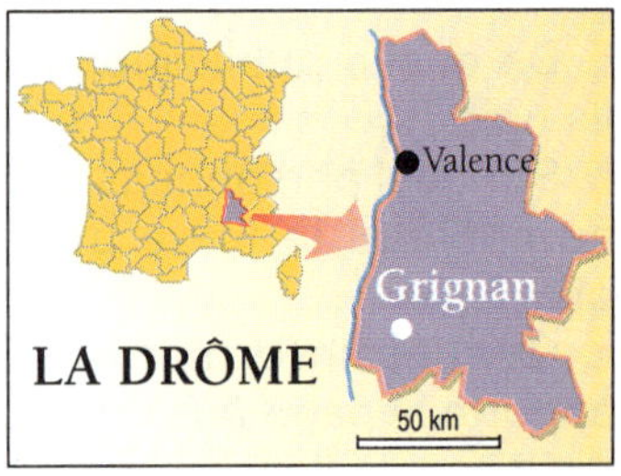

CHÂTEAU DE GRIGNAN (DRÔME) : scène du spectacle *Grignan, les miroirs de l'Amour,* donné pour les fêtes nocturnes, 1997.

Grignan
de notre envoyé spécial

Entre Valréas et Suze-la-Rousse, c'est toujours par surprise, au détour d'une route en vallon, qu'on tombe sur le château de Grignan. La résidence secondaire de la marquise de Sévigné couronne le village avec une fierté tranquille. Pour y accéder, il faut grimper des ruelles abruptes.

Avec un site pareil, il se passe forcément plein de choses à Grignan. Des « Nuits de la correspondance », des concerts, un marché comme au temps de la marquise et chaque année des fêtes nocturnes.

Spectacle ambulant

Cette fois, c'est autour du thème de l'amour que le château déploie ses fastes. On y donne « Miroirs de l'amour », un spectacle de deux heures et demie qui présente deux particularités. La première c'est qu'il est ambulant et qu'on y suit acteurs et musiciens dans les salons, sur le perron, dans les galeries et jusque dans les jardins. La seconde, c'est qu'il se métamorphose, passe de la musique à la poésie, de la commedia dell'arte[1] au ballet ou aux marionnettes. Ces dernières, par l'illustre Théâtre du Fust, installé à Montélimar, donnent en toute magie « la Farce des bossus », de Tabarin[2], et « la Servante justifiée », de La Fontaine. Dans l'une des galeries du château, une comédienne accompagnée d'une viole de gambe dit, choisies parmi les plus passionnées, cinq des « Lettres de la religieuse portugaise »[3].

Il y a en tout une petite dizaine de tableaux différents et pendant l'entracte, le spectateur flâneur est invité à se rassasier de gâteries aux saveurs du XVIIe siècle (chocolat, café et thé venus d'Arabie et des Indes, limonade...) tout en prêtant l'oreille à des chansons frivoles comme il s'en faisait à l'époque. Voilà comment, à Grignan, on sait badiner avec l'amour[4].

Jusqu'à samedi.
Tél. 04.75.46.90.27.

Pierre VAVASSEUR,
Le Parisien,
mardi 8 août 1997.

1. La *commedia dell'arte* : forme de théâtre populaire qui naquit en Italie au XVIe siècle. Les acteurs jouaient en improvisant. Arlequin, Colombine, Pierrot, Polichinelle... en étaient les héros.
2. *Tabarin* : personnage de théâtre de rue, inventé au XVIIe siècle par un bateleur qui prit bientôt le nom de son personnage. Il jouait à Paris, près du Pont-Neuf, de courtes farces improvisées.
3. *Lettres de la religieuse portugaise* : roman par lettres paru en 1669. Jusqu'au début du XXe siècle, on a cru que l'auteur en était une religieuse portugaise, d'où son titre.
4. Musset est l'auteur d'une comédie qui a pour titre *On ne badine pas avec l'amour*. Voir p. 272.

Le château de Grignan.

Interrogez le texte

1. Type du texte et situation d'énonciation

a. Quel type de texte la mise en pages vous permet-elle d'identifier au premier coup d'œil ?
b. Qui en est l'auteur ? À qui s'adresse-t-il ?
c. Où a-t-il paru ? À quelle date ?
d. De quoi est-il question ? Donnez un titre à chaque paragraphe.
e. Quelle information inexacte comporte le premier paragraphe (reportez-vous au texte de la p. 27) ?

2. L'enjeu du texte

a. Quels sentiments ou réactions le château de Grignan et le spectacle ont-ils inspirés à l'auteur de l'article ? Justifiez votre réponse.
b. Le programme proposé comportait-il des auteurs que vous connaissez ?
c. Quelle phrase de l'article fait écho à son titre ? Ce titre est un clin d'œil au lecteur. Que faut-il savoir pour le repérer et pour le comprendre ?
d. L'enjeu de cet article est-il seulement d'informer le lecteur ?

À vous de jouer

3. Écrivez pour informer et pour séduire

a. Rédigez un article de dictionnaire ou une notice informative de guide touristique sur la localité où vous habitez ou sur un monument de votre choix. Veillez à donner des indications précises et à rédiger un texte objectif.
b. Rédigez ensuite un article de journal ou un dépliant publicitaire visant à la fois à informer votre lecteur et à lui donner envie de découvrir votre ville ou le monument que vous aurez choisi.

enrichissez votre VOCABULAIRE

a. Constituez la famille étymologique* de *badiner*.
b. Cherchez des synonymes* des termes trouvés.
c. Utilisez certains des mots trouvés dans des phrases de votre composition.

Franca Trippa et Fritellino, scène de la commedia dell'arte, peinture anonyme, XVIIe siècle. (Musée de la Scala, Milan.)

UNE LETTRE FAMILIALE

Anxiété maternelle

Ce courrier est adressé à Mme de Grignan, partie avec son mari pour rejoindre la Provence dont il vient d'être nommé gouverneur.

À Paris, mercredi 4e mars [1671].

Ah ! ma bonne[1], quelle lettre ! quelle peinture de l'état où vous avez été ! et que je vous aurais mal tenu ma parole, si je vous avais promis de n'être point effrayée d'un si grand péril ! Je sais bien qu'il est passé. Mais il est impossible de se représenter votre vie si proche de sa fin, sans frémir d'horreur. Et quand M. de Grignan vous laisse conduire la barque, et quand vous êtes téméraire, il trouve plaisant de l'être encore plus que vous ; au lieu de vous faire attendre que l'orage fût passé, il veut bien vous exposer[2], et vogue la galère ! Ah mon Dieu ! qu'il eût été bien mieux d'être timide[3], et de vous dire que si vous n'aviez point de peur, il en avait, lui, et ne souffrirait point que vous traversassiez le Rhône par un temps comme celui qu'il faisait ! Que j'ai de la peine à comprendre sa tendresse en cette occasion ! Ce Rhône qui fait peur à tout le monde ! Ce pont d'Avignon où l'on aurait tort de passer en prenant de loin toutes ses mesures[4] ! Un tourbillon de vent vous jette violemment sous une arche ! Et quel miracle que vous n'ayez pas été brisée et noyée dans un moment ! Ma bonne, je ne soutiens pas[5] cette pensée, j'en frissonne, et m'en suis réveillée avec des sursauts dont je ne suis pas la maîtresse. Trouvez-vous toujours que le Rhône ne soit que de l'eau ? De bonne foi, n'avez-vous point été effrayée d'une mort si proche et si inévitable ? avez-vous trouvé ce péril d'un bon goût ? une autre fois ne serez-vous point un peu moins hasardeuse[6] ? une aventure comme celle-là ne vous fera-t-elle point voir les dangers aussi terribles qu'ils sont ? Je vous prie de m'avouer ce qui vous en est resté ; je crois du moins que vous avez rendu grâce à Dieu de vous avoir sauvée. Pour moi, je suis persuadée que les messes que j'ai fait dire tous les jours pour vous ont fait ce miracle.

Madame de SÉVIGNÉ, *Lettres.*

1. *Ma bonne* : ma chère fille.
2. *Vous exposer* : vous mettre en danger.
3. *Timide* : craintif, sans audace.
4. *En prenant de loin toutes ses mesures* : en calculant de trop loin par où on va passer.
5. *Je ne soutiens pas* : je ne supporte pas.
6. *Hasardeuse* : imprudente.

Portrait de Madame de Sévigné et de Madame de Grignan, tableau de RIOULT. (Musée de Vitré.)

Vue d'Avignon vers 1750, dessin réalisé par un Avignonnais.

Interrogez le texte

1. La situation d'énonciation

a. Qui est l'auteur de cette lettre ? Où se trouve-t-elle ?
b. À qui la lettre est-elle adressée ? Où se trouve ce destinataire ?
c. À quelle nouvelle Mme de Sévigné réagit-elle dans cette lettre ?
d. Quel est le thème de cette lettre ?
e. Peut-on deviner à travers la lettre de Mme de Sévigné ce que sa fille lui a raconté dans sa dernière lettre ?

2. L'expression des sentiments

a. Quels sont les procédés d'écriture employés par la marquise ? Observez :
- les champs lexicaux* dominants ;
- les deux types de phrases les plus représentés ;
- la valeur du présent dans les lignes 5-8.

b. Quels sentiments exprime ici la marquise ?

À vous de jouer

3. Un témoin raconte

Un personnage a assisté de loin à la traversée hasardeuse de Mme de Grignan et de son mari. Il raconte ce qu'il a vu.

4. Madame de Grignan répond à sa mère

Imaginez une réponse de Mme de Grignan où celle-ci tentera de rassurer sa mère. Elle pourra même essayer de la faire rire et de lui présenter sa mésaventure comme un souvenir finalement pas si désagréable que cela.

enrichissez votre VOCABULAIRE

a. Relevez dans le texte les termes qui appartiennent au champ lexical* de la *prudence*. N'oubliez pas les antonymes*.
b. Complétez-en la liste.
c. Utilisez certains des termes trouvés dans des phrases ou un petit texte de votre composition.

la *grammaire* dans le TEXTE

... que je vous aurais mal tenu ma parole, si je vous avais promis de n'être point effrayée d'un si grand péril ! (l. 2-3)
Qu'il eût été bien mieux d'être timide ! (l. 8)

a. À quel mode et à quel temps sont les groupes verbaux soulignés ?
b. Qu'expriment ces deux formes verbales ?

Armoiries du comte de Grignan.

UNE LETTRE AMICALE

La vie au château de Grignan

À COULANGES

À Grignan, le 9e septembre [1694].

J'ai reçu plusieurs de vos lettres, mon cher cousin ; il n'y en a point de perdues : ce serait grand dommage ; elles ont toutes leur mérite particulier et font la joie de toute notre société[1] ; ce que vous mettez pour adresse sur la dernière, en disant adieu à tous ceux que vous nommez, ne vous a brouillé avec personne : *Au château royal de Grignan*. Cette adresse frappe, et donne tout au moins le plaisir de croire que dans le nombre de toutes les beautés dont votre imagination est remplie, celle de ce château, qui n'est pas commune, y conserve toujours sa place, et c'est un de ses plus beaux titres : il faut que je vous en parle un peu, puisque vous l'aimez.

Ce vilain degré[2] par où l'on montait dans la seconde cour, à la honte des Adhémars, est entièrement renversé et fait place au plus agréable qu'on puisse imaginer ; je ne dis point grand ni magnifique, parce que, ma fille n'ayant pas voulu jeter tous les appartements par terre, il a fallu se réduire à un certain espace, où l'on a fait un chef-d'œuvre. Le vestibule est beau, et l'on y peut manger fort à son aise ; on y monte par un grand perron ; les armes de Grignan sont sur la porte ; vous les aimez, c'est pourquoi je vous en parle. Les appartements des prélats[3], dont vous ne connaissez que le salon, sont meublés fort honnêtement[4], et l'usage que nous en faisons est très délicieux. Mais puisque nous y sommes, parlons un peu de la cruelle et continuelle chère que l'on y fait[5], surtout en ce temps-ci ; ce ne sont pourtant que les mêmes choses qu'on mange partout : des perdreaux, cela est commun ; mais il n'est pas commun qu'ils soient tous comme lorsqu'à Paris chacun les approche de son nez en faisant une certaine mine, et criant : « Ah ! quel fumet ! sentez un peu » ; nous supprimons tous ces étonnements ; ces perdreaux sont tous nourris de thym, de marjolaine, et de tout ce qui fait le parfum de nos sachets ; il n'y a point à choisir ; j'en dis autant de nos cailles grasses, dont il faut que la cuisse se sépare du corps à la première semonce[6] (elle n'y manque jamais), et des tourterelles, toutes parfaites aussi. Pour les melons, les figues et les muscats, c'est une chose étrange : si nous voulions, par quelque bizarre fantaisie, trouver un mauvais melon, nous serions obligés de le faire venir de Paris, il ne s'en trouve point ici ; les figues blanches et sucrées, les muscats comme des grains d'ambre que l'on peut croquer, et qui vous feraient fort bien tourner la tête si vous en mangiez sans mesure, parce que c'est comme si l'on buvait à petits traits du plus exquis vin de

1. *De notre société* : des familiers du château.
2. *Degré* : escalier.
3. *Les prélats* : hauts dignitaires de l'Église, comme cardinal ou archevêque par exemple.
4. *Fort honnêtement* : fort bien.
5. *La cruelle et continuelle chère que l'on y fait* : les repas si abondants et délicieux qu'ils finissent par être mauvais pour la santé.
6. *La première semonce* : au premier avertissement (vocabulaire militaire) ; ici, à la première tentative pour la découper.

Un dessert, peinture de Jan Davidz de HEEM (1606-1683). (Musée du Louvre, Paris.)

7. *La Trappe* : communauté de moines soumis à une règle de vie très sévère.
8. *Mandés* : écrits.
9. *Je vous rends ... que j'aime tant* : je vous renvoie en échange des détails de la même nature que les vôtres.

Saint-Laurent ; mon cher cousin, quelle vie ! vous la connaissez sous de moindres degrés de soleil, elle ne fait point du tout souvenir de celle de la Trappe[7]. Voyez dans quelle sorte de détails je me suis jetée : c'est le hasard qui conduit nos plumes ; je vous rends ceux que vous m'avez mandés[8], et que j'aime tant[9] ; cette liberté est assez commode, on ne va pas chercher bien loin le sujet de ses lettres. [...]

Tout ce qui est ici vous aime et vous embrasse, chacun au prorata de ce qui lui convient, et moi plus que tous.

Madame de SÉVIGNÉ, *Lettres.*

Interrogez le texte

1. La situation d'énonciation

a. À qui écrit Mme de Sévigné ?
b. Par quelles formules s'adresse-t-elle à lui et prend-elle congé de lui ?
c. Quel lien unit les deux personnages ?
d. Entretiennent-ils une correspondance suivie ? Justifiez votre réponse.
e. Quelle adresse M. de Coulanges a-t-il inscrite sur son dernier courrier ? Qu'a-t-elle de « frappant » ?
f. Quelle phrase annonce l'objet de la lettre ?

2. La vie de château

a. De quoi parle Mme de Sévigné dans les lignes 10-19 ? 19-37 ? Quel adjectif permet de passer d'un sujet à l'autre ?
b. Pourquoi Mme de Sévigné ne fait-elle pas une description complète des lieux ?
c. Sur quelles qualités du décor insiste-t-elle ?
d. Comment met-elle l'eau à la bouche de son lecteur ?
e. Repérez la phrase où la marquise évoque sa façon d'écrire des lettres. Comment trouve-t-elle le sujet de ses lettres ? Qu'éprouve-t-elle en écrivant ? Justifiez votre réponse.
f. Quelle impression se dégage de l'évocation de la vie au château de Grignan ?

À vous de jouer

3. À chacun sa lettre

Vous avez fait une excursion, un voyage. Vous écrivez une lettre pour en faire le récit :
a. d'abord à un destinataire qui connaît les lieux ; vous pourrez donc vous contenter d'être allusif dans votre évocation ;
b. ensuite à un destinataire qui ne connaît absolument pas ce dont vous lui parlez ; vous devrez donc être précis et donner des détails nombreux pour lui permettre de se représenter ce que vous évoquez.

4. Racontez une fête

Vous écrivez à un correspondant de votre choix pour lui raconter une fête ou un repas très réussis.

enrichissez votre VOCABULAIRE

Bizarre (l. 33) :
a. Cherchez des synonymes* de cet adjectif.
b. Utilisez certains d'entre eux dans des phrases de votre composition.

la *grammaire* dans le TEXTE

Si nous voulions ... trouver un mauvais melon, nous serions obligés de le faire venir de Paris (l. 32-35).
a. Quelle est la valeur circonstancielle de la subordonnée introduite par la conjonction *si* ?
b. À quel temps et à quel mode est le verbe de la proposition principale ?
c. Cette phrase concerne-t-elle le passé, le présent ou l'avenir ?
d. Supprimez la conjonction *si* et transformez la phrase en conservant le même sens. Quel mode allez-vous utiliser dans les deux propositions ?
e. Cherchez dans la suite du texte d'autres phrases construites de la même façon.

CHRONIQUE DE LA COUR

La mort de Vatel

LETTRE A : À MADAME DE GRIGNAN

À Paris, ce vendredi au soir, 24e avril [1671]
(chez M. de La Rochefoucauld).

Je fais donc ici mon paquet[1]. J'avais dessein de vous conter que le Roi arriva hier au soir à Chantilly[2]. Il courut un cerf au clair de lune ; les lanternes firent des merveilles ; le feu d'artifice fut un peu effacé par la clarté de notre amie[3] ; mais enfin le soir, le souper, le jeu, tout alla à merveille. Le temps qu'il a fait aujourd'hui nous faisait espérer une suite digne d'un si agréable commencement. Mais voici ce que j'apprends en entrant ici, dont je ne puis me remettre, et qui fait que je ne sais plus ce que je vous mande[4] : c'est qu'enfin Vatel, le grand Vatel, maître d'hôtel de M. Fouquet, qui l'était présentement de Monsieur le Prince, cet homme d'une capacité distinguée de toutes les autres, dont la bonne tête était capable de soutenir tout le soin d'un État[5] ; cet homme donc que je connaissais, voyant à huit heures, ce matin, que la marée[6] n'était point arrivée, n'a pu souffrir l'affront qu'il a vu qui l'allait accabler, et en un mot, il s'est poignardé. Vous pouvez penser l'horrible désordre qu'un si terrible accident a causé dans cette fête. Songez que la marée est peut-être ensuite arrivée comme il expirait. Je n'en sais pas davantage présentement : je pense que vous trouverez que c'est assez. Je ne doute pas que la confusion n'ait été grande ; c'est une chose fâcheuse à une fête de cinquante mille écus.

M. de Menars épouse Mlle de La Grange Neuville. Je ne sais comme j'ai le courage de vous parler d'autre chose que de Vatel.

1. *Je fais ici mon paquet* : j'arrête ici ma lettre pour la joindre au paquet de celles que j'ai déjà écrites et le faire partir.
2. *Chantilly*, au nord de Paris, où le prince de Condé avait son château.
3. *Notre amie* : la lune.
4. *Je vous mande* : je vous écris.
5. *Soutenir tout le soin d'un État* : être capable d'être un chef d'État.
6. *La marée* : le poisson destiné au repas. On est vendredi, jour où l'on mange maigre, c'est-à-dire où l'on mange du poisson.

LETTRE B : À MADAME DE GRIGNAN

À Paris, ce [dimanche] 26e avril [1671].

Il est dimanche 26e avril ; cette lettre ne partira que mercredi ; mais ceci n'est pas une lettre, c'est une relation que vient de me faire Moreuil[1], à votre intention, de ce qui s'est passé à Chantilly touchant Vatel. Je vous écrivis vendredi qu'il s'était poignardé : voici l'affaire en détail.

Le Roi arriva jeudi au soir ; la chasse, les lanternes, le clair de la lune, la promenade, la collation dans un lieu tapissé de jonquilles, tout cela fut à souhait. On soupa : il y eut quelques tables où le rôti manqua, à cause de plusieurs dîners où l'on ne s'était point attendu[2]. Cela saisit Vatel ; il dit plusieurs fois : « Je suis perdu d'honneur ; voici un affront que je ne supporterai pas. » Il dit à Gourville[3] : « La tête me tourne, il y a douze nuits que je n'ai dormi ; aidez-moi à donner des ordres. » Gourville le soulagea en ce qu'il put. Ce rôti qui avait manqué, non pas à la table du Roi, mais aux vingt-cinquièmes[4], lui revenait toujours à la tête. Gourville le dit à Monsieur le Prince[5]. Monsieur le Prince alla jusque dans sa chambre, et lui

1. *Moreuil* : gentilhomme de la chambre du prince de Condé.
2. À cause de convives qui n'étaient pas prévus.
3. *Gourville* tenait les comptes de la maison de Condé.
4. *Aux vingt-cinquièmes (tables)* : aux dernières tables.
5. *Le Prince de Condé*, dit le Grand Condé.

Banquet nocturne, tableau de Wolfgang HEIMBACH (1615-1678). (Kunsthistorisches Museum, Vienne.)

Sixième chambre des appartements, la collation, détail d'une gravure d'Antoine TROUVAIN (1656-1708).

dit : « Vatel, tout va bien, rien n'était si beau que le souper du Roi. » Il lui dit : « Monseigneur, votre bonté m'achève ; je sais que le rôti a manqué à deux tables. – Point du tout, dit Monsieur le Prince, ne vous fâchez point, tout va bien. » La nuit vient : le feu d'artifice ne réussit pas, il fut couvert d'un nuage ; il coûtait seize mille francs. À quatre heures du matin, Vatel s'en va partout, il trouve tout endormi, il rencontre un petit pourvoyeur qui lui apportait seulement deux charges de marée ; il lui demanda : « Est-ce là tout ? » Il lui dit : « Oui, Monsieur. » Il ne savait pas que Vatel avait envoyé à tous les ports de mer. Il attend quelque temps ; les autres pourvoyeurs ne viennent point ; sa tête s'échauffait, il croit qu'il n'aura point d'autre marée ; il trouve Gourville, et lui dit : « Monsieur, je ne survivrai pas à cet affront-ci ; j'ai de l'honneur et de la réputation à perdre. » Gourville se moqua de lui. Vatel monte à sa chambre, met son épée contre la porte, et se la passe au travers du cœur ; mais ce ne fut qu'au troisième coup, car il s'en donna deux qui n'étaient pas mortels : il tombe mort. La marée cependant arrive de tous côtés ; on cherche Vatel pour la distribuer ; on va à sa chambre ; on heurte, on enfonce la porte ; on le trouve noyé dans son sang ; on court à Monsieur le Prince, qui fut au désespoir. Monsieur le Duc[6] pleura : c'était sur Vatel que roulait tout son voyage de Bourgogne. Monsieur le Prince le dit au Roi fort tristement : on dit que c'était à force d'avoir de l'honneur en sa manière ; on le loua fort, on loua et blâma son courage. Le Roi dit qu'il y avait cinq ans qu'il retardait de venir à Chantilly, parce qu'il comprenait l'excès de cet embarras. Il dit à Monsieur le Prince qu'il ne devait avoir que deux tables et ne se point charger de tout le reste. Il jura qu'il ne souffrirait plus que Monsieur le Prince en usât ainsi ; mais c'était trop tard pour le pauvre Vatel. Cependant Gourville tâche de réparer la perte de Vatel ; elle le fut : on dîna très bien, on fit collation, on soupa, on se promena, on joua, on fut à la chasse ; tout était par-

6. *Monsieur le Duc* : le fils du prince de Condé.

fumé de jonquilles, tout était enchanté. Hier, qui était samedi, on fit encore de même ; et le soir, le Roi alla à Liancourt, où il avait commandé un *medianoche*[7] ; il y doit demeurer aujourd'hui.

Voilà ce que m'a dit Moreuil, pour vous mander. Je jette mon bonnet par-dessus le moulin, et je ne sais rien du reste. M. d'Hacqueville, qui était à tout cela, vous fera des relations sans doute ; mais comme son écriture n'est pas si lisible que la mienne, j'écris toujours. Voilà bien des détails, mais parce que je les aimerais en pareille occasion, je vous les mande.

Madame de SÉVIGNÉ, *Lettres*.

7. *Medianoche* : repas de viandes servi à minuit après un jour maigre.

Interrogez les textes

1. Consultez les usuels

a. Précisez le sens des mots et expressions suivants de la lettre **B** : *une relation que vient de me faire Moreuil* (l. 2) ; *la collation* (l. 6) ; *un petit pourvoyeur* (l. 20).
b. Qui est Fouquet (lettre **A**, l. 9)?

2. Un « scoop » (lettre A)

a. Quelles nouvelles Mme de Sévigné donne-t-elle dans sa première lettre ?
b. Quel récit avait-elle l'intention de faire ? Quel événement a changé son projet ? Par quelle formule la nouvelle est-elle annoncée ?
c. Qu'éprouve Mme de Sévigné à cette nouvelle ? Par quels procédés d'écriture l'exprime-t-elle ?
d. Quelle raison donne-t-elle du suicide de Vatel ?
e. Quelle hypothèse formulée par Mme de Sévigné rendrait ce suicide absurde ?

3. Le récit détaillé (lettre B)

a. Combien de jours séparent la lettre annonçant la nouvelle de la mort de Vatel et celle qui contient le récit détaillé de cette mort ?
b. *Ceci n'est pas* ***une lettre****, c'est une* ***relation que vient de me faire*** *Moreuil, à votre intention,* écrit Mme de Sévigné.
Quelle différence y a-t-il pour elle entre une *lettre* et une *relation* ?
c. Comparez l'évocation de la cour à Chantilly au début et à la fin du récit. Que constatez-vous ? Quelles réactions le suicide de Vatel a-t-il suscitées chez les courtisans et chez le roi ? Quelles réflexions cela vous inspire-t-il sur la vie à la cour et l'état d'esprit qui y règne ?

Louis XIV et la cour chassant en vue du château de Meudon, détail d'un tableau de l'école de VAN DER MEULEN. (Musée national du château de Versailles.)

d. Combien de temps s'écoule-t-il entre l'arrivée de la cour à Chantilly et le départ du roi ?
e. Quelles sont les péripéties* de ce récit ? Précisez le déroulement des événements en notant les indices de temps* et les réactions successives de Vatel. Comment peut-on expliquer son suicide ?
f. À quoi se limitaient les informations données sur la mort de Vatel dans la première lettre ? Quelles informations complémentaires apporte la seconde lettre ?

g. Par quels procédés d'écriture la marquise rend-elle le drame qui se joue ? Observez :

- la longueur des phrases ;
- le temps des verbes dans les phrases narratives ;
- les paroles rapportées (choix du discours direct ou indirect).

À vous de jouer

4. Lisez le texte à haute voix

Préparez la lecture à haute voix de la deuxième lettre : cherchez à en restituer le caractère dramatique.

5. Relatez des faits divers

Vous rendez compte pour un journal régional du suicide de Vatel. Le premier jour, vous publiez un scoop, une brève* qui se contentent d'annoncer la nouvelle. Le lendemain, vous composez une page détaillée, avec témoignages, interviews, enquête...
Soignez la présentation de votre article et respectez les lois du genre.

enrichissez votre VOCABULAIRE

a. Relevez au fil du texte tous les termes qui évoquent un repas.
b. Complétez cette liste de noms, de verbes et d'expressions.
c. Utilisez certains des mots trouvés dans des phrases ou un petit texte de votre composition.

la *grammaire* dans le TEXTE

a. Sous quelle forme les paroles échangées entre le Roi et Monsieur le Prince après la mort de Vatel sont-elles rapportées ?
b. Transposez-les au discours direct*.
c. L'effet produit est-il le même ? Pourquoi, à votre avis, la marquise a-t-elle utilisé le discours direct pour rapporter les paroles de Vatel et de ses interlocuteurs, mais le discours indirect* pour rapporter le dialogue entre le roi et le prince ?

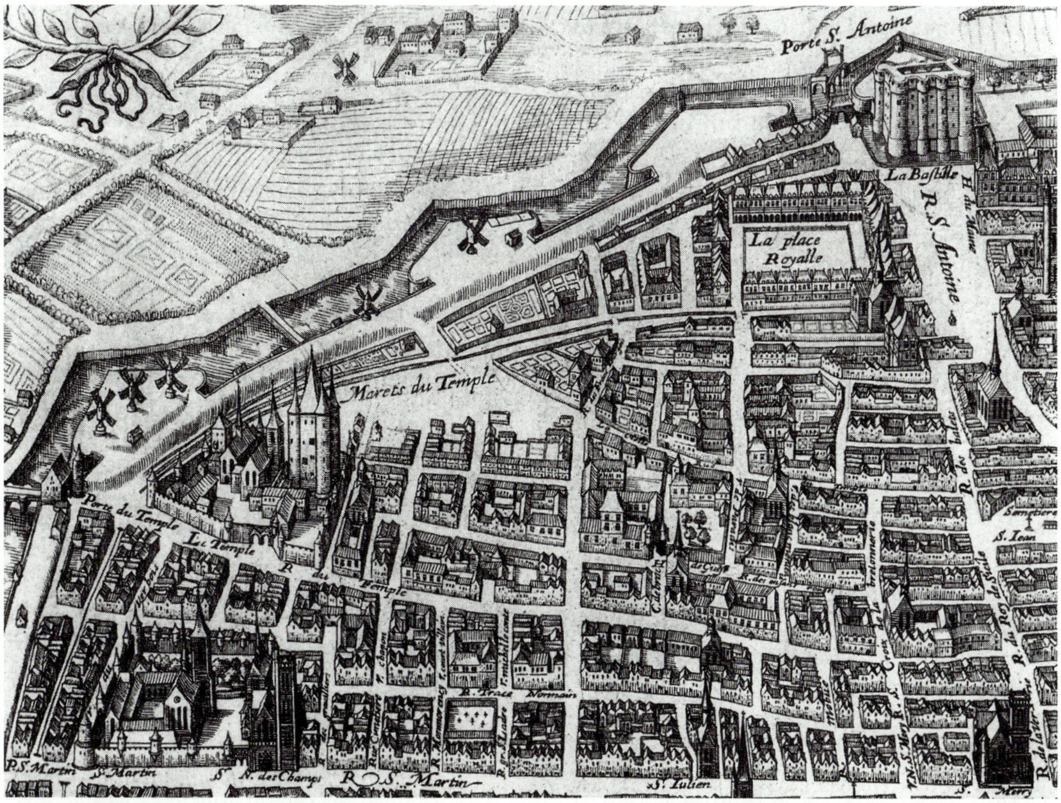

Le Marais, détail du plan de MERIAN, 1re moitié du XVIIe siècle : quartier de Paris qui vit la naissance et l'enfance de Mme de Sévigné, et où elle séjourna, dans son hôtel particulier, chaque fois qu'elle était à Paris.

Pour écrire une lettre

Vous n'écrirez pas de la même façon au principal de votre collège, à un(e) camarade ou à un membre de votre famille : il faut savoir adapter votre texte (présentation, registre de langue*) au destinataire auquel vous écrivez.

■ La lettre administrative

- Ce type de lettre doit aller à l'essentiel : elle ne doit rien comporter d'inutile. Elle se contente de traiter ce qui est annoncé comme objet de la lettre.
- Elle doit respecter strictement les **règles de présentation**.
- Si vous voulez que votre correspondant lise votre lettre avec bienveillance, vous avez intérêt à en soigner la présentation, l'orthographe et l'écriture !

■ La lettre personnelle

- Écrire une lettre à un ami ou à quelqu'un que vous aimez est l'occasion pour vous **d'exprimer vos sentiments, vos pensées, vos souhaits, vos regrets, vos joies, vos chagrins**... en laissant parler votre cœur.
- Vous vous exprimerez avec liberté, aussi longuement que vous le désirez, dans un **registre de langue familier ou courant** selon le destinataire de votre lettre : vous n'écrirez pas de la même façon à vos grands-parents et à un copain !
- Si vous voulez être lu et compris, vous avez intérêt à surveiller votre orthographe et votre écriture !

1 a. Quel est l'auteur de la lettre suivante ? le destinataire ?
b. Quel est l'objet de ce courrier ? Où est-il mentionné ?
c. Comparez la formule d'appel (qui interpelle le destinataire) et la formule de politesse. Que constatez-vous ?

Paris, le 5 février 1998

Monsieur F. Dupont
63, rue Saint-Jacques
75 000 Paris

Au responsable du service après-vente

<u>*Objet*</u> : ordinateur en réparation depuis 2 mois

Monsieur

Voici deux mois que j'ai confié mon ordinateur portable pour réparation à vos services.

Malgré mes nombreux coups de téléphone, je ne parviens pas à savoir si l'origine de la panne a été trouvée, quelles sont les réparations à prévoir. En outre, je n'ai à ce jour reçu aucun devis.

Je vous serais reconnaissant de faire le nécessaire pour accélérer les choses.

Veuillez agréer, Monsieur, mes salutations distinguées.

F. Dupont

2 a. Quelle formule d'appel l'auteur de la lettre suivante utilise-t-il ? quelle formule d'adieu ?
b. Que révèlent ces formules sur les liens qui unissent l'auteur de la lettre et son destinataire ?
c. De quoi Lili parle-t-il à son destinataire, qui n'est autre que Marcel Pagnol enfant ?
d. Pourquoi Pagnol a-t-il transcrit la lettre de Lili sans la « corriger » ? Est-elle facile à comprendre ?
e. Dans quel registre de langue cette lettre est-elle écrite ? Pourquoi ?
f. Comparez cette lettre avec celle de Vincent van Gogh à son frère (voir p. 20) : quels points communs observez-vous ? quelles différences ? Comment les expliquez-vous ?

« O collègue !

je met la main à la Plume pour te dire que les grive sont pas venu cet année. rien mé rien, même les darenagaz[1] sont parti. comme Toi. jen n'ai pas prit Deux. les perdrots non plus. jy vais plus cé pas la pène. il veau bien mieux travaillé à l'Ecole pour apprendre l'Ortografie [...] je me langui de toi [...]

ton ami pour la vie Lili.

mon Adrèse. Les Bellons Par Lavalantine France. »

Marcel PAGNOL, *Le Château de ma mère*
© Éd. Bernard de Fallois.

1. *Darenagaz* : espèce d'oiseaux.

Présenter une lettre

- La présentation d'une lettre doit respecter un certain nombre de **conventions**, très précises quand il s'agit d'une lettre administrative.
- Les deux schémas qui suivent vous donnent les **règles à respecter**, selon qu'il s'agit d'une lettre personnelle ou d'une lettre administrative.

1 - Lettre personnelle

lieu/date

Formule d'appel

Formule pour prendre congé

Signature

2 - Lettre administrative

lieu/date

Auteur de la lettre
adresse
(Téléphone)

à Monsieur X

Objet de la lettre : ....

Formule d'appel

Formule de politesse

Signature

3 **Voici deux séries de formules d'appel et de formules de politesse que l'on peut utiliser dans une lettre. Mais attention ! on n'utilise pas les mêmes formules dans une lettre administrative, adressée à quelqu'un que l'on ne connaît pas personnellement, et dans une lettre à un ami. Faites correspondre formule d'appel et formule finale et précisez, dans chaque cas, le type de lettre où elles peuvent être utilisées.**

Formule d'appel	Formule de politesse ou d'adieu
1. Monsieur **2.** Madame **3.** Monsieur le principal **4.** Madame la principale **5.** Chère Madame **6.** Cher papa **7.** Chère maman **8.** Chers papi et mamie **9.** Mon cher Pierre **10.** Chère Coralie	**a.** Je te serre la main. **b.** Je t'(vous) embrasse. **c.** Je vous envoie mon meilleur souvenir. **d.** Je vous envoie toutes mes amitiés. **e.** Amicalement. **f.** Je vous prie, Monsieur (Madame), de croire à mon respect. **g.** Affectueusement.

4 **Imaginez la réponse que Marcel, qui vit à la ville et est un brillant élève, fait à son ami Lili (voir exercice 2). Vous rédigerez aussi l'enveloppe avec l'adresse de Lili.**

5 **Imaginez une correspondance entre deux enfants qui vivent dans des mondes très différents : par exemple l'un à la ville, l'autre à la campagne ou à la montagne ; l'un en France, l'autre en Afrique ou tout autre pays étranger ; l'un dans une famille riche, l'autre dans une famille pauvre ; l'un malade hospitalisé, l'autre en bonne santé... Écrivez quelques-unes de leurs lettres : chacun essaiera de décrire ou de raconter sa façon de vivre, les menus événements de sa vie quotidienne ou les événements exceptionnels. Vous respecterez les règles de mise en page et adapterez le registre de langue à vos personnages. Ne vous croyez pas obligé de truffer votre lettre de fautes d'orthographe comme Lili !**

6 **Au nom de votre classe, vous écrivez au maire de votre commune pour lui demander de vous aider financièrement pour l'organisation d'un séjour culturel dans un lieu de votre choix. Rédigez la lettre en utilisant le registre de langue adapté, en respectant les règles de présentation et en utilisant les formules adaptées.**

2

Choisir une stratégie de lecture

Vous ouvrez un journal, une encyclopédie à la recherche d'une information précise... ou bien vous vous plongez, pour le plaisir de lire, dans une histoire palpitante... Adoptez une stratégie de lecture en fonction de ce que vous recherchez.

Les objectifs du chapitre

- Choisir la meilleure méthode pour lire un texte documentaire ou un texte littéraire.
- Savoir utiliser une table des matières.

Dans la bibliothèque, détail d'un tableau d'Edouard GELHAY (né en 1856). (Galerie Waterhouse and Dodd, Londres.)

- Que font les deux femmes représentées sur ce tableau ? Quelle impression d'ensemble se dégage ? Justifiez votre réponse.

À la recherche de l'ATLANTIDE

Mais où est donc passée l'Atlantide ? Une terre habitée de la taille d'un continent ne peut pas disparaître comme ça du jour au lendemain sans laisser d'adresse. Pourtant, l'affaire a bien failli passer inaperçue... Personne n'en avait jamais entendu parler jusqu'à ce que Platon mette les pieds dans le plat. Vers 350 avant J.-C., le philosophe athénien rédige une étonnante histoire qu'il prétend tenir de l'un de ses ancêtres. Il y est question d'une île fabuleuse fondée par Poséidon, dieu grec de la mer. Un coin de paradis grand comme l'Asie et l'Afrique réunies et baptisé Atlantide. Là, une source d'eau chaude et une d'eau froide abreuvaient les hommes et irriguaient des plantations magnifiques ; les fruits les plus rares poussaient comme des champignons et les sous-sols regorgeaient de minerais précieux. Les Atlantes, habitants de cette cité du bonheur, étaient tous beaux et bons. Ils auraient eu un bel avenir devant eux si, imbus de leur puissance, ils ne s'étaient mis en tête de conquérir le monde. Leur prétention attira les foudres de Zeus et... touché-coulé ! « Il y eut des tremblements de terre et des inondations extraordinaires et, dans l'espace d'une seule journée et d'une seule nuit terribles, tous les habitants furent engloutis d'un seul coup et l'île Atlantide, s'étant abîmée[1] dans la mer, disparut de même. C'est pourquoi, aujourd'hui encore, cette mer est impraticable, la navigation étant gênée par les hauts-fonds vaseux que l'île a formés en s'affaissant », commente Platon. Une jolie légende à la fin tragique comme la Grèce antique savait si bien en inventer. Seulement voilà, la description des faits est si précise, si riche en détails géographiques et géologiques, le récit a l'air tellement vraisemblable qu'il laisse flotter un doute. S'agit-il d'une simple fable philosophique ou l'auteur s'est-il inspiré d'événements réels ?

En fait, jusqu'à la Renaissance, seule une poignée de religieux et d'érudits se gratte la tête à propos de l'Atlantide. Puis, avec la conquête du Nouveau Monde et les grandes expéditions maritimes, l'inspiration devient débordante. Platon situe son île mythique dans l'océan Atlantique « quelque part à l'ouest des Colonnes d'Hercule » (aujourd'hui le détroit de Gibraltar). À la bonne heure ! Pour le comte Carli, notable italien du XVIe s., c'est une certitude : Christophe Colomb a découvert l'Atlantide ! Une idée tant en vogue que l'archipel où accoste le navigateur portugais hérite du nom d'Antilles. De l'espagnol Antillas, signifiant « petites Atlantides ». [...]

Une île vagabonde

Au fil des ans, le continent voyageur jette l'ancre dans presque toutes les mers du globe. On le repère aux Canaries puis au sud de l'Espagne. Il passe par l'Afrique noire, fait escale au Bénin, met le cap sur le Mexique, le Brésil avant de filer vers le Caucase. Les esprits les plus inspirés trouvent même le moyen de planter l'Atlantide en plein Sahara.

Au début du XXe s., l'île vagabonde traîne en Tunisie quand le Français Pierre Termier l'invite à un long séjour dans l'archipel des Açores. Ce sérieux professeur de l'École des Mines[2] de Paris

Peinture murale provenant de Théra (île de Santorin), XVIe siècle av. J.-C. (Musée national d'archéologie, Athènes.)

s'attache à la lettre aux propos de Platon. Selon le philosophe, les Atlantes « ... pouvaient passer de cette île sur les autres îles et, de ces îles, ils pouvaient gagner le continent... ». Autrement dit, un chapelet d'îlots jetés dans la mer servait de ponts entre l'Atlantide et l'Afrique. Partant du fait que les fonds marins sous les Açores et les Canaries sont particulièrement accidentés, Termier suppose que ces archipels formaient autrefois une chaîne de montagnes prolongeant l'Atlas dans l'Atlantique. À l'ère quaternaire, cette chaîne se serait brisée en morceaux, et une large bande de terre aurait fini sa carrière au fond de l'eau : l'Atlantide. Ingénieux !

Mais tout s'effondre avec la découverte de la dérive des continents[3] : aucun îlot des Canaries n'a jamais coulé. L'archipel s'est détaché de l'Afrique et a pris le large ! Le beau raisonnement du professeur Termier tombe à l'eau.

Pendant ce temps, dans la mer Égée, le récit de Platon fait des vagues. À côté de fouineurs farfelus, de respectables chercheurs se sont pris au jeu. Le paléontologue[4] américain Charles Pellegrino met ainsi bout à bout, depuis près de 20 ans, les analyses géologiques et botaniques, et les indices archéologiques pour prouver que les Atlantes ne sont autres que les Minoens, les habitants de la Crète antique.

La civilisation minoenne, très florissante, partage de nombreux points communs avec celle de l'Atlantide. Doués pour la métallurgie et la construction de palais somptueux, raffinés dans leurs mœurs, excellents soldats et navigateurs, ces Crétois des temps reculés sont de parfaits candidats pour entrer dans la légende. Ajoutez, indices archéologiques à l'appui, la possibilité que cette brillante civilisation ait été ébranlée par une catastrophe naturelle. Prêtez-vous à une série de calculs alambiqués[5] pour ramener les dimensions de l'île de Platon à des proportions plus modestes. Remuez le tout et sortez la Crète de votre chapeau... ou mieux encore : l'île grecque de

---

1. *S'étant abîmée* : ayant sombré.
2. *École des Mines* : grande école d'ingénieurs.
3. *La dérive des continents* : théorie selon laquelle les continents flotteraient comme des plaques à la surface d'une masse visqueuse.
4. *Paléontologue* : spécialiste des êtres vivants préhistoriques.
5. *Alambiqués* : compliqués.

Vue de l'île de Santorin.

Santorin, actuellement en tête du casting[6] pour interpréter l'Atlantide. Et pour cause ! Non seulement on y a retrouvé de fameux vestiges minoens mais mieux encore : une éruption volcanique l'a littéralement pulvérisée dans l'Antiquité. Une partie de l'île de Santorin s'est alors effondrée, le reste fut enseveli sous des tonnes de roches en fusion, tandis que des raz de marée ravagèrent la région. Un cataclysme digne de celui conté par Platon.

Seul petit hic[7] : l'auteur situe la disparition de l'Atlantide 9 000 ans avant qu'il n'en écrive l'histoire. Soit vers 9350 avant J.-C. Alors que le drame de Santorin a eu lieu vers 1500 avant J.-C. Cherchez l'erreur : une légère différence de... 78 siècles et demi. Un détail vite réglé par les défenseurs de cette thèse qui avancent tout bonnement que Platon s'est trompé d'un zéro. Il n'aurait pas décrit le naufrage historique 9 000 ans après qu'il a eu lieu mais seulement 900 ans plus tard. De cette façon, la disparition de l'Atlantide vers 1500 avant J.-C. colle pile poil avec la destruction de Santorin. Un tour de passe-passe parmi d'autres. [...]

La Cité idéale...

Pour bon nombre de spécialistes de l'Antiquité, l'île enchanteresse n'est qu'une métaphore utilisée par Platon pour faire la morale aux Athéniens. L'Athènes d'autrefois était une Atlantide et ses habitants de pacifiques paysans qui ne pensaient qu'à cultiver leur jardin. Puis ils voulurent s'enrichir par le commerce et la guerre et cessèrent d'observer les lois de la Cité. Certes la florissante ville grecque ne fut jamais engloutie mais, victime de sa soif de conquêtes, elle fut anéantie par les désastres militaires. [...]

... d'une fable géniale

Tout le talent de Platon fut d'utiliser ses connaissances pour forger une fable géniale qui a traversé les siècles, devenant une formidable source d'inspiration. Nombre de poètes et d'écrivains y ont trempé leur plume.

Betty MAMANE,
Science et Vie Junior n° 96,
septembre 1997.

6. *En tête du casting* : métaphore empruntée au monde du spectacle ; en tête de la sélection des figurants et des acteurs destinés à jouer dans un spectacle ou un film.
7. *Seul petit hic* : seul petit problème.

Illustration montrant la forme possible de l'île de Santorin avant et après l'éruption volcanique de 1470 av. J.-C.

Lire un texte documentaire

OBJECTIF
Être capable de choisir une stratégie pour lire un texte documentaire, c'est-à-dire la meilleure méthode, selon qu'on y cherche des réponses à des questions précises ou une information développée et complète.

Platon, buste exécuté par SILANION, IVe siècle av. J.-C. (Musée du Louvre, Paris.)

Observez

1. Le type et l'enjeu du texte

a. De quelle publication ce texte est-il tiré ? À quel public s'adresse-t-elle ?
b. De quel type de publication s'agit-il ?
c. Déterminez l'enjeu* de ce texte d'après son titre et la publication d'où il est tiré.

2. Pour répondre à une question précise : la lecture rapide

a. Recherchez dans le texte les éléments qui permettent de répondre aux questions suivantes.

Questions	Réponses	Lignes du texte
De quoi traite cet article ?		
Chez quel auteur trouve-t-on le récit qui est à l'origine du problème posé ?		
De quelle ville était-il originaire ?		
À quelle époque vivait-il ?		
Pour quelles raisons la postérité a-t-elle considéré que ce récit rapportait des faits réels ?		
Quel est le nom actuel des « Colonnes d'Hercule » ? Où sont-elles situées ?		
D'où vient le nom des Antilles ?		
Qu'est-il arrivé à l'île de Santorin ? À quelle date ?		
À quelle époque remonterait, selon Platon, la disparition de l'Atlantide ?		

b. Pour répondre à ces questions, avez-vous été obligé de lire attentivement l'ensemble du texte ? Expliquez comment vous avez procédé.

3. Pour comprendre le sens du texte : la lecture approfondie

a. Le thème du texte :
- Quelle question constitue le point de départ du texte ?
- Par quelle question est-elle reprise à la fin du premier paragraphe ?
- Les deux questions ont-elles exactement le même sens ?

b. La structure du texte : faites apparaître la structure du texte en donnant un titre à chaque grande partie.

Lignes	Titre proposé
1-39	
40-53	
54-84	
85-107	
107-130	
131-146	

Le texte suit-il un ordre logique ? chronologique ? Justifiez votre réponse.

c. Le récit de Platon :
- Où Platon situe-t-il l'Atlantide ? Quelle en est selon lui la superficie ? Quel en est le fondateur ?
- Qu'est-ce qui caractérisait la vie sur l'île ?
- Qui a provoqué sa disparition ? Pour quelles raisons ? De quelle façon ?
- S'agit-il d'un récit historique ? légendaire ? Justifiez votre réponse.

d. Les différentes hypothèses
- À quelle époque s'est-on de nouveau intéressé à l'Atlantide ? Comment ce nouvel intérêt s'explique-t-il ?
- À l'aide des usuels*, situez sur une carte schématique du monde les différentes localisations proposées.
- Quelles sont les deux hypothèses les plus développées ? Laquelle rencontre encore aujourd'hui une certaine faveur ? Sur quoi s'appuient ses partisans pour la défendre ? Quel argument ses adversaires opposent-ils ?
- À quelle conclusion les auteurs de l'article parviennent-ils ? Prennent-ils au sérieux les différentes hypothèses avancées au cours des siècles ? Relevez des termes qui révèlent leur opinion favorable ou défavorable.

e. Pour répondre à ces questions, avez-vous pu vous contenter d'une lecture rapide ? Justifiez votre réponse.

à retenir

Pour lire un texte documentaire, on peut choisir entre deux stratégies de lecture :

- Pour répondre à des questions précises, on peut se contenter d'une **lecture rapide**, c'est-à-dire survoler le texte pour s'arrêter seulement sur les phrases ou les passages qui contiennent l'information recherchée.

- Pour comprendre dans son ensemble ce qui est exposé ou démontré, on doit faire une **lecture approfondie,** afin de repérer :
  – le problème ou la question développés ;
  – les différentes étapes de l'exposé ou du raisonnement ;
  – les termes qui traduisent la position de l'auteur ;
  – la conclusion du texte.

À vous de jouer

4. Rédigez un compte rendu

Rédigez une fiche d'une dizaine de lignes rendant compte du contenu de cet article et visant à donner envie de le lire.

5. Expression orale

Vous avez lu dans une revue (historique, scientifique...) un article intéressant. Présentez-le oralement à vos camarades.

6. Faites une enquête

Faites une enquête sur un autre lieu mythique (la forêt de Brocéliande, la ville d'Ys, le triangle des Bermudes...). Rédigez un article ou présentez le résultat de vos recherches sous forme d'exposé.

Jules VERNE
(1828-1905)
Les soixante-deux romans de ses *Voyages extraordinaires* s'adressaient d'abord à la jeunesse de son époque. Ses livres, aux aventures passionnantes, offrent à la fois une vision futuriste du monde et une critique de la société de la deuxième moitié du XIXe siècle.

L'Atlantide

Prisonnier du capitaine Nemo à bord du Nautilus, *le professeur Aronnax découvre, à l'occasion d'une sortie en scaphandre, les splendeurs du monde sous-marin.*

Reconstitution des ruines de l'Atlantide, Aquarium de Paris, Exposition universelle de 1900.

En effet, là, sous mes yeux, ruinée, abîmée, jetée bas, apparaissait une ville détruite, ses toits effondrés, ses temples abattus, ses arcs disloqués, ses colonnes gisant à terre, où l'on sentait encore les solides proportions d'une sorte d'architecture toscane[1] ; plus loin, quelques restes d'un gigantesque aqueduc ; ici l'exhaussement empâté d'une acropole[2], avec les formes flottantes d'un Parthénon ; là, des vestiges de quai, comme si quelque antique port eût abrité jadis sur les bords d'un océan disparu les vaisseaux marchands et les trirèmes[3] de guerre ; plus loin encore, de longues lignes de murailles écroulées, de larges rues désertes, toute une Pompéi[4] enfouie sous les eaux, que le capitaine Nemo ressuscitait à mes regards !

1. *Toscane :* des environs de Florence en Italie.
2. *Exhaussement empâté d'une acropole :* hauteur massive sur laquelle se situe une acropole, où se trouvaient, à l'abri de fortifications, les sanctuaires des dieux.
3. *Trirèmes :* bateaux de guerre à trois rangs de rameurs.
4. *Pompéi :* ville du sud de l'Italie engloutie par l'éruption du Vésuve en 79 après J.-C.

Où étais-je ? Où étais-je ? Je voulais le savoir à tout prix, je voulais parler, je voulais arracher la sphère de cuivre qui emprisonnait ma tête.

Mais le capitaine Nemo vint à moi et m'arrêta d'un geste. Puis, ramassant un morceau de pierre crayeuse, il s'avança vers un roc de basalte noir et traça ce seul mot :

ATLANTIDE

Quel éclair traversa mon esprit ! L'Atlantide, l'ancienne Méropide de Théopompe, l'Atlantide de Platon, ce continent nié par Origène, Porphyre, Jamblique, D'Anville, Malte-Brun, Humboldt[5], qui mettaient sa disparition au compte des récits légendaires, admis par Possidonius, Pline, Ammien-Marcellin, Tertullien, Engel, Sherer, Tournefort, Buffon, d'Avezac[5], je l'avais là sous les yeux, portant encore les irrécusables[6] témoignages de sa catastrophe ! C'était donc cette région engloutie qui existait en dehors de l'Europe, de l'Asie, de la Libye, au-delà des Colonnes d'Hercule, où vivait ce peuple puissant des Atlantes, contre lequel se firent les premières guerres de l'ancienne Grèce !

L'historien qui a consigné dans ses écrits les hauts faits de ces temps héroïques, c'est Platon lui-même. Son dialogue de Timée et de Critias a été, pour ainsi dire, tracé sous l'inspiration de Solon, poète, et législateur.

Un jour, Solon s'entretenait avec quelques sages vieillards de Saïs[7], ville déjà vieille de huit cents ans, ainsi que le témoignaient ses annales[8] gravées sur le mur sacré de ses temples. L'un de ces vieillards raconta l'histoire d'une autre ville plus ancienne de mille ans. Cette première cité athénienne, âgée de neuf cents siècles, avait été envahie et en partie détruite par les Atlantes. Ces Atlantes, disait-il, occupaient un continent immense plus grand que l'Afrique et l'Asie réunies, qui couvrait une surface comprise du douzième degré de latitude au quarantième degré nord[9]. Leur domination s'étendait même à l'Égypte. Ils voulurent l'imposer jusqu'en Grèce, mais ils durent se retirer devant l'indomptable résistance des Hellènes. Des siècles s'écoulèrent. Un cataclysme se produisit, inondations, tremblements de terre. Une nuit et un jour suffirent à l'anéantissement de cette Atlantide, dont les plus hauts sommets, Madère, les Açores, les Canaries, les îles du cap Vert, émergent encore.

Tels étaient ces souvenirs historiques que l'inscription du capitaine Nemo faisait palpiter dans mon esprit. Ainsi donc, conduit par la plus étrange destinée, je foulais du pied l'une des montagnes de ce continent ! Je touchais de la main ces ruines mille fois séculaires[10] et contemporaines des époques géologiques ! Je marchais là même où avaient marché les contemporains du premier homme ! J'écrasais sous mes lourdes semelles ces squelettes d'animaux des temps fabuleux, que ces arbres, maintenant minéralisés, couvraient autrefois de leur ombre !

Ah ! pourquoi le temps me manquait-il ! J'aurais voulu descendre les pentes abruptes de cette montagne, parcourir en entier ce continent immense qui sans doute reliait l'Afrique à l'Amérique, et visiter ces grandes cités antédiluviennes[11]. Là, peut-être, sous mes regards, s'étendaient Makhimos, la guerrière, Eusebès, la pieuse, dont les gigantesques

5. Auteurs et historiens anciens et modernes.
6. *Irrécusables :* qu'on ne peut mettre en doute.
7. *Saïs :* très ancienne ville d'Égypte, située dans le delta du Nil.
8. *Annales :* liste chronologique des événements.
9. *Latitude nord :* distance mesurée en degrés entre un point et l'équateur, dans l'hémisphère Nord.
10. *Séculaires :* qui existent depuis un ou plusieurs siècles.
11. *Antédiluviennes :* qui remontent à un temps antérieur au déluge, très anciennes.

habitants vivaient des siècles entiers, et auxquels la force ne manquait pas pour entasser ces blocs qui résistaient encore à l'action des eaux. Un jour peut-être, quelque phénomène éruptif les ramènera à la surface des flots, ces ruines englouties ! On a signalé de nombreux volcans sous-marins dans cette portion de l'océan, et bien des navires ont senti des secousses extraordinaires en passant sur ces fonds tourmentés. Les uns ont entendu des bruits sourds qui annonçaient la lutte profonde des éléments ; les autres ont recueilli des cendres volcaniques projetées hors de la mer. Tout ce sol jusqu'à l'équateur est encore travaillé par les forces plutoniennes[12]. Et qui sait si, dans une époque éloignée, accrus par les déjections volcaniques et par les couches successives de laves, des sommets de montagnes ignivomes[13] n'apparaîtront pas à la surface de l'Atlantique !

Jules VERNE, *Vingt Mille Lieues sous les mers,* 1870.

12. *Plutoniennes* : qui viennent des profondeurs de la terre, où vit Pluton, dieu des Enfers.
13. *Ignivomes* : qui crachent du feu.

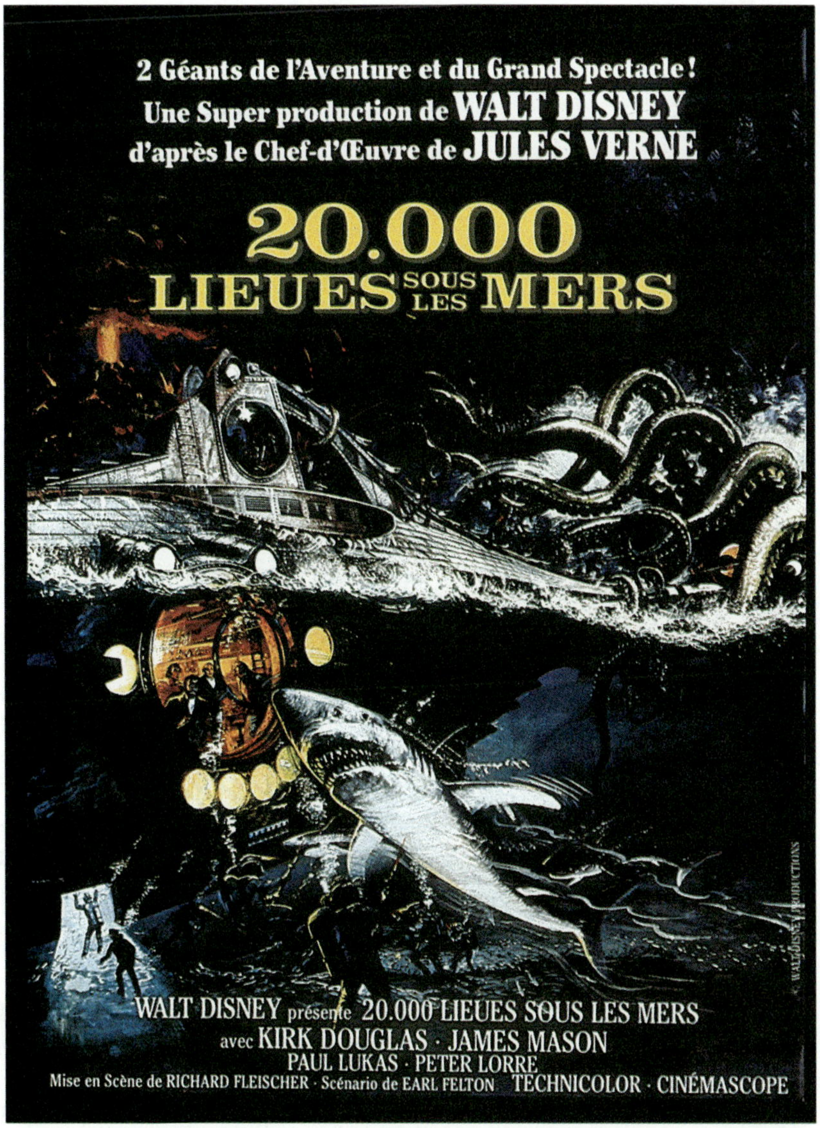

Affiche du film ***Vingt Mille Lieues sous les mers,*** réalisé par Richard FLEISCHER et produit par Walt Disney, 1954.

■ Cette affiche vous semble-t-elle une bonne illustration du roman ? Justifiez votre réponse.

OBJECTIF
Être capable de choisir une stratégie pour lire un texte littéraire, selon qu'on y cherche une réponse à une question précise, ou qu'on veut étudier le texte pour en apprécier toute la qualité.

Observez

1. Le type et l'enjeu du texte

a. De quel ouvrage ce texte est-il extrait ?
b. Qui en est l'auteur ?
c. De quel type de texte s'agit-il ?
d. Quel en est l'enjeu* ?

2. Pour aller à l'essentiel : la lecture rapide

a. Quel est le thème* de ce texte ?
b. Qui sont les protagonistes* ? S'agit-il de personnages réels ou non ?
c. Où se trouvent-ils ? S'agit-il d'un lieu réel ou non ?
d. Qui est le narrateur* ? Que décrit-il ?
e. Faites apparaître la structure du texte en donnant un titre à chaque grande partie :

Lignes	Titre proposé
1-17	
18-44	
45-69	

3. Pour apprécier la qualité littéraire d'un texte : la lecture approfondie

a. Lignes 1-11 : à travers les yeux de qui le paysage est-il décrit ? Quels sont les deux champs lexicaux* dominants ? Relevez les termes et expressions appartenant à chacun d'eux : qu'a voulu traduire l'auteur ?
b. Lignes 31-44 : comparez la version du récit de Platon chez Jules Verne et celle de *Science et Vie Junior* (p. 44). Quels points communs, quelles différences constatez-vous ? Quelle version ressemble davantage à un récit historique ? laquelle à une légende ? Justifiez votre réponse.
c. Lignes 45-69 : qu'exprime ici le narrateur ? par quels procédés d'écriture (observez les signes de ponctuation, les champs lexicaux dominants, le temps des verbes ...) ?
d. Lit-on de la même façon un texte documentaire et un texte littéraire ? Justifiez votre réponse.

4. Comparaison de textes

a. Quel développement est commun à l'article de *Science et Vie Junior* (p. 44) et au texte de Jules Verne ?
b. Quels éléments du texte de Jules Verne ne pourraient pas figurer dans l'article de *Science et Vie Junior* ? Justifiez votre réponse.
c. Les deux textes ont-ils le même enjeu ?

à retenir

Pour lire un texte littéraire, c'est-à-dire un texte écrit par un écrivain qui a son style et sa vision du monde, on peut choisir entre deux stratégies.
Une **lecture rapide** permet d'aller à l'essentiel, c'est-à-dire de repérer :
- de quoi il est question ;
- dans quel décor et à quelle époque se situe l'action ;
- qui sont les protagonistes* ;
- qui est le narrateur* ;
- quelles sont les grandes parties du texte.

Une **lecture approfondie** permet d'apprécier ce qui fait la qualité littéraire du texte, c'est-à-dire :
- l'évocation d'un monde réel ou imaginaire ;
- la mise en scène de personnages et leur psychologie ;
- les effets recherchés par les procédés d'écriture utilisés et par les champs lexicaux* dominants ;
- les idées et les émotions que veut communiquer l'auteur.

À vous de jouer

5. Donnez votre jugement

Lequel des deux textes traitant de l'Atlantide préférez-vous ? Donnez les raisons de votre préférence.

6. Écrivez à la manière de Jules Verne

Au cours d'un voyage dans une contrée imaginaire, vous découvrez les vestiges d'une civilisation disparue. Racontez votre découverte à la manière de Jules Verne.

Un rêve dans les ruines de Pompéi, peinture de Paul Alfred de CURZON, 1866. (Musée municipal, Bagnères-de-Bigorre.)
- Quels sont les éléments réels représentés sur ce tableau ? En quoi consiste le rêve ?
- Quels points communs y a-t-il entre l'Atlantide et Pompéi ?

Utiliser une table des matières

UN OUVRAGE DOCUMENTAIRE

Table des matières

Michel LE BRIS, *La Fièvre de l'or,*

Utiliser une table des matières

Couverture de *La Fièvre de l'or*, Découvertes Gallimard.

■ Que représente l'illustration choisie pour cette couverture ?
■ Qu'est-ce qui vous semble le plus accrocheur, le visuel* ou le titre ? Justifiez votre réponse.

OBJECTIF
Être capable de lire et d'utiliser la table des matières d'un ouvrage documentaire.

Observez

1. La table des matières d'un ouvrage documentaire

a. Quel est le titre de l'ouvrage ? De quoi traite-t-il ?
b. Qu'indiquent dans la table des matières les titres en grandes capitales soulignées ?
c. À quoi correspondent les titres en caractères romains minuscules ? Observez les indications de pages qui les accompagnent : que remarquez-vous sur la pagination des chapitres I à VI ?
d. L'ouvrage est-il construit de façon chronologique ? en fonction de la géographie ? Quels noms propres devez-vous chercher dans un dictionnaire pour pouvoir répondre ?
e. Cette table des matières est-elle claire ? facilement compréhensible ? toujours explicite ? Justifiez votre réponse.
f. Le titre de l'ouvrage *La Fièvre de l'or* vous semble-t-il bien correspondre au contenu de l'ouvrage ?

À vous de jouer

2. Utilisez la table des matières de *La Fièvre de l'or*

Vous avez un exposé à faire sur…	… vous lirez le(s) chapitre(s)…, p. …
La recherche de l'or au Canada	
Les débuts de la ruée vers l'Ouest	
Les différentes techniques d'extraction de l'or	
Les conditions de vie des chercheurs d'or	

à retenir

• **Pour découvrir le contenu d'un ouvrage documentaire,** on peut commencer par consulter la table des matières : les titres des chapitres et les sous-titres qui les accompagnent parfois donnent une indication de leur contenu.
• **Pour consulter un ouvrage sur un problème précis,** il faut lire la table des matières et repérer le chapitre qui permet de répondre aux questions qu'on se pose.

Chercheur d'or, aquarelle de Maurice SAND, 1861.

UN ROMAN

TABLE DES MATIÈRES

PREMIÈRE PARTIE

DEUXIÈME PARTIE

Jules VERNE, *Vingt Mille Lieues sous les mers,* 1870.

Utiliser une table des matières

■ Comment le visuel* de cette couverture est-il composé ?

■ Quels textes différents figurent sur cette couverture ? Quelles sont les indications qui sautent immédiatement aux yeux ?

OBJECTIF

Être capable de lire et d'utiliser la table des matières d'un roman.

Observez

1. La table des matières d'un roman

a. Quel est le titre du roman ?

b. Lieux et personnages : que vous apprend la lecture de la table des matières :

- sur les différents lieux où se déroule l'action ? Situez-les sur une carte schématique du monde.
- sur le protagoniste* ? Dans quels titres est-il mentionné ?

c. L'énigme : rapprochez les titres des chapitres 1, 6, 7 et 11 (première partie). Quel mystère est créé par le titre du premier chapitre ? Quelle hypothèse est formulée au chapitre 7 ? Quel titre apporte la solution de l'énigme ? Que poursuivait-on à toute vapeur au chapitre 6 ?

d. L'action : sur quelle situation initiale s'ouvre le roman ? Sur quelle situation se ferme-t-il ?

- Quelles sortes de péripéties jalonnent le développement ? Quels titres annoncent des accidents ou des actes de violence ?
- Quel titre évoque, en 1870, un monde de science-fiction ?
- Dans quelle partie et dans quel chapitre doit se trouver l'extrait cité p. 49 ?

e. L'enjeu : de quel genre de roman s'agit-il ? Justifiez votre réponse.

À vous de jouer

2. Écrivez à la manière de Jules Verne

Imaginez le titre d'un roman policier, d'aventure ou de science-fiction. À la manière de Jules Verne, établissez-en la table des matières. Rédigez la première page du roman.

Paysage sous-marin de l'île Crespo, gravure de H.T. HILDIBRAND pour *Vingt Mille Lieues sous les mers,* collection HETZEL.

à retenir

On peut consulter la table des matières d'un roman :

- pour retrouver un passage précis ;
- pour avoir une idée d'ensemble de l'action.

Pour faire une fiche de lecture

Une fiche de lecture présente de façon claire, intéressante et précise un livre. Elle permet de prendre connaissance de son contenu et de comprendre ce qui en fait l'intérêt. Elle donne envie de le lire.

Présenter l'ouvrage

- **Auteur** : nationalité ; dates de sa naissance et de sa mort.
- **Titre** : date de la parution ; collection ; éditeur.
- **Genre** : ouvrage documentaire, d'information ; texte littéraire : conte, récit d'aventures, histoire policière, récit fantastique, historique...

Présenter un récit

1 - Le narrateur :

- Qui raconte ? À quelle personne le récit est-il rédigé ?
- Le narrateur est-il extérieur à l'action ? simple témoin ? un des personnages ?

2 - Le cadre et l'époque :

- Dans quel cadre l'action se déroule-t-elle ?
- À quelle époque ? Dans quel milieu ?

3 - L'intrigue :

- Qui est le personnage principal (nom, âge, milieu social ou métier...) ?
- Quelle est sa situation au début du récit ?
- Quel est son projet, ou son problème ?
- Quels seront ses alliés ?
- Quels obstacles doit-il vaincre ? Qui sont ses adversaires ?
- Rappelez les principales épreuves qu'il devra affronter.
- La situation finale du héros : a-t-il triomphé ou a-t-il échoué ? A-t-il changé ? comment ? grâce à quoi ?

Il peut y avoir un ou plusieurs protagonistes.

Donner vos appréciations

Notez ce qui vous a intéressé dans le livre :

- Le personnage principal ? Brossez son portrait physique et moral en illustrant ses principaux traits de caractère par des exemples.
- L'humour ? le comique ? Donnez quelques exemples.
- Le suspense ? Rappelez un des moments les plus palpitants.
- Les renseignements sur l'époque, le milieu ? Précisez l'aspect historique ou social qui vous a intéressé.

Pour faire une fiche de bibliothèque

Il s'agit de présenter rapidement un livre qui vous a plu, pour donner envie de le lire.

1 - Présenter le livre :

Suivez les indications du paragraphe ci-contre.

2 - Susciter l'intérêt :

- Résumez le thème général ou citez les premières lignes du récit : de qui l'auteur raconte-t-il l'histoire ? Où et quand se passe-t-elle ?
- Expliquez ce qui fait l'intérêt du livre : humour, suspense, psychologie des personnages...
- Piquez la curiosité de vos camarades sans les priver du plaisir de la découverte.

Résumer un texte narratif

1 - Lecture rapide :

- Lisez rapidement le texte pour en dégager le thème. Résumez-le en une courte phrase.

2 - Lecture approfondie :

- Soulignez les indices de temps et de lieu ;
- repérez le ou les protagoniste(s)* ;
- comparez la situation initiale et la situation finale : y a-t-il eu amélioration ? dégradation ? comment ? grâce à qui et à quoi ? malgré qui ou quoi ?

3 - Rédiger le résumé :

- Conservez le point de vue, la personne et les temps des verbes du texte original.
- Rendez l'atmosphère sans conserver l'ensemble des notations descriptives.
- Résumez au discours indirect les pensées et les propos des personnages.

Résumer un texte informatif

1 - Lecture rapide :

- Lisez rapidement le texte pour en dégager le thème. Résumez-le en une courte phrase.

2 - Lecture approfondie :

- Soulignez les termes qui expriment les liens logiques d'une idée à l'autre.
- Résumez, paragraphe par paragraphe, les idées développées, en éliminant les détails.

3 - Rédiger le résumé :

Voir, ci-dessus, **Résumer un texte narratif, 3.**

L'or
à travers les textes

Chercheurs d'or, gravure coloriée.

▶ L'OR : **A2, 0 H 35**

Mirages

Que connaît-on de l'or ? Sa formule chimique, son prix à l'once[1]. Sa valeur semble presque abstraite[2], il est pourtant le produit du travail des hommes.

« NOUS allons vous montrer combien de sueur et de sang coûte un lingot d'or. » D'emblée, le commentaire de Michel Honorin donne le ton. Son documentaire est bâti sur l'opposition entre deux mondes, d'un côté le hall de la Bourse, les bureaux feutrés d'un financier, de l'autre les visages crispés par l'effort de ceux qui, aux quatre coins de la planète, dans des conditions harassantes, creusent le roc ou piétinent la boue à la recherche de quelques pépites.

Le métal jaune est un sujet qui fascine Michel Honorin. Déjà dans « Les derniers Far West », série diffusée sur Antenne 2 l'année dernière, il était allé traquer quelques chercheurs d'or. Cette fois, il a vraiment fait le tour du monde des orpailleurs[3] pour tenter de cerner leur vie quotidienne. Mais leurs rêves sont presque toujours illusoires : ceux qui découvrent et extraient sont rarement ceux qui s'enrichissent.

Sur tous les continents, pour quelques paillettes, des hommes usent leur santé, mettent leur vie en danger. Au Burkina-Faso, perchés sur une falaise en à-pic, ils piochent à même la muraille, risquant à chaque instant de tomber 50 mètres plus bas. Mais les chutes n'impressionnent pas cette foule qui s'affaire, pelles et pioches à la main, sacs sur le dos.

Ci-dessus et page de droite :
Mineurs de la Serra Pelada (Brésil), photographiés par Sebastiao SALGADO.

Le précieux métal est souvent caché dans des régions inhospitalières : déserts, forêts vierges. En Amazonie, par exemple, c'est au fond de l'eau qu'il gît. Des casse-cou s'y aventurent pourtant, populations misérables qui doivent fouiller le fleuve fangeux[4] au risque de s'asphyxier. *« Forçats d'un bagne volontaire »,* commente Michel Honorin.

Sous toutes les latitudes, l'or exerce une fascination. *« C'est comme une drogue,* explique le réalisateur, *dès lors qu'on en a trouvé un peu, on ne veut plus partir, c'est l'engrenage. »* Aux Philippines, dans un immense bidonville de cent mille personnes bâti sur une montagne, les hommes vivent dans la boue, au milieu des ordures. Chaque jour ils descendent dans la mine, fouillent le sous-sol avec des outils rudimentaires. Les conditions de travail sont dramatiques, les accidents fréquents : de jeunes enfants se démettent les vertèbres à porter des sacs trop lourds.

Devant ces images, le discours de M. Martini, financier, spécialiste de l'or, apparaît singulièrement décalé[5]. Il raconte l'histoire du symbole de la richesse et du pouvoir, qui servit longtemps de monnaie. Encore abondamment consommé en Occident, l'or nourrit toujours bien des rêves et sa seule évocation produit une sorte d'euphorie[6], que certains savent exploiter habilement. En Arizona, on organise des week-ends de chercheurs d'or à des prix exorbitants. Pour quelques jours, des familles entières revivent le temps des pionniers. Ensemble elles ramassent quelques pépites qu'elles placeront, en souvenir, dans un petit bocal transparent.

En Australie, des aventuriers partent encore dans le désert un détecteur de métal à la main. Et là aussi les gains sont souvent hypothétiques[7] ; deux frères qui se sont lancés à grands frais dans l'exploitation minière en savent quelque chose. Il existe pourtant sur le continent australien de gigantesques mines où l'extraction de l'or est une industrie comme une autre. Là, les conducteurs d'énormes pelleteuses ne voient quasiment jamais la matière qu'ils extraient de la roche.

Au Canada aussi, la recherche des gisements et l'exploitation sont effectuées de manière scientifique : on fore sous la banquise. Mais, le plus souvent, la quête des chercheurs d'or est à l'image de cette ville fantôme, filmée par Michel Honorin, qui n'a pas résisté au temps et demeure désolée, balayée par les vents. Vestige des chimères et des rêves perdus.

Christiane MIGRAINE,
Le Monde, 19 août 1991.

1. *L'once :* unité de mesure, environ 30 g.
2. *Abstraite* : sans rapport avec la réalité.
3. *Orpailleurs* : chercheurs d'or dans les rivières.
4. *Fangeux* : boueux.
5. *Décalé* : non conforme à la réalité.
6. *Euphorie* : manifestation de joie intense.
7. *Hypothétiques* : incertains.

Interrogez le texte

1. Le type et l'enjeu du texte

a. De quel type de texte s'agit-il ? Justifiez votre réponse.
b. À quelle occasion ce texte a-t-il été publié ?
c. Quel est l'enjeu* de ce texte ?

2. Lecture rapide

a. Précisez le thème du texte en observant :
- le titre (que signifie le mot *mirages* ?) ;
- le chapeau* ;
- la première phrase.

b. Ces informations sont-elles suffisantes pour connaître le contenu de l'émission télévisée ? Justifiez votre réponse.
c. En parcourant rapidement le texte, repérez les pays dans lesquels le réalisateur est allé filmer les chercheurs d'or.

3. Lecture approfondie

a. Quels sont les deux mondes qu'oppose le documentaire de Michel Honorin ?
b. Quels paragraphes évoquent plus particulièrement le monde des orpailleurs ? Relevez au fil du texte les termes ou expressions qui évoquent le « mirage » de l'or et ceux qui évoquent les conditions dans lesquelles travaillent les mineurs. Quels champs lexicaux* opposés dominent cette évocation ?
c. Quelles sont les deux formes d'extraction minière ?
d. Le réalisateur du documentaire cherche-t-il seulement à informer ou aussi à influencer les téléspectateurs ? Justifiez votre réponse. Repérez la phrase qui résume son point de vue.

Intérieur de la Bourse d'Amsterdam.

À vous de jouer

4. Enquête et expression orale

Cherchez au C.D.I. ou dans une bibliothèque des documents sur l'exploitation de l'or dans un des pays cités dans le texte. Faites une présentation orale du résultat de vos recherches en illustrant votre propos.

enrichissez votre VOCABULAIRE

a. Relevez les termes qui appartiennent au champ lexical* de l'*or*. Précisez leur sens.
b. Relevez les termes et expressions du texte qui appartiennent au champ lexical de l'*illusion*. Précisez leur sens.
c. Enrichissez ces listes.
d. Utilisez certains des mots trouvés dans un petit texte ou des phrases de votre composition.

la *grammaire* dans le TEXTE

a. Repérez dans le dernier paragraphe le membre de phrase qui formule une comparaison. Analysez-la à l'aide du schéma de la page 17.
b. Quelle phrase non verbale reprend cette comparaison sous la forme d'une métaphore* ?
c. Quelle impression laisse ce dernier paragraphe ?

La porte d'or

Avant la ruée vers l'or, San Francisco n'était qu'un village de 500 habitants, accroché aux flancs d'une colline abrupte, à l'abri très relatif d'une baie dangereuse, que visitaient de loin en loin les chasseurs de baleines russes, cantonnés à Fort Ross ou à Fort Bragg, et les trappeurs de la Compagnie de la baie d'Hudson.

Mines d'or de Californie, détail d'un prospectus pour encourager la ruée vers l'or en Californie.

1 500 aventuriers déferlent sur San Francisco dans les six premiers mois de 1849, 25 000 dans les six mois suivants. Dont 4 000 marins déserteurs qui laissent là leurs navires, échoués dans la vase. Pas de quai, ni de jetée : les arrivants doivent patauger sur 100 mètres, ployant sous le poids de leurs bagages.

Une ville de toile et de boue

Pas de logements. À Parker House, on entasse les nouveaux venus à vingt par chambre. Sans draps, ni couvertures. Les plus entreprenants construisent des hôtels à la hâte – autrement dit des baraques, couvertes de branchages. On transforme les hangars en dortoirs. On fabrique des tentes dans les voiles des navires. Des caisses d'emballage servent de niches pour la nuit. On dort n'importe où, à même le plancher, sur des chaises, dans les mangeoires des chevaux. Une place sur une table se loue, pendant l'hiver, 10 dollars pour six heures. Un rocking-chair, 8 dollars. Et les rats qui pullulent agressent les dormeurs, trop épuisés pour pouvoir réagir.

On manque de tout, et d'abord de nourriture. Durant l'hiver 1849, un œuf se vend jusqu'à un dollar. Une pomme de terre, venue de Hawaii, 60 cents ! Les légumes sont si rares qu'on les expose dans les vitrines. Les rues, dessinées grossièrement à angle droit au flanc des collines, ne sont pas nivelées. Des monceaux d'ordures s'accumulent aux portes des maisons. En été, la poussière et les émanations[1] sont intolérables. L'hiver,

1. *Émanations* : mauvaises odeurs.

les rues deviennent des fleuves de boue, que l'on essaie de traverser à l'aide de planches, au risque de se noyer. « On a vu dans certains quartiers se former des fondrières[2] où des hommes et jusqu'à des mulets ont disparu sans qu'il fût possible de leur porter secours », raconte un chercheur d'or français. On improvise des trottoirs avec tout ce qui passe sous la main : barils, caisses, sacs de café, de farine, de tabac, poêles de cuisine, et même... un piano.

Attirés par la spéculation, des bateaux arrivent bientôt du monde entier, regorgeant de marchandises

On croule sous le superflu, alors que l'on manque cruellement du nécessaire. Pas de pommes de terre, mais une réserve de tabac à chiquer pour au moins cinquante ans ! Des machines à extraire de l'or inutilisables. 5 000 chapeaux de femme, pour une ville d'hommes. Et guère de lieux de stockage. Aussi empile-t-on les marchandises en plein air, dans la rue. Et puis on les vend et les revend sans cesse, aux enchères publiques, sur la Plaza. On spécule, frénétiquement, le jour. Et l'on joue, la nuit, à l'Eldorado, au Verandah, à l'Arcade, au Casino, au Polka, les seuls bâtiments en bois bâtis autour de la Plaza, que l'on commence à appeler Portsmouth Square. Des chercheurs d'or, descendus de la Sierra Nevada chargés de pépites, se ruinent en une soirée et se retrouvent clochards. Des fortunes se font et se défont en une journée.

« Les gens de San Francisco sont fous à lier ! », écrit le correspondant du *New York Evening Post*, en novembre 1849. Le Parker Hotel se loue 110 000 dollars par an, une simple boutique de planches, 3 000 dollars par mois. L'argent se prête à la semaine au taux de 5 %. Un homme, débarqué avec une pile de vieux journaux, les vend en un instant 10 dollars pièce. Un autre échange un paquet de clous contre son poids d'or à un charpentier pressé. Et comme chacun n'a en tête que le départ vers les mines, la main-d'œuvre est hors de prix : 20 dollars par jour pour un ouvrier.

Michel LE BRIS, *La Fièvre de l'or*,

2. *Fondrières* : trous pleins d'eau dans un chemin défoncé.

La Ruée vers l'or, film de Charlie CHAPLIN, 1925.

Les montagnes Rocheuses : émigrants traversant les plaines, gravure coloriée. (New York City Museum.)

Interrogez le texte

1. Le type et le thème du texte

a. De quel ouvrage ce texte est-il tiré ?
b. Quel est l'enjeu* de ce type d'ouvrage ?
c. D'après le titre, le chapeau* et les intertitres*, quel est le thème de ce texte ?
d. Quelle année précise est évoquée ? Quelle expression du chapeau vous permet de deviner ce qui commence cette année-là ?
e. Quel est donc l'enjeu précis de cette page ?

2. Lecture rapide

a. Qu'était San Francisco avant que commence la ruée vers l'or ?
b. Sa situation géographique, son site, ses équipements portuaires la prédisposaient-ils à accueillir des populations aussi nombreuses ?
c. Quelles sortes d'immigrants débarquent en masse à San Francisco ?
d. Quelles difficultés rencontrent les nouveaux arrivants ?

3. Lecture approfondie

a. Lignes 8-71 : à l'aide du tableau suivant, faites apparaître paragraphe par paragraphe la structure du texte :

Lignes	Formule d'entrée du paragraphe	Exemples illustrant le thème annoncé
8-21		
22-40		
41-58		
59-71		

b. Quel est le rôle des intertitres ?
c. Ce texte illustre-t-il bien le titre de l'ouvrage ?

À vous de jouer

4. Rédigez une lettre

Parti chercher fortune à San Francisco, un immigrant qui vient de débarquer écrit une lettre où il raconte son arrivée à un ami ou un frère resté au pays... Utilisez les données du texte pour décrire le cadre, l'ambiance, les personnages rencontrés...

enrichissez votre VOCABULAIRE

a. Relevez les verbes du texte qui expriment une idée d'*amoncellement* ou de *multitude*. Précisez leur sens.
b. Enrichissez-en la liste.
c. Utilisez certains de ces verbes dans des phrases ou un petit texte de votre composition.

la *grammaire* dans le TEXTE

Un œuf se vend jusqu'à un dollar (l. 23).
a. À quelle voix est le verbe ?
b. Proposez deux transformations possibles de cette phrase sans en modifier le sens. Quelles voix avez-vous utilisées ?
c. Cherchez dans le texte d'autres exemples semblables.

L'or le plus meurtrier du monde

L'or, c'est un peu le synonyme de l'Afrique du Sud, l'autre label[1] du pays avec l'apartheid[2] ; un titre envié si l'on songe que 43 % du précieux métal jaune recensé dans le monde a été produit dans cet eldorado au cours des quatre-vingt-quinze dernières années.

Le bassin aurifère[3] forme un arc de 480 kilomètres de long, à cheval sur la frontière entre l'État libre d'Orange et la province du Transvaal. Une ceinture dorée appelée le Reef, qui court sous la rivière, le Vaal. Un arc qui a justement la forme d'un fer à cheval, porte-bonheur qui a fait fleurir sur ses courbes convoitées sept principales zones d'exploitation. Cinquante-cinq mines que se partagent six grands groupes industriels dont l'activité est de remonter à la surface la roche contenant les fines particules d'or le plus souvent invisibles à l'œil nu. C'est un travail de Romains... ou plutôt de Noirs sud-africains, que l'extraction de ce dépôt enserré dans des strates[4] de plus en plus profondes et qu'il faut délivrer au prix d'efforts gigantesques.

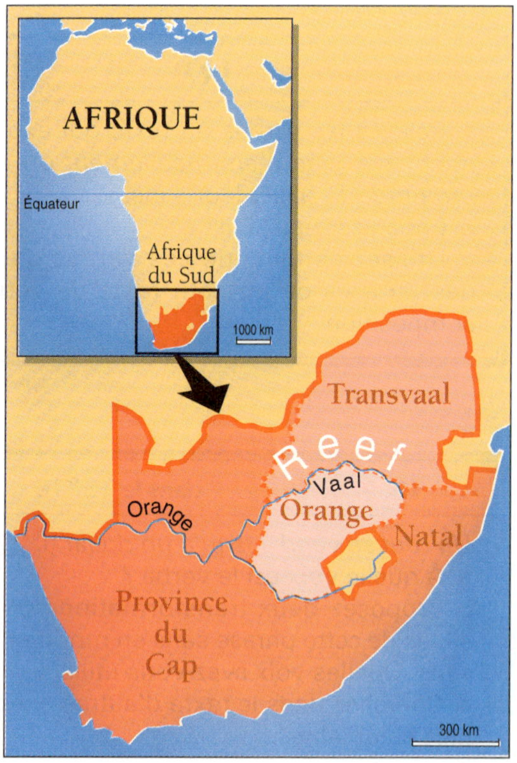

Casqués, bottés, gantés, la descente commence

Le monte-charge glisse vers les entrailles de la terre en quelques minutes. Pas même le temps d'un pincement de cœur, mais le silence s'impose de lui-même, comme si l'écoute du monde intérieur avait déjà commencé. Un voyage dans les profondeurs, un va-et-vient permanent entre le dehors et le dedans par l'intermédiaire de l'artère que constitue le monte-charge. Un poumon perpétuel engloutissant une force de travail et « recrachant » des hommes épuisés et le prix de leur fatigue : le minerai.

L'or est loin, très loin, à des kilomètres. Descendu de la cage, il faut ensuite prendre un mini-train à travers un labyrinthe de galeries, des dédales de boyaux[5] qui se rétrécissent au fur et à mesure que l'on approche du lieu de taille. La fin du voyage vers les ténèbres s'effectue toujours à pied. On descend encore et toujours. La chaleur augmente. La lumière artificielle devient plus chiche. Les mines d'or sud-africaines sont les plus profondes au monde. Une moyenne qui varie entre – 2 000 et – 3 000 mètres. Celle de Western Deep Level devrait bientôt atteindre la cote – 4 265 mètres.

À ce niveau la pression est énorme. À moins de 3 600 mètres, c'est comme si l'on avait 10 000 mètres d'eau au-dessus de la tête. La température peut atteindre 60 degrés. Elle est réduite au moyen d'air pompé à la surface puis ventilé. On a même recours à de la glace.

Un travail éprouvant, difficile et dangereux. Chaque année, près de 600 mineurs sont tués, le

1. *Le label* : la marque.
2. *Apartheid* : politique pratiquée en Afrique du Sud et qui, jusqu'en 1990, a consisté à exclure les Noirs de la vie politique et à leur interdire de se mêler aux Blancs.
3. *Aurifère* : qui contient de l'or.
4. *Des strates* : des couches successives.
5. *Des dédales de boyaux* : des labyrinthes de galeries étroites.

Mineurs du Vaal Reef (Afrique du Sud).

plus souvent par des chutes de rochers. Depuis 1911, environ 44 000 hommes ont péri dans les mines d'or sud-africaines, dont 3 000 Blancs et 41 000 non-Blancs. Les mines les plus meurtrières au monde, en raison de la profondeur, mais aussi parce que la mécanisation est impossible à cause de l'étroitesse de la veine. [...]

Ce n'est qu'accroupi ou assis que l'on peut extraire des tréfonds le quartz renfermant l'or. Car au fur et à mesure de la progression, le tunnel est devenu boyau puis faille. Les genoux recouverts d'une protection de caoutchouc, le front ceint[6] d'un morceau de toile qui dépasse du casque, les mineurs sont à l'œuvre par 34 degrés, dans la pétarade des marteaux-piqueurs. Ils percent et percent, toujours et encore, dans une portion de quartz délimitée à la peinture rouge sur un mur gris-noir qui fait à peine un mètre de hauteur. Au milieu de cette face, champ de bataille contre le roc, un filet plus foncé de deux à trois centimètres de large qui court le long de la paroi : le Reef, la fameuse veine qui renferme en son sein les paillettes recherchées.

Dans ce cul-de-basse-fosse[7] abyssal[8], les mineurs, pataugeant dans les flaques d'eau, ne communiquent entre eux qu'au moyen d'une sorte d'espéranto[9] rudimentaire appelé le *fanakalo*. Une langue faite d'emprunts à six autres et qui permet à toutes les ethnies et à toutes les races de se comprendre. Quatre-vingts pour cent des 460 000 travailleurs noirs de l'or n'ont pas la nationalité sud-africaine. Ils viennent pour la plupart des *homelands*[10] ou des États voisins. Ils signent un contrat d'un an renouvelable suivant les besoins et sont plongés dans un univers dont ils n'avaient pas la moindre idée. Logés dans des *hostels*, ces baraquements pour célibataires, ils s'entassent dans des chambrées souvent sordides et misérables. Ils ne rentrent voir leur femme et leurs enfants qu'une fois par an.

Michel BOLE-RICHARD,
© Éd. Autrement, novembre 1985,
cité dans *La Fièvre de l'or* de
Michel LE BRIS, coll. Découvertes Gallimard.

---

6. *Ceint* : entouré.
7. *Ce cul-de-basse-fosse* : ce cachot souterrain.
8. *Abyssal* : dont la profondeur est insondable, impossible à mesurer.
9. *Espéranto* : langue universelle fabriquée à partir d'éléments empruntés à diverses langues.
10. *Homelands* : territoires d'Afrique du Sud où étaient regroupés les Noirs selon leur origine, à l'époque de l'apartheid.

L'or à travers les textes

Interrogez le texte

1. Lecture rapide

a. De quel type de texte s'agit-il ?
b. Le titre et le chapeau* permettent-ils de savoir de quoi il est question dans ce texte ? Justifiez votre réponse.
c. À quelle date ce texte a-t-il été publié ? Pourquoi est-il important de le savoir ?
d. Repérez le passage qui semble suggérer que l'auteur de l'article est descendu personnellement dans la mine.
e. Recherchez dans le texte les éléments qui permettent de répondre aux questions suivantes :

Fabrication de lingots d'or en Afrique du Sud.

Questions	Éléments de réponses	Lignes
Jusqu'à quelle profondeur exploite-t-on l'or en Afrique du Sud ?		
De quelle façon les mineurs rejoignent-ils leur poste de travail ?		
Combien d'hommes ont péri entre 1911 et 1985 dans les mines sud-africaines ?		
Combien de Blancs sont morts ? combien de non-Blancs ?		
Les mineurs sont-ils tous originaires d'Afrique du Sud ?		

2. Lecture approfondie

a. Dans quel chapitre de *La Fièvre de l'or* ces pages figurent-elles (voir p. 54) ?
b. Pourquoi l'auteur de l'article parle-t-il d'*eldorado* à propos de l'Afrique du Sud ? Dans quel sens utilise-t-il ce terme ? Reportez-vous à l'article du *Petit Robert* reproduit ci-dessous.

> **ELDORADO** [ɛldɔʀado] n. m. — 1835 ; *el Dorado*, nom d'un pays fabuleux d'Amérique du Sud 1640 ; mot esp. « le doré, le pays de l'or » ♦ Pays merveilleux, de rêve, de délices. ⇒ **éden, paradis** (cf. Pays de cocagne*). « *Tu vois quel est mon Eldorado, ma terre promise* » (Gaut.). *Des eldorados.*

Petit Robert de la langue française, 3e éd. mise à jour 1997.

c. Faites apparaître la structure du texte en donnant un titre à chaque paragraphe :

Paragraphe	Titre proposé
1	
2	
3	
4	
5	
6	
7	

d. Pour quelles raisons le travail dans les mines d'Afrique du Sud est-il particulièrement pénible ?
e. Par quelles comparaisons* et métaphores* l'auteur de l'article évoque-t-il la mine comme un enfer où l'on se perd ?
f. Proposez d'autres titres pour ce texte.

À vous de jouer

3. Recherche et expression orale

Consultez au C.D.I. ou dans une bibliothèque des revues, par exemple celles de l'U.N.E.S.C.O., concernant le travail des enfants dans le monde. Choisissez un exemple précis que vous présenterez sous forme d'exposé.

enrichissez votre VOCABULAIRE

a. Quels sont les différents sens du mot *veine* (l. 55) ?
b. Quels sont les dérivés de ce nom ?
c. Utilisez les mots trouvés en situation dans des phrases de votre composition.

Jack LONDON
(1876-1916)
Écrivain américain. Tour à tour marin, garde-côtes, chercheur d'or au Canada, ouvrier et vagabond, il connut une vie d'aventures dont ses romans s'inspirent largement.

1. *La grève* : le rivage.
2. Une livre canadienne = environ 450 g.
3. *Vapeurs* : bateaux à vapeur.
4. *Le prix du fret* : le prix pour le transport des objets.
5. *La ligne de partage* : limite qui sépare deux régions.
6. *La passe* : passage étroit ouvert à la navigation.

Un chéchaquo...

À travers les aventures de Kit Belliou, Jack London raconte, de façon romancée, sa propre expédition dans le Grand Nord canadien quand, en 1897, à l'âge de 21 ans, il quitta San Francisco pour le Klondike.

Kit Belliou débarqua sur la grève[1] de Dyea au milieu d'un encombrement fantastique. Des milliers d'hommes y avaient entassé leurs équipements, dont chacun pesait des milliers de livres[2]. Ces montagnes de bagages et de denrées, vomies par les vapeurs[3], commençaient à se déverser lentement dans la vallée de Dyea et à travers le Chilkoot.

Le transport, sur une distance de quarante kilomètres, ne pouvait être accompli qu'à dos d'homme. Les porteurs indiens avaient fait passer le prix du fret[4] de huit à quarante *cents* par livre ; néanmoins ils étaient débordés de travail, et l'hiver arriverait certainement sur la ligne de partage[5] avant que la moitié des ballots ne soient transbordés du bon côté.

Le plus tendre des pieds-tendres était Kit. Comme des centaines d'autres, il portait un gros revolver suspendu à une ceinture-cartouchière. Son oncle s'était laissé aller à la même faiblesse, en souvenir des anciens jours où la loi était absente. Mais, chez Kit, c'était par goût du romanesque. L'excitation et l'intérêt qu'il prenait à cette course à l'or lui montaient à la tête, et il considérait d'un œil d'artiste cette vie tumultueuse. Il ne la prenait pas au sérieux. Comme il l'avait dit à bord, il venait simplement en vacances et avait l'intention de jeter un coup d'œil par-dessus la passe[6] puis de s'en retourner.

Scène du film ***Le Trésor de la Sierra Madre,*** film de John HUSTON, 1947, avec Humphrey Bogart et Walter Huston.

7. *Des novices* : personnes qui abordent un domaine dont elles n'ont aucune expérience.
8. *La carnation* : le teint.
9. Une lieue = 4 km.

Laissant ses compagnons attendre le débarquement des bagages, il erra sur la grève vers le vieux comptoir de commerce. Il ne crânait pas, bien qu'il vît la plupart des novices[7] porteurs de revolver se dandiner d'un air fanfaron. Un Indien le dépassa ; bien découplé, mesurant plus d'un mètre quatre-vingts, il était chargé d'un ballot de volume anormal. Kit marcha dans son sillage, admirant la grâce et l'aisance de ses mouvements sous un pareil fardeau. L'Indien laissa tomber son chargement sur la bascule, et Kit se joignit au groupe d'admirateurs qui l'entouraient. Le colis pesait cent vingt livres, et ce chiffre passa de bouche en bouche. Kit se dit qu'il ne pourrait soulever un tel poids, et encore moins marcher avec.

– Toi porter ça au lac Linderman ? demanda-t-il.

L'Indien grogna une réponse affirmative.

– Combien toi gagner avec ce paquet-là ?

– Cinquante dollars.

Kit laissa tomber la conversation. Une jeune femme, debout sur le seuil de la porte, venait d'attirer son regard. Contrairement aux nouvelles débarquées, elle ne portait ni jupe courte ni culotte bouffante. Elle était habillée comme n'importe quelle femme voyageant n'importe où et donnait l'impression d'être ici chez elle. Elle était jeune et jolie. L'éclatante beauté et la fraîche carnation[8] de son visage retinrent l'attention de Kit. Il la regarda longtemps, plus longtemps qu'il ne convenait, au point qu'elle finit par s'énerver de cette insistance. Les yeux aux cils longs et noirs rencontrèrent les siens et l'inspectèrent froidement. Ils s'abaissèrent, évidemment amusés, jusqu'à l'énorme revolver pendu à sa hanche. Puis son regard croisa de nouveau celui de Belliou avec une expression d'intérêt dédaigneux. Elle se tourna vers son voisin et appela son attention sur Kit, qu'il examina avec le même air de moquerie.

– *Chéchaquo !* dit la jeune femme.

L'homme qui, avec sa salopette bon marché et son paletot de laine usé, ressemblait à un vagabond, fit une brève grimace, et Kit se sentit ridicule sans savoir pourquoi. Il jugea néanmoins, au moment où le couple s'en allait, que la jeune femme était d'une beauté assez rare. Il remarqua sa démarche et jura qu'il la reconnaîtrait à mille lieues[9] de là.

– Avez-vous vu l'individu qui accompagnait cette fille ? lui demanda son voisin d'un air intéressé. Vous savez qui c'est ?

Kit fit non de la tête.

– C'est Charley-le-Caribou. On vient de me l'apprendre. Il est tombé sur une grosse veine dans le Klondike. C'est un vieux de la vieille. Il a été douze ans dans le Yukon.

– Qu'est-ce qu'un *chéchaquo* ? demanda Kit.

– Vous en êtes un ; j'en suis un, répondit l'autre.

– C'est possible, mais il faut me mettre sur la voie. Qu'est-ce que cela veut dire ?

– Un pied-tendre, un novice.

En revenant vers la grève, Kit rumina le terme dans tous les sens. C'était vexant d'être ainsi qualifié par ce petit bout de femme.

Arrivé dans un coin entre les monceaux de ballots, l'esprit toujours

Mike Shuler convoyant des marchandises, tableau d'Eugen CAMERE. (Pioneer Museum, Stockton.)

préoccupé par la vision de l'Indien et de sa redoutable charge, Kit essaya de mesurer ses propres forces. Avisant un sac de farine dont le poids, à sa connaissance, était d'une centaine de livres, il mit un pied de chaque côté, se pencha et essaya de le soulever sur son épaule. La première constatation qu'il tira de cet effort fut que cent livres constituent un poids relativement lourd. Sa seconde remarque fut qu'il avait les reins faibles. En conclusion, il lança un juron au bout de cinq minutes dépensées en pure perte, en s'affaissant sur le fardeau avec lequel il luttait. Il s'essuyait le front quand, de l'autre côté d'un tas de sacs à provisions, il aperçut John Belliou qui le regardait avec des yeux réjouis.

– Bon sang ! s'écria l'apôtre[10] de la vie dure. Elle est belle, notre progéniture ! Une bande de petits crevards ! Quand j'avais seize ans, je jonglais avec des charges comme ça.

– Vous oubliez, avunculaire[11], répliqua Kit, que je n'ai pas été nourri de viande d'ours.

– Et à soixante ans, je jonglerai encore avec.

– Il faut me montrer comment vous faites.

John Belliou le lui montra. Il avait quarante-huit ans. Il se pencha sur le sac de farine ; par une prise d'essai, il le déplaça de biais pour le mettre en équilibre, puis, dans un effort rapide, il se redressa en le faisant rouler sur son épaule.

– C'est un coup à attraper, mon garçon : il faut avoir le coup de main... et une colonne vertébrale.

Jack LONDON, *Belliou La Fumée,*
traduit de l'américain par Louis Postif © 1996 Éd. Pocket Jeunesse.

10. *L'apôtre* : défenseur d'une opinion.
11. *Avunculaire* : oncle.

Interrogez le texte

1. Lecture rapide

a. À quoi pouvez-vous repérer immédiatement qu'il s'agit d'un texte littéraire ?
b. Dans quel pays se situe l'action ? dans quel paysage ? S'agit-il d'un pays et d'un paysage réels ?
c. Qui est le protagoniste* ? Quels autres personnages apparaissent ?
d. Quelle est la situation au début du texte ?
e. Que raconte ce texte ?

2. Lecture approfondie

a. Une description réaliste : par quelles notations descriptives l'auteur donne-t-il l'impression de réalité ? Comparez ce texte avec celui de la p. 63 : quels éléments les deux textes ont-ils en commun ?
b. Faites apparaître la structure et le thème du texte à l'aide du tableau suivant :

Lignes	Titre proposé	Ce qu'apprend ou découvre Kit Belliou	Ce qu'il éprouve
1-10			
11-19			
20-33			
34-65			
66-89			

c. Le protagoniste :
- Quel est l'âge de Kit Belliou ?
- Quelles rencontres fait-il successivement ? Que découvre-t-il ainsi ?
- Pourquoi a-t-il accompagné son oncle dans le Grand Nord ? Justifiez votre réponse.
- Relevez les trois synonymes qui qualifient Kit Belliou. Sur quel aspect du personnage insistent-ils ? Quel type de personnage représente-t-il ?
- À quoi le lecteur peut-il s'attendre dans la suite du roman ? Justifiez votre réponse.

À vous de jouer

3. Faites une comparaison de textes

Lisez le texte de Voltaire p. 73. Lisez ou relisez la fable de La Fontaine *Le Cochet, le Chat et le Souriceau.*
Quels points communs existe-t-il entre Kit Belliou, Candide et le Souriceau ?

4. Écrivez un roman collectif

Imaginez un personnage jeune et naïf. Faites son portrait physique et moral.
Imaginez les aventures qui vont le conduire à faire des découvertes et des rencontres dès qu'il aura quitté sa maison, son village ou son pays...
Mettez-vous d'accord sur l'itinéraire qu'il va suivre.
Rédigez individuellement ou en équipe un chapitre de ce voyage de découverte et d'initiation.
Regroupez vos textes en un volume, avec table des matières, illustrations, etc. Utilisez si possible un traitement de texte.

enrichissez votre VOCABULAIRE

a. Relevez les termes du texte qui appartiennent au champ lexical* de l'*encombrement*. Précisez leur sens.
b. Enrichissez-en la liste.
c. Utilisez certains des mots et expressions trouvés dans un petit texte de votre composition.

la grammaire dans le TEXTE

Il s'essuyait le front quand... il aperçut John Belliou qui le regardait avec des yeux réjouis. (l. 74-76)
a. À quels temps sont les verbes de cette phrase ? Justifiez leur emploi.
b. Récrivez la phrase au présent : par quelle locution verbale allez-vous rendre la valeur de l'imparfait *il s'essuyait* ?
c. Composez trois phrases sur le même modèle, à l'imparfait, puis au présent.

VOLTAIRE
(1694-1778)
Malgré son origine bourgeoise, il fut conduit, grâce à son intelligence brillante, à fréquenter les grands de ce monde (cour de France, cour de Frédéric II roi de Prusse). Il rêvait d'une société gouvernée par un roi éclairé par les philosophes et où les libertés individuelles seraient respectées. Ses contes développent et illustrent ses idées sur le monde et la société.

Arrivée de Candide et de son valet au pays d'Eldorado, et ce qu'ils y virent

Après bien des mésaventures qui leur ont révélé les maux dont souffrent les hommes, Candide et son valet Cacambo se retrouvent en Amérique latine. N'ayant pas réussi à rejoindre la Guyane, épuisés, n'ayant plus ni chevaux, ni provisions, ils arrivent au bord d'une petite rivière.

Cacambo, qui donnait toujours d'aussi bons conseils que la veille, dit à Candide : « Nous n'en pouvons plus, nous avons assez marché ; j'aperçois un canot vide sur le rivage, emplissons-le de cocos, jetons-nous dans cette petite barque, laissons-nous aller au courant ; une rivière mène toujours à quelque endroit habité. Si nous ne trouvons pas des choses agréables, nous trouverons du moins des choses nouvelles. – Allons, dit Candide, recommandons-nous à la Providence[1]. »

Ils voguèrent quelques lieues[2] entre des bords tantôt fleuris, tantôt arides, tantôt unis, tantôt escarpés. La rivière s'élargissait toujours ; enfin elle se perdait sous une voûte de rochers épouvantables qui s'élevaient jusqu'au ciel. Les deux voyageurs eurent la hardiesse de s'abandonner aux flots sous cette voûte. Le fleuve, resserré en cet endroit, les porta avec une rapidité et un bruit horrible. Au bout de vingt-quatre heures ils revirent le jour ; mais leur canot se fracassa contre les écueils ; il fallut se traîner de rocher en rocher pendant une lieue entière ; enfin ils découvrirent un horizon immense, bordé de montagnes inaccessibles. Le pays était cultivé pour le plaisir comme pour le besoin ; partout l'utile était agréable. Les chemins étaient couverts ou plutôt ornés de voitures d'une forme et d'une matière brillante, portant des hommes et des femmes d'une beauté singulière, traînés rapidement par de gros moutons rouges qui surpassaient en vitesse les plus beaux chevaux d'Andalousie, de Tétuan et de Méquinez[3].

« Voilà pourtant, dit Candide, un pays qui vaut mieux que la Westphalie[4]. » Il mit pied à terre avec Cacambo auprès du premier village qu'il rencontra. Quelques enfants du village, couverts de brocarts d'or tout déchirés, jouaient au palet à l'entrée du bourg ; nos deux hommes de l'autre monde s'amusèrent à les regarder : leurs palets étaient d'assez larges pièces rondes, jaunes, rouges, vertes, qui jetaient un éclat singulier. Il prit envie aux voyageurs d'en ramasser quelques-uns ; c'était de l'or, c'était des émeraudes, des rubis, dont le moindre aurait été le plus grand ornement du trône du Mogol[5]. « Sans doute, dit Cacambo, ces enfants sont les fils du roi du pays, qui jouent au petit palet. » Le magister[6] du village parut dans ce moment pour les faire rentrer à l'école. « Voilà, dit Candide, le précepteur de la famille royale. »

Les petits gueux quittèrent aussitôt le jeu, en laissant à terre leurs palets, et tout ce qui avait servi à leurs divertissements. Candide les ramasse, court au précepteur, et les lui présente humblement, lui faisant entendre par signes que leurs altesses royales avaient oublié leur or et leurs

1. *La Providence* : la bienveillance divine.
2. Une lieue = 4 km.
3. *Méquinez* : Meknès, ville du Maroc comme Tétuan.
4. *La Westphalie* : pays allemand, patrie de Candide d'où il a été chassé par le baron de Thunder-ten-tronck, dont il avait tenté de séduire la fille.
5. *Le grand Mogol* : titre donné aux souverains d'une dynastie qui régna sur le nord de l'Inde du XVIe au XIXe siècle.
6. *Le magister* : le maître d'école.

Arrivée de Candide et de son valet au pays d'Eldorado, détail d'une illustration d'Edmond MALASSIS pour *Candide*, 1922.

pierreries. Le magister du village, en souriant, les jeta par terre, regarda un moment la figure de Candide avec beaucoup de surprise, et continua son chemin.

Les voyageurs ne manquèrent pas de ramasser l'or, les rubis et les émeraudes. « Où sommes-nous ? s'écria Candide. Il faut que les enfants des rois de ce pays soient bien élevés, puisqu'on leur apprend à mépriser l'or et les pierreries. » Cacambo était aussi surpris que Candide. Ils approchèrent enfin de la première maison du village ; elle était bâtie comme un palais d'Europe. Une foule de monde s'empressait à la porte, et encore plus dans le logis ; une musique très agréable se faisait entendre, et une odeur délicieuse de cuisine se faisait sentir. Cacambo s'approcha de la porte et entendit qu'on parlait péruvien ; c'était sa langue maternelle ; car tout le monde sait que Cacambo était né au Tucuman, dans un village où l'on ne connaissait que cette langue. « Je vous servirai d'interprète, dit-il à Candide ; entrons, c'est ici un cabaret. »

Aussitôt deux garçons et deux filles de l'hôtellerie, vêtus de drap d'or, et les cheveux renoués avec des rubans, les invitent à se mettre à la table de l'hôte. On servit quatre potages garnis chacun de deux perroquets, un contour[7] bouilli qui pesait deux cents livres, deux singes rôtis d'un goût excellent, trois cents colibris dans un plat, et six cents oiseaux-mouches dans un autre ; des ragoûts exquis, des pâtisseries délicieuses ; le tout dans des plats d'une espèce de cristal de roche. Les garçons et les filles de l'hôtellerie versaient plusieurs liqueurs faites de canne de sucre[8].

Les convives étaient pour la plupart des marchands et des voituriers, tous d'une politesse extrême, qui firent quelques questions à Cacambo avec la discrétion la plus circonspecte[9], et qui répondirent aux siennes d'une manière à le satisfaire.

Quand le repas fut fini, Cacambo crut, ainsi que Candide, bien payer son écot[10] en jetant sur la table de l'hôte deux de ces larges pièces d'or qu'il avait ramassées ; l'hôte et l'hôtesse éclatèrent de rire, et se tinrent longtemps les côtes. Enfin ils se remirent. « Messieurs, dit l'hôte, nous voyons bien que vous êtes des étrangers ; nous ne sommes pas accoutumés à en voir. Pardonnez-nous si nous nous sommes mis à rire quand vous nous avez offert en payement les cailloux de nos grands chemins. Vous n'avez pas sans doute de la monnaie du pays, mais il n'est pas nécessaire d'en avoir pour dîner ici. Toutes les hôtelleries établies pour la commodité du commerce sont payées par le gouvernement. Vous avez fait mauvaise chère[11] ici, parce que c'est un pauvre village ; mais partout ailleurs vous serez reçus comme vous méritez de l'être. » Cacambo expliquait à Candide tous les discours de l'hôte, et Candide les écoutait avec la même admiration et le même égarement que son ami Cacambo les rendait. « Quel est donc ce pays, disaient-ils l'un et l'autre, inconnu à tout le reste de la terre, et où toute la nature est d'une espèce si différente de la nôtre ? C'est probablement le pays où tout va bien ; car il faut absolument qu'il y en ait un de cette espèce. »

VOLTAIRE, *Candide* (ch. 17), 1759.

7. *Un contour* : un condor.
8. *Plusieurs liqueurs faites de canne de sucre* : plusieurs sortes de rhums.
9. *La plus circonspecte* : la plus prudente.
10. *Payer son écot* : payer l'addition, ce qu'on doit.
11. *Vous avez fait mauvaise chère* : vous avez mal mangé.

Interrogez le texte

1. Lecture rapide

a. Qui est l'auteur de ce texte ? À quelle époque vivait-il ?
b. Quels sont les deux personnages mis en scène dans ce texte ?
c. Dans quelle région du monde se trouvent-ils ? Quelles découvertes y font-ils ?

2. Lecture approfondie

a. À l'aide du tableau suivant, faites apparaître la structure de cette séquence narrative* :

Séquence narrative	Lignes	Titre proposé	Découverte de Candide	Réactions et conclusion de Candide et Cacambo
Situation initiale	chapeau			
Élément modificateur	1-7			
Péripétie 1	8-23			
Péripétie 2	23-44			
Péripétie 3	44-82			

Quel est le thème de ce texte ?

b. Les personnages :
- Quel est le nom du protagoniste* ? Que signifie ce nom ? Quel type de personnage représente-t-il ?
- Quelles sont les deux erreurs commises par Candide et Cacambo ? Comment s'expliquent-elles ? Relevez au fil du texte les mots et expressions qui rappellent qu'ils sont étrangers au monde qu'ils découvrent.
- Relevez les expressions ou les passages qui traduisent les sentiments dominants des deux personnages : quels sont-ils ?
- Relevez les paroles rapportées au discours direct : qu'expriment-elles ?

c. Un pays symbolique :
- Comment Candide et Cacambo sont-ils parvenus au pays d'Eldorado ? L'Eldorado est-il facilement accessible ? Quelle idée Voltaire veut-il ainsi exprimer ?
- Observez les champs lexicaux* dominants dans les passages descriptifs (cadre, personnages) et dans l'évocation des conditions de vie dans l'Eldorado. En quoi évoque-t-il un pays de conte de fées ?

À vous de jouer

3. Écrivez à la manière de Voltaire

Un Esquimau débarque en France, au printemps. Racontez ses découvertes et ses réactions (étonnement, admiration, appréhension, indignation, etc.).

enrichissez votre VOCABULAIRE

a. *Inaccessible* (l. 16) : précisez le sens de cet adjectif en identifiant le radical, le préfixe et le suffixe.
b. Quels adjectifs formés de la même façon correspondent aux verbes *aborder, éviter, franchir, pénétrer, séparer, lire, prescrire ?*
c. Utilisez certains d'entre eux dans des phrases de votre composition.

la *grammaire* dans le TEXTE

C'était de l'or, c'était des émeraudes, des rubis, dont le moindre aurait été le plus grand ornement... (l. 28-30).
a. Quelle est la nature grammaticale de *dont* ? Quel est son antécédent ? Quelle est sa fonction dans la proposition ? Transformez la proposition subordonnée en proposition indépendante : par quoi allez-vous remplacer *dont* ?
b. Que signifie *le moindre* ? Quelle est sa nature grammaticale ? Par quoi pourrait-on le remplacer ? À quoi s'oppose-t-il dans la phrase ? Que souligne cette opposition ?
c. En prenant pour modèle la phrase de Voltaire, écrivez-en trois dans lesquelles vous emploierez deux adjectifs antonymes* au superlatif relatif.

F. BAUER

3

Comprendre un texte explicatif

Que s'est-il passé ? Quand ? Pourquoi ? ... Comment fait-on ?... Comment ça marche ? ... Découvrez dans les textes explicatifs comment les problèmes sont posés et les réponses formulées.

Les objectifs du chapitre

- Repérer l'enjeu et la structure d'un texte explicatif.
- Distinguer les faits certains et les hypothèses.
- Savoir lire un mode d'emploi.

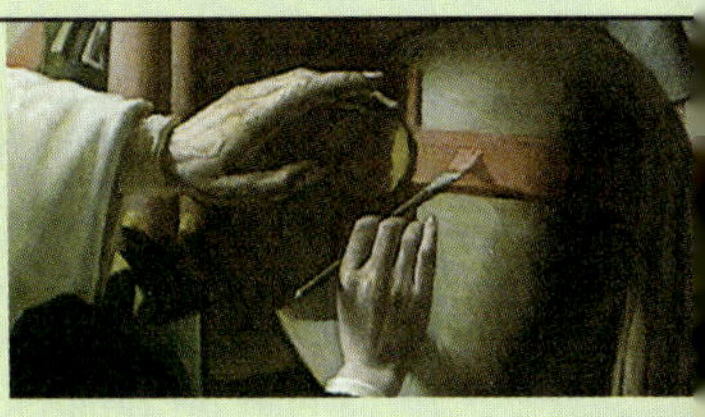

La Leçon de peinture, peinture de Félix BAUER, salon de 1892. (Musée départemental de l'Oise, Beauvais.)

- Imaginez les conseils donnés par le maître à son élève.

Les sables MOUVANTS

En bord de mer, sur les rives d'un fleuve ou près d'un marécage : les sables mouvants sont des **PIÈGES MORTELS**. *Explication de leur* **APPÉTIT**.

La mort jaune rôde. Moult explorateurs[1], soldats, scientifiques et autres aventuriers pourraient en témoigner. S'ils n'avaient été engloutis. Les sables mouvants existent. Où ça ? Quasiment partout. La planète n'en est certes pas couverte comme la Lune de cratères. Mais les sables avaleurs sont légion[2]. De la France à la Chine, de la Finlande au Cameroun. Qu'importe le climat (tempéré, continental, polaire ou tropical), pourvu qu'on ait les ingrédients de base : du sable et de l'eau. Néanmoins, vous avez pu le constater sur les plages, tout sable humide ne se goinfre pas de baigneurs. Car pour faire un bon sable mouvant, il faut des conditions bien spéciales.

Dans les années cinquante, le professeur Ernest Rice Smith, un géologue américain, prit sa pelle et son seau, et remplit ce dernier d'une bonne louche de sables mouvants. Ses conclusions : ni la forme des grains, ni la présence de vase ne sont responsables du phénomène, tout est question d'eau. Et l'important, ce n'est pas que le sable soit humide – on peut rouler avec un 32 tonnes sur la majorité des plages sans risquer l'engloutissement –, mais c'est la façon dont l'eau mouille les grains.

Le meilleur dispositif pour expliquer les sables mouvants sera conçu par l'un de ses collègues, le professeur Jorj Ostenberg. Le dispositif comprenait un immense bac rempli de sable où arrivaient et d'où repartaient des conduites d'eau. On pouvait faire circuler le liquide du bas vers le haut du bac, ou l'inverse. Bourrée de plomb afin que sa densité (rapport de son volume sur sa masse) soit proche de celle du corps humain, une poupée servait de cobaye, allongée ou debout sur le sable.

Miracle : quand l'eau part du fond du réservoir vers la surface, le pantin de chiffon et de plomb coule à pic. Pourquoi sombre-t-il[3] ? En fait, l'eau, en remontant, écarte les grains les uns des autres. Chacun sur son coussin d'eau, les grains de sable n'ont plus aucune cohésion entre eux. Et plus les grains sont fins, moins le sable a besoin d'eau pour devenir mouvant ! *(Voir dessin p. 80.)* [...]

Un dramatique enlisement, illustration extraite du *Petit Journal*, 1925.

Il existe d'autres sables mouvants – beaucoup plus rares et dans les déserts –, sans eau mais avec de l'air. Là, les grains de sable ne sont pas en suspension. Ils se touchent, forment des voûtes et des trous. [...] Des grains suffisamment fins peuvent former, en se déposant au hasard, un véritable gruyère de sable. Un peu comme les briques du jeu sur ordinateur *Tétris* quand on les laisse s'empiler toutes seules. Pleine d'air, à la moindre pression du pied, cette véritable poudre s'effondre sur elle-même comme un château de cartes. La poudre se tasse sous les pieds du marcheur qui s'enfonce dans le désert.

David POUILLOUX,
Science et Vie Junior, n° 96, septembre 1997.

---

1. *Moult explorateurs* : de nombreux explorateurs...
2. *Sont légion* : se trouvent en grand nombre.
3. *Pourquoi sombre-t-il ?* : pourquoi coule-t-il ?

Le texte explicatif

OBJECTIF
Être capable de comprendre un texte explicatif et d'en réutiliser les données.

Observez

1. La situation d'énonciation*

a. De quelle publication ce texte est-il extrait ?
b. Relevez quelques expressions qui montrent que ce texte s'adresse à un public jeune.

2. Le thème et l'enjeu du texte

a. Lisez le titre, le chapeau* et la première phrase du texte : quel phénomène ce texte va-t-il expliquer ?
b. Sur quel danger ce texte attire-t-il l'attention ? Quels termes du chapeau le soulignent ? Comment sont-ils mis en valeur ?
c. Quelle phrase du texte reprend la même idée ? Quel est l'effet recherché sur le lecteur ?
d. Ce texte est-il seulement un texte d'explication scientifique ? Justifiez votre réponse.

3. La structure du texte

a. Faites apparaître la structure du texte en donnant un titre à chaque paragraphe :

Paragraphes	Titres proposés
1	
2	
3	
4	
5	

b. Quel paragraphe formule le problème à résoudre ? Lesquels rapportent des expériences qui permettent de comprendre le phénomène ? Lequel apporte la réponse au problème posé ? Lequel élargit l'explication à un phénomène analogue ?
c. Le quatrième paragraphe :
- Par quel mot est-il introduit ? Que signale-t-il au lecteur ? Qu'a de surprenant l'emploi de ce terme dans un texte scientifique ?
- Quel est le rôle de la première phrase de ce paragraphe ?
- Quelle question rappelle le problème à résoudre ? Quelles phrases donnent la réponse à cette question ? Par quelle expression les explications sont-elles introduites ? Que signifie-t-elle ?
- À quel mode et à quel temps les explications sont-elles exprimées ?
- Le schéma vous aide-t-il à comprendre les explications données dans le texte ? Justifiez votre réponse.

à retenir

Pour comprendre un texte explicatif, il faut :
- déterminer d'après le titre et les premières lignes le problème auquel le texte veut apporter une explication ;
- repérer la structure du texte pour faire apparaître les points successivement abordés et l'enchaînement des idées (de l'exposé du problème à sa solution en passant par les observations et les expériences).

4. Trouvez la bonne réponse

Recherchez dans le texte et sur le schéma ci-dessous les éléments qui permettent de répondre aux questions suivantes :

QUESTIONS	RÉPONSES	Lignes
Dans quels types de terrains se rencontrent les sables mouvants ?		
Quels éléments se combinent pour les former ?		
Où trouve-t-on des sables mouvants ?		
Qu'a conclu le professeur Smith de ses observations ?		
Quel dispositif le professeur Ostenberg a-t-il imaginé ?		
Quel cobaye a-t-il utilisé ?		
Quand le pantin de chiffon sombre-t-il ?		
Pourquoi s'enfonce-t-il ?		
L'eau est-elle le seul élément à favoriser le phénomène des sables mouvants ?		

La poupée qui sombre

EXPÉRIENCE DE JORJ OSTENBERG (schéma de principe)

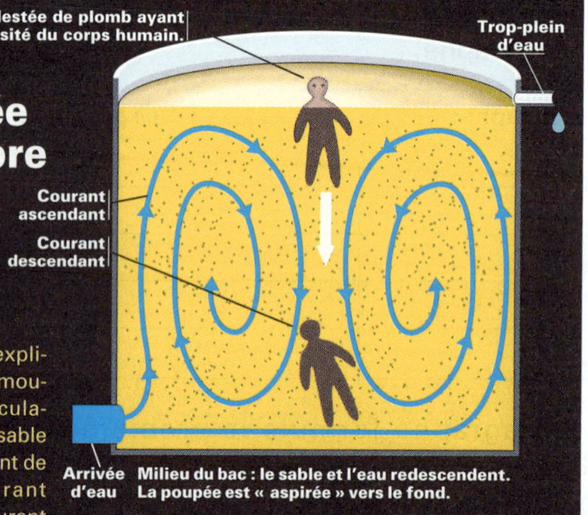

Cette expérience expliquerait les sables mouvants. Avec la circulation de l'eau et du sable selon un mouvement de convection (courant ascendant, puis courant descendant), la poupée est entraînée vers le fond du bac. Debout ou allongée, elle coule. Mais dans la position horizontale, son poids est réparti sur une surface plus grande, ce qui ralentit le processus de chute. Un promeneur pris dans les sables mouvants aura donc intérêt à s'allonger.

Illustration WAG pour *Science et Vie Junior.*

À vous de jouer

5. Donnez l'explication

Aidez-vous du texte p. 78 et du schéma ci-contre pour répondre aux questions suivantes par des phrases complètes ou de courts paragraphes :

a. Tout sable humide est-il mouvant ?

b. A-t-on compris depuis longtemps le phénomène des sables mouvants ?

c. De quelle manière les scientifiques sont-ils parvenus à expliquer le phénomène des sables mouvants ?

d. Pourquoi le professeur Ostenberg a-t-il utilisé une poupée dont la densité était proche de celle du corps humain ?

e. Comment peut-on comprendre la dernière phrase du texte ? Quelle expression la rend ambiguë ?

f. L'explication d'Ostenberg est-elle considérée comme définitive par les scientifiques ?

g. Si vous avez la malchance d'être pris dans des sables mouvants, quel réflexe devez-vous avoir ?

6. Faites une lecture critique

Consultez des encyclopédies, un CD-ROM ou des ouvrages scientifiques traitant du phénomène des sables mouvants. Comparez les explications qu'ils donnent à celles de l'article étudié.

Le naufrage d'Oléron

***Les recherches interrompues. Plus d'espoir pour les quatre disparus de* L'Essor.**

Plus d'espoir pour les disparus de *L'Essor*, le petit chalutier qui a chaviré dimanche, pour des raisons que l'on ignore encore, à moins de deux kilomètres du port de la Cotinière, au large de l'île d'Oléron. L'accident a déjà fait cinq morts. Quatre passagers sont toujours portés manquants. Mais faute d'éléments nouveaux, les recherches ont été interrompues hier. Seules des patrouilles terrestres de pompiers et de gendarmes ont été maintenues.

Le bateau de pêche, qui transportait plusieurs dizaines de personnes, a chaviré pour une raison inconnue, par vent de force 5[1], alors que les invités venaient de jeter à l'eau une gerbe de fleurs[2].

Aujourd'hui auront lieu, dans le petit village de Bourcefranc-le-Chapus, en face d'Oléron, les obsèques – dans l'intimité – de l'une des victimes du naufrage qui a décimé la famille du patron du navire. […]

Une autre famille a été frappée de plein fouet. L'une des cinq personnes encore hospitalisées, une jeune femme belge, se trouve encore dans un état trop grave pour qu'on lui apprenne que son fils, un petit garçon de huit ans, figure parmi les disparus. Des drames si terribles, en cette joyeuse période estivale, que certains ports de l'Atlantique ont pris le deuil. […]

Il y a le chagrin ; il y a la colère aussi, qui exige des explications, que pour l'instant nul n'est en mesure de donner. Deux jours après le naufrage, la question de l'éventuelle surcharge en passagers du bateau, première hypothèse avancée, n'est toujours pas résolue.

Le bateau avait reçu une autorisation des Affaires Maritimes pour embarquer 24 personnes, soit 21 passagers et 3 membres d'équipage. Le nombre exact des occupants n'a pas été établi, mais un document vidéo amateur diffusé par France 3 permet de distinguer les silhouettes de plus de 30 personnes sur un seul côté du bateau, ce qui tend à prouver qu'il en transportait beaucoup plus que le nombre autorisé. Certains témoins ont dit qu'au moment où l'on a jeté à la mer la traditionnelle gerbe de fleurs, tous les passagers s'étaient massés sur le même côté, faisant basculer l'embarcation. Mais d'autres témoins et nombre d'habitants de l'île ont affirmé que *L'Essor* a chaviré sous l'effet d'une lame de fond.

Le procureur de la République de Rochefort, […], qui doit entendre plus de cinquante témoins, a déclaré hier qu'il était « incapable de dire s'il y a eu surcharge ou pas du bateau ». Une information judiciaire devrait être ouverte dans les jours qui viennent.

Le Dauphiné libéré, mercredi 14 août 1996.

---

1. *Un vent de force 5* : de 29 à 38 km/h selon la force du vent calculée sur l'échelle de Beaufort qui va de 0 à 12.
2. Chaque année était célébrée, au large de la Cotinière, une cérémonie à la mémoire des personnes péries en mer. Depuis 1997, à la suite du naufrage de *L'Essor*, la sortie en mer a été supprimée.

OBJECTIF
Être capable de distinguer dans un texte explicatif :
- les passages qui rapportent ce que l'on sait de façon certaine sur les faits, leurs causes et leurs conséquences ;
- les passages qui formulent des hypothèses, c'est-à-dire qui envisagent les causes possibles des événements sans tirer de conclusion définitive.

Observez

1. La situation d'énonciation*

a. De quel type de texte s'agit-il ?
b. Quel en est le thème ?
c. Dans quelle rubrique* classe-t-on ordinairement ce genre de sujet ?

2. Les faits établis

a. Quelles sont les deux parties du texte ? Donnez-leur un titre.
b. Complétez le tableau suivant en faisant figurer les éléments du texte qui vous permettent de répondre :

QUESTIONS	RÉPONSES	Lignes
Quel type de bateau a chaviré ?		
Quand le naufrage s'est-il produit ?		
Quel est le lieu du naufrage ?		
À quel moment précis le bateau a-t-il chaviré ?		
Quel est le nombre des blessés graves ?		
Quel est le nombre des morts ?		
Quel est le nombre des disparus ?		
Pourquoi le bateau a-t-il fait naufrage ?		

À quelles questions le texte permet-il de répondre ? À quelle question ne permet-il pas de répondre ?
c. Qu'est-ce qui fait de cet accident une tragédie ? Relevez les expressions du texte qui soulignent ce caractère tragique.
d. Dans la phrase *L'accident a déjà fait cinq morts* (l. 5-6), que suggère l'adverbe *déjà* ?
e. Quelles ont été les réactions de l'opinion publique ?

3. La recherche des causes : les hypothèses

a. Quelle phrase du texte sert de transition entre la première partie du texte et la seconde ? Qu'annonce-t-elle ?
b. Quelles hypothèses les enquêteurs sont-ils amenés à formuler ? Complétez le tableau suivant pour faire apparaître les trois pistes de l'enquête :

HYPOTHÈSE	Explication possible...	fondée sur...
1		
2		
3		

à retenir

Pour distinguer dans un texte explicatif les passages qui apportent des **conclusions certaines** et ceux qui formulent des **hypothèses**, il faut observer :
- ce qui est présenté comme certain et fondé sur des faits clairement établis ;
- ce qui est présenté seulement comme possible et les procédés d'écriture qui soulignent le caractère incertain des explications données (par exemple : mode conditionnel, expression de l'atténuation et formulation de réserves...).

L'épave du chalutier *L'Essor*, août 1996.

c. Peut-on imaginer que ces hypothèses soient vraies toutes les trois ?
d. Relevez dans le texte les mots, expressions et formes verbales qui soulignent la prudence des journalistes et du procureur face aux témoignages recueillis.
e. Sur quoi compte-t-on pour trouver la conclusion définitive ?

À vous de jouer

4. Formulez des hypothèses

Voici une liste de faits divers : rédigez sous forme de questions trois ou quatre causes ayant pu les provoquer.
a. Une explosion dans un immeuble.
b. Une coupure d'électricité.
c. Une infiltration d'eau dans un appartement.
d. Une bagarre à la sortie du collège.

5. Écrivez un article de journal

En vous inspirant de la structure de l'article étudié, imaginez une autre situation dans laquelle les enquêteurs seraient amenés à envisager plusieurs hypothèses pour expliquer un accident.

La toilette du chat

Le petit félin, qui a inspiré tant de poètes et d'écrivains, est un modèle de propreté ; il suffit de l'observer pour s'en convaincre. Il passe le tiers de son existence à se lécher et à se pourlécher. Il imbibe ses pattes de salive pour se débarbouiller, s'étrille[1] à l'aide de ses griffes, se manucure avec les dents, passe sa langue râpeuse sur sa toison en vue de parachever sa toilette. S'il devient soudain négligé, c'est que ça va vraiment mal. Malgré cela, pour rester impeccable et se sentir bien dans sa peau, il a besoin d'un sérieux coup de main.

Il accepte de fort bonne grâce d'être brossé et peigné, surtout s'il en a pris l'habitude dès sa plus tendre enfance. À partir du deuxième mois, il est donc utile de familiariser le chaton avec ces soins corporels en le frottant avec une serviette rugueuse. Il assimilera ce geste à une caresse et acceptera par la suite de laisser œuvrer son maître... à condition que celui-ci ne le prenne pas à rebrousse-poil.

Les « instruments » du toilettage sont simples : une petite étrille[2], un peigne, une brosse en soie de sanglier montée sur caoutchouc. Éliminer les brosses en nylon qui risquent de couper les poils.

Pelages courts

• Épousseter, une fois par semaine, tous les jours durant la mue, dans le sens du poil.

• Passer ensuite, sur tout le corps, ses mains mouillées ou un linge humide.

• Terminer avec un coup de gant de velours, humecté avec du vinaigre blanc pour les robes noires, ou une peau de chamois afin d'obtenir un lustre[3] parfait.

Pelages longs

Ils ont évidemment besoin d'un toilettage plus poussé.

• Commencer, avec l'étrille, à enlever la bourre[4] se formant aux changements de saison.

• Brosser, en débutant au niveau de la queue et en ramenant les poils peu à peu de l'avant vers l'arrière. Aller lentement raie par raie afin d'être sûr de n'avoir oublié aucune partie du corps.

• Peigner sans oublier le poitrail, les joues et le ventre.

Si le poil est graisseux, ne pas tenter de le nettoyer en se servant de poudres de toilette toxiques, génératrices d'eczéma. Privilégier toujours les produits naturels : talc pour bébé, farine de maïs ou spécialités à base de silicones vendues dans le commerce. Brosser énergiquement afin que le chat ne les lèche pas.

Camille OLIVIER, *Vos animaux en super forme,*
éd. Calmann-Lévy, 1987.

1. *S'étrille* : se nettoie.
2. *Une étrille* : un racloir.
3. *Un lustre* : un brillant.
4. *La bourre* : paquets de poils.

Le mode d'emploi

OBJECTIF

Être capable de lire et d'utiliser un texte qui indique une marche à suivre pour exécuter une tâche.

Dessin de DUBOUT.

Observez

1. La structure et l'enjeu du texte*

a. Faites apparaître la structure du texte en donnant un titre aux différentes parties qui le composent :

Lignes	Titre proposé
1 à 8	
9 à 14	
15 à 17	
18 à 25	
26 à 33	
34 à 38	

b. Quels paragraphes du texte concernent l'ensemble des chats ? Lesquels concernent des catégories particulières ?
c. Quel est l'enjeu* de ce type de texte ?
d. Qu'est-ce qui révèle que l'auteur a pris un réel plaisir à écrire ce texte ? Justifiez votre réponse.

2. Chats mode d'emploi

a. Quelle phrase du premier paragraphe formule le problème qui se pose aux maîtres d'un chat ?
b. Que formule le deuxième paragraphe ? Pourquoi l'auteur passe-t-il du présent au futur de l'indicatif ?
c. Quels paragraphes formulent plus précisément la marche à suivre ?
d. Qu'énonce le troisième paragraphe ?
e. La méthode vaut-elle pour toutes les races de chats ?
f. À quel mode les différents conseils sont-ils donnés ? Quelle est ici la valeur de ce mode ?

à retenir

Pour lire et utiliser un texte qui indique une marche à suivre pour exécuter une tâche, un mode d'emploi par exemple, il faut :
- tenir compte des précautions à prendre pour atteindre l'objectif ;
- respecter les conditions d'utilisation ;
- suivre l'ordre des opérations.

À vous de jouer

3. Récrivez le texte

De la ligne 18 à la ligne 38, substituez à l'infinitif :
a. l'impératif ;
b. le futur de l'indicatif (à la deuxième personne du pluriel).

4. Rédigez un mode d'emploi

En vous inspirant de ce texte, imaginez des conseils fantaisistes pour entretenir, élever ou dresser un animal réel ou imaginaire.

Antarctique, seule, première...

L'alpiniste Laurence de La Ferrière est la première femme à avoir atteint, en autonome, le pôle Sud. 1 300 kilomètres de galère et de solitude par 40° en dessous de zéro. Elle était hier à Perpignan pour parler de cette aventure extrême.

Guide haute montagne, mère de deux fillettes et épouse de « l'Himalayiste »[1] réputé Bernard Muller, elle a déjà une cinquantaine d'expéditions extrêmes derrière elle. Détentrice du record mondial féminin d'altitude sans oxygène (Everest, 8 700 m, 1992), elle a également traversé le Spitzberg et le Groenland en autonomie complète.

Vous êtes allée à la rencontre des handicapés du centre Bouffard-Vercelli. C'était dans le cadre de votre engagement auprès des jeunes ?

C'est à la demande de l'une des personnes qui y travaille. Ce fut un échange passionnant. Ils avaient l'air très intéressés. Je leur ai dit qu'ils vivaient là la même chose que moi, car c'est dans les conditions extrêmes que l'on se découvre, que l'on va au-delà de soi-même et qu'en se battant on apprend des choses étonnantes.

Il y a deux pôles : pourquoi le Sud ?

Ils sont fondamentalement différents sur le plan technique. L'Arctique, c'est en fait de la glace sur la mer. L'Antarctique, c'est de la terre recouverte, avec des dénivelés de 0 à 3 000 m ; je suis une alpiniste, pas un marin. Et puis le pôle Sud est plus froid que le Nord mais plus sec. Techniquement, c'est très différent.

1. *Himalayiste :* alpiniste spécialiste de l'Himalaya.

C'est un exploit. Mais en quoi est-ce plus difficile pour une femme que pour un homme ?

Il ne faut pas oublier le contexte social. Il est plus difficile pour une femme d'entrer dans le monde des aventures extrêmes et celui des expéditions qui servent de base à l'entraînement. Lorsqu'un homme réussit un exploit après avoir laissé ses enfants à sa femme, c'est un héros. Lorsqu'une mère de famille – j'ai deux fillettes – fait la même chose, elle paraît toujours un peu suspecte. Réussir, ce n'est pas une question de puissance physique, tout se passe dans la tête et pas mal d'hommes auraient craqué, mais la principale difficulté c'est de faire ses armes dans ce milieu. En fait, l'exploit, c'est d'abattre les barrières et les habitudes sociales.

Quelle a été la principale difficulté pendant ce raid de deux mois : la solitude sans doute ?

Bien au contraire, la solitude est une source de force. D'ailleurs, dans la vie de tous les jours, les gens devraient en faire l'expérience et apprendre à vivre seuls ou au moins le tenter. Ils vivraient mieux et apprendraient à découvrir des forces inconnues qu'ils portent en eux. La société tout entière en bénéficierait.

Non, la plus grande difficulté a été le froid extrême. Il faut calculer chaque geste. Par exemple, un jour, j'ai enlevé mes gants pour replacer un objet. En moins de trente secondes j'ai senti mes doigts geler et ma main s'engourdir. Immédiatement j'ai remis les gants et j'ai bougé. Il m'a fallu près de deux heures pour récupérer l'usage de la main. Une autre fois, je suis tombée et ma tête a heurté le sol. J'ai tout de suite déployé la tente pour m'abriter. Un étourdissement ou une immobilité d'une seule minute pouvaient être mortels.

Vous avez réalisé plusieurs traversées du même type, vaincu les plus grands sommets. Quels sont vos projets à venir ?

J'ai beaucoup aimé cette aventure et je veux retourner en Antarctique. Je vais maintenant m'atteler à la préparation de la traversée du continent pour arriver en terre Adélie (française). Ce sont 4 000 kilomètres à franchir avec des vents à près de 300 km/h, les plus violents du monde. À l'heure actuelle il y a une seule personne qui a réussi, c'est le Norvégien Borg Ousland. Il l'a réussi à peu près au même moment que j'atteignais le pôle Sud.

Propos recueillis par Georges GIANADDA.
L'Indépendant, samedi 4 octobre 1997.

Laurence de La Ferrière prépare également un second livre qui sortira le 16 octobre aux éditions Plon, « La Femme de l'Antarctique ». Le premier ouvrage avait pour titre « 8 000 mètres et quelques rêves ». Elle a également participé à la réalisation d'un film en 16 mm « Le Couple le plus haut du monde », coproduit par FR 3.

Page de gauche et ci-dessus :
Laurence de La Ferrière lors de son expédition au pôle Sud en solitaire, 1996.

Interrogez le texte

1. Le type du texte et la situation d'énonciation

a. À quoi reconnaissez-vous une interview ?
b. À quelle occasion a-t-elle été réalisée ?
c. Dans quel journal a-t-elle paru ? à quelle date ?
d. Qui sont les deux interlocuteurs ?

2. La structure du texte

a. Quel type de phrases domine dans les propos du journaliste ? dans ceux de Laurence de La Ferrière ? Justifiez cette différence.
b. Faites apparaître la structure de l'interview en résumant sous forme de titres les thèmes successivement abordés :

Lignes	Titre proposé
1-8	
9-18	
19-26	
27-42	
43-63	
64-76	

c. Quels points sont les plus développés ? Pourquoi ?
d. Quelles autres informations sont données à la suite de l'article ?
e. Une interview est-elle un véritable dialogue ? Justifiez votre réponse.

3. Les explications données

Aidez-vous du texte pour répondre aux questions suivantes :

QUESTIONS	RÉPONSES
Pourquoi L. de La Ferrière aime-t-elle les conditions extrêmes ?	
Pourquoi préfère-t-elle l'Antarctique à l'Arctique ?	
Pourquoi est-il plus difficile pour une femme de tenter un exploit ?	
Pourquoi L. de La Ferrière considère-t-elle qu'une femme peut aussi bien qu'un homme accomplir un exploit ?	
Pourquoi juge-t-elle que la solitude est une bonne chose ?	
Quel danger menace surtout l'explorateur polaire ? Pourquoi ?	

À vous de jouer

4. Réalisez une interview

Formez des équipes de trois. Choisissez une personnalité (artiste, artisan, sportif...) à interviewer. Préparez vos questions à l'avance. Enregistrez votre interview au magnétophone. Rédigez et mettez en pages votre texte en prenant pour modèle l'article ci-contre. Illustrez-le de photographies.

5. Racontez un exploit

Vous considérez une de vos propres expériences comme un exploit. Rapportez-la sous forme d'interview en imaginant les questions que vous poserait un journaliste et les réponses que vous lui donneriez.
Rédigez votre texte en prenant pour modèle l'article ci-contre. Vous pouvez l'illustrer.

6. Débattez entre vous

Lorsqu'un homme réussit un exploit après avoir laissé ses enfants à sa femme, c'est un héros. Lorsqu'une mère de famille – j'ai deux fillettes – fait la même chose, elle paraît toujours un peu suspecte (l. 33-37).
Expliquez ce qui suscite l'indignation de L. de La Ferrière. Lui donnez-vous tort ou raison ?

enrichissez votre VOCABULAIRE

a. Quel préfixe reconnaissez-vous dans le mot *antarctique* ?
b. Citez d'autres noms comportant le même préfixe. Précisez leur sens.
c. Utilisez certains des mots trouvés dans des phrases de votre composition.

la *grammaire* dans le TEXTE

Pas mal d'hommes auraient craqué (l. 39).
a. À quel mode et à quel temps est le verbe souligné ? Qu'exprime-t-il ?
b. Enrichissez cette phrase d'une proposition subordonnée conjonctive.
• Quel terme subordonnant avez-vous utilisé ?
• Quelle est la valeur de la subordonnée ? À quel mode et à quel temps est son verbe ?

Mathieu Caplain, 26 ans

Le portable est son vrai bureau

Ne demandez pas à Mathieu Caplain l'adresse de son bureau, il n'en a pas. D'un geste éloquent, il vous montre son téléphone portable, et ajoute : « Mon bureau, c'est la rue et ma voiture. » Et le fameux téléphone, sur lequel on peut le joindre en permanence, constitue son principal lien avec son patron, qui se trouve à 800 km de Paris, à Agen...

Commercial pour une entreprise spécialisée dans la chaussure, ce jeune homme de 26 ans travaille comme des milliers d'autres commerciaux, en toute autonomie. « Quand je ne suis pas chez les clients, je prospecte, soit d'une cabine téléphonique, soit de mon portable », explique-t-il. La messagerie lui tient lieu de secrétariat, et pour le reste il est entièrement libre. Pas de réunions, pas de temps perdu, mais en contrepartie pas d'équipe sur laquelle se reposer en cas de coup dur.

« J'ai un objectif à remplir à chaque saison, et je fais chaque semaine un rapport d'activité à mon patron, sur l'évolution de la marque, son implantation, les ventes de la semaine. Je le lui envoie soit par fax, soit par courrier. J'adresse aussi chaque semaine mes notes de frais à l'entreprise, et c'est tout. » Ce rapport hebdomadaire, il le rédige à son domicile, où une pièce entière est réservée aux activités professionnelles, avec téléphone, fax, ordinateur et dossiers.

La solitude ne lui pèse pas : « Je suis amené de toute façon à voir beaucoup de gens, ne serait-ce que les clients. » Ce modèle est de plus en plus répandu dans les entreprises à dominante commerciale : récemment, un chef d'entreprise de la région parisienne a jugé que ses bureaux lui coûtaient trop cher. Il s'est installé son propre bureau à domicile, a équipé ses commerciaux d'un portable et d'un modem. Quand il est indispensable de les réunir, il loue une salle... dans un hôtel. Et tout le monde est ravi !

P. GO.

Le Parisien Hauts-de-Seine,
jeudi 2 octobre 1997.

Interrogez le texte

1. Le type du texte et la situation d'énonciation*

a. Quel type de texte annonce la mise en pages ?
b. Dans quelle publication ce texte a-t-il paru ? À quelle date ?
c. Qu'est-ce qui vous permet de dire que ce texte a été rédigé à la suite d'une interview ? Qui le journaliste a-t-il interviewé ?
d. Pourquoi les réponses du personnage interviewé ne sont-elles pas rapportées uniquement au discours direct ? Justifiez votre réponse.

2. Le thème et la structure du texte

a. Quel effet le titre cherche-t-il à produire chez le lecteur ? Quel thème annonce-t-il ?
b. Qui le journaliste prend-il comme exemple ? À quelle catégorie professionnelle le personnage interviewé appartient-il ?
c. Dans quel paragraphe le journaliste montre-t-il que son exemple tend à se généraliser ?

Dessin de Jean-François BATELLIER.

3. Avantages et inconvénients

a. Quels avantages et inconvénients liés aux nouvelles technologies cette interview souligne-t-elle ?

AVANTAGES	INCONVÉNIENTS

Qu'est-ce qui semble l'emporter : les avantages ou les inconvénients ?
b. Quelle phrase du texte présente cette évolution comme idéale ?

À vous de jouer

4. Récrivez le texte

En prenant pour modèle l'interview de L. de La Ferrière p. 86, transformez ce texte en une interview au discours direct. Imaginez les questions que le journaliste pourrait poser à Mathieu Caplain. Rédigez ses réponses. Vous pouvez commencer votre article par un court paragraphe d'introduction.

5. Imaginez une interview

Ne demandez pas à X où se trouve sa cuisine, il (elle) n'en a pas... Poursuivez le compte rendu de l'interview à la manière de l'article de journal du *Parisien*.

enrichissez votre VOCABULAIRE

a. Relevez dans le texte tous les mots ou expressions appartenant au champ lexical* de la communication à distance.
b. Précisez leur usage.
c. Illustrez-les par une photographie.

la grammaire dans le TEXTE

Ne demandez pas à Mathieu Caplain l'adresse de son bureau, il n'en a pas. (l. 1-2)
a. Qui prononce cette phrase ?
b. Récrivez-la en la faisant prononcer par Mathieu Caplain.

à vous de choisir

MÉTIER

Campagne pour la protection de l'eau.

Un ingénieur aux champs

Des conseils techniques indispensables aux agriculteurs.

Veaux, vaches, cochons, couvées prospèrent joyeusement dans la ferme, mais que faire de tout ce fumier ? On peut le transformer en engrais à étendre dans les champs voisins, mais trop c'est trop, et un élevage de 200 porcs en batterie[1] pollue autant qu'un village de 2 000 habitants. Nitrates et phosphates s'infiltrent dans l'eau du robinet, les poissons de la rivière voisine ne digèrent plus rien. En plus, les odeurs font fuir les amateurs de camping à la ferme !

LE FERMIER APPELLE en consultation un ingénieur de la Chambre d'agriculture, qui mesure les bâtiments d'élevage, compte les animaux, calcule le volume de la fosse à lisier[2], arpente les terrains. Il fait le diagnostic et propose des remèdes. Par exemple, il conseille une moyenne de 120 porcs à l'hectare pour obtenir une viande saine. Pour réduire les nuisances[3], maîtriser les eaux et ne plus les rejeter dans la nature comme actuellement, il recommande de séparer les eaux pluviales recueillies dans les gouttières des bâtiments des eaux usées du nettoyage des étables, de prévoir un plan d'épandage[4] avec rotation[5] rigoureuse des champs, de rendre étanche l'aire de stockage des litières, de mettre les bâtiments aux normes[6] obligatoires.

Cela va coûter cher et la protection de l'environnement n'est pas toujours le premier souci du fermier.

Alors, c'est à l'ingénieur agricole de le convaincre, de l'aider à trouver des solutions techniques selon ses moyens, de monter avec lui un dossier administratif pour décrocher les subventions prévues. Professionnel du terrain, l'ingénieur agricole a non seulement une formation scientifique et technique béton *(voir p. 92)*, mais aussi des compétences humaines et socio-économiques sur tout le secteur en amont et en aval[7] de l'agriculture.

Jeanne AUTIZON.
Science et Vie Junior, n° 96, septembre 1997.

1. *Élevage en batterie* : élevage industriel où les animaux n'ont pas de place pour bouger.
2. *Fosse à lisier* : fosse à purin.
3. *Nuisances* : tout ce qui dégrade le cadre de vie.
4. *Épandage* : action de répandre le fumier sur les champs.
5. *Avec rotation* : en faisant un roulement entre les champs.
6. *Normes* : règles à respecter.
7. *En amont et en aval de l'agriculture* : ce qui se passe avant (travail des champs, semences, arrosage, engrais…) et ce qui se passe après (industries agro-alimentaires, commercialisation…).

▸▸ La filière

L'ingénieur agricole – il y a autant de filles que de garçons – s'oriente essentiellement vers l'environnement et l'aménagement rural (contrairement au diplômé du célèbre Agro, Institut national agronomique, accessible sur concours après au moins deux années de prépa scientifique, qui se dirige surtout vers l'agro-alimentaire ou la recherche). Parmi les formations existantes, voici le cursus proposé par l'ISA, Institut supérieur d'agriculture, établissement privé sous tutelle du ministère de l'Agriculture. L'admission en 1re année se fait sur bac scientifique, dossier et examen, et en 2e année sur dossier et entretien après un BTS, un DEUG ou une année de prépa scientifique. Étudiants médiocres, s'abstenir : il faut avoir 12/20 de moyenne chaque année !

ISA, 41, rue du Port, 59046 Lille Cedex. Tél. : 03.20.30.83.14.

BTS : Brevet de Technicien Supérieur.
DEUG : Diplôme d'Études Universitaires Générales.
Prépa : classe où l'on prépare un concours d'accès à une grande école.

Les qualités

ADAPTATION À LA VIE RURALE

SENS PRATIQUE

GOÛT DE LA BIOLOGIE VÉGÉTALE ET ANIMALE

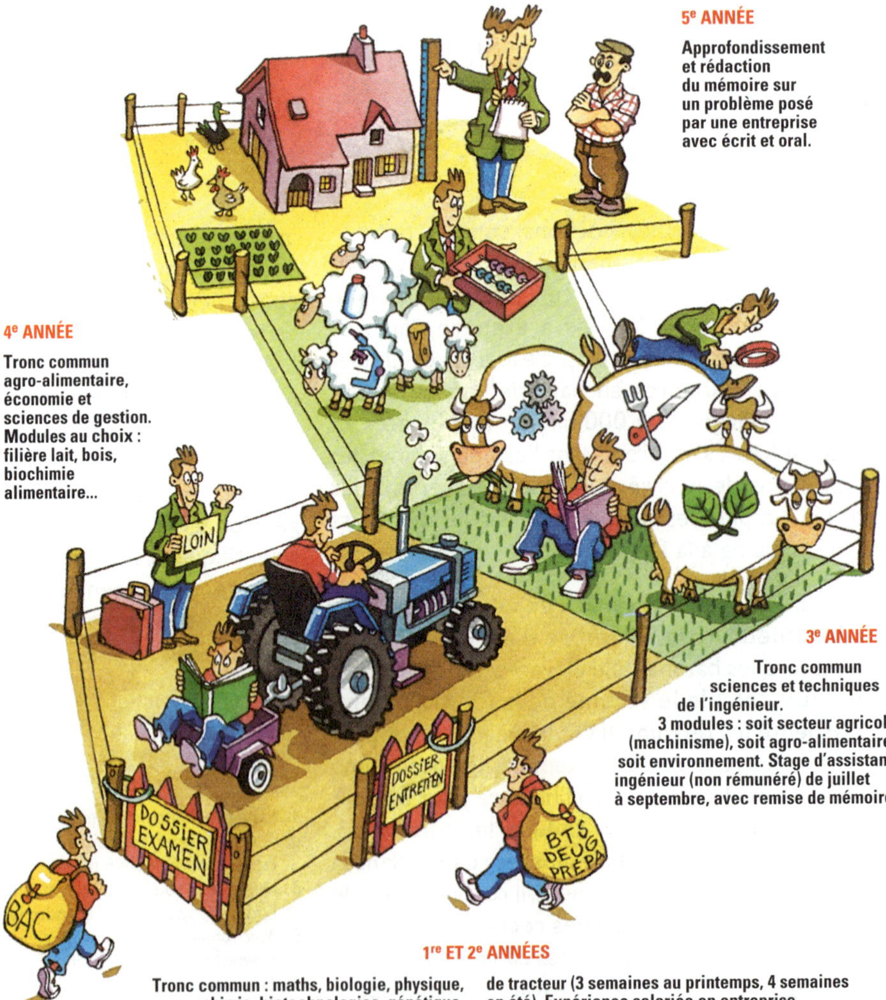

1re ET 2e ANNÉES

Tronc commun : maths, biologie, physique, chimie, biotechnologies, génétique, environnement, écologie, comptabilité, gestion, langues. Stage agricole avec conduite de tracteur (3 semaines au printemps, 4 semaines en été). Expérience salariée en entreprise pendant 5 mois, loin de chez soi ou à l'étranger, la « rupture » obligatoire.

3e ANNÉE

Tronc commun sciences et techniques de l'ingénieur. 3 modules : soit secteur agricole (machinisme), soit agro-alimentaire, soit environnement. Stage d'assistant-ingénieur (non rémunéré) de juillet à septembre, avec remise de mémoire.

4e ANNÉE

Tronc commun agro-alimentaire, économie et sciences de gestion. Modules au choix : filière lait, bois, biochimie alimentaire...

5e ANNÉE

Approfondissement et rédaction du mémoire sur un problème posé par une entreprise avec écrit et oral.

Illustrations de Nicolas JULO pour *Science et Vie Junior* (n° 96, septembre 1997).

Interrogez le texte

1. Situation d'énonciation* et enjeu du texte

a. Quels sont les différents éléments qui composent ce document ?
b. Dans quelle publication a-t-il paru ? Dans quelle rubrique figure-t-il ?
c. Quel est l'enjeu* de ces deux pages documentaires ?
d. À quelle fable les premiers mots du texte principal font-ils allusion ? Quel ton est ainsi donné ? Quelle expression familière montre que ce texte s'adresse à un public jeune ?

2. Le thème du document

a. En quoi l'alliance de mots* du titre est-elle inattendue ?
b. Quel problème se pose aux éleveurs ?
c. À qui font-ils appel pour le résoudre ? Pourquoi ?
d. Le métier d'ingénieur agricole nécessite-t-il uniquement des compétences en agriculture ? Justifiez votre réponse.
e. Quel passage du texte résume la formation de l'ingénieur agricole ?
f. Comment l'auteur de ces deux pages documentaires procède-t-il pour faire découvrir le métier d'ingénieur agricole ?

3. Cherchez les réponses précises

Aidez-vous de la page 92 pour répondre aux questions suivantes :

QUESTIONS	RÉPONSES
Qui peut devenir ingénieur agricole ?	
De quoi est-il spécialiste ?	
Quel établissement assure sa formation ?	
Quelles sont les conditions d'admission ?	
Quelles qualités sont demandées aux étudiants ?	
Quelle est la durée des études ?	
Quels stages doivent être accomplis en 1re et 2e années ?	
En quelle année commence la spécialisation ?	

À vous de jouer

4. Retrouvez la démarche du texte

Reconstituez la démarche logique du texte en remettant de l'ordre dans l'enchaînement des faits ou des idées.

1. *Il doit aussi assister l'éleveur et le conseiller dans ses démarches administratives.*
2. *Il formule le diagnostic et propose les remèdes techniques.*
3. *L'élevage pollue l'environnement.*
4. *L'ingénieur doit donc convaincre l'éleveur.*
5. *L'éleveur consulte un ingénieur agricole.*
6. *Mais cela va coûter cher.*
7. *Que faire du fumier ?*

5. Dialogue de sourds

Un ingénieur agricole cherche à convaincre un paysan récalcitrant de faire un effort pour protéger l'environnement des nuisances provoquées par son élevage. Imaginez leur dialogue.

enrichissez votre VOCABULAIRE

Un élevage en batterie (l. 5-6).
a. Quel est le sens du nom *batterie* dans cette expression ?
b. Explorez le champ sémantique* de ce nom.
c. Utilisez ses différents sens dans des phrases de votre composition.

la *grammaire* dans le TEXTE

En plus, les odeurs font fuir les amateurs de camping à la ferme ! (l. 10-11)
a. De quel type est cette phrase ?
b. Transformez-la en une phrase comportant une proposition subordonnée de conséquence de sens équivalent. Opérez toutes les modifications nécessaires.

Les canaris du Harz, une passion à la fois colorée et chantante

Gérard, du Club ornithologique catalan, élève des canaris en amateur, pour son plus grand plaisir. Il expose ses oiseaux ce week-end au Palais des expositions, avec d'autres passionnés.

Depuis plusieurs années, Gérard, un passionné des canaris et plus particulièrement des canaris du Harz, a installé une volière dans son jardin dans laquelle il élève ses oiseaux.

Entre légende et réalité. Le canari est ce petit serin domestique jaune, orangé ou verdâtre que l'on retrouve sifflant à tue-tête dans de nombreuses maisons. Les spécialistes distinguent plusieurs variétés de canaris parmi lesquelles le canari du Harz. C'est ce dernier qui retient toute l'attention de Gérard.

Ces petits oiseaux étaient utilisés autrefois en Allemagne par les mineurs du Harz qui les emmenaient avec eux dans les galeries des mines.

Les canaris montraient en effet des signes de faiblesse à la moindre émanation de gaz : leur état avertissait ainsi les mineurs d'un coup de grisou et leur permettait de se mettre à l'abri à temps.

Le canari, forcé de vivre dans la quasi-obscurité, s'est mis à écouter et à reproduire, par jeu, tous les bruits de la mine : le ruissellement de l'eau, les coups de pioche, les clochettes des chevaux tirant les chariots...

L'histoire dit aussi que l'oiseau a appris à siffler le bec fermé pour ne pas être gêné par la poussière constituant son environnement. Légende ou réalité ?

Histoire d'une passion. Les éleveurs et passionnés des canaris du Harz mettent tout en œuvre pour conserver la pureté du chant de leurs protégés.

Gérard s'applique à sélectionner parmi tous ses canaris du Harz ceux qui ont le chant le plus pur. Il travaille sur une souche[1] de canaris au plumage noir-brun et obtient grâce à des couplages, déterminés par de savantes règles issues de la génétique[2], des canaris aux couleurs variées dont de superbes gris-bleu.

Les oisillons naissent en général au mois de mai.

Ils sont mis à l'écolage[3] au début de l'automne, après leur mue[4].

La Cage aux oiseaux, peinture de Raoul DUFY. (Collection particulière.)

Jusqu'à l'hiver, les jeunes mâles sont placés dans des cages individuelles, dans l'obscurité.

Depuis leur demeure, ils entendent un mâle sélectionné dans une génération précédente pour la pureté de son chant.

Les jeunes prennent exemple sur lui pour parfaire leur sifflement.

En décembre, les canaris peuvent être présentés lors de concours de chant et évalués par un jury de spécialistes.

Isabelle BLEY,
L'Indépendant, samedi 4 octobre 1997.

1. *Une souche* : une variété.
2. *La génétique* : science qui étudie la transmission des caractères biologiques héréditaires.
3. *L'écolage* : l'apprentissage du chant.
4. *La mue* : période où les plumes remplacent le duvet.

Interrogez le texte

1. La situation d'énonciation*

a. Quel type de texte annonce la mise en pages ?
b. Dans quelle publication a-t-il paru ? À quelle date ?
c. À quelle occasion cet article a-t-il été rédigé ?

2. La structure et l'enjeu* du texte

a. À quelle personne le texte est-il rédigé ?
b. Qui est le narrateur ? Quel est son rôle ? Justifiez votre réponse.
c. Que présente le premier paragraphe ? Quelle fonction a-t-il dans le texte ?
d. Repérez les trois parties du développement : quels thèmes sont abordés ? Lesquels sont mis en valeur ? Justifiez votre réponse.

3. Un texte explicatif

a. Quel paragraphe évoque plus précisément l'activité de Gérard ? Relevez les expressions qui décrivent sa méthode d'élevage. En quoi consiste-t-elle ?
b. Recherchez dans le texte les éléments de phrases qui permettent de répondre aux questions suivantes :

QUESTIONS	RÉPONSES	Lignes
Dans quel pays se trouve le Harz ?		
Qui utilisait autrefois ces canaris ?		
À quoi servaient-ils ?		
Qu'est-ce qui, selon la légende, a favorisé le talent de chanteur du canari du Harz ?		
Pourquoi, selon la légende, le canari du Harz chante-t-il le bec fermé ?		
De quelle couleur est le plumage des canaris que Gérard utilise comme souche ?		
De quelle couleur sont les canaris que la journaliste semble apprécier le plus dans la volière de Gérard ?		
Tous les canaris seront-ils élevés pour devenir des chanteurs ?		
Comment et dans quelles conditions apprennent-ils à chanter ?		

c. Situez sur une ligne du temps les étapes de la formation des canaris.
d. Combien de temps faut-il environ pour dresser un canari à chanter ?

À vous de jouer

4. Rédigez un article de journal

Vous aussi, vous avez une passion. En prenant pour modèle le texte ci-contre, rédigez un article de journal où vous parlerez de vous à la troisième personne.

5. Inventez un dialogue

Faites dialoguer entre eux un canari en cage et un petit moineau. Chacun évoque son genre de vie, ce qu'il ressent, ses aspirations, ses rêves...
Votre premier paragraphe situera les circonstances de leur rencontre et la façon inattendue dont vous avez pu surprendre leur conversation.

enrichissez votre VOCABULAIRE

a. Du nom de quelle science est dérivé l'adjectif *ornithologique* ?
b. Quelle est l'étymologie* de ce nom ?
c. Citez d'autres noms comportant le même suffixe.
Précisez leur sens.
d. Utilisez certains des mots trouvés dans des phrases de votre composition.

la *grammaire* dans le TEXTE

Gérard... a installé une volière dans son jardin dans laquelle il élève ses oiseaux. (l. 3-4)
a. Quel est l'antécédent de la proposition relative soulignée ?
b. Récrivez la phrase de manière à rapprocher la relative de son antécédent.
c. Quelle tournure vous semble la plus adroite ? Justifiez votre réponse.

Dino BUZZATI
(1906-1972)
Journaliste et romancier. Dans ses recueils de nouvelles, *Le K*, *L'Écroulement de la Baliverna* par exemple, le cadre de la vie quotidienne sert souvent de décor à la manifestation de phénomènes étranges et surnaturels.
(Détail d'une photographie de H. Cartier-Bresson.)

Bizarre !...

Le narrateur s'est fait faire un complet très élégant par un étrange tailleur, aux sourires doucereux, qui ne lui a pas adressé sa note.

Ce jour-là, je m'en souviendrai toujours. C'était un mardi d'avril et il pleuvait. Quand j'eus passé mon complet – pantalon, gilet et veston – je constatai avec plaisir qu'il ne me tiraillait pas et ne me gênait pas aux entournures comme le font toujours les vêtements neufs. Et pourtant il tombait à la perfection.

Par habitude je ne mets rien dans la poche droite de mon veston, mes papiers je les place dans la poche gauche. Ce qui explique pourquoi ce n'est que deux heures plus tard, au bureau, en glissant par hasard ma main dans la poche droite, que je m'aperçus qu'il y avait un papier dedans. Peut-être la note du tailleur ?

Non. C'était un billet de dix mille lires.

Je restai interdit[1]. Ce n'était certes pas moi qui l'y avais mis. D'autre part il était absurde de penser à une plaisanterie du tailleur Corticella. Encore moins à un cadeau de ma femme de ménage, la seule personne qui avait eu l'occasion de s'approcher du complet après le tailleur. Est-ce que ce serait un billet de la Sainte Farce[2] ? Je le regardai à contre-jour, je le comparai à d'autres. Plus authentique que lui c'était impossible.

L'unique explication, une distraction du tailleur Corticella. Peut-être qu'un client était venu lui verser un acompte[3], à ce moment-là il n'avait pas son portefeuille et, pour ne pas laisser traîner le billet, il l'avait glissé dans mon veston pendu à un cintre. Ce sont des choses qui peuvent arriver.

J'écrasai la sonnette pour appeler ma secrétaire. J'allais écrire un mot à Corticella et lui restituer cet argent qui n'était pas à moi. Mais, à ce moment, et je ne saurais en expliquer la raison, je glissai de nouveau ma main dans ma poche.

« Qu'avez-vous, monsieur ? Vous ne vous sentez pas bien ? » me demanda la secrétaire qui entrait alors.

J'avais dû pâlir comme la mort. Dans la poche mes doigts avaient rencontré les bords d'un morceau de papier qui n'y était pas quelques instants auparavant.

« Non, non, ce n'est rien, dis-je, un léger vertige. Ça m'arrive parfois depuis quelque temps. Sans doute un peu de fatigue. Vous pouvez aller, mon petit, j'avais à vous dicter une lettre mais nous le ferons plus tard. »

Ce n'est qu'une fois la secrétaire sortie que j'osai extirper la feuille de ma poche. C'était un autre billet de dix mille lires. Alors, je fis une troisième tentative. Et un troisième billet sortit.

Mon cœur se mit à battre la chamade. J'eus la sensation de me trouver entraîné, pour des raisons mystérieuses, dans la ronde d'un conte de fées comme ceux que l'on raconte aux enfants et que personne ne croit vrais.

Dino BUZZATI, « Le Veston ensorcelé », in *Le K*,
traduction Jacqueline Remillet

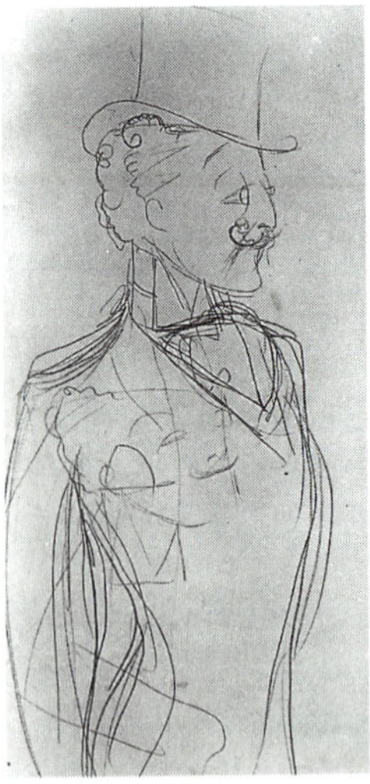

Portrait de Bony de Castellane,
croquis de SEM.
(Musée Carnavalet.)

1. *Interdit* : stupéfait.
2. *Un billet de la Sainte Farce* : un faux billet.
3. *Acompte* : paiement partiel effectué au moment d'une commande.

Interrogez le texte

1. Allez à l'essentiel

a. De quel ouvrage ce texte est-il extrait ? De quel type de texte s'agit-il ?
b. Relevez les indices de temps et de lieu* : où et quand l'action se situe-t-elle ?
c. Qui est le narrateur ? le protagoniste* ?
d. Quel problème a-t-il à résoudre ?

2. Les hypothèses

a. Relevez dans le tableau suivant les cinq hypothèses que fait successivement le narrateur pour expliquer la présence du billet :

	Hypothèse	... acceptée ou rejetée ?	Pourquoi ?
1			
2			
3			
4			
5			

b. Quelle hypothèse lui apparaît comme la seule à retenir ? Pourquoi ?
c. Pourquoi doit-il finalement la rejeter elle aussi ? Peut-il encore envisager des hypothèses vraisemblables ?
d. Pourquoi le narrateur se croit-il entraîné dans un conte de fées ? Qui cet étrange tailleur peut-il être ? Repérez tous les détails qui pouvaient annoncer dès le début un phénomène surnaturel.

Chez le tailleur, gravure de mode, 1852.

enrichissez votre VOCABULAIRE

Mon cœur se mit à battre la chamade... (l. 37)
a. Cherchez d'autres verbes ou expressions traduisant une émotion violente.
b. Employez certains d'entre eux dans des phrases de votre composition.

À vous de jouer

3. Imaginez une suite à ce récit

a. Comment va réagir le personnage ? Imaginez une suite à ce récit de Dino Buzzati : un conte de fées ou un engrenage terrifiant ?
b. Lisez la suite du récit de Buzzati et comparez-la à vos productions.

4. Formulez des hypothèses

Vous n'arrivez pas à remettre la main sur un objet auquel vous teniez beaucoup. Vous envisagez une série d'hypothèses que vous rejetez pour n'en accepter finalement qu'une seule (vraisemblable ou surnaturelle).

la *grammaire* dans le TEXTE

J'avais dû pâlir comme la mort. Dans la poche mes doigts avaient rencontré les bords d'un morceau de papier... (l. 28-29)
a. Quelle est la nature de ces deux propositions ? Quel rapport logique ont-elles ?
b. Faites-le apparaître :
• à l'aide d'une conjonction de coordination ou d'une locution adverbiale ;
• en subordonnant la deuxième phrase à la première. Quelle locution conjonctive allez-vous utiliser ?

Jules MICHELET
(1798-1874)
Dans son *Histoire de la Révolution française*, il fait un récit détaillé et pathétique des événements sous une forme littéraire, sans négliger pour autant l'exigence scientifique.

La fin des perruquiers

L'émigration, la ruine de beaucoup qui n'émigraient pas, avaient mis sur le pavé une masse de valetaille[1], de gens attachés aux nobles, aux riches, à différents titres, agents de mode, de luxe, d'amusement, de libertinage[2]. La première corporation[3] en ce genre, celle des perruquiers, était comme anéantie. Elle avait fleuri plus d'un siècle, par la bizarrerie des modes. Mais le terrible mot de l'époque : « Revenez à la nature », avait tué ces artistes, coiffeurs et coiffeuses ; tout allait vers une simplicité effrayante. Le perruquier perdait à la fois son existence et son importance. Je dis importance, il en avait réellement beaucoup sous l'ancien régime. Le précieux privilège des plus longues audiences[4], l'avantage de tenir une demi-heure, une heure, sous le fer, les belles dames de la cour, de jaser, de dire tout ce qu'il voulait, c'était le droit du perruquier. Valet de chambre, perruquier ou perruquier-maître, il était admis le matin au plus intime intérieur, et témoin de bien des choses, confident sans qu'on songeât à se confier à lui. Le perruquier était comme un animal domestique, un meuble de dames ; il participait fort de la frivolité des femmes[5] auxquelles il appartenait. Ce fut au sieur Léonard, bien dévoué, mais de peu de tête, que la reine confia ses diamants, et le soin d'aider Choiseul dans la fuite de Varennes ; et tout alla de travers. Il est inutile de dire que de telles gens regrettaient amèrement l'ancien régime. Les plus furieux[6] royalistes n'étaient peut-être ni les nobles, ni les prêtres, mais les perruquiers.

MICHELET, *Histoire de la Révolution française*, 1847-1853.

1. *Valetaille* : terme péjoratif désignant l'ensemble des domestiques.
2. *Libertinage* : vie de plaisirs.
3. *Corporation* : ensemble des personnes qui exercent le même métier.
4. *Audiences* : entretiens.
5. *Il participait fort de la frivolité des femmes…* : il avait une grande part dans la réalisation des caprices des femmes…
6. *Les plus furieux* : les plus acharnés.

Coiffure à l'échelle, caricature du XVIIIe siècle.

Interrogez le texte

1. La situation d'énonciation*

a. De quel ouvrage ce texte est-il extrait ? Qui en est l'auteur ?
b. Qui est le narrateur ? Cherchez l'indice qui révèle sa présence dans le texte.
c. Les événements évoqués sont-ils réels ou fictifs ? Justifiez votre réponse.
d. De quel type de texte s'agit-il ?

2. Le thème et l'enjeu du texte

a. Rapprochez le titre et la dernière phrase du texte : que veut expliquer Michelet ?
b. Complétez le tableau suivant en faisant figurer les éléments du texte qui vous permettent de répondre :

QUESTIONS	RÉPONSES	Lignes
Quels mots ou expressions permettent de situer l'époque évoquée ?		
Quelles catégories sociales perdent leur emploi à cette époque ?		
Quelle corporation souffre le plus ?		

c. Quelle est l'époque historique évoquée ?
d. Pourquoi tant de gens perdent-ils leur emploi ? De quels types d'emplois s'agit-il ?
e. À quel régime politique les perruques étaient-elles associées ? Que symbolise leur disparition ?

3. L'explication historique

a. Quelle était la situation des perruquiers sous l'Ancien Régime ? Relevez les expressions du texte les plus significatives.
b. Quelle phrase du texte traduit le retournement de situation dont les perruquiers sont victimes ? Que perdent-ils ?
c. Citez les trois causes qui expliquent selon Michelet la ruine des perruquiers.
- Lesquelles sont liées directement aux événements politiques ?
- Laquelle marque aussi une évolution du goût ?

d. En quoi la conclusion du texte est-elle paradoxale* ? Justifiez votre réponse.

À vous de jouer

4. Élucidez les allusions historiques

a. Le texte vous permet-il de répondre précisément aux questions suivantes ?
- À quelle date l'émigration a-t-elle commencé ?
- Au cours de quels siècles la corporation des perruquiers a-t-elle été florissante ?
- De quelle *reine* s'agit-il (l. 18) ?
- Qui était Choiseul ?
- Qu'est-ce que la *fuite de Varennes* (l. 18) ?

b. Quel type d'ouvrages vous fournira les éléments de réponse ?
c. Répondez aux questions posées.

5. Faites une enquête

Rendez-vous au C.I.O. (Centre d'Information et d'Orientation), à l'A.N.P.E. ou dans une agence de travail intérimaire. Informez-vous sur les emplois qui disparaissent ou sur les nouveaux métiers que propose l'évolution économique de votre région.
Présentez le résultat de vos recherches sous forme d'exposé oral ou de panneau illustré.

enrichissez votre VOCABULAIRE

a. Quelle est l'origine du mot *perruquier* ?
b. Consultez les dictionnaires de langue (français-anglais, -allemand, -espagnol, -italien, -russe, etc.) qui figurent au C.D.I. ou à la bibliothèque que vous fréquentez.
- Cherchez les noms désignant le coiffeur dans les différentes langues.
- Présentez-les dans un tableau et comparez-les (sens étymologique, origine, prononciation...).

la grammaire dans le TEXTE

Je dis importance, il en avait réellement beaucoup sous l'ancien régime (l. 8-9).
a. Quelle est la nature de ces deux propositions ? Quel rapport logique ont-elles ?
b. Explicitez ce rapport par :
- une conjonction de coordination ;
- une conjonction ou une locution de subordination.

4

S'initier au texte argumentatif

Vous cherchez à contrecarrer les arguments d'un adversaire, à le persuader ou à le convaincre... Apprenez à déchiffrer une argumentation, ce qui en fait la force ou quelles en sont les faiblesses.

Les objectifs du chapitre

- Identifier les arguments utilisés.
- Comprendre en quoi consiste un argument par analogie.
- Repérer l'implicite, le sous-entendu d'une argumentation.

Confession, détail d'une peinture de Vicente PALMAROLI (1834-1896). (Centro de arte Reina Sofia, Madrid.)

- Imaginez les propos du jeune homme pour amuser ou séduire la jeune femme.

Jean de LA FONTAINE
(1621-1695)
Héritier des fabulistes de l'Antiquité, Ésope et Phèdre, La Fontaine mêle la satire de la société de son époque à une étude du caractère des hommes.

Le Loup et l'Agneau

La raison du plus fort est toujours la meilleure :
Nous l'allons montrer tout à l'heure[1].

Un Agneau se désaltérait
Dans le courant d'une onde[2] pure.
Un Loup survient à jeun, qui cherchait aventure,
Et que la faim en ces lieux attirait.
« Qui te rend si hardi de troubler mon breuvage ?
Dit cet animal plein de rage :
Tu seras châtié de ta témérité.
– Sire, répond l'Agneau, que Votre Majesté
Ne se mette pas en colère ;
Mais plutôt qu'Elle considère
Que je me vas désaltérant[3]
Dans le courant,
Plus de vingt pas[4] au-dessous d'Elle[5] ;
Et que par conséquent, en aucune façon,
Je ne puis troubler sa boisson.
– Tu la troubles, reprit cette bête cruelle ;
Et je sais que de moi tu médis[6] l'an passé.
– Comment l'aurais-je fait, si je n'étais pas né ?
Reprit l'Agneau ; je tète encor ma mère.
– Si ce n'est toi, c'est donc ton frère.
– Je n'en ai point. – C'est donc quelqu'un des tiens ;
Car vous ne m'épargnez guère,
Vous, vos bergers et vos chiens.
On me l'a dit : il faut que je me venge. »
Là-dessus, au fond des forêts
Le Loup l'emporte, et puis le mange,
Sans autre forme de procès[7].

LA FONTAINE, *Fables,* I, 10, 1668.

1. *Tout à l'heure* : maintenant.
2. *Une onde* : une eau.
3. *Je me vas désaltérant* : je suis en train de me désaltérer.
4. Un pas = environ 50 cm.
5. *Au-dessous d'Elle* : en descendant le cours du ruisseau.
6. *Tu médis* : tu as dit du mal.
7. *Sans autre forme de procès* : sans discuter davantage.

Le Loup et l'Agneau, peinture de J.-B. OUDRY, 1751. (La Cour d'Or, musées de Metz.)

■ Laquelle des deux illustrations (p.103 et ci-contre) préférez-vous ? Justifiez votre réponse.

L'argumentation

OBJECTIF
Être capable de repérer dans un texte les moyens par lesquels on tente de convaincre ou de persuader quelqu'un de quelque chose, c'est-à-dire les arguments qu'on utilise.

Observez

1. Une fable

a. Qui est l'auteur de ce texte ?
b. Quel est le point de départ de cette fable ?
c. Quelle est la fonction du récit ?
d. Que dénonce La Fontaine à travers cette fable ?

2. L'argumentation

a. Quel est l'objectif du Loup ?
b. Par quels arguments* tente-t-il de faire passer la satisfaction de son appétit pour un acte de justice ?
c. Les accusations du Loup sont-elles fondées ?
d. Quelle attitude l'Agneau adopte-t-il pour lui répondre ? Pourquoi ? Par quels arguments réfute-t-il les accusations du Loup ?
e. Lequel des deux personnages utilise des arguments conformes à la vérité ? Justifiez votre réponse. Lequel l'emporte finalement ?

À vous de jouer

3. Mettez la fable en scène

Apprenez cette fable par équipes de trois : l'un(e) sera le narrateur, les deux autres joueront le Loup et l'Agneau. Dites-la de manière expressive.

4. Écrivez à la manière de La Fontaine

Écrivez un petit texte dont la morale serait : *« Un "tiens" vaut mieux que deux "tu l'auras" »,* ou un autre proverbe de votre choix.

à retenir

Pour comprendre comment on parvient à convaincre ou à persuader, il faut observer l'argumentation, c'est-à-dire les moyens utilisés en fonction de l'objectif à atteindre :
- les exemples ou preuves tirées de l'expérience ;
- les justifications fondées sur la compétence, l'autorité de celui qui parle… ;
- la démonstration et le raisonnement.

Le Loup et l'Agneau, illustration de Gustave DORÉ, 1868.

ÉSOPE

(VIᵉ siècle av. J.-C.)
On ne connaît de lui que ses fables, dont se sont largement inspirés le fabuliste latin Phèdre et, plus près de nous, La Fontaine.

Le paysan et ses enfants

Les enfants d'un paysan ne s'entendaient pas. Malgré ses mises en garde répétées, il ne parvenait pas à les raisonner. Il pensa qu'il devait s'y prendre autrement.

Il leur demanda d'apporter un fagot de bois. Ils obéirent. Il commença par leur donner le fagot tout entier et leur ordonna de casser les rameaux. Ils avaient beau faire, ils n'y parvenaient pas.

Ensuite il défit le fagot et leur passa les rameaux un par un. Ils les cassèrent sans effort. Alors il leur dit :

« Vous aussi, mes enfants, si vous êtes unis, vos ennemis ne porteront pas la main sur vous. Disputez-vous, vous serez des proies faciles. »

Autant l'union fait la force, autant la désunion est facile à vaincre.

ÉSOPE, *Fables*.

Élément d'une mosaïque gallo-romaine , IIIᵉ siècle, trouvée près de Lyon et représentant le calendrier des travaux agricoles : ici, coupe des rameaux et mise en fagots. (Musée des Antiquités nationales, Saint-Germain-en-Laye.)

L'argument par analogie

OBJECTIF
Être capable d'identifier et de comprendre ce qu'on appelle un argument par analogie.

Observez

1. La fable et son enjeu

a. Pourquoi peut-on dire que ce texte est une fable ?
b. Quel est l'enjeu* de cette fable ?
c. Quelle en est la morale ?

2. L'argument par analogie

a. À quel problème le paysan est-il confronté ? Qui doit-il convaincre ? De quoi ?
b. Par quel moyen a-t-il d'abord tenté de le faire ? A-t-il réussi ? Justifiez votre réponse.
c. Un argument fondé sur une ressemblance est un **argument par analogie.** Quel point commun y a-t-il entre les enfants du paysan et le fagot ? Qu'est-ce que le paysan cherche ainsi à faire comprendre à ses enfants, c'est-à-dire quelle **thèse** défend-il ?
d. La fable précise-t-elle si le paysan a réussi ? Que doit comprendre le lecteur ? Pourquoi ?

Le Lion, roi des animaux, illustration d'une fable de Pilpay, fabuliste indien (XIIIe siècle) qui inspira La Fontaine. (Musée Condé, Chantilly.)

■ À partir de cette miniature, imaginez à votre tour une fable.

À vous de jouer

3. Écrivez à la manière d'Ésope

Choisissez un dicton ou un proverbe. Écrivez une fable mettant en scène des hommes ou des animaux. Utilisez un argument par analogie.

4. Enrichissez le texte

Imaginez un des innombrables sermons du père à ses enfants et les arguments par lesquels il cherchait à les faire se réconcilier.

à retenir

L'**argument par analogie** est fondé sur une comparaison entre deux situations qui ont un point commun : elle permet de comprendre l'une par comparaison avec l'autre.

Il y a des pays
où les enfants
préfèreraient
lever la main
au lieu
de la tendre.
PEYRAT & ASSOCIES Photo de Pamela HANSON.
COMITÉ FRANÇAIS
unicef
Fonds des Nations Unies pour l'enfance
Donnez-leur la vie
Chèque bancaire - CCP150
35, rue Félicien David - 75016 Paris - Minitel : 36-15 Unicef.

La notion d'implicite

OBJECTIF
Être capable de repérer dans un texte ou un document argumentatifs ce qui est implicite, c'est-à-dire les idées ou les arguments qui ne sont pas clairement formulés mais sont sous-entendus.

Observez

1. La situation d'énonciation*

a. De quel type de document s'agit-il ?
b. Quel organisme a fait cette campagne de publicité ? Recherchez quelle est sa mission.
c. Quel est l'enjeu* de cette campagne d'affichage ? À qui s'adresse-t-elle ?

2. L'argumentation par l'image

a. Dans quel décor se trouve l'enfant photographié ?
b. Que fait-il ?
c. Observez en particulier le personnage photographié, sa tenue vestimentaire, les couleurs... Quel effet cette photographie cherche-t-elle à produire sur le spectateur ?
d. Dans quel type de pays a-t-elle été prise ? Justifiez votre réponse.

3. L'argumentation par le texte : explicite et implicite

a. La phrase d'accroche* : deux expressions sont en opposition dans cette phrase : lesquelles ? Par quelle locution sont-elles reliées ? À quel mode est le verbe de la proposition relative ? Qu'exprime ce mode ?
b. Laquelle des deux expressions renvoie à ce qui est représenté sur la photographie ? Que signifie-t-elle ?
c. Laquelle renvoie à une réalité qui n'est pas représentée sur l'affiche mais qui est sous-entendue ? Que signifie-t-elle ?
À quel type de pays fait-elle allusion ? Justifiez votre réponse en donnant des exemples précis empruntés à l'actualité ou à vos connaissances géographiques.

À vous de jouer

4. Explicitez le message

Il y a des pays où les enfants tendent la main au lieu de la lever. Imaginez un visuel (dessin, photographie, image de synthèse...) dénonçant explicitement la misère des enfants pour illustrer cette phrase d'accroche.

5. Imaginez une affiche

En vous inspirant du document étudié, imaginez une affiche pour une autre campagne humanitaire. Réalisez un visuel (dessin, photographie, image de synthèse...). Rédigez une phrase d'accroche jouant sur l'implicite.

à retenir

Une argumentation peut reposer sur des **arguments explicites,** c'est-à-dire exprimés clairement.
Elle peut aussi jouer sur l'**implicite**, c'est-à-dire le sous-entendu ou l'allusion.

Pour repérer si un texte ou un document comportent des idées ou des arguments implicites, il faut observer si certaines formules ou certaines images utilisées suggèrent d'autres idées qui ne sont pas clairement exprimées.

Une campagne de prévention

Interrogez le document

1. La situation d'énonciation*

a. De quel type de document s'agit-il ?
b. Quel organisme fait cette campagne de publicité ? Quelle est sa mission ?
c. Quel est l'enjeu* de cette campagne ?
d. À quel public s'adresse-t-elle ?

2. L'argument par analogie*

a. Quels sont les deux objets photographiés ?
b. Observez les objets, les couleurs, le graphisme des inscriptions et le fond sur lequel ils se détachent. Quel effet cette photographie cherche-t-elle à produire sur le spectateur ?
c. Quelle analogie est créée entre les objets représentés et les termes auxquels ils sont associés ? Justifiez votre réponse.

3. Le slogan*

a. Quelle mise en garde figurant sur les paquets de cigarettes est détournée ici sous forme de slogan ? Quel est l'effet recherché ?
b. À quel temps et à quels modes sont les verbes ? Justifiez leur emploi.

4. Le message de l'affiche

a. Contre quel danger cette affiche cherche-t-elle à mettre en garde le public ?
b. Son message est-il explicite* ou comporte-t-il une part d'implicite* ? Justifiez votre réponse.
c. Du texte ou du visuel, qu'est-ce qui vous semble le plus à même de convaincre le public de ne pas fumer ? Justifiez votre réponse.

À vous de jouer

5. Collectionnez et analysez accroches et slogans

Recherchez sur des affiches ou dans des magazines des accroches* ou des slogans* publicitaires. Étudiez la façon dont ils sont conçus pour attirer l'attention du public et pour être facilement mémorisés.
Vous observerez en particulier leur structure grammaticale, les procédés d'écriture, les associations d'idées qu'ils suggèrent.

6. Réalisez une campagne d'affiches

Déterminez tous ensemble un thème de campagne. Par petits groupes, faites des projets d'affiches : slogans*, accroches*, visuels*, textes...
Avec l'aide de votre professeur d'arts plastiques, réalisez des affiches que vous pourrez présenter à l'occasion d'une exposition.

7. Improvisez un dialogue

Imaginez le dialogue entre deux personnes dans un restaurant. L'une est gênée par la cigarette de l'autre. Réfléchissez à leurs arguments respectifs, puis jouez la scène avec un(e) camarade.

enrichissez votre VOCABULAIRE

a. Constituez la famille étymologique* du verbe *nuire*, formée sur les deux radicaux *-nuis-* et *-noc-*.
b. Précisez le sens des mots qui en sont dérivés.
c. Utilisez-les dans des phrases de votre composition.

la grammaire dans le TEXTE

a. Dans le slogan *Arrêter de fumer nuit gravement au cancer*, quelle est la nature du groupe sujet ?
b. Formulez la même idée en substituant à ce groupe :
- un groupe nominal ;
- une proposition subordonnée de sens équivalent.

Opérez toutes les modifications nécessaires.
c. Quelle formule vous paraît la plus adroite ? Justifiez votre réponse.

Il sauve aussi des vies

Dessin de Frank MARGERIN, paru dans *Le Nouvel Observateur*, novembre 1995.

Ces derniers jours, le téléphone portable a fait parler de lui de façon positive. Ce week-end tout d'abord, il vient en aide en Italie à un garçon de 4 ans pour sauver son papa. Lors d'une promenade en pédalo au lac de Piedino (centre de l'Italie), le père du petit Michele est pris d'un malaise. Immédiatement, le fiston attrape le combiné portatif, compose le 113 (notre 17), explique la situation au policier à l'autre bout du fil, qui envoie les secours au plus vite.

Trois jours avant, c'est un groupe d'alpinistes qui fut ainsi sauvé. Bloquées en plein brouillard sur le mont Blanc à 4 000 mètres d'altitude, une quarantaine de personnes épuisées ont su jouer leur dernière bouée de sauvetage : le téléphone portable. Ayant joint tout d'abord les pompiers, le groupe a été renvoyé vers le standard du peloton de gendarmerie de haute montagne de Chamonix. Rassurés en direct par un des militaires, les alpinistes ont attendu sans affolement l'arrivée des secours.

Appels de skieurs en difficulté

Surprenante histoire ? Pas tellement. « Si elle n'est pas encore courante, c'est une situation qu'on retrouve de plus en plus souvent », constate-t-on chez les gendarmes de Chamonix. « Les alpinistes nous appellent aussi parfois pour nous prévenir qu'ils auront un peu de retard dans leur descente. » Et l'hiver, les gendarmes constatent des appels de plus en plus fréquents de skieurs depuis les pistes, « pour nous prévenir, par exemple, lorsqu'il y a un blessé ». La présence d'un téléphone portable peut ainsi s'avérer d'une immense utilité.

Attention cependant, ce petit engin n'est pas toujours la panacée[1]. « Il est des cas où le téléphone portable est une fausse sécurité », explique Michel Babkine, chef du bureau de sauvetage et de circulation maritime. En mer, le portable, par temps calme et lorsqu'un relais est installé à proximité des côtes, a une portée de trois à six kilomètres. « Surtout, ça n'a pas les capacités d'un VHF[2] portable qui, relié directement aux centres de sauvetage, permet de localiser le bateau en détresse », souligne Michel Babkine. Si une ou deux fois des plaisanciers[3] ont été secourus à la suite d'un appel par téléphone mobile, « on ne veut pas encourager les gens à partir avec des portables, ajoute-t-il, trop persuadés d'être alors en sécurité ».

Le portable, cela a donc du bon. Et si, d'un côté, on lui reproche d'être à l'origine de trop nombreux accidents de la route, de l'autre on est tenté de lui pardonner ses abus : dans 39 % des cas, il permet aux accidentés d'appeler eux-mêmes les secours.

Dorothée JONTE
Le Parisien Hauts-de-Seine, mardi 29 juillet 1997.

1. *La panacée* : le remède universel.
2. *Un VHF portable* : émetteur/récepteur radio à très haute fréquence *(Very High Frequency)* et à très longue portée.
3. *Plaisanciers* : ceux qui naviguent pour leur plaisir.

Interrogez le texte

1. La thèse défendue

Lisez le titre et la première phrase du texte : quelle thèse* va défendre le journaliste ?

2. Les arguments pour

a. Quels paragraphes de l'article présentent le téléphone portable comme un objet utile ? Donnez un titre à chacun d'eux.
b. Quels arguments l'auteur utilise-t-il pour le prouver ? Sur quoi sont-ils fondés ?

3. Les arguments contre

a. Dans quel paragraphe l'auteur nuance-t-il son jugement ? Par quelle formule ce paragraphe est-il introduit ?
b. En quoi le téléphone portable n'est-il pas toujours *la panacée* (l. 36) ? Quels arguments l'auteur utilise-t-il pour le prouver ? Sur quoi sont-ils fondés ?

4. La conclusion

a. Dans le dernier paragraphe, quelle conjonction de coordination annonce la conclusion de l'argumentation ?
b. Quelle phrase résume la prise de position de la journaliste ?
c. La conclusion est-elle totalement favorable au téléphone portable ? totalement défavorable ? Est-elle nuancée ? Justifiez votre réponse.
d. Comment comprenez-vous le titre après l'étude de cet article ? Quelle est la valeur de l'adverbe *aussi* ?

À vous de jouer

5. Exposez la thèse inverse

Le portable peut aussi empoisonner la vie quotidienne. Inspirez-vous du plan de l'article étudié pour exposer la thèse inverse. Cherchez des arguments à l'appui.

6. Imaginez une situation d'argumentation

Un enfant cherche à convaincre son père ou sa mère de souscrire un abonnement à une ligne de téléphone portable. Imaginez la scène, les différents arguments échangés.

enrichissez votre VOCABULAIRE

a. Recherchez l'étymologie* du nom *panacée* (l. 36).
b. Citez d'autres noms formés avec le même préfixe. Précisez leur sens.
c. Utilisez-les dans des phrases de votre composition.

la *grammaire* dans le TEXTE

a. *Surprenante histoire ? Pas tellement* (l. 23). Faites l'analyse de ces deux phrases. De quels types de phrases s'agit-il ?
b. Complétez-les par les termes sous-entendus.
c. Quelle tournure vous paraît la plus adroite ? Justifiez votre réponse.

« – Paraît qu'avec le téléphone on pourrait se causer quand bien même la distance serait énorme ?
– Tu le vois bien, bécasse ! puisqu'en ce moment M. le Duc me parle de son cercle, à moi, qui ne suis qu'un valet de chambre. »
Les Merveilles de la science, caricature de DRANER, 1885.

La Petite Souris et le Père Noël

Le Père Noël, illustration de Th. NAST, 1881.

Il existe aussi les légendes familiales. Prenez la Petite Souris par exemple. Au départ, nous n'avions pas l'intention de nous en encombrer. Mais quand votre enfant vient vous trouver, les yeux tout brillants, avec son petit morceau d'ivoire ensanglanté (la cour de récré lui a appris quelles richesses ce petit rongeur pouvait lui apporter), il est difficile de résister. Nous avons donc commencé à glisser des pièces de monnaie sous son oreiller en échange d'une dent enveloppée dans du papier d'aluminium. Puis notre fils s'est mis à écrire des petits mots à la Petite Souris, alors il a bien fallu qu'elle lui réponde (de son écriture ronde et appliquée). Puis, arrivé à un stade de plus grand scepticisme[1], selon nous, il a commencé à mettre du talc sur le rebord de la fenêtre pour la prendre en flagrant délit. Alors naturellement, la Petite Souris s'est mise à laisser l'empreinte de ses petites pattes.

Cette légende comporte des avantages non négligeables. Le premier étant évidemment que la Petite Souris n'aime que les dents propres et qu'elle sait toujours si elles ont été lavées après être tombées, ce qui ne compte pas. Les dents sont tombées les unes après les autres, au gré des enfants, et les petites piécettes ne manquaient pas d'être déposées sous l'oreiller.

J'aime la Petite Souris, tout comme j'aime le Père Noël. Les enfants se sentent réconfortés à l'idée que les parents ne sont pas l'unique source des cadeaux et que l'univers est peuplé de créatures bienveillantes. C'est une sorte de religion primitive et, comme tous les êtres primitifs, les enfants ont besoin d'un certain folklore.

Cela dit, quand faut-il s'arrêter ? J'ai dit la vérité à mon fils quand j'étais sûre qu'il savait. Il avait alors sept ans. Je lui ai expliqué que c'était une légende, mais comme elle n'avait plus cours aujourd'hui, c'étaient Papa et moi qui faisions la Petite Souris. J'étais persuadée qu'il le savait déjà, mais pas du tout. Sa lèvre s'est mise à trembler. Il ne voulait pas savoir. Puis il a eu un petit rire gêné. J'ai eu l'impression qu'un monde magique s'évanouissait, que soudain la lumière était devenue trop crue[2], qu'il était prématurément[3] entré dans l'âge adulte. Il s'en est remis plus vite que moi, mais j'en ai tiré une leçon. Après huit ans d'existence, le Père Noël règne toujours en maître. Il passe par la cheminée du séjour, et on laisse des carottes dehors pour les rennes. Et savez-vous ce qu'ils font, ces vilains ? Ils mangent les carottes et recrachent les fanes[4] dans l'âtre[5] ! Le Père Noël, lui, mange des papillotes[6] et il apporte toujours des cadeaux bizarres que l'on ne trouve pas dans les magasins de jouets habituels. (Heureusement qu'on les trouve chez Pier Import et chez Tati !) Je ne sais pas combien de temps il vivra encore, mais l'astucieuse remarque que fit cette amie à ses quatre filles m'a ouvert les yeux :

« À l'école, certains enfants prétendent que le Père Noël n'existe pas, n'est-ce pas ? Eh bien, c'est dommage ! Parce que, vous savez, une fois que les enfants ne croient plus au Père Noël, il ne peut plus leur rendre

1. *Scepticisme* : attitude intellectuelle qui consiste à se poser des questions sur tout.
2. *Crue* : éclatante.
3. *Prématurément* : trop tôt.
4. *Les fanes* : les feuilles.
5. *L'âtre* : la partie de la cheminée où on fait le feu.
6. *Papillotes* : sucreries enveloppées de papier.

visite. En général, ce sont les parents qui prennent sa place. Ils mettent des cadeaux dans les chaussures, comme ça, personne n'est trop déçu. Mais en fait, ça n'est jamais aussi bien. »

C'est lumineux. Cela permet aux enfants de n'y croire qu'à moitié et de cesser d'y croire quand ils sont prêts. Cela leur évite de se sentir floués lorsqu'ils repèrent le papier cadeau qu'a utilisé le Père Noël, qu'ils reçoivent un paquet qu'ils ont vu dépasser sous l'escalier ou qu'ils surprennent le Père Noël la main dans sa hotte. Cela permet au mystère de perdurer[7] jusqu'au moment où les parents prendront le relais.

7. *Perdurer* : durer toujours.

Libby PURVES, *Comment ne pas élever des enfants parfaits,*

Interrogez le texte

1. La situation d'énonciation*

a. Qui est l'auteur de ce texte ?
b. De quel livre est-il extrait ? À qui s'adresse-t-il ? Qu'annonce le titre ? Qu'a de paradoxal* sa formulation ?
c. Quel est le thème de cet extrait ?

2. La structure du texte

a. Faites apparaître la structure du texte en donnant un titre aux deux thèmes successivement traités :

L. 1 à 24 : titre proposé	
Phrase de transition :	
L. 25 à la fin : titre proposé	

b. Quelle thèse* Libby Purves défend-elle dans ce texte ?
c. Sur quoi se fonde-t-elle pour donner des conseils aux parents ?

3. Les arguments du premier thème

a. Quelles sont les deux « légendes familiales » auxquelles le texte fait allusion ?
b. Quelle était au départ la position des parents sur les légendes familiales ? Quelle phrase y fait allusion ? Que signifie-t-elle ?
c. Pourquoi l'auteur a-t-elle finalement changé d'opinion ? Par quels arguments justifie-t-elle son revirement ? Se contente-t-elle de faire semblant de croire à la Petite Souris ?
d. En quoi ces légendes familiales contribuent-elles selon l'auteur à l'éducation et au développement de l'enfant ? Justifiez votre réponse en relevant les arguments utilisés.

4. Les arguments du second thème

a. Comment l'enfant a-t-il appris la vérité sur la Petite Souris ? Quels arguments montrent que cette méthode n'était pas la bonne ?
b. Pourquoi la mère continue-t-elle à faire croire à son fils que le Père Noël existe ? Quels sont ses arguments ? Quel rôle a joué son amie ?
c. Quand les enfants doivent-ils découvrir la réalité ? Quelle phrase du texte exprime la réponse de l'auteur ?

À vous de jouer

5. Écrivez les souvenirs du petit Purves

Dans ses Mémoires, le petit garçon devenu adulte évoque le jour où sa mère lui a révélé que la Petite Souris n'existait pas...

6. Répondez à l'auteur

Pensez-vous comme Libby Purves qu'il faille entretenir les enfants dans l'illusion « que l'univers est peuplé de créatures bienveillantes » ? Nourrissez votre démonstration d'arguments et d'exemples précis.

enrichissez votre VOCABULAIRE

a. Recherchez l'étymologie de l'adverbe *prématurément* (l. 32).
b. Cherchez d'autres mots de la même famille étymologique* (radicaux *-matur-* et *mûr-*). Précisez leur sens.
c. Utilisez certains des mots trouvés dans des phrases de votre composition.

Pierre CORNEILLE
(1606-1684)
Avocat de formation, mais il n'a jamais plaidé, Corneille est avec Racine et Molière une des grandes figures du théâtre classique. Avec *Le Cid*, créé en 1637, il connut de son vivant un succès extraordinaire.

L'éducation d'un prince

Le roi don Fernand vient de choisir le vieux don Diègue pour éduquer son fils. Le Comte, don Gomès, plus jeune, conteste ce choix.

SCÈNE 3 : LE COMTE, DON DIÈGUE.

LE COMTE

Enfin vous l'emportez, et la faveur du Roi
Vous élève en un rang qui n'était dû qu'à moi :
Il vous fait gouverneur du prince de Castille.

DON DIÈGUE

Cette marque d'honneur qu'il met dans ma famille
Montre à tous qu'il est juste, et fait connaître assez
Qu'il sait récompenser les services passés.

LE COMTE

Pour grands que soient les rois, ils sont ce que nous sommes :
Ils peuvent se tromper comme les autres hommes ;
Et ce choix sert de preuve à tous les courtisans
Qu'ils savent mal payer les services présents.

DON DIÈGUE

Ne parlons plus d'un choix dont votre esprit s'irrite :
La faveur l'a pu faire autant que le mérite ;
Mais on doit ce respect au pouvoir absolu,
De n'examiner rien[1] quand un roi l'a voulu.

1. *De n'examiner rien* : de ne rien discuter.

Jean Marais (DON DIÈGUE) et Jean-Pierre Bernard (DON GOMÈS), dans la mise en scène de Francis HUSTER, théâtre du Rond-Point, 1985.

À l'honneur qu'il m'a fait ajoutez-en un autre ;
Joignons d'un sacré nœud[2] ma maison et la vôtre :
Vous n'avez qu'une fille, et moi je n'ai qu'un fils ;
Leur hymen[3] nous peut rendre à jamais plus qu'amis :
Faites-nous cette grâce, et l'acceptez pour gendre.

LE COMTE

À des partis plus hauts ce beau fils[4] doit prétendre ;
Et le nouvel éclat de votre dignité
Lui doit enfler le cœur d'une autre vanité.
Exercez-la[5], Monsieur, et gouvernez le Prince :
Montrez-lui comme il faut régir[6] une province,
Faire trembler partout les peuples sous sa loi,
Remplir les bons d'amour, et les méchants d'effroi.
Joignez à ces vertus celles d'un capitaine :
Montrez-lui comme il faut s'endurcir à la peine,
Dans le métier de Mars[7] se rendre sans égal,
Passer les jours entiers et les nuits à cheval,
Reposer tout armé, forcer une muraille,
Et ne devoir qu'à soi le gain d'une bataille.
Instruisez-le d'exemple[8], et rendez-le parfait,
Expliquant à ses yeux vos leçons par l'effet[9].

DON DIÈGUE

Pour s'instruire d'exemple, en dépit de l'envie[10],
Il lira seulement l'histoire de ma vie.
Là, dans un long tissu de belles actions,
Il verra comme il faut dompter des nations,
Attaquer une place, ordonner une armée,
Et sur de grands exploits bâtir sa renommée.

LE COMTE

Les exemples vivants sont d'un autre pouvoir,
Un prince dans un livre apprend mal son devoir.
Et qu'a fait après tout ce grand nombre d'années,
Que ne puisse égaler une de mes journées[11] ?
Si vous fûtes vaillant, je le suis aujourd'hui,
Et ce bras du royaume est le plus ferme appui.
Grenade et l'Aragon tremblent quand ce fer brille ;
Mon nom sert de rempart à toute la Castille :
Sans moi, vous passeriez bientôt sous d'autres lois,
Et vous auriez bientôt vos ennemis pour rois.
Chaque jour, chaque instant, pour rehausser ma gloire,
Met lauriers sur lauriers, victoire sur victoire :
Le Prince à mes côtés ferait dans les combats
L'essai de son courage à l'ombre de mon bras ;
Il apprendrait à vaincre en me regardant faire
Et pour répondre en hâte à son grand caractère,
Il verrait...

2. *D'un sacré nœud* : par un mariage.
3. *Leur hymen* : leur mariage.
4. *Beau fils* : fils glorieux.
5. *Exercez-la* : remplissez votre charge.
6. *Régir* : gouverner.
7. *Le métier de Mars* : la guerre.
8. *D'exemple* : par l'exemple.
9. *Par l'effet* : par vos actes.
10. *En dépit de l'envie* : quelle que soit la jalousie des autres.
11. *Journées* : batailles.

DON DIÈGUE

Je le sais, vous servez bien le Roi :
Je vous ai vu combattre et commander sous moi[12].
Quand l'âge dans mes nerfs a fait couler sa glace,
Votre rare valeur a bien rempli ma place ;
Enfin, pour épargner les discours superflus,
Vous êtes aujourd'hui ce qu'autrefois je fus.
Vous voyez toutefois qu'en cette concurrence[13]
Un monarque entre nous met quelque différence.

CORNEILLE, *Le Cid* (I, 3, v. 151 à 214), 1637.

12. *Sous moi* : sous mes ordres.
13. *Concurrence* : compétition.

Interrogez le texte

1. La situation d'énonciation*

a. De quelle pièce de théâtre cet extrait est-il tiré ? Qui en est l'auteur ? À quelle époque cette pièce a-t-elle été écrite ?
b. Qui sont les personnages en présence ? Sur quoi s'affrontent-ils ?

2. Le choc des arguments

a. V. 24-34 : quels arguments le Comte fait-il valoir pour prouver qu'il serait le plus capable d'être le gouverneur du prince ?
- Par quels procédés d'écriture sont-ils soulignés ?
- En quoi ces arguments peuvent-ils être une insulte pour don Diègue ?

b. V. 41 : en quoi l'expression *les exemples vivants* peut-elle être humiliante pour don Diègue ? Qu'insinue-t-elle ?
c. De quels sentiments le Comte fait-il preuve dans la suite du texte ?
Quel rôle s'attribue-t-il dans le royaume ?
d. V. 57 et suivants : pourquoi don Diègue interrompt-il le Comte ? Par quelle formule le remet-il à sa place ? En quoi peut-elle être humiliante pour le Comte ?
e. Les deux personnages sont-ils différents ou se ressemblent-ils ? Justifiez votre réponse.

3. Les deux thèses* en présence

a. Que veulent enseigner le Comte et don Diègue au prince ? Leurs objectifs sont-ils différents ou identiques ? Justifiez votre réponse.
b. Sur quels points s'opposent-ils ? Quels vers résument leurs méthodes respectives ?
c. Comment la différence entre les deux méthodes peut-elle s'expliquer ?

À vous de jouer

4. Discutez...

Peut-on tout apprendre dans les livres ? Illustrez votre réflexion d'exemples précis empruntés à votre expérience vécue.

5. Jouez l'extrait

Apprenez cet extrait par équipes de deux. Dites-le en veillant à rendre par votre diction le caractère et les sentiments des deux personnages.

enrichissez votre VOCABULAIRE

a. Explorez la famille étymologique* du nom *dignité* (v. 21)
b. Précisez le sens des mots trouvés.
c. Utilisez certains de ces mots dans des phrases de votre composition.

la *grammaire* dans le TEXTE

a. V. 18 : quelle remarque faites-vous sur la place du pronom *nous* ? Quelle est la fonction du groupe *plus qu'amis* ?
b. V. 19 : quel nom remplace le pronom *l'* ? Quelle remarque faites-vous sur sa place ? Récrivez cette dernière proposition en syntaxe moderne.
c. V. 46 : quelle est la fonction du groupe nominal *du royaume* ? Récrivez cette proposition en syntaxe moderne. Il y a plusieurs possibilités.

MONTESQUIEU
(1689-1755)
Les *Lettres persanes*, publiées de manière anonyme en 1721, ouvrent à Montesquieu les salons parisiens. Mais ce bel esprit, connu pour cette satire de la société française, est aussi un philosophe et un penseur politique, dont les idées ont inspiré les législateurs de la Révolution.

Les caprices de la mode

Les Lettres persanes *sont un roman par lettres. Deux Persans, Rica et Usbek, qui ont quitté leur pays pour la France, décrivent dans leur correspondance à leurs proches et à leurs amis une civilisation dont les habitudes les surprennent. Ils servent de porte-parole à Montesquieu pour critiquer la société de son époque.*

RICA À RHÉDI
À VENISE

Je trouve les caprices de la mode, chez les Français, étonnants. Ils ont oublié comment ils étaient habillés cet été ; ils ignorent encore plus comment ils le seront cet hiver. Mais, surtout, on ne saurait croire combien il en coûte à un mari pour mettre sa femme à la mode.

Que me servirait de te faire une description exacte de leur habillement et de leurs parures ? Une mode nouvelle viendrait détruire tout mon ouvrage, comme celui de leurs ouvriers, et, avant que tu eusses reçu ma lettre, tout serait changé.

Une femme qui quitte Paris pour aller passer six mois à la campagne en revient aussi antique[1] que si elle s'y était oubliée trente ans. Le fils méconnaît[2] le portrait de sa mère, tant l'habit avec lequel elle est peinte lui paraît étranger ; il s'imagine que c'est quelque Américaine[3] qui y est représentée, ou que le peintre a voulu exprimer quelqu'une de ses fantaisies.

Quelquefois, les coiffures montent insensiblement, et une révolution les fait descendre tout à coup. Il a été un temps que[4] leur hauteur immense mettait le visage d'une femme au milieu d'elle-même. Dans un autre, c'étaient les pieds qui occupaient cette place : les talons faisaient un piédestal qui les tenait en l'air. Qui pourrait le croire ? Les architectes ont été souvent obligés de hausser, de baisser et d'élargir leurs portes, selon que les parures des femmes exigeaient d'eux ce changement, et les règles de leur art ont été asservies à ces caprices. On voit quelquefois sur un visage une quantité prodigieuse de mouches[5], et elles disparaissent toutes le lendemain. Autrefois, les femmes avaient de la taille et des dents[6] : aujourd'hui, il n'en est pas question. Dans cette changeante nation, quoi qu'en disent les mauvais plaisants, les filles se trouvent autrement faites que leurs mères.

Il en est des manières et de la façon de vivre comme des modes : les Français changent de mœurs selon l'âge de leur roi. Le Monarque pourrait même parvenir à rendre la Nation grave[7], s'il l'avait entrepris. Le Prince imprime le caractère de son esprit à la Cour ; la Cour, à la Ville[8] ; la Ville, aux provinces. L'âme du Souverain est un moule qui donne la forme à toutes les autres.

De Paris, le 8 de la lune de Saphar, 1717.

MONTESQUIEU, *Lettres persanes* (99), 1721.

1. *Antique* : démodée.
2. *Méconnaît* : ne reconnaît pas.
3. *Américaine* : une sauvage d'Amérique.
4. *Il a été un temps que* : à une époque.
5. *Mouche* : morceau d'étoffe simulant un grain de beauté pour faire ressortir la clarté du teint.
6. *Avaient de la taille et des dents* : portaient les robes serrées à la taille et souriaient pour montrer leurs dents.
7. *Grave* : sérieuse.
8. *La Ville* : Paris.

Robe dite « polonaise », gravure coloriée de DUPIN, XVIIIe s. (Musée de la Mode et du Textile, coll. UFAC, Paris.)

Interrogez le texte

1. La situation d'énonciation*

a. Relevez les indices qui vous permettent de dire que ce texte est une lettre. Quel personnage écrit ? À qui écrit-il ?

b. Pourquoi Montesquieu choisit-il de faire décrire les Français par un étranger ?

c. Lisez la première phrase de la lettre : quel est le thème annoncé ?

d. Quel est l'enjeu* de cette lettre ?

2. Une satire

a. Faites apparaître la structure du texte en donnant un titre à chaque partie :

	Titre	Exemples
L. 1-8		∅
L. 9-27		
L. 28-33		∅

b. Une **satire** est un texte qui critique quelqu'un ou quelque chose en le tournant en ridicule. Que dénonce ici Montesquieu ?

c. Comment tourne-t-il la mode féminine en ridicule ? Relevez quelques formules du texte qui traduisent le caractère capricieux de la mode. Donnez des exemples des procédés d'écriture utilisés par l'auteur (exagération, caricature, accumulation, opposition...).

d. Montesquieu se limite-t-il à une critique de la mode ? Justifiez votre réponse.

À vous de jouer

3. Écrivez à la manière de Montesquieu

Rica se retrouve à notre époque et observe les modes vestimentaires des adolescents. Dans une lettre à Rhédi, il lui fait part de son étonnement.

Vous aurez soin de traduire dans votre texte le regard critique qu'il jette sur notre société.

4. Recherchez des arguments

Faut-il suivre la mode ? Recherchez des arguments pour et contre. Fondez votre réflexion sur des exemples précis empruntés à votre expérience vécue.

5. Réalisez un panneau d'exposition

Rica a pris des photographies au cours de son récent voyage en Europe. Faites un montage où il mettra en évidence ce qu'il considère comme ridicule dans la mode actuelle. Rédigez des légendes amusantes pour accompagner vos documents.

enrichissez votre VOCABULAIRE

a. Quelle est l'étymologie* du nom *caprice* (l. 1) ?

b. Explorez le champ sémantique* de ce mot.

c. Utilisez ses différents sens dans des phrases de votre composition.

la *grammaire* dans le TEXTE

a. L. 1 : quelle est la fonction de l'adjectif *étonnants* ?

b. L. 3 : que remplace le pronom *le* ? Quelle est sa fonction ?

c. L. 19 : que remplace le pronom *les* ? Quelle est sa fonction ?

d. L. 30 : quelle est la fonction de l'adjectif *grave* ?

e. L. 30 : que remplace le pronom *l'* ? Quelle est sa fonction ?

Trois discours de Bonaparte
à l'armée d'Italie

Bonaparte franchissant le Grand-Saint-Bernard,
détail d'une peinture de Jacques Louis DAVID, 1800.
(Musée national du Château de Malmaison et de Bois-Préau.)

Trois discours de Bonaparte

Bonaparte à la bataille de Rivoli, 14 janvier 1797.

Bonaparte et la campagne d'Italie

En 1795, la France en guerre contre l'Autriche et l'Angleterre a décidé de lancer une offensive à travers l'Allemagne : deux armées, confiées aux prestigieux généraux Jourdan et Moreau, marcheront sur Vienne ; une troisième, placée sous le commandement de Bonaparte, fera diversion en Italie.

Bonaparte a sous ses ordres 36 000 hommes. Face à lui, l'armée piémontaise et l'armée autrichienne. Grâce à la rapidité de ses mouvements, Bonaparte, qui remporte victoire sur victoire, contraint les Autrichiens à demander l'armistice. En octobre 1797, il impose à l'Autriche le traité de paix de Campoformio.

Texte A

NICE, 27 mars 1796

Soldats, vous êtes nus, mal nourris ; le Gouvernement vous doit beaucoup, il ne peut rien vous donner. Votre patience, le courage que vous montrez au milieu de ces rochers sont admirables ; mais ils ne vous procurent aucune gloire, aucun éclat ne rejaillit sur vous. Je veux vous conduire dans les plus fertiles plaines du monde. De riches provinces, de grandes villes seront en votre pouvoir ; vous y trouverez honneur, gloire et richesses. Soldats d'Italie, manqueriez-vous de courage ou de constance[1] ?

1. *Constance* : persévérance dans l'effort.

Scène militaire, dessin de Benjamin ZIX (1772-1811). (Musée de l'Armée, Paris.)

Interrogez le texte

1. La situation d'énonciation*

a. À quel pays appartient le comté de Nice en 1796 ?

b. Quelle phrase du discours évoque la situation matérielle des soldats ? Laquelle évoque leur situation morale ? Relevez les expressions les plus significatives.

2. L'enjeu du discours

a. De quoi Bonaparte fait-il rêver les soldats ?
- Quelle formule du texte résume les trois arguments qu'il utilise pour les inciter à aller de l'avant ?
- Dans quel ordre apparaissent-ils ?
- Cet ordre est-il indifférent ou chargé de sens ? Justifiez votre réponse.

b. Sur quel sentiment joue la question finale ? Quelle réponse appelle-t-elle de la part des soldats ?

c. Quel est l'enjeu* de ce discours ?

Texte B

CHERASCO, 26 avril 1796

Soldats, vous avez en quinze jours remporté dix victoires, pris vingt et un drapeaux, cinquante-cinq pièces de canon, plusieurs places fortes, conquis la partie la plus riche du Piémont ; vous avez fait 15 000 prisonniers, tué ou blessé près de 10 000 hommes.

Vous vous étiez jusqu'ici battus pour des rochers stériles. Dénués de tout, vous avez suppléé à tout. Vous avez gagné des batailles sans canons, passé des rivières sans ponts, fait des marches forcées[1] sans souliers, bivouaqué[2] sans eau-de-vie et souvent sans pain. Les phalanges républicaines[3], les soldats de la liberté étaient seuls capables de souffrir ce que vous avez souffert.

Mais, soldats, vous n'avez rien fait, puisqu'il vous reste encore à faire. Ni Turin, ni Milan ne sont à vous. La patrie a droit d'attendre de vous de grandes choses ; justifierez-vous son attente ? Vous avez encore des combats à livrer, des villes à prendre, des rivières à passer. Tous brûlent de porter au loin la gloire du peuple français ; tous veulent dicter une paix glorieuse ; tous veulent, en rentrant dans leurs villages, pouvoir dire avec fierté : « J'étais de l'armée conquérante de l'Italie ! »

Amis, je vous la promets, cette conquête ; mais il est une condition qu'il faut que vous juriez de remplir, c'est de respecter les peuples que vous délivrerez, c'est de réprimer les pillages horribles. Les pillards seront impitoyablement fusillés.

Peuples de l'Italie, l'armée française vient pour rompre vos chaînes ; venez en confiance au-devant d'elle.

1. *Des marches forcées* : en marchant au-delà de la durée réglementaire.
2. *Bivouaqué* : campé.
3. *Les phalanges républicaines* : l'armée de la République.

Bonaparte au pont d'Arcole, peinture (étude) d'Antoine-Jean GROS, 1796. (Musée du Louvre, Paris.)

Interrogez le texte

1. La situation d'énonciation*

a. Combien de temps s'est écoulé entre ce discours et le précédent ?
b. Où se trouve Cherasco ? Quelle distance a été approximativement parcourue (voir p. 124) ?
c. La situation de l'armée s'est-elle améliorée ? Justifiez votre réponse.

2. Les enjeux du discours

a. Par quelles expressions Bonaparte apostrophe-t-il ses soldats : quelle progression constatez-vous ?
b. Par quelles expressions désigne-t-il son armée ? Pourquoi ?
c. Ce discours s'adresse-t-il seulement à son armée ? Justifiez votre réponse.
d. Quels sont les trois enjeux* de ce discours ?

Texte C

MILAN, 20 mai 1796

Soldats ! Vous vous êtes précipités comme un torrent du haut de l'Apennin ; vous avez culbuté, dispersé tout ce qui s'opposait à votre marche. Le Piémont, délivré de la tyrannie autrichienne, s'est livré à ses sentiments naturels de paix et d'amitié pour la France. Milan est à vous, et le pavillon républicain[1] flotte dans toute la Lombardie. Les ducs de Parme et de Modène ne doivent leur existence politique qu'à votre générosité. L'armée qui vous menaçait avec orgueil ne trouve plus de barrière qui la rassure contre votre courage : le Pô, le Tessin, l'Adda n'ont pu vous arrêter un seul jour ; ces boulevards tant vantés de l'Italie ont été suffisants ; vous les avez franchis aussi rapidement que l'Apennin. Tant de succès ont porté la joie dans le sein de la patrie. Vos représentants ont ordonné une fête dédiée à vos victoires, célébrées dans toutes les communes de la République. Là, vos pères, vos mères, vos épouses, vos sœurs, vos amantes se réjouissent de vos succès, et se vantent avec orgueil de vous appartenir. Oui, soldats, vous avez beaucoup fait !... mais ne vous reste-t-il donc plus rien à faire ?... Dira-t-on de nous que nous avons su vaincre, mais que nous n'avons pas su profiter de la victoire ? La postérité vous reprochera-t-elle d'avoir trouvé Capoue dans la Lombardie ? Mais je vous vois déjà courir aux armes... Eh bien ! partons ! Nous avons encore des marches forcées[2] à faire, des ennemis à soumettre, des lauriers à cueillir[3], des injures à venger. Que ceux qui ont aiguisé les poignards de la guerre civile en France, qui ont lâchement assassiné nos ministres, incendié nos vaisseaux à Toulon, tremblent ! l'heure de la vengeance a sonné ! Mais que les peuples soient sans inquiétude ; nous sommes amis de tous les peuples, et plus particulièrement des descendants des Brutus, des Scipion[4], et des grands hommes que nous avons pris pour modèles. Rétablir le Capitole, y placer avec honneur les statues des héros qui le rendirent célèbre, réveiller le peuple romain engourdi par plusieurs siècles d'esclavage : tel sera le fruit de vos victoires. Soldats ! elles feront époque dans la postérité ; vous aurez la gloire immortelle de changer la face de la plus belle partie de l'Europe. Le peuple français, libre, respecté du monde entier, donnera à l'Europe une paix glorieuse qui l'indemnisera[5] des sacrifices de toute espèce qu'elle a faits depuis six ans. Vous rentrerez alors dans vos foyers, et vos concitoyens diront en vous montrant : *Il était de l'armée d'Italie.*

1. *Le pavillon républicain* : le drapeau tricolore de la République.
2. *Des marches forcées* : en marchant au-delà de la durée réglementaire.
3. *Des lauriers à cueillir* : des victoires à remporter (la couronne de laurier est le symbole de la victoire).
4. *Brutus* et *Scipion* : grandes figures de l'histoire romaine.
5. *Indemniser* : dédommager.

Sentinelle française vue par un Autrichien pendant la campagne d'Italie, gravure coloriée de V. KUNZ.

Bataille de Rivoli, 14 janvier 1797, peinture d'Henri PHILIPPOTEAUX.
(Musée national du Château de Versailles.)

■ Comment le peintre a-t-il créé l'impression de profondeur ? De quelle façon a-t-il mis en valeur le personnage de Bonaparte ?

■ Décrivez ce tableau en partant de l'impression d'ensemble pour aboutir à une description précise du premier plan.

Interrogez le texte

1. La situation d'énonciation*

a. Combien de temps s'est écoulé entre ce discours et le précédent ?

b. Où se trouve Milan ? Quelle distance a été approximativement parcourue depuis Cherasco (voir p. 124) ?

c. Le programme assigné par Bonaparte à ses soldats a-t-il été réalisé ? Justifiez votre réponse.

d. Quels sont les enjeux* de ce troisième discours ?

2. Structure et thème du texte

a. L. 1 à 15 :
- Proposez un titre à cette partie du texte.
- Observez le temps des verbes, les pronoms personnels et adjectifs possessifs : à qui Bonaparte attribue-t-il le mérite des victoires ? Quel argument utilise-t-il ici ?

b. L. 15-18 :
- Relevez les phrases de transition : de quels types sont-elles ?
- Quelle remarque faites-vous sur le jeu des pronoms ?
- À quoi Bonaparte veut-il maintenant exhorter ses soldats ?

c. L. 19 à 38 :
- Proposez un titre à cette partie du texte.
- Quel est le temps dominant ?
- Quels objectifs Bonaparte fixe-t-il à son armée ?
- Que promet-il à ses soldats ?

Document 1

Tite-Live (59 av. J.-C. - 17 apr. J.-C.)

Après la victoire de Cannes, Hannibal, très entouré, recevait les félicitations de tous. On lui conseillait, après une guerre si éprouvante, de prendre du repos jusqu'au lendemain matin et d'en accorder autant à ses soldats épuisés ; Maharbal, qui commandait la cavalerie, pensait au contraire qu'il ne fallait pas perdre un instant : « Rends-toi compte des conséquences de cette bataille, lui dit-il, d'ici quatre jours, tu dîneras en vainqueur au Capitole ! Tu vas me suivre. Je partirai en avant avec la cavalerie afin qu'on sache à Rome que tu es arrivé avant même de savoir que tu vas venir. »

Hannibal trouva le projet trop beau et trop impressionnant pour pouvoir en admettre aussitôt l'idée. Il répondit à Maharbal qu'il était d'accord avec lui, mais qu'il lui fallait un peu de temps pour y réfléchir. Alors Maharbal dit : « Les dieux ne donnent assurément pas tout au même homme : tu sais vaincre, Hannibal, mais tu ne sais pas profiter de ta victoire. » C'est ce délai d'un jour qui, croit-on, sauva Rome et l'Empire.

Histoire de Rome, XXII, LI.

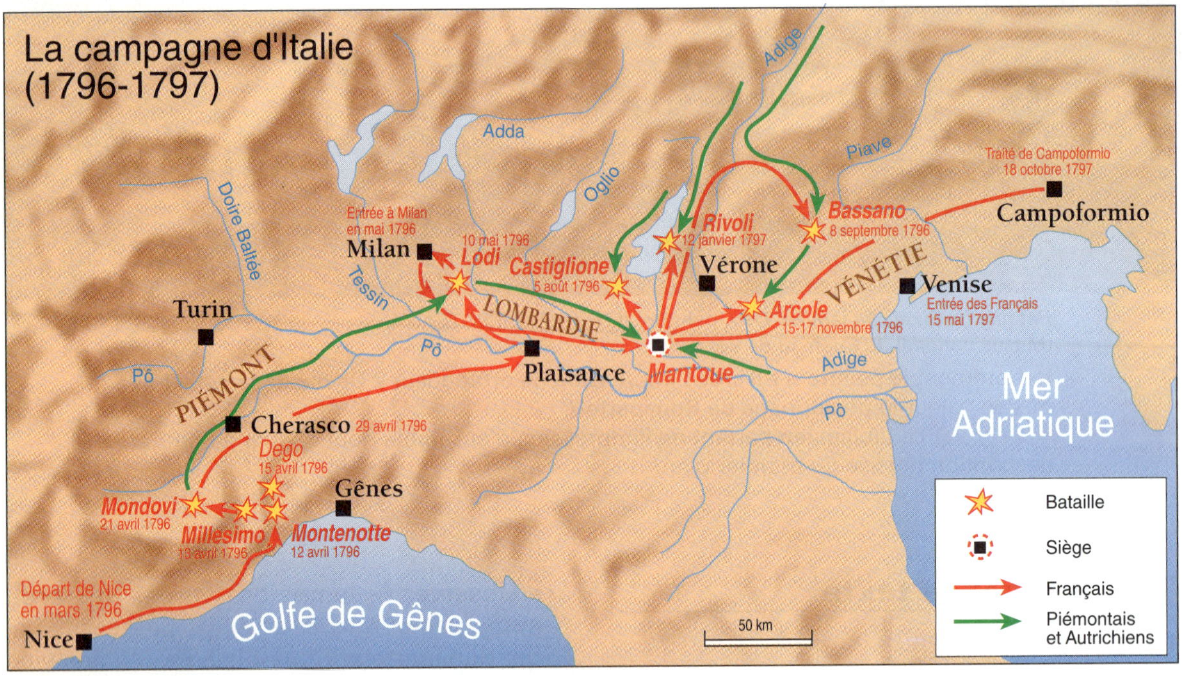

Document 2

CAPOUE en it. ***Capua*** ♦ V. d'Italie, en Campanie (prov. de Caserte), sur le Volturno. 19 286 hab. Maisons anc. Musée de la Campanie (archéologie). ❑ **HIST.** La ville actuelle est construite sur les ruines de *Casilinium*. À 4 km s'élevait l'ancienne Capoue (auj. Santa Maria Capua Vetere) qui fut fondée par les Étrusques (– VIIe s.). Elle fut alliée de Rome avant – 300 ; Hannibal s'en empara en – 215, après la bataille de Cannes, et y tint des quartiers d'hiver dont l'agrément, dangereux pour la combativité de ses troupes, est resté célèbre (les « délices de Capoue »). Reprise et colonisée par les Romains en – 211, elle fut détruite deux fois par les Sarrasins, en 456 et 840, et reconstruite un peu plus loin. Capoue fut conquise par les Normands en 1058 et devint une place stratégique pour les rois de Naples.

Petit Robert des noms propres, mise à jour 1997.

Synthèse

1. Comparez les discours (textes A, B, C)

a. Quels thèmes et quelles expressions sont communs à ces trois discours ?
b. Quels discours se ressemblent le plus ? Quelles différences comportent-ils néanmoins ? Justifiez votre réponse.
c. Combien de fois Bonaparte s'exprime-t-il à la première personne du singulier ? De quels verbes le pronom *je* est-il sujet dans chacun des trois discours ? Quel rôle Bonaparte se donne-t-il ?

2. Les allusions à l'histoire (texte C)

Expliquez à l'aide des documents **1** et **2** ci-contre le sens des arguments formulés par Bonaparte dans les deux questions :

> *Dira-t-on de nous que nous avons su vaincre, mais que nous n'avons pas su profiter de la victoire ? La postérité vous reprochera-t-elle d'avoir trouvé Capoue dans la Lombardie ?* (l. 16-18)

a. À quelle époque, à quel chef de guerre Bonaparte fait-il allusion ?
b. Que s'était-il passé à Capoue ? Que craint Bonaparte ?
c. Quelle analogie* y a-t-il entre les deux situations évoquées ? Justifiez votre réponse.

À vous de jouer

3. Prenez la parole

Choisissez un de ces trois discours de Bonaparte. Prononcez-le de manière à en exprimer la tonalité et le rythme. Demandez-vous quels termes, quelles expressions doivent être mis en valeur et pourquoi, où il faut marquer des temps d'arrêt.
Cet exercice peut être fait de mémoire ou avec l'aide du texte.

4. La campagne d'Italie (1796-1797)

a. En vous aidant de la carte ci-contre, reportez sur une ligne du temps les noms et les dates des victoires remportées par Bonaparte.
b. Combien de victoires sont antérieures au discours du 20 mai 1796 ?
c. Combien de victoires sont postérieures ?
d. Où et quand la « campagne d'Italie » prend-elle fin ?
e. Les soldats de Bonaparte ont-ils, comme le redoutait leur général, *trouvé Capoue dans la Lombardie* ? Justifiez votre réponse.

5. Répondez à Bonaparte

Le 20 mai 1796, un soldat se rebelle. Refusant de poursuivre la guerre, il répond point par point au discours de Bonaparte. Imaginez son intervention et les arguments de son refus.

Bonaparte au pont d'Arcole (17 novembre 1796), gravure allemande.

Pour expliquer et argumenter

Expliquer et argumenter obéissent à des règles simples : il faut commencer par déterminer avec précision le problème à traiter, se documenter, puis présenter ses explications ou ses arguments selon un plan cohérent.

■ Réunir une documentation

Définissez avec précision **la question ou le problème** sur lequel vous allez apporter des explications ou donner votre point de vue.
Commencez par faire une recherche documentaire dans les **usuels** : dictionnaires, encyclopédies, CD-ROM, atlas, documents historiques classés par thèmes, données chiffrées...

■ Lire un document, prendre des notes

Un document peut être un texte écrit, un document iconographique, un graphique...

- **Texte écrit** : cherchez et notez les mots et expressions, les membres de phrases qui constituent des éléments de réponse à la question que vous traitez.
- **Document iconographique** : notez les informations fournies par le document. N'oubliez pas la légende : elle a autant d'importance que l'image elle-même.
- **Graphique** : traduisez sous forme de phrases les informations données.

■ Enquêter sur le terrain

En fonction du sujet que vous allez traiter :
1 - Déterminez qui vous allez interroger.
2 - Préparez vos questions à l'avance.
Deux formes de questionnaire sont possibles :

- **Questionnaire à choix multiple (QCM)** : à chacune des questions posées, on répond en cochant la réponse choisie.

Exemple :
– *Pourquoi avez-vous choisi le métier que vous faites :*
  – *par vocation ?* ☐
  – *par tradition familiale ?* ☐
  – *pour ses avantages ?* ☐

- **Questionnaire à questions ouvertes** : il appelle des réponses personnelles, développées par des explications et des arguments.

Exemple :
– *Comment choisissez-vous les films que vous allez voir au cinéma ?*
→ Réponse : *Je consulte plusieurs programmes publiés dans la presse écrite et je compare ce qu'on en dit, afin de me faire une idée.*

1 Cherchez des informations, réunissez des documents et classez-les par thèmes, sur :
a. La retraite de Russie en 1812.
b. La construction du tunnel sous la Manche.
c. Les principales ressources touristiques de votre région.

2 Prenez des notes en vue d'un exposé :
a. sur le texte *Les sables mouvants*, p. 78 ;
b. pour commenter par exemple un tableau représentant Louis XIV ou Napoléon Ier en costume de sacre ;
c. pour commenter un graphique présentant des statistiques.

3 Pour faire une enquête permettant de révéler la personnalité de vos camarades, préparez un QCM par exemple sur :
a. leurs loisirs ;
b. les matières qu'ils apprécient au collège ;
c. la mode ;
d. ce qu'ils aiment ou n'aiment pas faire...

4 Enquêtez sur le terrain :
a. Interrogez un(e) bibliothécaire ou un(e) documentaliste sur la façon dont les livres sont classés dans une bibliothèque.
b. Demandez à l'un de vos professeurs comment on devient professeur de la matière qu'il enseigne.
c. Faites l'interview d'un paysan, d'un artisan ou d'un commerçant que vous connaissez.

Donner des explications, exprimer son point de vue

Vous pourrez donner vos explications ou exprimer votre point de vue sous forme de dossier, de panneau d'exposition, d'exposé ou de texte rédigé.

1 - Constituer un dossier :

- Inscrivez le thème traité sur une chemise cartonnée, pour y classer vos documents.
- Présentez chaque document sur une feuille. Indiquez ses **références** (auteur, ouvrage ou publication, date).
- Groupez les documents en fonction des informations qu'ils apportent.
- Commentez-les en soulignant leur **intérêt par rapport au thème traité**.
- En conclusion, faites une **synthèse** des informations et des réponses rassemblées.

2 - Réaliser un panneau :

Pour qu'un panneau soit clair, **lisible de loin**, et attirant, utilisez les procédés de l'affiche ou des pages magazines (phrases d'accroche*, couleurs, illustrations, légendes, jeu des caractères...).

3 - Faire un exposé :

Exposer oralement une question ne consiste pas à lire un texte : vous n'aurez sous les yeux qu'un **plan détaillé** ; votre développement sera improvisé.

Votre exposé doit être **clair et bien construit** :

- Posez clairement la question traitée.
- Indiquez le plan que vous allez suivre.
- Exposez et expliquez les idées ou les faits en pensant que l'auditoire ignore le sujet et que vous devez tout expliquer.
- Illustrez votre propos par des projections, des documents graphiques ou iconographiques photocopiés, des documents sonores que vous commenterez.
- Exprimez-vous dans un registre de langue courant, en soignant votre élocution.

Rédiger un texte explicatif ou argumentatif

Un texte explicatif ou argumentatif doit suivre un **plan clair** et être rédigé dans une langue précise.

1 - L'introduction :

Elle annonce le **sujet traité** et le **plan** suivi.

2 - Le plan :

Il existe **trois principaux types de plans :**

- **plan simplement énumératif** : souligné par l'emploi d'adverbes ou de locutions adverbiales comme *en premier lieu, en second lieu ; premièrement, deuxièmement ; puis, de plus, en outre, en dernier lieu...;*
- **plan logique** : souligné par des conjonctions de coordination ou des locutions adverbiales exprimant la **cause** *(en effet, car...)*, la **conséquence** *(donc, aussi, en conséquence...)*, l'**opposition** *(mais, au contraire, pourtant...)*, la **comparaison** *(de même, ainsi...)*, l'**alternative** *(ou, ou bien...)*...;
- **plan chronologique** : souligné par des termes comme : *au début, d'abord, puis, ensuite, enfin ; auparavant, plus tard ;* ou bien par une suite de dates s'il s'agit d'événements historiques.

3 - Le développement :

- Développez **un fait ou une idée par paragraphe**, en donnant des exemples précis.
- Utilisez un **vocabulaire précis**, voire **technique**, si le thème traité possède un champ lexical* spécialisé.
- Dans le texte explicatif, au contraire du texte argumentatif, vous éviterez toutes les marques de la subjectivité, c'est-à-dire tout ce qui peut traduire vos sentiments personnels.

4 - La conclusion :

Elle reprend sous forme de **synthèse** les principaux points du développement.

5 Présentez sous forme de panneau explicatif :

a. la maison de vos rêves ;
b. l'idée que vous vous faites du bonheur ;
c. les dernières tendances de la mode ;
d. les attraits touristiques de votre région ou d'un pays de votre choix ;
e. l'organisation des pouvoirs en France sous le Ier Empire.

6 Selon le cas, donnez des explications ou exprimez votre point de vue :

a. Comment vous rendez-vous au collège depuis votre domicile ?
b. Quelles différences y a-t-il entre regarder un film à la télévision et assister à sa projection dans une salle de cinéma ?
c. Préférez-vous regarder un film à la télévision ou assister à sa projection dans une salle de cinéma ?
d. Comment le suffrage universel a-t-il évolué depuis la Révolution française ?

2
4
11
12

5

Analyser la construction du récit

Pour comprendre comment un auteur peut jouer avec le rythme du récit, tenir ainsi son lecteur en haleine et créer un suspense, apprenez à analyser la construction d'un récit.

Les objectifs du chapitre

- Retrouver les étapes d'une séquence narrative.
- Comprendre la fonction d'un retour en arrière.
- Repérer les ellipses narratives.
- Découvrir les procédés du suspense.

Histoire nocturne, détail d'une peinture de Sergio CECCOTTI, 1988. (Galerie Alain Blondel, Paris.)

■ Quel type d'histoire suggère le titre du tableau ? Repérez les lieux représentés. Trouvez un ordre aux différentes étapes de l'histoire. Rédigez-en le récit.

Albert CAMUS
(1913-1960)
Son œuvre très diverse (essais philosophiques, romans et nouvelles, théâtre) s'interroge sur l'attitude que l'homme doit adopter face à la vie.

Altercation

Un jour où, conduisant ma voiture, je tardais une seconde à démarrer au feu vert, pendant que nos patients concitoyens déchaînaient sans délai leurs avertisseurs dans mon dos, je me suis souvenu soudain d'une autre aventure, survenue dans les mêmes circonstances. Une motocyclette conduite par un petit homme sec, portant lorgnon et pantalon de golf, m'avait doublé et s'était installée devant moi, au feu rouge. En stoppant, le petit homme avait calé son moteur et s'évertuait en vain à lui redonner souffle. Au feu vert, je lui demandai, avec mon habituelle politesse, de ranger sa motocyclette pour que je puisse passer. Le petit homme s'énervait encore sur son moteur poussif. Il me répondit donc, selon les règles de la courtoisie parisienne, d'aller me rhabiller. J'insistai, toujours poli, mais avec une légère nuance d'impatience dans la voix. On me fit savoir aussitôt que, de toute manière, on m'emmenait à pied et à cheval. Pendant ce temps, quelques avertisseurs commençaient, derrière moi, de se faire entendre. Avec plus de fermeté, je priai mon interlocuteur d'être poli et de considérer qu'il entravait la circulation. L'irascible personnage, exaspéré sans doute par la mauvaise volonté, devenue évidente, de son moteur, m'informa que si je désirais ce qu'il appelait une dérouillée, il me l'offrirait de grand cœur. Tant de cynisme me remplit d'une bonne fureur et je sortis de ma voiture dans l'intention de frotter les oreilles de ce mal embouché. Je ne pense pas être lâche (mais que ne pense-t-on pas !), je dépassais d'une tête mon adversaire, mes muscles m'ont toujours bien servi. Je crois encore maintenant que la dérouillée aurait été reçue plutôt qu'offerte. Mais j'étais à peine sur la chaussée que, de la foule qui commençait à s'assembler, un homme sortit, se précipita sur moi, vint m'assurer que j'étais le dernier des derniers et qu'il ne me permettrait pas de frapper un homme qui avait une motocyclette entre les jambes et s'en trouvait, par conséquent, désavantagé. Je fis face à ce mousquetaire et, en vérité, ne le vis même pas. À peine, en effet, avais-je la tête tournée que, presque en même temps, j'entendis la motocyclette pétarader de nouveau et je reçus un coup violent sur l'oreille. Avant que j'aie eu le temps d'enregistrer ce qui s'était passé, la motocyclette s'éloigna. Étourdi, je marchai machinalement vers d'Artagnan quand, au même moment, un concert exaspéré d'avertisseurs s'éleva de la file, devenue considérable, des véhicules. Le feu vert revenait. Alors, encore un peu égaré, au lieu de secouer l'imbécile qui m'avait interpellé, je retournai docilement vers ma voiture et je démarrai, pendant qu'à mon passage l'imbécile me saluait d'un « pauvre type » dont je me souviens encore.

Albert CAMUS, *La Chute*

Le texte narratif

OBJECTIF

Être capable
- de retrouver les données essentielles d'un récit ;
- de distinguer les étapes d'une séquence narrative ;
- de repérer l'ordre dans lequel les événements sont rapportés.

« Si ça continue, nous allons trouver la banque fermée ! »,
dessin de SOLAN.

Observez

1. Qui raconte ?

a. À quelle personne le récit est-il fait ? Le narrateur* est-il l'un des personnages ?
b. Relevez les verbes au présent. Justifiez l'emploi de ce temps.

2. Le thème

a. Quel événement est raconté ? S'agit-il d'un fait présent ou passé ?
b. Quelles circonstances en ont réveillé le souvenir ?
c. Quel est l'état d'esprit du narrateur à la fin du récit ?
d. Pourquoi le narrateur « se souvient-il encore » de cet incident ?

3. Quand et où se passe l'événement ?

Relevez les indices de temps* et les indices de lieu* qui situent l'incident.

4. L'ordre de la narration

a. Étudiez le déroulement de la séquence narrative* (l. 4 et suivantes) en complétant le tableau suivant :

	L. ... à l. ...	Fait évoqué	Indices de date ou de durée	État d'esprit du narrateur	Temps des verbes
Situation initiale	**4-8**				
Élément modificateur	**8-9**				
Péripéties	**10-32**				
Élément de résolution	**32-35**				
Situation finale	**35-38**				

b. Dans quel ordre les événements sont-ils racontés ?
c. Quels temps verbaux sont employés dans la situation initiale ? Justifiez leur emploi.
d. Quel est le temps dominant dans l'évocation des péripéties ? Pourquoi ?
e. Quelles expressions soulignent l'enchaînement rapide des faits ?

à retenir

Pour étudier un texte narratif, il faut repérer :
- qui raconte : le narrateur ;
- où et quand se passe l'action : les indices de temps et de lieu ;
- ce qui se passe : le thème, indiqué par le titre et les premières lignes, ou par la comparaison entre la situation initiale et la situation finale ;
- les différents personnages : le(s) protagoniste(s)*, les personnages secondaires ;
- les étapes de la séquence narrative : situation initiale, élément modificateur, péripétie(s), élément de résolution, situation finale.

Pour repérer dans quel ordre les faits sont rapportés, il faut observer :
- les indices de temps (date et durée) ;
- le jeu des temps verbaux.

Un **récit chronologique** rapporte les faits dans l'ordre où ils se sont produits.

À vous de jouer

5. Changez de narrateur

Faites raconter la scène par le « mousquetaire » surgi de la foule.

6. Racontez une altercation

Vous avez été témoin ou victime d'une altercation. Après avoir précisé le cadre et les circonstances, racontez la scène dans un récit chronologique* au passé.

7. Transposez le dialogue

Récrivez le texte en rapportant au discours direct le dialogue entre le narrateur et le motocycliste, puis avec « le mousquetaire ». (Depuis : *Au feu vert...* jusqu'à : *désavantagé*, l. 8-28.)

Dessin de *Gaston Lagaffe* par André FRANQUIN.

■ À la manière de Camus, faites raconter par le conducteur de la voiture sa mésaventure.

Guy de MAUPASSANT
(1850-1893)
Beaucoup de ses nouvelles évoquent la campagne et la vie paysanne normandes, un monde qui lui est familier depuis son enfance à Étretat.

Le vagabond

Depuis quarante jours, il marchait, cherchant partout du travail. Il avait quitté son pays, Ville-Avaray, dans la Manche, parce que l'ouvrage manquait. Compagnon charpentier, âgé de vingt-sept ans, bon sujet, vaillant, il était resté pendant deux mois à la charge de sa famille, lui, fils aîné, n'ayant plus qu'à croiser ses bras vigoureux, dans le chômage général. Le pain devint rare dans la maison ; les deux sœurs allaient en journée, mais gagnaient peu ; et lui, Jacques Randel, le plus fort, ne faisait rien parce qu'il n'avait rien à faire, et mangeait la soupe des autres.

Alors, il s'était informé à la mairie ; et le secrétaire avait répondu qu'on trouvait à s'occuper dans le Centre.

La Bouchée de pain. Homme coiffé d'une casquette, les mains dans les poches. Étude pour la Charité, peinture de Fernand PELEZ DE CORDOVA, vers 1892. (Musée du Petit-Palais, Paris.)

Il était donc parti, muni de papiers et de certificats, avec sept francs dans sa poche et portant sur l'épaule, dans un mouchoir bleu attaché au bout de son bâton, une paire de souliers de rechange, une culotte et une chemise.

Et il avait marché sans repos, pendant les jours et les nuits, par les interminables routes, sous le soleil et sous les pluies, sans arriver jamais à ce pays mystérieux où les ouvriers trouvent de l'ouvrage.

Il s'entêta d'abord à cette idée qu'il ne devait travailler qu'à la charpente, puisqu'il était charpentier. Mais, dans tous les chantiers où il se présenta, on répondit qu'on venait de congédier des hommes, faute de commandes, et il se résolut, se trouvant à bout de ressources, à accomplir toutes les besognes qu'il rencontrerait sur son chemin.

Donc, il fut tour à tour terrassier, valet d'écurie, scieur de pierres ; il cassa du bois, ébrancha des arbres, creusa un puits, mêla du mortier, lia des fagots, garda des chèvres sur une montagne, tout cela moyennant quelques sous, car il n'obtenait, de temps en temps, deux ou trois jours de travail qu'en se proposant à vil prix, pour tenter l'avarice des patrons et des paysans.

Et maintenant, depuis une semaine, il ne trouvait plus rien, il n'avait plus rien et il mangeait un peu de pain, grâce à la charité des femmes qu'il implorait sur le seuil des portes, en passant le long des routes.

Le soir tombait, Jacques Randel harassé, les jambes brisées, le ventre vide, l'âme en détresse, marchait nu-pieds sur l'herbe au bord du chemin, car il ménageait sa dernière paire de souliers, l'autre n'existant plus depuis longtemps déjà. C'était un samedi, vers la fin de l'automne. Les nuages gris roulaient dans le ciel, lourds et rapides, sous les poussées du vent qui sifflait dans les arbres. On sentait qu'il pleuvrait bientôt. La campagne

Charpente, peinture de Jules DIDER (1831-1892). (Musée du Petit-Palais, Paris.)

était déserte, à cette tombée de jour, la veille d'un dimanche. De place en place, dans les champs, s'élevaient pareilles à des champignons jaunes, monstrueux, des meules de paille égrenées ; et les terres semblaient nues, étant ensemencées déjà pour l'autre année.

Randel avait faim, une faim de bête, une de ces faims qui jettent les loups sur les hommes. Exténué, il allongeait les jambes pour faire moins de pas, et, la tête pesante, le sang bourdonnant aux tempes, les yeux rouges, la bouche sèche, il serrait son bâton dans sa main avec l'envie vague de frapper à tour de bras sur le premier passant qu'il rencontrerait rentrant chez lui manger la soupe.

Il regardait les bords de la route avec l'image, dans les yeux, de pommes de terre défouies, restées sur le sol retourné. S'il en avait trouvé quelques-unes, il eût ramassé du bois mort, fait un petit feu dans le fossé, et bien soupé, ma foi, avec le légume chaud et rond, qu'il eût tenu d'abord, brûlant, dans ses mains froides.

Mais la saison était passée, et il devrait, comme la veille, ronger une betterave crue, arrachée dans un sillon.

Guy de MAUPASSANT, *Le Vagabond,* 1887.

Le retour en arrière

OBJECTIF
Être capable de repérer dans un récit un retour en arrière et de comprendre sa fonction.

à retenir

Pour repérer un retour en arrière dans un récit, il faut observer :
- les indices de temps (date et durée) ;
- le jeu des temps verbaux (l'antériorité est marquée par le passé composé ou l'imparfait dans un récit au présent, par le plus-que-parfait dans un récit au passé).

Le retour en arrière consiste à interrompre le récit pour évoquer le passé des personnages ou des événements antérieurs. Il permet aussi de commencer un récit en pleine action.

Observez

1. Le retour en arrière

a. Lignes 1 à 41 : relevez les indices de temps*.
b. Situez-les sur un axe de temps vertical.
c. Notez en face de chaque indice de temps les verbes correspondants dont le protagoniste* est sujet.
d. Quel verbe amorce le retour en arrière ? À quel temps est-il ? Pourquoi ?
e. Quelle phrase reprend et développe l'évocation de l'homme amorcée au début du texte ? À quel temps est-elle ? Justifiez l'emploi de ce temps.

2. La fonction du retour en arrière

a. Quelles informations apporte le retour en arrière au lecteur ?
b. Qu'est-il arrivé au personnage ? Qu'était-il ? Qu'est-il devenu ? Par quelles étapes est-il passé ?

À vous de jouer

3. Reconstituez un récit chronologique

Récrivez le début de ce récit (l. 1 à 14) de façon chronologique, en commençant par : *Jacques Randel, compagnon charpentier, bon sujet, vaillant, était depuis deux mois...* Attention au jeu des temps et aux indices de temps.

4. Introduisez un retour en arrière

Récrivez le texte de Sternberg (p. 136) en commençant en pleine action par : *Vous allez pénétrer en territoire martien. Messieurs, veuillez préparer vos passeports. Contrôle de douane...* Vous introduirez donc un retour en arrière.

Les Drames du froid : la fin du trimardeur, gravure publiée dans *Le Petit Journal*, 1914.
■ En utilisant le procédé du retour en arrière, racontez les événements qui ont précédé la mort tragique du personnage.

« Vos passeports, Messieurs ! »

D'abord, on lança le premier satellite artificiel.

Puis on en lança d'autres.

Après dix ans de tentatives avortées[1], enfin les hommes réussirent à atteindre la lune. Mais l'intérêt que l'on retira de cette investigation fut très maigre.

Vingt ans plus tard, une patrouille de choc enfermée dans une fusée d'essai arrivait à destination de Mars. Alors que l'engin fonçait dans l'atmosphère de cette planète, un premier message parvenait aux navigateurs.

Par ce message, les Martiens indiquaient le point précis où l'aéronef devait se poser, puis, sans marquer aucune transition, la voix, traversant les ondes avec une froideur exemplaire, affirma :

– Vous allez pénétrer en territoire martien. Messieurs, veuillez préparer vos passeports. Contrôle de la douane.

Stupéfaits, les voyageurs eurent à peine le temps de comprendre qu'ils n'avaient pas pensé à ce détail.

– Êtes-vous vaccinés ? demandait déjà la voix.

Les hommes, pris au dépourvu, répondirent que oui.

– Parfait, reprit la voix. Dans ce cas, préparez également vos certificats de vaccination.

Et l'astronef se posa sur la planète Mars.

Depuis le temps que l'on rêvait de ce débarquement, on lui avait prêté toutes les définitions, toutes les couleurs du rêve et du cauchemar. De même que l'on avait projeté le paysage de la planète aux quatre coins des suppositions les plus démentes. Tout cela témoignait en faveur de l'imagination de l'homme, mais il fallait bien reconnaître que la réalité ne ressemblait guère à la fiction. Elle était là, offerte, tellement banale qu'elle paraissait plus ahurissante que n'importe quelle donnée de l'impensable : l'astronef s'était posé dans un énorme hangar dont le gigantesque toit se refermait au ralenti, emprisonnant les voyageurs et leur engin dans les limites d'un cube de teinte grisâtre, parfaitement cloisonné.

Une porte s'ouvrit et trois Martiens apparurent.

Jacques STERNBERG,
Entre deux mondes incertains
© Éd. Denoël, 1957, 1987.

1. *Avortées* : ratées.

Les ellipses narratives

OBJECTIF
Être capable de repérer les ellipses narratives et de comprendre l'effet qu'elles produisent sur le rythme du récit.

Observez

1. Les ellipses narratives

a. Étudiez le rythme du récit en complétant le tableau suivant :

	Indices de temps*	Faits rapportés	Durée réelle
L. 1 à 5			
L. 6 à 37			

b. Quelle période est évoquée en accéléré ?
c. Quand le récit devient-il plus précis ? Quel moment et quelle scène le narrateur a-t-il choisi de développer ?
d. Une période est passée sous silence par le narrateur : repérez à quel endroit du texte se situe cette **ellipse narrative**.
e. Relevez les expressions qui traduisent l'état d'esprit des voyageurs. Quelle est l'intention de l'auteur ?

À vous de jouer

2. Imaginez la suite du récit

Imaginez une suite à cette arrivée des Terriens sur Mars.

3. Jouez avec les ellipses narratives

Complétez le tableau ci-dessous. Puis rédigez un court récit qui présentera dans l'ordre de leur déroulement les cinq étapes de la séquence narrative : veillez à indiquer pour chacune d'elles les indices de temps qui conviennent ; selon la scène que vous aurez choisi de développer davantage, veillez à ménager à bon escient des ellipses narratives. (Voir *Pour écrire un récit*, p. 216-217.)

Date	Lieu	Événement
Au mois de mars, 120 après J.-C.	Méditerranée, au large de Syracuse, en Sicile.	Une galère romaine amenant d'Asie Mineure vers Rome des amphores de vin et d'huile, des statues, fait naufrage (tempête ? pirates ?).
Juillet 1995	Méditerranée.	L'épave est repérée : par qui ?
1995-1997		
Juin 1997	Au large de Syracuse.	
Octobre 1997	Au large de Syracuse.	Réussite ou échec de la récupération de l'épave.

à retenir

Un narrateur peut choisir de développer certains faits. Il peut au contraire accélérer la narration en faisant des **ellipses narratives**, c'est-à-dire en passant sous silence certains événements ou certaines périodes.

Pour repérer les ellipses narratives, il faut observer :
- les indices de temps ;
- les formules qui résument des événements ou les sous-entendent ;
- les faits longuement développés.

On peut en déduire sur quoi l'auteur veut mettre l'accent.

La dernière nuit d'un condamné

Par une ruse diabolique, Fantômas a capturé l'inspecteur Juve et M. Havard, le chef de la Sûreté. Ce dernier, isolé dans un cachot obscur et prévenu qu'il mourrait à l'aube, vient de passer une nuit d'angoisse.

Et puis, quand il était las de penser, quand il avait par avance goûté l'horreur de toutes les secondes dont il devinait l'échéance, un sursaut le faisait tressaillir, il se dressait sur ses pieds, si pâle, si blême, qu'il était prêt de mourir de froid.

« La nuit passe, se disait M. Havard. Quelle heure est-il ? C'est peut-être tout à l'heure qu'on va venir me chercher... »

Il avait oublié de remonter sa montre. Il n'avait plus pour mesurer le temps qu'à surveiller l'apparition de l'aube. Il guettait, avec une peur effroyable, la première clarté qui se glisserait par la lucarne de la cellule.

Mais cette clarté même, il ne devait plus la voir... Ses yeux s'éblouissaient à force de fixer l'obscurité. Il croyait voir des lueurs zigzaguer devant sa prunelle, par moments il jugeait qu'il faisait encore nuit noire, en d'autres, il eût juré que c'était déjà le matin, que la nuit, sa dernière nuit, était achevée.

Et ce fut une chose soudaine, une chose effroyable dans sa simplicité. Alors qu'halluciné, il écoutait, assis sur le bord du lit de camp, l'oreille aux aguets, les yeux fixes, M. Havard entendit un bruit très net, très reconnaissable, le bruit qu'il redoutait depuis la veille au soir.

– On marche... murmura-t-il. On vient... on approche !

Dans le couloir sur lequel donnait sa cellule, des pas retentissaient en effet.

Quelqu'un était de l'autre côté de la porte, qui venait. Il venait sans se presser, tranquillement, en homme qui a tout le temps, qui a toute la vie, pour arriver là où il va.

– C'est le Bedeau[1] ! pensa M. Havard. Il vient me réveiller...

Et il ricana :

– Le réveil du condamné... allons ! je vais encore une fois assister au réveil du condamné[2] !

Le cœur lui manquant, il dut s'asseoir à nouveau, lorsque les pas s'arrêtèrent devant la porte de sa cellule.

Quelque désespérée que soit en effet la situation d'un homme, quelque certitude qu'il ait de sa mort, il garde toujours un peu la pensée d'un miracle possible.

Ce miracle, M. Havard l'avait attendu jusqu'alors.

Lorsqu'il vit au contraire que l'on s'arrêtait devant son cachot, lorsqu'il comprit qu'on allait ouvrir la porte, il lui apparut brusquement que les miracles n'existaient point, qu'il ne fallait pas les attendre, que sa dernière heure était venue.

La clé tourna dans la serrure.

Lentement, les rouages fonctionnaient.

1. *Le Bedeau* : un des lieutenants du bandit Fantômas.
2. M. Havard, partisan de la peine de mort, songe soudain avec horreur à l'angoisse de ceux qu'il a menés à la guillotine.

Il fallait peut-être une seconde pour que la porte s'ouvrît, cette seconde devait durer un siècle pour l'agonisant qu'était M. Havard.

Enfin, très lentement, le battant de la porte s'écartait. M. Havard eut alors l'impression qu'une vive clarté illuminait la pièce.

Depuis qu'il était dans le noir, ses yeux s'étaient dilatés. Il fut ébloui par la lumière, il ne vit pas, il crut qu'il ne voyait pas celui qui entrait…

Une voix murmurait simplement :

– Vous êtes bien là ?… quelle veine !…

Et alors, M. Havard bondit. Il bondit en avant, devenu fou, croyant qu'il vivait un cauchemar, doutant de ses sens, et bégayant cependant sur un ton d'indicible bonheur :

– Juve !… Juve !… c'est vous, Juve ?

La voix calme du policier répondit :

– Oui, c'est moi, mais, sapristi, ne faites pas de potin !…

Pierre SOUVESTRE et Marcel ALLAIN, *Fantômas, La série rouge,* 1913

Couverture de *Fantômas*.

■ Qu'a de surprenant cette couverture ? Comment est-elle composée ? Quel effet veut-elle produire ? Décrivez-la de façon que le destinataire de votre texte, qui n'a pas sous les yeux cette couverture, comprenne ce qu'elle représente et l'impression générale qui s'en dégage.

OBJECTIF
Être capable de découvrir par quels procédés on peut ralentir le récit pour créer chez le lecteur un sentiment d'attente et d'angoisse.

à retenir

Pour repérer les procédés du suspense, il faut observer :
- les détails soulignant la gravité de l'événement attendu et l'imminence du drame ;
- l'abondance des repères de temps ;
- ce qui sert à ralentir le récit : passages descriptifs ; notations des émotions, sentiments, interrogations du personnage ; interventions du narrateur ; découpage extrême de l'action en cours... ;
- la montée de l'angoisse jusqu'à la catastrophe redoutée ou à un retournement de situation.

Affiche pour *Fantômas*, film de Louis FEUILLADE, 1913.

Observez

1. Une situation initiale* dramatique (l. 1-14)

a. Du point de vue* de qui le récit est-il fait ?
b. Dans quelle situation se trouve le protagoniste* ? Depuis combien de temps ? Qu'attend-il ?
c. Relevez les expressions qui traduisent son angoisse.
d. L'absence de montre atténue-t-elle ou aggrave-t-elle cette angoisse ?
e. Quelle est la valeur de l'imparfait dans ce passage ?

2. L'élément modificateur*

a. Quel événement vient modifier la situation initiale ? Qu'imagine le protagoniste ?
b. Quel événement met un terme au suspense, c'est-à-dire à l'attente ? À quel temps est-il exprimé ?
c. À quoi s'attendait le protagoniste ? Qu'est-ce qui constitue un retournement de situation ?

3. Un récit au ralenti

a. Que se passe-t-il de la ligne 15 à la ligne 54 ?
b. Quelle est, approximativement, la durée réelle de l'événement ? Combien de lignes lui sont consacrées ? Combien de temps dure-t-elle pour le protagoniste ? Pourquoi ?
c. Comment l'auteur parvient-il à donner l'impression d'une approche au ralenti ? Observez :
- le découpage du texte en paragraphes ;
- les verbes évoquant l'approche du personnage et l'ouverture de la porte : que remarquez-vous ?
- les notations qui traduisent les émotions ou réflexions du personnage, les commentaires du narrateur.

d. Quelles expressions soulignent la progression du désespoir du personnage ?

À vous de jouer

4. Écrivez un récit à la première personne

Quand les secondes durent des siècles... Vous avez connu un moment d'attente fiévreuse ou angoissée (avant un examen, une épreuve sportive, après un accident...). Racontez en ménageant un effet de suspense.

5. Écrivez un récit à la troisième personne

Retardé(e) par une panne de bicyclette, Kévin (ou Coralie), 12 ans, roule vers la maison de campagne où l'attend sa famille, mais la nuit l'a surpris(e), et le paysage nocturne le (ou la) déroute quelque peu. Dans un récit à la troisième personne, racontez les émotions du personnage, en ménageant un effet de suspense.

Jean-Marie Gustave LE CLÉZIO
(né en 1940)
Il n'a jamais cessé d'écrire depuis l'âge de 7 ou 8 ans ; son œuvre comporte aujourd'hui une trentaine de volumes. À l'écart des modes, à Nice ou au Mexique, il cherche à vivre en harmonie avec le monde.

Déracinée

Quand j'avais six ou sept ans, j'ai été volée. Je ne m'en souviens pas vraiment, car j'étais trop jeune, et tout ce que j'ai vécu ensuite a effacé ce souvenir. C'est plutôt comme un rêve, un cauchemar lointain, terrible, qui revient certaines nuits, qui me trouble même dans le jour. Il y a cette rue blanche de soleil, poussiéreuse et vide, le ciel bleu, le cri déchirant d'un oiseau noir, et tout à coup des mains d'homme qui me jettent au fond d'un grand sac, et j'étouffe. C'est Lalla Asma qui m'a achetée.

C'est pourquoi je ne connais pas mon vrai nom, celui que ma mère m'a donné à ma naissance, ni le nom de mon père, ni le lieu où je suis née. Tout ce que je sais, c'est ce que m'a dit Lalla Asma, que je suis arrivée chez elle une nuit, et pour cela, elle m'a appelée Laïla, la Nuit. Je viens du Sud, de très loin, peut-être d'un pays qui n'existe plus. Pour moi, il n'y a rien eu avant, juste cette rue poussiéreuse, l'oiseau noir, et le sac.

Ensuite je suis devenue sourde d'une oreille. Ça s'est passé alors que je jouais dans la rue, devant la porte de la maison. Une camionnette m'a cognée, et m'a brisé un os dans l'oreille gauche.

Tanger : la porte de la Casbah,
peinture d'Henri Matisse, 1912.
(Musée Pouchkine, Moscou.)

J'avais peur du noir, peur de la nuit. Je me souviens, je me réveillais quelquefois, je sentais la peur entrer en moi comme un serpent froid. Je n'osais plus respirer. Alors je me glissais dans le lit de ma maîtresse et je me collais contre son dos épais, pour ne plus voir, ne plus sentir. Je suis sûre que Lalla Asma se réveillait, mais pas une fois elle ne m'a chassée, et pour cela elle était vraiment ma grand-mère.

Longtemps j'ai eu peur de la rue. Je n'osais pas sortir de la cour. Je ne voulais même pas franchir la grande porte bleue qui ouvre sur la rue, et si on essayait de m'emmener dehors, je criais et je pleurais en m'accrochant aux murs, ou bien je courais me cacher sous un meuble. J'avais de terribles migraines, et la lumière du ciel m'écorchait les yeux, me transperçait jusqu'au fond du corps.

Même les bruits du dehors me faisaient peur. Les bruits de pas dans la ruelle, à travers le Mellah[1], ou bien une voix d'homme qui parlait fort, de l'autre côté du mur. Mais j'aimais bien les cris des oiseaux, à l'aube, les grincements des martinets[2] au printemps, au ras des toits. Dans cette partie de la ville, il n'y a pas de corbeaux, seulement des pigeons et des colombes. Quelquefois, au printemps, des cigognes de passage qui se penchent en haut d'un mur et font claquer leur bec.

Pendant des années, je n'ai rien connu d'autre que la petite cour de la maison, et la voix de Lalla Asma qui criait mon nom : « Laïla ! » Comme je l'ai déjà dit, j'ignore mon vrai nom, et je me suis habituée à ce nom que m'a donné ma maîtresse, comme s'il était celui que ma mère avait choisi pour moi. Pourtant je pense qu'un jour quelqu'un dira mon vrai nom, et que je tressaillirai[3], et que je le reconnaîtrai.

J. M. G. LE CLÉZIO, *Poisson d'or*

1. *Le Mellah* : le quartier juif dans les villes marocaines.
2. *Martinet* : oiseau qui ressemble à une hirondelle.
3. *Je tressaillirai* : je sursauterai.

Jeune femme de Mauritanie.

Interrogez le texte

1. Narrateur et personnage

a. À quelle personne le récit est-il rédigé ?
b. Relevez les indices du texte permettant de préciser qui est le narrateur.

2. Le jeu des temps

a. Dans le premier paragraphe, observez les verbes au présent :

- lesquels renvoient au moment où le personnage fait son récit ?
- lesquels évoquent le souvenir du rapt ?

b. Pourquoi le rapt est-il évoqué au présent ? Quel est l'effet recherché ?
c. Quelle période de sa vie la narratrice évoque-t-elle ? Quels sont les temps dominants dans cette évocation ? Précisez leur valeur.
d. Quel drame a marqué la narratrice ? Qu'espère-t-elle ? À quel temps cet espoir est-il formulé ?

3. L'évocation du passé

a. Dans quel cadre s'est déroulée l'enfance de la narratrice ? Regroupez les détails créant une couleur locale.
b. Étudiez le déroulement du récit en complétant le tableau suivant :

Indices de temps	Faits rapportés	Sentiments de la fillette

- Le récit est-il chronologique* ? Repérez les ellipses narratives* : comment s'expliquent-elles ?
- Quel sentiment a dominé l'enfance du personnage ? De quoi est-il la conséquence ?
- Précisez comment la fillette voit le monde en regroupant d'une part ce qu'elle redoute, d'autre part ce qui la sécurise.

À vous de jouer

4. Écrivez un récit autobiographique

À votre tour, évoquez des souvenirs de votre enfance en jouant sur les ellipses narratives pour ne garder que les événements marquants.

5. Reconstituez le puzzle

Dans un tiroir ou un album, vous avez retrouvé des photos d'un grand-père ou d'une grand-mère. Essayez d'évoquer sa vie d'après ce que représentent ces photos.

6. Imaginez la vie d'un autre

Vous avez été frappé(e) par un visage d'enfant heureux ou malheureux, aperçu dans un journal ou à la télévision. Imaginez ce que peut être sa vie.

7. Décrivez un tableau

Observez le tableau de Matisse, p. 141. Quelles sont ses couleurs dominantes ? Que représente-t-il ? D'où vient la lumière ? Quelle impression générale s'en dégage ? Décrivez-le en une page en partant de l'impression d'ensemble pour aboutir aux détails.

enrichissez votre VOCABULAIRE

a. Regroupez les termes ou expressions du texte appartenant au champ lexical* de la *mémoire* et de l'*oubli*.
b. Complétez-en la liste.
c. Utilisez certains des termes trouvés dans des phrases ou un texte de votre composition.

la *grammaire* dans le TEXTE

Récrivez le dernier paragraphe au passé et à la 3e personne du féminin singulier en opérant toutes les modifications nécessaires. Quels temps verbaux avez-vous utilisés ? Justifiez leur emploi.

Quelques minutes de bonheur absolu

Un jour, en rentrant de l'école, elle s'était glissée dans l'armoire du couloir. Personne ne l'avait vue, personne ne l'avait entendue. Cyrille, qui avait alors l'âge où la simple idée d'une bonne cachette vous fait frissonner d'extase, avait passé dans l'obscurité quelques minutes de bonheur absolu. C'était vraiment magique d'être cachée là et que personne ne le sache. Ça allait être magique d'entendre les gens passer tout près d'elle sans se douter de sa présence. Ça allait être magique de les entendre prononcer son nom, dire des choses sur elle, et commencer à s'inquiéter parce qu'il était déjà cinq heures et quart et qu'elle n'était toujours pas rentrée de l'école. Au bout de cinq minutes, Marion était passée. Cyrille l'avait entendue prendre son manteau, crier : « Je vais faire mes devoirs chez Sylvie », puis claquer la porte derrière elle. Ensuite maman était sortie de sa chambre. Elle était allée dans la cuisine ou dans le salon, depuis l'armoire, il était difficile de faire la différence. Enfin, elle avait avancé dans le corridor. Elle était restée là quelques secondes sans bouger, en tout cas sans faire de bruit, si ce n'est un petit grattouillis bizarre. Cyrille avait failli bondir hors de sa cachette pour lui faire une surprise, mais son honneur était en jeu, il fallait qu'elle joue la disparition jusqu'au bout. Son cœur battait terriblement fort et un grand sourire se dessinait sur son visage invisible. « Maman doit se demander où je suis. Elle doit être en train de se gratter la tête, comme quand elle a perdu ses clés. Peut-être qu'elle cherche le numéro de l'école dans son calepin. » C'était une épreuve effroyable de rester là, sans bouger, à quelques centimètres des bras de sa mère.

La porte avait claqué. Cyrille s'était mise à pleurer avant de comprendre ce qui se passait. Elle était sortie de l'armoire et avait trouvé par terre, coincé sous le tapis, un mot de sa mère.

Mon petit poussin, je suis chez le coiffeur, Marion est chez Sylvie. Ton goûter est sur la table de la cuisine. Bisous.

Cyrille avait déchiré le papier en huit morceaux et les avait mangés un par un en pleurant, avalant ses larmes et sa morve avec le reste.

Agnès DESARTHE,
Quelques minutes de bonheur absolu

Femme fouillant dans un placard, peinture de Félix VALLOTTON (1865-1925).

Vignettes extraites de *Bicot, président de club* de Martin BRANNER, réédition Azur, 1965.

Interrogez le texte

1. Narrateur et protagoniste*

a. À quelle personne le texte est-il rédigé ? Qui raconte ?
b. Qui est le protagoniste* ?
c. Que raconte ce texte ?

2. Le déroulement du récit

a. Où et quand se passe l'action ? Relevez les indices de temps et de lieu*.
b. Étudiez le déroulement du récit à partir du moment où la fillette s'est glissée dans l'armoire en complétant le tableau suivant :

Indices de temps (date ou durée)	Fait évoqué	État d'esprit ou sentiments de la fillette

c. De quelle manière un effet de suspense est-il créé ?
d. Comparez l'état d'esprit de la fillette au début et à la fin du récit. Résumez en une phrase le thème de cet extrait. Pourquoi cet épisode est-il si marquant ?

À vous de jouer

3. Racontez à la première personne

Avez-vous le souvenir d'une déception cuisante, d'une révélation surprenante ? Faites-en le récit en soulignant le contraste entre ce que vous espériez et la réalité.

4. Racontez à la troisième personne

Une belle surprise... ou une drôle de farce : dans un récit à la troisième personne, racontez la bonne surprise ou la mauvaise blague combinée par un groupe de camarades à l'égard d'un ami ou d'un souffre-douleur.

5. Pris à son propre piège

Rédigez la séquence narrative* correspondant aux trois vignettes de *Bicot* ci-dessus : vous n'oublierez pas de présenter les personnages et de décrire le décor. Rapportez le dialogue au discours direct. Vous imaginerez les réflexions de Bicot dans la vignette finale.

enrichissez votre VOCABULAIRE

C'était une épreuve effroyable... (l. 25)
a. Quel est le champ sémantique* du mot *épreuve* ? Quel sens faut-il retenir dans le texte ?
b. Cherchez l'étymologie de ce nom. Regroupez les mots appartenant à la même famille étymologique*.

la grammaire dans le TEXTE

Cyrille l'avait entendue prendre son manteau, crier : « Je vais faire mes devoirs chez Sylvie », puis claquer la porte derrière elle (l. 10-12).
a. Récrivez la phrase en transposant au discours indirect les paroles de Marion.
b. Quelle version préférez-vous ? Pourquoi ?

Foudroyé

Un violent orage gagne peu à peu les cimes du massif de Chamonix alors qu'une cordée d'alpinistes conduite par le guide Jean Servettaz parvient au sommet de l'aiguille du Dru.

Bientôt le Dru serait à l'épicentre du combat[1]. Les feux follets crépitaient sans discontinuer sur la robe de la Vierge[2] : on eût dit qu'un poste invisible émettait des messages avec l'espace ; d'étranges bruits emplirent l'air ; cela arrivait comme un bourdonnement aux oreilles des grimpeurs et en même temps il leur semblait qu'une invisible main tirait, tirait leur chevelure.

« Entends-tu, Georges ? Les abeilles… entends-tu, les abeilles bourdonnent ! Vite ! Partons ! la foudre est sur nous. »

Jean Servettaz reconnaissait tous ces signes avant-coureurs d'un coup de foudre. Les autres obéirent, comprenant que le danger était proche, et les trois hommes se jetèrent dans l'abîme par où ils étaient montés, dévalant les gros blocs avec frénésie ; lorsqu'ils furent un peu en retrait du sommet, Jean poussa ses deux compagnons sous l'abri d'un surplomb. Il était temps : dans un fracas titanesque, la foudre s'abattit sur le sommet qu'ils venaient de quitter. La montagne parut vaciller sur sa base, et il sembla aux alpinistes que le Dru venait d'éclater comme sous un formidable coup de bélier. Le bruit du tonnerre se répercuta longuement, renvoyant sa canonnade d'une paroi à l'autre des gorges, au hasard de l'écho. Le silence se fit ensuite, plus étrange encore que le tumulte. Dans le jour laiteux, la figure du guide apparut à Warfield empreinte d'une extraordinaire gravité, ses traits étaient tirés, et il fixait sur son client un regard chargé de reproches[3]. Warfield voulut faire des excuses, Jean ne lui en laissa pas le temps.

« On y a échappé ce coup-ci, dit-il, fuyons ! Ça devient malsain ! Georges, passe en tête ! Tu poseras les rappels[4]. Vous, monsieur Warfield, tâchez de descendre aussi bien que vous êtes monté. On pourra peut-être regagner la vallée, peut-être ! car ceci n'est qu'un début. »

Un deuxième coup de foudre déchaîna à nouveau une invisible artillerie.

« C'est tombé sur la Sans-Nom, déclara Georges tout en sortant du sac la corde de rappel.

– Si seulement ça pouvait neiger, dit le guide. J'aime encore mieux ça que la foudre. »

Le brouillard cloisonnait l'étroite plate-forme entre ciel et terre sur laquelle se trouvaient les trois hommes. Ils se sentaient prisonniers de la montagne, et l'Américain, qui ne disait plus rien, attendait, ne voulant pas s'attirer par une parole malheureuse des reproches qu'il n'avait que trop mérités ; Georges prépara le rappel ; les restants d'un vieil anneau de corde blanchi et effiloché pourrissaient autour d'un bloc de granit ; il le remplaça par une boucle de corde neuve, dans laquelle il fit passer à double les cinquante mètres de sa corde. Debout au bord du vide et cherchant à percer le mystère de la paroi, le porteur projeta bien horizontalement le rappel pour

1. *À l'épicentre du combat* : au cœur du combat.
2. Un des sommets du massif, couronné d'une statue en métal de la Madone.
3. Le client, Warfield, avait exigé de poursuivre l'escalade quand les guides, conscients du danger, avaient conseillé de redescendre.
4. *Les rappels* : les cordes destinées à descendre rapidement une paroi.

L'aiguille du Dru.

que les deux brins ne s'emmêlent pas ; la corde se déroula en sifflant dans l'air comme un lasso, puis retomba le long de la paroi à l'endroit précis choisi par le jeune homme. Par ce fil ténu, les trois alpinistes descendirent.

Ils allaient farouchement dans la demi-obscurité laiteuse, répétant inlassablement la même manœuvre : plier la corde, fixer le rappel, le lancer, le dégager…, cherchant leur itinéraire, reconnaissant la route à suivre au moindre détail : une plate-forme, un piton rouillé dans une fissure, un bout de corde effiloché, déjà tout givré.

Le calme était revenu et les quelques rares paroles qu'ils échangeaient, amplifiées par le brouillard, semblaient sortir d'un haut-parleur. Encore deux ou trois longueurs de corde et ils aborderaient les grosses difficultés ; déjà les plates-formes s'amenuisaient, il fallait souvent se glisser de l'une à l'autre par des traversées à flanc de paroi très hasardeuses.

Comme ils atteignaient un petit mur vertical de huit à dix mètres, l'air vibra très doucement, comme au passage d'un fluide ; les vibrations s'amplifièrent et ce fut à nouveau le bourdonnement d'un essaim, le chant des abeilles ! En entendant pour la seconde fois le bruissement mortel, les deux guides pâlirent sous le hâle ; ce bruissement, ce bourdonnement, c'était à nouveau l'indice formel d'une extraordinaire teneur en électricité statique. Le brouillard, la montagne, eux-mêmes étaient à ce point imprégnés de fluide qu'une décharge de la foudre était inévitable.

« Vite ! Vite ! hurla Servettaz. Georges, file le rappel ! Laisse-toi glisser ! Et vous, monsieur Warfield, n'attendez pas, empoignez la corde à pleines mains, sautez dans le vide, dépêchez-vous… Ça y est, j'ai les cheveux qui tirent… Activez, mais activez donc, bon sang ! »

Warfield tomba plutôt qu'il ne glissa sur la plate-forme inférieure où le reçut le porteur. Au-dessus de leur tête, la corde se perdait dans le brouillard et ils attendaient la venue du guide lorsqu'une formidable lueur les aveugla. Une force inconnue les souleva de terre et les laissa retomber lourdement sur la dalle de granit où ils s'affalèrent, pantins meurtris et inanimés. Personne n'entendit le fracas épouvantable qui accompagna la décharge électrique, ni les grondements sourds de l'écho dans les gorges.

Lorsqu'ils reprirent connaissance, hébétés, hagards, la neige tombait régulièrement, recouvrant les rochers, glaçant les fissures ; les flocons tombaient sur leurs figures terreuses, et cette fraîcheur les ranima petit à petit. Alors Georges chercha son camarade. La corde de rappel pendait toujours le long de la paroi ; le porteur se dressa, l'empoigna, la secoua en criant :

« Jean… Jean… réponds ! As-tu du mal ? »

La complainte du vent fut l'unique réponse.

Roger FRISON-ROCHE,
Premier de cordée © Éd. Arthaud, 1941.

Interrogez le texte

1. Consultez votre dictionnaire

a. Précisez le sens des mots et expressions suivants :
– *un fracas titanesque* (l. 14) ; *le porteur* (l. 41) ; *ce fil ténu* (l. 44) ; *l'indice formel* (l. 60) ; *hagards* (l. 74).

b. Qu'annonce aux alpinistes le « bourdonnement d'abeilles » (l. 7-8) ?

2. L'effet de suspense

a. Étudiez le déroulement du récit en complétant le tableau suivant :

b. Quel risque courent les trois hommes ?

c. Qu'est-ce qui donne un caractère *titanesque* au paysage et à la scène ?

d. Par quels procédés le récit tient-il le lecteur en haleine ? (voir p. 140)

3. Les personnages

a. Qui sont les trois personnages ? Lequel est le protagoniste* ? Justifiez votre réponse.

b. Quelles qualités des deux guides le récit met-il en valeur ?

	L. ... à l. ...	Événements	Réactions des alpinistes
Situation initiale			
Élément modificateur			
Péripéties			
Élément de résolution			
Situation finale			

À vous de jouer

4. Racontez une aventure tragique

Un rescapé raconte le drame rapporté par l'article ci-dessous.

Chute mortelle dans les Alpes

« La cordée avançait sous la barre des Écrins (Hautes-Alpes) pour gagner le dôme du même nom. Ils étaient neuf, huit alpinistes et un guide, à 3 600 mètres d'altitude. Dimanche matin, quatre sont morts, après avoir été précipités dans des crevasses par le glissement d'une couche de congère. La neige, tombée la veille, avait recouvert par endroits des plaques gelées, dites “plaques à vent”. C'est l'une d'elles, épaisse d'une trentaine de centimètres, qui a glissé au passage des alpinistes. Les cinq survivants souffrent de fractures et d'hypothermie. »

Libération, lundi 15 septembre 1997.

5. Écrivez un récit

On l'a échappé belle ! En vous inspirant par exemple de l'article ci-dessus, écrivez le récit d'une aventure risquée qui s'est bien terminée. Vous ménagerez un effet de suspense.

enrichissez votre VOCABULAIRE

a. Relevez dans le texte les termes appartenant au champ lexical* de l'*alpinisme*.

b. Complétez la liste.

c. Utilisez certains des mots trouvés dans des phrases ou un texte de votre composition.

la *grammaire* dans le TEXTE

a. *Le Dru venait d'éclater comme sous un formidable coup de bélier* (l. 16-17).
• Substituez au groupe nominal souligné une subordonnée conjonctive.
• Quelle est sa fonction ?

b. *Comme ils atteignaient un petit mur... l'air vibra...* (l. 55-56).
• Quelle est la valeur de la subordonnée introduite par *comme* ?
• Substituez à *comme* un autre terme de subordination de sens équivalent.

Le grand brocard

Philippe, un jeune chasseur, est à l'affût d'un chevreuil dans une forêt des Vosges.

L'animal sortit d'un seul coup de la forêt et se tint dans la bande d'ombre des derniers arbres, la tête levée, s'assurant une dernière fois qu'il avait évité tout danger, puis allongea le cou vers l'herbe et marcha vers le milieu de la clairière. C'était le grand brocard…

Philippe sentait son cœur battre dans ses poignets. C'était la plus belle bête qu'il eût jamais vue. Il la contemplait avidement. Elle avait fui pendant des années et des années, sans que personne eût jamais pu la saisir, et maintenant elle était là, à une trentaine de mètres de lui, livrant sa vie et sa beauté et jusqu'à cette petite écorchure blanche qui dérangeait le poil lisse de son ventre. Elle mangeait paisiblement, sans deviner le regard qui la dépouillait. Elle était prise.

« Maintenant, il est à moi », se dit Philippe. Il était dans une immobilité telle que son corps entier se crispait comme dans la plus grande violence. Il voyait le chevreuil avancer lentement, de flanc, à l'extrémité d'un chemin luisant et étroit qui semblait partir d'une branche, devant son visage…

Pendant un instant, il retint le brocard dans sa mire, vivant et libre, aussi fortement que s'il l'avait serré contre lui. Son cœur était maintenant calme, ses muscles cessèrent de trembler. Il devint rigide et froid comme le canon de son arme, et trouva sous son index la résistance à peine sensible de la gâchette.

Le Chevreuil chassé aux écoutes, le printemps, peinture de Gustave COURBET (1819-1877). (Musée d'Orsay, Paris.)

Il ne tira pas. Le chevreuil quitta le chemin d'acier noir qui s'abaissa lentement. Il remontait le pré à petits pas, le museau à terre, son pelage roux fumant sous le soleil du matin. Il contourna le sapin blanc, derrière lequel le hérissement de ses bois se profila un moment, puis disparut vers l'autre bord de la forêt, où la chevrette avait dû sortir elle aussi.

Philippe regarda longtemps sans la voir la clairière intacte. Il s'était mis debout et tremblait violemment sur ses jambes, tenant à bout de bras le mauser inerte, qui devenait de plus en plus lourd. Il avait la gorge nouée et sentait à l'intérieur de lui-même comme un flot longtemps retenu qui se libère, couler une joie douloureuse et lente qu'il ne comprenait pas. Lorsqu'il put marcher, il quitta sans bruit la lisière et fit un grand détour jusqu'au sentier, avec la hâte silencieuse d'un voleur.

Pierre MOINOT, *La Chasse royale*

Interrogez le texte

1. Consultez votre dictionnaire

Précisez le sens des mots et expressions suivants : *le grand brocard* (l. 4) ; *il retint le brocard dans sa mire* (l. 17) ; *le hérissement de ses bois* (l. 26) ; *le mauser inerte* (l. 32) ; *la lisière* (l. 37).

2. Narrateur et protagoniste

a. À quelle personne le récit est-il rédigé ?
b. Le narrateur apparaît-il dans le texte ?
c. Qui est le protagoniste* ?

3. Le cadre

Où se passe la scène ? Regroupez indices de lieu* et notations descriptives évoquant le décor.

4. Le déroulement du récit

a. Étudiez le déroulement de la séquence narrative* en complétant le tableau suivant :

Étapes de la séquence	L. ... à l. ...	Fait évoqué	Ce qui est décrit	Sentiments du protagoniste
Situation initiale				
Élément modificateur				
Péripétie				
Élément de résolution				
Situation finale				

Dans quel ordre le récit est-il fait ?
b. Repérez la phrase qui évoque le moment où l'émotion du personnage est la plus forte.
c. Quelle phrase marque un retournement de situation ? Comment comprenez-vous l'expression : *Le chevreuil quitta le chemin d'acier noir...* (l. 22-23).
d. Quelles étapes sont les plus développées ? Sur quoi le narrateur a-t-il voulu mettre l'accent ?

5. Le thème du texte

a. Comparez la situation du protagoniste au début et à la fin du récit. Résumez en une phrase le thème de cet extrait.
b. Pourquoi le chasseur n'a-t-il pas tiré ? Comment comprenez-vous la joie qui le bouleverse et son attitude à la fin du récit ?

À vous de jouer

6. Écrivez un récit

L'oncle d'Éric, chasseur impénitent, a offert à son neveu, pour son treizième anniversaire, une carabine à air comprimé. Imaginez les réactions de l'enfant et ce qu'il va faire de ce nouveau jouet.

7. Écrivez un récit avec retour en arrière

Un chasseur revient, content ou mécontent, de sa partie de chasse. Décrivez la scène et, par un retour en arrière, évoquez son aventure matinale.

8. Décrivez un tableau

Comment le tableau de Courbet (p. 150) est-il composé ? Quelles sont les couleurs dominantes ? Quelle impression générale s'en dégage ?

enrichissez votre VOCABULAIRE

a. Relevez dans le texte les mots et expressions qui traduisent des émotions intenses.
b. Utilisez certains d'entre eux dans un petit texte de votre composition.

la *grammaire* dans le TEXTE

C'était la plus belle bête qu'il eût jamais vue (l. 5-6).
a. Mettez la phrase au présent.
b. À quel degré est l'adjectif dans la proposition principale? À quel mode est le verbe de la proposition subordonnée ?
c. Quel est ici le sens de *jamais* ?
d. Justifiez l'accord du participe *vue*.
e. Composez deux ou trois phrases sur ce modèle. Attention à l'accord du participe !

Décision difficile

Santiago, jeune Andalou, a quitté sa famille paysanne et s'est fait berger pour « voir du pays ». Hanté par un rêve où un enfant lui promet de trouver un trésor s'il se rend vers les pyramides d'Égypte, il arrive à Tarifa. Une vieille gitane, puis un mystérieux vieillard l'incitent à se lancer dans l'aventure pour accomplir « sa Légende Personnelle », réaliser son désir le plus profond.

Il commença à errer par la ville, et descendit jusqu'au port. Il y avait là un petit bâtiment avec une sorte de fenêtre à laquelle les gens venaient acheter des billets. L'Égypte, cela se trouvait en Afrique.

– Vous désirez ? demanda l'employé du guichet.

– Demain, peut-être, répondit-il en s'éloignant. En vendant une seule de ses brebis, il pourrait passer de l'autre côté du détroit. Cette idée l'effrayait.

« Encore un rêveur, dit le guichetier à son collègue, tandis que le jeune homme s'éloignait. Il n'a pas de quoi payer son voyage. »

Alors qu'il était devant le guichet, il avait pensé à ses brebis, et il eut peur d'aller les retrouver. Au cours de ces deux années, il avait tout appris de l'élevage des moutons. Il savait tondre, prendre soin des brebis pleines, protéger son troupeau contre les loups. Il connaissait tous les champs et pâturages d'Andalousie. Connaissait le juste prix d'achat et de vente de chacune de ses bêtes.

Il décida de retourner jusqu'à l'étable de son ami[1] par le chemin le plus long. La ville avait aussi un château, et il voulut gravir la rampe empierrée et aller s'asseoir sur la muraille. De là-haut, il pouvait apercevoir l'Afrique. Quelqu'un lui avait expliqué, une fois, que c'était par là qu'étaient arrivés les Maures, qui avaient si longtemps occupé toute l'Espagne. Il détestait les Maures. C'étaient eux qui avaient amené les gitans.

D'en haut, il pouvait également voir la majeure partie de la ville, y compris la place où il avait bavardé avec le vieux bonhomme.

« Maudite soit l'heure où j'ai rencontré ce vieux », pensa-t-il. Il était simplement allé trouver une femme capable d'interpréter les songes. Ni cette femme ni ce vieillard n'accordaient la moindre importance au fait qu'il était un berger. C'étaient des solitaires qui ne croyaient plus en rien dans la vie et ne comprenaient pas que les bergers finissent par s'attacher à leurs bêtes. Il connaissait à fond chacune d'elles : il savait s'il y en avait une qui boitait, laquelle devait mettre bas deux mois plus tard, quelles étaient les plus paresseuses. Il savait aussi les tondre, et les abattre. Si jamais il décidait de partir, elles allaient souffrir.

Le vent se mit à souffler. Ce vent, il le connaissait : on l'appelait le levant, car c'était avec ce vent-là qu'étaient venues les hordes des infidèles. Avant de connaître Tarifa, il n'avait jamais imaginé que l'Afrique fût si proche. Ce qui constituait un grave danger : les Maures pouvaient à nouveau envahir le pays.

1. Auquel il a confié son troupeau.

Berger en Andalousie.

Porte d'une ville en Espagne.

Le vent se mit à souffler plus fort. « Me voici entre mes brebis et le trésor », pensa-t-il. Il devait se décider, choisir entre quelque chose à quoi il s'était habitué et quelque chose qu'il aimerait bien avoir. Et il y avait aussi la fille du commerçant, mais elle n'avait pas la même importance que les brebis, car elle ne dépendait pas de lui. La certitude lui vint que, si elle ne le revoyait pas, le surlendemain, la jeune fille n'y prendrait même pas garde : pour elle, tous les jours étaient semblables, et quand tous les jours sont ainsi semblables les uns aux autres, c'est que les gens ont cessé de s'apercevoir des bonnes choses qui se présentent dans leur vie tant que le soleil traverse le ciel.

« J'ai quitté mon père, ma mère, le château de la ville où je suis né. Ils s'y sont faits, et je m'y suis fait. Les brebis aussi se feront bien à mon absence », se dit-il.

De là-haut, il observa la place. Le marchand ambulant continuait à vendre son pop-corn. Un jeune couple vint s'asseoir sur le banc où il était resté à bavarder avec le vieil homme, et ils échangèrent un long baiser.

« Le marchand de pop-corn », murmura-t-il pour lui-même, sans terminer sa phrase. Car le levant s'était mis à souffler plus fort, et il le sentit sur son visage. Il amenait les Maures, sans doute, mais il apportait aussi l'odeur du désert et des femmes voilées. Il apportait la sueur et les songes des hommes qui étaient un jour partis en quête de l'Inconnu, en quête d'or, d'aventures… et de Pyramides. Le jeune homme se prit à envier la liberté du vent, et comprit qu'il pourrait être comme lui. Rien ne l'en empêchait, sinon lui-même.

Les brebis, la fille du commerçant, les champs d'Andalousie, ce n'étaient que les étapes de sa Légende Personnelle.

Paulo COELHO, *L'Alchimiste*

Interrogez le texte

1. Consultez les usuels*

a. Précisez le sens des mots et expressions suivants :
– *les hordes des infidèles* (l. 35-36) ; *Ils s'y sont faits* (l. 49-50).

b. Où se trouvent l'Andalousie ? Tarifa ? De quel « détroit » est-il question dans le texte ?

c. À quelle époque les Maures ont-ils envahi l'Espagne ? Combien de temps a duré l'occupation arabe ?

2. Narrateur et protagoniste

a. À quelle personne le récit est-il rédigé ? Le narrateur apparaît-il dans le récit ?

b. Qui est le protagoniste* ?

c. Montrez que le narrateur connaît aussi bien le comportement que les pensées ou sentiments du personnage. Donnez des exemples.

3. Les étapes du récit

a. Pourquoi le berger est-il descendu jusqu'au port ? Quel choix s'offre à lui ?

b. Étudiez la progression du récit en complétant le tableau suivant :

Étapes	Où se trouve le personnage ?	Ce qu'il perçoit, envisage ou ressent	
		l'incitant à rester	l'incitant à partir
L. 1-22			
L. 23-38			
L. 39-64			

c. Pourquoi le personnage va-t-il s'asseoir sur la muraille du château ? Que lui permet cette position ?

d. Quel rôle joue le vent au cours de la méditation du personnage ? Que représente-t-il ?

4. Le thème du texte

Comparez la situation du protagoniste au début et à la fin de ce récit. Résumez en une phrase le thème de cet extrait.

enrichissez votre VOCABULAIRE

Cherchez des termes ou expressions évoquant :
a. la routine quotidienne ;
b. l'aventure.

la grammaire dans le TEXTE

a. *Avant de connaître Tarifa, il n'avait jamais imaginé que l'Afrique fût si proche* (l. 36-37).
• Transposez la phrase au présent : à quel mode est le verbe de la proposition subordonnée ?
• Quel est le mode et le temps de *fût* ?

b. Complétez la phrase : *Avant de connaître Tarifa, il imaginait que l'Afrique ...... très éloignée.*
À quel mode est le verbe de la proposition subordonnée ? Expliquez le changement de mode.

À vous de jouer

5. Écrivez un récit à la première personne

Vous vous êtes trouvé(e) devant un choix délicat. Rappelez les circonstances, ce qui vous inclinait d'un côté ou de l'autre, et ce qui vous a finalement décidé(e).

6. Écrivez un récit à la troisième personne

Aujourd'hui, c'est le grand jour : Jean et deux de ses amis doivent partir pour une randonnée à bicyclette. Mais sur le lieu du rendez-vous, Jean se retrouve seul. Que va-t-il faire ?

7. Méditez sur le bonheur

Quand tous les jours sont ainsi semblables les uns aux autres, c'est que les gens ont cessé de s'apercevoir des bonnes choses qui se présentent dans leur vie ... (l. 45-47).
Avez-vous le souvenir d'un événement qui ait rompu la monotonie de vos journées et vous ait réappris à voir les « bonnes choses » de la vie ?

Une aventure en Calabre

À Mme Pigalle, à Lille.
Resina, près Portici,
le 1er novembre 1807.

Un jour je voyageais en Calabre. C'est un pays de méchantes gens qui, je crois, n'aiment personne, et en veulent surtout aux Français. De vous dire pourquoi, ce serait long ; suffit qu'ils nous haïssent à mort et qu'on passe fort mal son temps lorsqu'on tombe entre leurs mains. J'avais pour compagnon un jeune homme d'une figure… ma foi, comme ce monsieur que nous vîmes au Raincy (vous en souvenez-vous ?), et mieux encore peut-être. Je ne dis pas cela pour vous intéresser, mais parce que c'est la vérité. Dans ces montagnes les chemins sont des précipices ; nos chevaux marchaient avec beaucoup de peine. Mon camarade allant devant, un sentier qui lui parut plus praticable et plus court nous égara. Ce fut ma faute : devais-je me fier à une tête de vingt ans ?…

Nous cherchâmes, tant qu'il fit jour, notre chemin à travers ces bois ; mais plus nous cherchions, plus nous nous perdions, et il était nuit noire quand nous arrivâmes près d'une maison fort noire. Nous y entrâmes, non sans soupçon ; mais comment faire ? Là nous trouvons toute une famille de charbonniers à table, où du premier mot on nous invita. Mon jeune homme ne se fit pas prier : nous voilà mangeant et buvant, lui du moins, car pour moi j'examinais le lieu et la mine de nos hôtes.

Nos hôtes avaient bien mine de charbonniers ; mais la maison, vous l'eussiez prise pour un arsenal : ce n'était que fusils, pistolets, sabres, couteaux, coutelas. Tout me déplut, et je vis bien que je déplaisais aussi. Mon camarade, au contraire, il était de la famille, il riait, il causait avec eux, et, par une imprudence que j'aurais dû prévoir (mais quoi ! s'il était écrit…), il dit d'abord d'où nous venions, où nous allions, qui nous étions, Français, imaginez un peu ! chez nos plus mortels ennemis, seuls, égarés, si loin de tout secours humain ! Et puis, pour ne rien omettre de ce qui pouvait nous perdre, il fit le riche, promit à ces gens pour la dépense, et pour nos guides le lendemain, ce qu'ils voulurent. Enfin il parla de sa valise,

Intérieur d'une baraque de charbonniers, lithographie de Nicolas Toussaint CHARLET, 1829. (Musée des Arts et Traditions populaires, Paris.)

■ Que représente cette scène ? Décrivez-la de façon précise en essayant de rendre, pour un lecteur qui ne l'a pas sous les yeux, l'impression générale qui s'en dégage.

priant fort qu'on en eût grand soin, qu'on la mît au chevet de son lit : il ne voulait point, disait-il, d'autre traversin.

Ah ! jeunesse ! jeunesse ! que votre âge est à plaindre ! Cousine, on crut que nous portions les diamants de la couronne… Ce qu'il y avait qui lui causait tant de souci dans cette valise, c'étaient les lettres de sa fiancée !

Le souper fini, on nous laisse. Nos hôtes couchaient en bas, nous dans la chambre haute où nous avions mangé. Une soupente élevée de sept à huit pieds, où l'on montait par une échelle, c'était là le coucher qui nous attendait, espèce de nid dans lequel on s'introduisait en rampant sous des solives chargées de provisions pour toute l'année. Mon camarade y grimpa seul, et se coucha tout endormi, la tête sur sa précieuse valise. Moi, déterminé à veiller, je fis un bon feu et m'assis auprès.

Gravure anonyme, XIXe siècle.

La nuit s'était déjà passée presque entière assez tranquillement, et je commençais à me rassurer, quand, sur l'heure où il me semblait que le jour ne pouvait être loin, j'entendis au-dessous de moi notre hôte et sa femme parler et se disputer ; et, prêtant l'oreille par la cheminée, qui communiquait avec celle d'en bas, je distinguai parfaitement ces propres mots du mari : *Eh bien ! enfin, voyons, faut-il les tuer tous les deux ?* À quoi la femme répondit : *Oui.* Et je n'entendis plus rien.

Que vous dirai-je ? je restai respirant à peine, tout mon corps froid comme un marbre. À me voir, vous n'eussiez su si j'étais mort ou vivant. Dieu ! quand j'y pense encore !… Nous deux, presque sans armes, contre eux, douze ou quinze, qui en avaient tant ! Et mon camarade mort de sommeil et de fatigue ! L'appeler, faire du bruit, je n'osais ; m'échapper tout seul, je ne pouvais : la fenêtre n'était guère haute, mais en bas, deux gros dogues hurlant comme des loups… En quelle peine je me trouvais, imaginez-le si vous pouvez.

Au bout d'un quart d'heure, qui fut long, j'entends sur l'escalier quelqu'un, et par les fentes de la porte, je vis le père, sa lampe dans une main, dans l'autre un de ses grands couteaux. Il montait, sa femme après lui, moi derrière la porte. Il ouvrit : mais avant d'entrer, il posa la lampe, que sa femme vint prendre ; puis il entra pieds nus, et elle de dehors lui disait à voix basse, masquant avec ses doigts le trop de lumière de la lampe : *Doucement, va doucement.*

Quand il fut à l'échelle, il monte, son couteau entre les dents, et, venu à la hauteur du lit, ce pauvre jeune homme étendu offrant sa gorge découverte, d'une main il prend son couteau, et de l'autre… (ah ! cousine !…) il saisit un jambon qui pendait au plafond, en coupe une tranche et se retire comme il était venu. La porte se referme, la lampe s'en va, et je reste seul à mes réflexions. Dès que le jour parut, toute la famille à grand bruit vint nous éveiller, comme nous l'avions recommandé. On apporte à manger : on sert un déjeuner fort propre, fort bon, je vous assure. Deux chapons en faisaient partie, dont il fallait, dit notre hôtesse, emporter l'un et manger l'autre. En les voyant, je compris enfin le sens de ces terribles mots : *Faut-il les tuer tous les deux ?* Et je vous crois, cousine, assez de pénétration pour deviner à présent ce que cela signifiait.

Cousine, obligez-moi : ne contez point cette histoire. D'abord, comme vous voyez, je n'y joue pas un beau rôle, et puis vous me la gâteriez. Tenez, je ne vous flatte point : c'est votre figure qui nuirait à l'effet de votre récit[1]. Moi, sans me vanter, j'ai la mine qu'il faut pour les contes à faire peur. Mais vous, voulez-vous conter ? Prenez des sujets qui aillent à votre air, Psyché[2], par exemple.

Paul-Louis COURIER,
Lettres inédites écrites de France et d'Italie, 1787 à 1812.

1. Votre joli visage ne conviendrait pas à ce genre d'histoire.
2. *Psyché :* princesse dont la beauté rendit Aphrodite jalouse et qui fut aimée du dieu Amour.

Interrogez le texte

1. Consultez les usuels

a. Précisez le sens des mots et expressions suivants :
– *une famille de charbonniers* (l. 15-16) ; *un arsenal* (l. 20) ; *une soupente* (l. 48) ; *des solives* (l. 51) ; *assez de pénétration* (l. 86) ; *obligez-moi* (l. 88).
b. Où se trouve la Calabre ?

2. La situation d'énonciation*

a. À quelle personne le récit est-il rédigé ? Qui écrit ?
b. À qui le narrateur s'adresse-t-il ? Relevez les expressions évoquant le destinataire.
c. De quel type de texte s'agit-il ?
d. Quel effet le narrateur cherche-t-il à produire sur son correspondant ?

3. Le suspense

a. L.1 à 46 : relevez les différents éléments qui font naître l'inquiétude du narrateur.
b. L. 47-87 : étudiez les étapes de la deuxième séquence narrative* en notant les éléments et procédés qui créent un effet de suspense. (Voir p. 140).

4. L'humour

a. Quel jugement le narrateur porte-t-il sur les Calabrais en général ? Sur quoi est-il fondé ?
b. Quel jugement porte-t-il sur son jeune compagnon ?
c. Quelle attitude adopte-t-il dans la maison des charbonniers ?
- De quelle façon interprète-t-il les *terribles mots* échangés par les hôtes ?
- Quelle attitude a-t-il au moment où il croit son compagnon en danger ?

d. Pourquoi le narrateur dit-il qu'il ne joue pas un beau rôle dans cette histoire ?
e. Les charbonniers (et donc les Calabrais) se sont-ils comportés comme *de méchantes gens* ?
f. Quel effet produit ce récit ?

À vous de jouer

5. Racontez à la manière de P.-L. Courier

Avez-vous le souvenir d'une situation où, par erreur ou par ignorance, vous n'avez pas eu le *beau rôle* ? Racontez, en essayant de retrouver l'humour de l'auteur.

6. Écrivez un récit

Vous aviez une opinion très favorable – ou au contraire très négative – sur une personne, une ville, une région, un livre... Racontez comment vous avez été amené(e) à réviser votre jugement.

enrichissez votre VOCABULAIRE

a. Quel est le radical du verbe *omettre* (l. 35) ? Quel est le nom de la même famille qui lui correspond ?
b. Cherchez d'autres verbes formés sur le même radical et les noms correspondants. Précisez le sens des préfixes.

la *grammaire* dans le TEXTE

L. 12-18 : récrivez ce paragraphe sous forme de récit à la troisième personne. Faites attention au jeu des temps et des pronoms.

6

Étudier le point de vue dans le récit

Pour comprendre qui raconte, qui voit les événements rapportés, apprenez à reconnaître les différents points de vue qu'un auteur peut adopter, selon l'effet qu'il recherche.

Les objectifs du chapitre

- Repérer si le narrateur est un personnage de l'histoire.
- Reconnaître un récit autobiographique.
- Distinguer un point de vue externe, interne ou omniscient dans un récit à la troisième personne.

Homme nu-tête vu de dos à la fenêtre, tableau de Gustave CAILLEBOTTE, 1875.

- Décrivez ce que voit l'homme de la fenêtre, en adoptant son point de vue.

Romain GARY
(1914-1980)
Né en Russie, venu en France à 14 ans, il devient aviateur, compagnon de la Libération, diplomate et grand écrivain. Il obtient le prix Goncourt en 1956 pour *Les Racines du ciel*, et une deuxième fois en 1975 pour *La Vie devant soi*, publié sous le pseudonyme d'Émile Ajar.

LE NARRATEUR PERSONNAGE

Un client singulier

Il était monté dans mon taxi, boulevard Haussmann, un très vieux monsieur avec une belle moustache et une barbe blanches qu'il s'est rasées après, quand on s'est mieux connu. Son coiffeur lui avait dit que ça le vieillissait, et comme il avait déjà quatre-vingt-quatre ans et quelques, ce n'était pas la peine d'en rajouter. Mais à notre première rencontre, il avait encore toute sa moustache et une courte barbe qu'on appelle à l'espagnole, car c'est en Espagne qu'elle est apparue pour la première fois. [...]

Il y eut une coïncidence, quand il s'est assis et que j'ai démarré. J'avais la radio ouverte et, comme par hasard, la première chose qu'on a entendue, c'était les dernières nouvelles sur le naufrage et la marée noire en Bretagne, vingt-cinq mille oiseaux morts dans le mazout. J'ai gueulé, comme d'habitude, et monsieur Salomon s'est indigné lui aussi, de sa belle voix grondante.

– C'est une honte, dit-il, et je l'ai vu soupirer dans le rétroviseur. Le monde devient chaque jour plus lourd à porter.

C'est là que j'ai appris que monsieur Salomon avait été dans le prêt-à-porter toute sa vie, surtout dans le pantalon. Nous avons parlé un peu. Il avait pris depuis quelques années sa retraite du pantalon et il occupait ses loisirs à des œuvres de bienfaisance, car plus on devient vieux et plus on a besoin des autres. Il avait donné une partie de son appartement à une association qui s'appelait *S.O.S. Bénévoles*, où l'on peut téléphoner jour et nuit quand le monde devient trop lourd à porter et même écrasant, et c'est l'angoisse. On compose le numéro et on reçoit du réconfort, ce qu'on appelle l'aide morale, dans le langage.

– Ils étaient en difficulté financière et n'avaient plus de local. Je les ai pris sous mon aile.

Il a ri en parlant de son aile, et là aussi c'était un grondement, comme si le rire était ce qu'il avait dans ses profondeurs. Nous avons parlé des espèces en voie d'extinction, ce qui était normal, vu qu'à son âge il était le premier menacé. Je roulais lentement pour ne pas arriver trop vite.

Romain GARY (Émile AJAR),
L'Angoisse du roi Salomon
© Éd. Mercure de France, 1979.

Le récit à la première personne

OBJECTIF
Être capable de repérer dans un récit à la première personne :
- si le narrateur est l'un des personnages ;
- s'il se confond avec l'auteur.

Observez

1. Qui raconte ?

a. À quelle personne le texte est-il rédigé ?
b. Le narrateur est-il intérieur ou extérieur au récit ?
c. Complétez le tableau suivant :

Qui est l'auteur ?	
Qui est le narrateur ?	
Qui sont les personnages ?	

- Le narrateur se confond-il avec l'auteur ?
- Est-il l'un des personnages ?
- De qui parle-t-il ?
- Le récit est-il rédigé au moment de la rencontre ou plus tard ? Quels détails et quels temps verbaux l'indiquent ?

2. La personnalité du narrateur

a. Dans quel registre de langue* le narrateur s'exprime-t-il ? Justifiez votre réponse par des exemples.
b. Quels aspects de sa personnalité découvrons-nous ? Pourquoi roule-t-il lentement ?
c. Pourquoi éprouve-t-il de la sympathie pour M. Salomon ?

À vous de jouer

3. Rédigez une lettre

Monsieur Salomon écrit à un ami : il lui raconte sa rencontre avec le chauffeur du taxi. Choisissez le registre de langue adapté au personnage.

4. Racontez une rencontre

Il vous est arrivé de rencontrer un personnage étonnant ou fascinant. Mettez-le en scène dans un portrait en actes* qui mette en valeur les aspects de sa personnalité qui vous ont frappé(e).

5. Faites parler la photographie

Le passager du taxi (photographie ci-contre) fait le portrait de son chauffeur et rapporte leur conversation. Racontez en intégrant les paroles des personnages sous forme de dialogue au discours direct.

à retenir

L'**auteur** est celui qui signe un texte.
Le **narrateur** est celui qui fait le récit des événements.
Dans un récit à la première personne, le narrateur est intérieur au récit. Vous devez repérer :
- s'il se confond avec le protagoniste* ou non ;
- s'il est différent de l'auteur ou s'il se confond avec lui ;
- ce que le registre de langue, les idées exprimées révèlent de sa personnalité.

Jules VALLÈS
(1832-1885)
Écrivain français, surtout célèbre pour sa trilogie *L'Enfant* (1879), *Le Bachelier* (1881), *L'Insurgé* (1886), œuvre autobiographique où il évoque son enfance triste, ses révoltes contre l'injustice sociale et toutes les formes de tyrannie.

LE RÉCIT AUTOBIOGRAPHIQUE

Vacances au pays

L'auteur a passé ses huit premières années dans sa ville natale du Puy-en-Velay où son père était maître d'études ; enfance sombre, du fait de la pauvreté de sa famille et d'une mère tyrannique, qu'éclairent parfois des séjours chez des parents paysans ou auprès d'un grand-oncle, curé de Chaudeyrolles. De 1840 à 1845, la famille s'installe à Saint-Étienne où le père est nommé maître d'une classe de 7e.

En route, fouette, cocher !

Les adieux ont été simples. Il faut que j'arrive au plus vite chez le grand-oncle.

On n'a pas fait de sentiment.

Et je n'attendais, moi, que le moment où les chevaux fileraient…

J'ai passé ma nuit à savourer ma joie. J'ai bu, dormi, rêvé, j'ai pris des sirops au buffet[1], j'ai soulevé les vasistas, je suis descendu *aux côtes*[2].

À six heures du matin, je me suis trouvé en plein Puy, devant le café des Messageries.

Je laisse mon bagage au bureau, et je grimpe vers notre ancienne maison, où Mlle Balandreau[3] doit m'attendre. On lui a écrit que j'arriverais, sans fixer le jour.

Je frappe.

Ah ! ce n'est pas long ! La bonne vieille fille m'arrive ébouriffée et émue ! et m'embrasse, m'embrasse – comme jamais ne m'a embrassé ma mère.

Elle s'occupe de me débarrasser, et elle a peur que je sois las, et que j'aie eu froid…

« Tu dois être fatigué. Ôte-moi ce paletot-là. Ce n'est pas possible, ce n'est pas toi ! – Comme tu es grand ! – Toute la nuit en voiture, pauvre petit, – tu dois avoir sommeil. As-tu dormi ?

– Pas fermé l'œil. »

Je mens comme un arracheur de dents, mais cela la flattera que son favori n'ait pas fermé l'œil et paraisse si frais, si fort. – C'est un grand garçon qui peut passer les nuits.

« Veux-tu te coucher ? – Tiens, couche-toi. – Tu ne veux pas ? – Tu vas prendre une tasse de café au moins ? – Tu sais, comme je t'en donnais en cachette de ta mère, avec du lait. – Tu l'écrémais toujours, – tu disais : "donne-moi la peau". »

Comme elle m'aime !

Nous faisons le café ensemble. Elle a l'air d'une sorcière, et moi d'un diablotin ; elle, avec ses coques en l'air[4], tournant le moulin[5] ; moi, dans les cendres, soufflant le feu…

Jules VALLÈS,
L'Enfant, 1879.

1. *Buffet* : café-restaurant du relais de poste.
2. Les voyageurs descendent de la voiture quand la pente est trop forte.
3. Ancienne voisine des Vallès, qui souvent protégea l'enfant de la brutalité maternelle.
4. *Ses coques en l'air* : ses boucles de cheveux en désordre.
5. Le moulin à café.

Le récit à la première personne

méthode

Arrivée d'une diligence, détail d'une lithographie de J. JACOTTET, vers 1840.

■ Décrivez cette gravure en commençant par une vue d'ensemble pour aboutir à une description précise du premier plan.

OBJECTIF

Être capable d'identifier si un récit à la première personne est autobiographique ou non.

Observez

1. Le narrateur

a. À quelle personne le texte est-il rédigé ?

b. Le narrateur est-il intérieur ou extérieur au récit ?

c. Complétez le tableau suivant :

Qui est l'auteur ?	
À quelle date écrit-il ?	
Qui est le narrateur ?	
Quel âge a-t-il ?	
Qui est le protagoniste* ?	
Quel âge a-t-il ?	

- Le narrateur se confond-il avec l'auteur ?
- Est-il le protagoniste* ?
- De qui parle-t-il ?
- À quels temps le récit est-il fait ?
- Combien de temps sépare les événements racontés du moment où ils sont racontés ?
- Que signifie *autobiographique* ? Pourquoi peut-on parler ici d'un **texte autobiographique** ?

2. Un récit subjectif*

a. De quoi le narrateur se souvient-il ? Pourquoi a-t-il gardé un vif souvenir de ce voyage ?

b. Quels sentiments l'enfant éprouve-t-il ?

c. Par quels procédés d'écriture sont-ils traduits ?

À vous de jouer

3. Récrivez l'histoire

Récrivez ce texte en supposant que l'adolescent fasse ce voyage à contrecœur et que la visite à Mlle Balandreau soit une pénible obligation.

4. Évoquez des retrouvailles

Évoquez à votre tour à la première personne le souvenir de retrouvailles joyeuses, bouleversantes ou au contraire décevantes ou douloureuses.

à retenir

Pour identifier un récit autobiographique, il faut repérer :

- si le narrateur se confond à la fois avec l'auteur et avec le protagoniste* ;
- ce que le registre de langue, les idées exprimées révèlent de la personnalité de l'auteur.

Jean GIONO
(1895-1970)
Colline fait partie des premières œuvres de ce romancier ; il y célèbre la Haute-Provence où il a choisi de vivre.

LE NARRATEUR OMNISCIENT

Ceux des Bastides

La maison de Gondran est la dernière du côté de la plaine. On l'appelle Les Monges. Peut-être parce qu'elle est seule et rousse comme un moine, peut-être parce que, dans le temps, c'était un ermitage. En effet, elle a l'allure d'une bonne grosse maison de curé, avec ses contreforts trapus, sa porte ronde et basse ; la maison d'un de ces curés moitié ruffians[1] qui donnaient le pain et le matelas aux amoureux qui se dérobaient pour s'aimer tranquilles.

C'est la mieux placée des quatre. Elle guette la route, elle voit la colline. Elle est juste au bord de la pente qui dévale vers les fonds. De sa terrasse on aperçoit tous les lacets du chemin jusqu'en bas vers « La Clémente ».

D'abord, ça a été la maison de Janet, le plus vieux des Bastides. Celui-là, il est là depuis ses trente ans. Il était monté après avoir fait toutes les fermes de la plaine ; on ne l'y voulait plus : il se battait avec tous les valets. Trois fois la semaine il fallait courir aux gendarmes et à l'esparadrap[2]. Sa femme est morte ici ; sa fille y a grandi. Il est maintenant dans ses quatre-vingts. Droit, dur comme un tronc de laurier, ses lèvres minces fendent à peine le buis[3] rasé de sa figure. Dans ses petits yeux marron, le regard blanc vole comme une mite, sur le ciel, où il devine le temps, les feuillages, où il voit la maladie à l'avance, les visages, où il surprend, lui, menteur et rusé, le mensonge et la ruse. Il est toujours aux Bastides, mais on ne dit plus : La maison de Janet, on dit : La maison de Gondran. C'est son gendre. Janet a accepté ça. On dit : La maison de Gondran, les champs de Gondran, le cheval, la charrette, le foin de Gondran. Gondran a pris toute sa place. Il est large, haut, rouge ; l'araire[4] est droit dans ses mains ; d'un coup de poing sur les oreilles il a maté le mulet qui mordait.

Au fond, Janet lui en veut un peu. Il en veut surtout à sa fille, puisque c'est par elle que l'homme qui a pris sa place est venu.

Depuis, à son sens, elle ne fait rien de bien.

– De mon temps, on savait cuire la soupe de fèves.

– Le lièvre est bon, mais tu as mis neuf fois de l'eau dans la sauce.

Il serait heureux de la voir battre.

– Si j'étais toi, dit-il à son gendre, je lui tannerais les fesses.

– Ah, ben oui, répond Gondran en riant.

La grosse Marguerite trottine sur ses courtes jambes, et, faisant la moue, lève ses sourcils débonnaires[5] :

– Aussi, père, vous n'êtes jamais content.

Jean GIONO, *Colline*, 1927

1. *Ruffians :* malhonnêtes.
2. *Esparadrap :* écriture et prononciation régionale de *sparadrap*.
3. Métaphore qui désigne la barbe. Le *buis* est utilisé pour faire des bordures dans les jardins.
4. *Araire :* charrue rudimentaire.
5. *Débonnaires :* qui révèlent sa bonté.

Monsieur Prat et sa fille, peinture de Loys PRAT. (Musée des Amis du Vieux Donzère.)

Le récit à la troisième personne

OBJECTIF
Être capable de reconnaître dans un récit à la troisième personne le point de vue d'un narrateur omniscient, c'est-à-dire qui sait tout des personnages et de leur histoire.

Observez

1. Le narrateur

a. À quelle personne le récit est-il fait ?
b. Le narrateur apparaît-il dans le récit ?
c. Se confond-il avec un personnage ?
d. Que désigne le pronom indéfini *on* (l. 1, 10, 14, 21, 22, 23) ?

2. Le point de vue de la narration

a. Que sait le narrateur de la maison qu'il décrit ?
b. Relevez dans le tableau suivant ce que le narrateur nous apprend sur les personnages :

	Portrait physique	Portrait moral	Passé	Pensées, sentiments ou motivations
Janet				
Gondran				
Marguerite				

c. Le décor et les personnages vous semblent-ils appartenir à la réalité ? Justifiez votre réponse.
d. Dans quel registre de langue s'expriment les personnages ?
e. Le narrateur donne-t-il l'impression de ne connaître qu'un aspect des choses ou de tout connaître des lieux et des personnages évoqués ? Justifiez votre réponse.
f. Pourquoi peut-on parler dans ce texte du point de vue d'un **narrateur omniscient** ?

À vous de jouer

3. Changez le point de vue

Rédigez à la première personne le monologue* intérieur du vieux Janet assis un matin devant sa ferme, ou de Marguerite préparant le repas familial.

4. Inventez le début d'un récit

À la manière de Giono, présentez le cadre d'une histoire et les personnages qui en seront les acteurs. Votre texte sera assez précis pour que le lecteur puisse « croire » à la réalité de ce que vous évoquez.

à retenir

Dans un récit à la troisième personne, pour repérer si le narrateur est omniscient, il faut observer s'il connaît tout :
- des événements qu'il rapporte (circonstances, passé, présent et avenir) ;
- des lieux qu'il évoque ;
- des personnages mis en scène (état civil, aspect physique et attitudes, caractère, sentiments, pensées, motivations secrètes, paroles…) ;
- s'il en sait plus que les personnages eux-mêmes.

Marguerite DURAS
(1914-1996)
Le roman *Les Impudents* (1943) marque le début d'une œuvre importante : romans, pièces de théâtre, scénarios, films.

LE POINT DE VUE EXTERNE

La leçon de piano

– Veux-tu lire ce qu'il y a d'écrit au-dessus de la partition ? demanda la dame.

– Moderato cantabile[1], dit l'enfant.

La dame ponctua cette réponse d'un coup de crayon sur le clavier. L'enfant resta immobile, la tête tournée vers sa partition.

– Et qu'est-ce que ça veut dire, moderato cantabile ?

– Je ne sais pas.

Une femme, assise à trois mètres de là, soupira.

– Tu es sûr de ne pas savoir ce que ça veut dire, moderato cantabile ? reprit la dame.

L'enfant ne répondit pas. La dame poussa un cri d'impuissance étouffé, tout en frappant de nouveau le clavier du crayon. Pas un cil de l'enfant ne bougea. La dame se retourna.

– Madame Desbaresdes, quelle tête vous avez là, dit-elle.

Anne Desbaresdes soupira une nouvelle fois.

– À qui le dites-vous, dit-elle.

L'enfant, immobile, les yeux baissés, fut seul à se souvenir que le soir venait d'éclater. Il en frémit.

– Je te l'ai dit la dernière fois, je te l'ai dit l'avant-dernière fois, je te l'ai dit cent fois, tu es sûr de ne pas le savoir ?

L'enfant ne jugea pas bon de répondre. La dame reconsidéra une nouvelle fois l'objet qui était devant elle. Sa fureur augmenta.

– Ça recommence, dit tout bas Anne Desbaresdes.

– Ce qu'il y a, continua la dame, ce qu'il y a, c'est que tu ne veux pas le dire.

Anne Desbaresdes aussi reconsidéra cet enfant de ses pieds jusqu'à la tête mais d'une autre façon que la dame.

– Tu vas le dire tout de suite, hurla la dame.

L'enfant ne témoigna aucune surprise. Il ne répondit toujours pas. Alors la dame frappa une troisième fois sur le clavier, mais si fort que le crayon se cassa. Tout à côté des mains de l'enfant. Celles-ci étaient à peine écloses, rondes, laiteuses encore. Fermées sur elles-mêmes, elles ne bougèrent pas.

– C'est un enfant difficile, osa dire Anne Desbaresdes, non sans une certaine timidité.

L'enfant tourna la tête vers cette voix, vers elle, vite, le temps de s'assurer de son existence, puis il reprit sa pose d'objet, face à la partition. Ses mains restèrent fermées.

– Je ne veux pas savoir s'il est difficile ou non, Madame Desbaresdes, dit la dame. Difficile ou pas, il faut qu'il obéisse, ou bien...

Dans le temps qui suivit ce propos, le bruit de la mer entra par la fenêtre ouverte.

Marguerite DURAS, *Moderato cantabile* © Éd. de Minuit 1958.

1. À jouer en chantant avec modération.

Le récit à la troisième personne

Fillette au piano, pastel de Carl Olof LARSSON, 1908. (Christie's, Londres.)

■ Décrivez ce tableau du premier plan à l'arrière-plan.

OBJECTIF

Être capable de reconnaître dans un récit à la troisième personne si le narrateur adopte un point de vue externe, comme s'il était le simple témoin de ce qu'il raconte.

Observez

1. Le narrateur

a. À quelle personne le récit est-il fait ?
b. Le narrateur apparaît-il dans le récit ?

2. Le point de vue externe

a. Complétez le tableau suivant, en relevant les informations sur le cadre, le moment et l'identité des personnages :

	Lignes	Informations données par les phrases narratives	Informations données par le dialogue
Cadre			
Moment			
Identité des personnages			

b. Les phrases narratives donnent-elles dans cette première page de roman des informations :
- sur le cadre et l'occasion qui réunit les personnages ?
- sur leur identité, leur physique ?
- sur leur passé ?
- sur leur caractère, leurs pensées et leurs sentiments ?
- sur leurs attitudes ?

c. Quelles informations sont données par le dialogue ?
d. Le narrateur en dit-il plus que ce qu'il voit et entend ?
e. Pourquoi peut-on dire que le narrateur adopte dans ce texte un **point de vue externe** ?

à retenir

Quand un récit est à la troisième personne, pour repérer s'il est fait d'un point de vue externe, il faut observer si le narrateur :
- s'en tient aux apparences comme un simple témoin qui en sait moins que ses personnages ;
- enregistre, à la manière d'une caméra cachée, les faits et gestes, les paroles des personnages ;
- ignore ou semble ignorer leur identité, leur passé, leurs pensées et sentiments cachés.

À vous de jouer

3. Changez le point de vue

Rédigez une lettre dans laquelle l'enfant parle à sa grand-mère de ses leçons de piano.

4. Racontez une scène dont vous avez été témoin

Dans la rue, une gare, un stade..., vous observez un groupe qui vous amuse ou vous intrigue. Racontez dans un récit à la troisième personne en adoptant un point de vue externe.

5. Inventez le début d'un roman policier

De sa fenêtre du troisième étage, Mme X. observe la rue commerçante au pied de son immeuble. Ce jour-là, elle surprend une scène insolite... Racontez dans un récit à la troisième personne en adoptant un point de vue externe.

Guy de MAUPASSANT
(1850-1893)
(Voir p. 133)

LE POINT DE VUE INTERNE

Qui est donc cette inconnue ?

Jeanne de Lamare, cœur sensible et romanesque, a vite perdu les illusions de sa jeunesse, déçue par un mari infidèle et un fils qui la ruine. La mort d'un père affectueux, puis celle d'une vieille tante viennent à bout de sa résistance...

Jeanne la suivit au cimetière, vit tomber la terre sur le cercueil, et, comme elle s'affaissait avec l'envie au cœur de mourir aussi, de ne plus souffrir, de ne plus penser, une forte paysanne la saisit dans ses bras et l'emporta comme elle eût fait d'un petit enfant.

En rentrant au château, Jeanne, qui venait de passer cinq nuits au chevet de la vieille fille, se laissa mettre au lit sans résistance par cette campagnarde inconnue qui la maniait avec douceur et autorité ; et elle tomba dans un sommeil d'épuisement, accablée de fatigue et de souffrance.

Elle s'éveilla vers le milieu de la nuit. Une veilleuse brûlait sur la cheminée. Une femme dormait dans un fauteuil. Qui était cette femme ? Elle ne la reconnaissait pas, et elle cherchait, s'étant penchée au bord de sa couche, pour bien distinguer ses traits sous la lueur tremblotante de la mèche flottant sur l'huile dans un verre de cuisine.

Il lui semblait pourtant qu'elle avait vu cette figure. Mais quand ? Mais où ? La femme dormait paisiblement, la tête inclinée sur l'épaule, le bonnet tombé par terre. Elle pouvait avoir quarante ou quarante-cinq ans. Elle était forte, colorée, carrée, puissante. Ses larges mains pendaient des deux côtés du siège. Ses cheveux grisonnaient. Jeanne la regardait obstinément dans ce trouble d'esprit du réveil après le sommeil fiévreux qui suit les grands malheurs.

Certes elle avait vu ce visage ! Était-ce autrefois ? Était-ce récemment ? Elle n'en savait rien, et cette obsession l'agitait, l'énervait. Elle se leva doucement pour regarder de plus près la dormeuse, et elle s'approcha sur la pointe des pieds. C'était la femme qui l'avait relevée au cimetière, puis couchée. Elle se rappelait cela confusément.

Mais l'avait-elle rencontrée ailleurs, à une autre époque de sa vie ? Ou bien la croyait-elle reconnaître seulement dans le souvenir obscur de la dernière journée ? Et puis, comment était-elle là, dans sa chambre ? Pourquoi ?

La femme souleva sa paupière, aperçut Jeanne et se dressa brusquement.

Guy de MAUPASSANT,
Une vie, 1883.

La Femme à la cafetière, peinture de Paul CÉZANNE, vers 1890-1895. (Musée d'Orsay, Paris.)

Le récit à la troisième personne

OBJECTIF
Être capable de repérer, dans un récit à la troisième personne, à quel moment la narration est faite d'un point de vue interne, c'est-à-dire du point de vue d'un des personnages.

Observez

1. Le narrateur

a. À quelle personne le texte est-il rédigé ?
b. Le narrateur apparaît-il dans le récit ?
c. Qui sont les personnages en présence ? Lequel apparaît comme le protagoniste* ?

2. Les points de vue de la narration

a. Quel est le point de vue adopté dans les deux premiers paragraphes ? Justifiez votre réponse. (Voir p.165) À quelle ligne du texte retrouve-t-on le même point de vue ?
b. L. 9 à 34 : relevez les verbes ayant pour sujet *Jeanne* (ou les substituts de ce nom). À quels champs lexicaux* appartiennent-ils ? À travers le regard et les pensées de quel personnage la paysanne est-elle observée ?
c. Relevez les phrases exprimant les émotions de la protagoniste : qu'éprouve-t-elle ? Quel est le type de phrases le plus fréquent ?
d. Pourquoi parle-t-on ici de **point de vue du personnage** (ou **point de vue interne**) ? Que permet-il de découvrir sur le personnage ?

À vous de jouer

3. Écrivez un monologue

Jeanne se parle à elle-même. Rédigez sous forme de monologue* les pensées qui l'agitent face à l'inconnue.
Que préférez-vous : le monologue ou le récit à la troisième personne fait d'un point de vue interne ?

4. Rédigez un récit

Pour une raison que vous préciserez (aveu difficile, retard sans raison valable, objet confié par quelqu'un et égaré...), Sandra ou Alexandre se trouve dans une situation bien embarrassante. Évoquez la situation et le comportement de votre personnage ; au moins un paragraphe de votre récit retracera à la troisième personne son monologue intérieur.

5. Faites un portrait

Observez le tableau de Cézanne, ci-contre : qu'est-ce qui vous frappe dans le portrait de cette femme ? Quelles sont les couleurs dominantes ? Quels objets meublent le décor ? Décrivez ce tableau en présentant le personnage dans son cadre.

à retenir

Quand un récit est à la troisième personne, pour repérer s'il est fait du point de vue interne, c'est-à-dire du point de vue d'un personnage, il faut observer :
- si le narrateur n'en sait pas plus que le personnage dont il adopte le point de vue ;
- à quel moment le narrateur s'efface derrière lui ;
- les verbes de perception, pensée et sentiment, dont ce personnage est le sujet ;
- les passages rapportant ou résumant au discours indirect les propos ou les pensées du personnage ;
- ce que le registre de langue et les idées exprimées révèlent de la personnalité du personnage.

Jean-Jacques ROUSSEAU
(1712-1778)
Ses ouvrages philosophiques lui donnent une place importante dans le mouvement des idées à la veille de la Révolution. Pourtant, épris de solitude, c'est souvent dans la nature qu'il a passé les meilleurs moments de sa vie et cherché refuge contre ses adversaires. Dans *Les Rêveries du promeneur solitaire*, publiées après sa mort, il évoque des souvenirs heureux.

Un refuge ignoré de tout l'univers…

Je me rappellerai toute ma vie une herborisation que je fis un jour du côté de la Robaila, montagne du justicier Clerc[1]. J'étais seul, je m'enfonçai dans les anfractuosités de la montagne, et de bois en bois, de roche en roche, je parvins à un réduit[2] si caché que je n'ai vu de ma vie un aspect plus sauvage. De noirs sapins entremêlés de hêtres prodigieux, dont plusieurs tombés de vieillesse et entrelacés les uns dans les autres, fermaient ce réduit de barrières impénétrables, quelques intervalles que laissait cette sombre enceinte n'offraient au-delà que des roches coupées à pic et d'horribles[3] précipices que je n'osais regarder qu'en me couchant sur le ventre. Le duc, la chevêche et l'orfraie faisaient entendre leurs cris dans les fentes de la montagne, quelques petits oiseaux rares mais familiers tempéraient cependant l'horreur de cette solitude. Là, je trouvai la Dentaire heptaphyllos, le cyclamen, le nidus avis, le grand laserpitium et quelques autres plantes qui me charmèrent et m'amusèrent longtemps. Mais, insensiblement dominé par la forte impression des objets, j'oubliai la botanique et les plantes, je m'assis sur des oreillers de Lycopodium et de mousses, et je me mis à rêver plus à mon aise, en pensant que j'étais là dans un refuge ignoré de tout l'univers où les persécuteurs ne me déterreraient pas. Un mouvement d'orgueil se mêla bientôt à cette rêverie. Je me comparais à ces grands voyageurs qui découvrent une île déserte, et je me disais avec complaisance : sans doute je suis le premier mortel qui ait pénétré jusqu'ici ; je me regardais presque comme un autre Colomb. Tandis que je me pavanais dans cette idée, j'entendis peu loin de moi un certain cliquetis que je crus reconnaître ; j'écoute : le même bruit se répète et se multiplie. Surpris et curieux, je me lève, je perce à travers un fourré de broussailles du côté d'où venait le bruit, et dans une combe à vingt pas du lieu même où je croyais être parvenu le premier, j'aperçois une manufacture de bas.

Je ne saurais exprimer l'agitation confuse et contradictoire que je sentis dans mon cœur à cette découverte. Mon premier mouvement fut un sentiment de joie de me retrouver parmi des humains où[4] je m'étais cru absolument seul. Mais ce mouvement plus rapide que l'éclair fit bientôt place à un sentiment douloureux plus durable, comme ne pouvant dans les antres même des Alpes échapper aux cruelles mains des hommes acharnés à me tourmenter. […] Je me hâtai d'écarter cette triste idée et je finis par rire en moi-même et de ma vanité puérile et de la manière comique dont j'en avais été puni.

Jean-Jacques ROUSSEAU,
Les Rêveries du promeneur solitaire,
« Septième promenade », 1782.

1. *La Robaila* ou *Robellaz* : nom d'un sommet du Jura suisse, près de Môtiers-Travers où Rousseau séjourna en 1765. C'était aussi le nom de la « montagne » (terme local pour *ferme*) d'un certain Jean-Henri Clerc, « justicier », c'est-à-dire membre du tribunal civil.
2. *Réduit* : lieu à l'écart.
3. *Horribles* : qui font se dresser d'effroi les cheveux sur la tête.
4. *Où* : là où.

Chouette chevêche.

Dentaire.

Ravin, peinture de Caspar David FRIEDRICH, 1822. (Kunsthistorisches Museum, Vienne.)

■ Quelles sont les couleurs dominantes ? Quel contraste observez-vous entre le bas et le haut du tableau ? Quelle impression d'ensemble se dégage ? Ce tableau est-il, à votre avis, une bonne illustration du texte de Rousseau ?

Pyrargue (orfraie).

Interrogez le texte

1. Consultez votre dictionnaire

Précisez le sens des mots et expressions suivants :

– *une herborisation* (l.1) ; *les anfractuosités* (l. 3) ; *avec complaisance* (l. 20-21) ; *une combe* (l. 26) ; *dans les antres* (l. 33).

2. Un récit autobiographique

a. À quels indices reconnaissez-vous qu'il s'agit d'un texte autobiographique* ?

b. Où s'est passée l'aventure ?

c. Quand a-t-elle eu lieu ? À quelle époque le narrateur en fait-il le récit ?

3. La progression du récit

a. Quel était le projet initial du narrateur ?

b. Quel paysage découvre-t-il ?

• Quels sont les champs lexicaux* dominants dans l'évocation de ce paysage ?

• Quelles émotions ce paysage inspire-t-il au promeneur ?

c. Quels plaisirs lui procure l'herborisation ? Cherchez dans le dictionnaire les sens premiers de *charmer* et de *amuser.*

d. Quelle phrase du texte marque le début de la rêverie ?
- Quels sont les thèmes de cette rêverie ?
- Quelles expressions traduisent l'humour du narrateur à l'égard de lui-même ?

e. Quel coup de théâtre brise la rêverie ?
- Par quels procédés l'effet de surprise est-il ménagé ? Étudiez le rythme de la phrase, le jeu des temps verbaux...
- Quelles sont les trois réactions successives du promeneur ?

4. L'expression d'une personnalité

a. Que représente la nature pour Rousseau ?
b. Quels aspects de la personnalité de l'auteur ce texte révèle-t-il ?

Cyclamen, lithographie d'après FAGUET.

À vous de jouer

5. Écrivez à la manière de Rousseau

Vous avez le souvenir d'une déception cuisante. À la manière de Rousseau, faites le récit de vos espérances et de la désillusion qui vous attendait.

6. Racontez à la première personne

Rousseau aime la solitude dans une nature « sauvage ». Et vous ? Racontez une promenade solitaire dans un lieu désert. Précisez les émotions que vous avez éprouvées, et dites comment s'est achevée votre aventure.

7. Constituez un dossier

Dans la région que vous habitez, il se pose sûrement des problèmes relatifs à la sauvegarde de l'environnement. Constituez un dossier (articles de presse, interviews, photos...).

enrichissez votre VOCABULAIRE

Un mouvement d'orgueil... (l. 19) ; *je me pavanais...* (l. 23) ; *ma vanité puérile* (l. 36)

a. Quelle est l'origine étymologique du verbe *se pavaner* ? Quel est son sens ?
b. Quelle différence y a-t-il entre l'*orgueil* et la *vanité* ?
c. Cherchez d'autres noms, verbes ou expressions appartenant au même champ lexical*.
d. Utilisez certains des termes trouvés dans un texte de votre composition.

la *grammaire* dans le TEXTE

Insensiblement dominé par la forte influence des objets, j'oubliai la botanique et les plantes... (l. 14-16)

a. Quel rapport circonstanciel exprime le groupe participe en apposition au sujet ?
b. Exprimez la même idée par deux phrases complexes comportant :
- l'une, une proposition subordonnée de cause ;
- l'autre, une proposition subordonnée de conséquence.

c. Quelle construction préférez-vous ? Pourquoi ?

Grand duc.

Romain GARY
(1914-1980)
Voir p. 160.

Les mains de monsieur Salomon

Les mains de monsieur Salomon cachent une tragédie.

Quand il avait quatre ans, ses parents avaient pour lui une vocation de virtuose. Il y a encore sur la commode de sa chambre à coucher la photo de monsieur Salomon enfant dans lequel personne n'aurait reconnu le futur roi du pantalon. Sur la photo, il était écrit d'une plume qui ignorait encore le stylo : *Le petit Salomon Rubinstein devant son piano à l'âge de quatre ans*. Il y avait aussi une personne au buste maternel qui se penchait sur l'enfant avec un sourire heureux. Lorsque monsieur Salomon me traduisit l'inscription, qui était encore en russe, il a ajouté :

– Mes parents comptaient sur moi pour être un *Wunderkind*, ce qui signifie enfant prodige. Le piano jouissait dans le ghetto d'une grande réputation.

Il y avait aussi une photo de monsieur Salomon à sept ans, le pied posé sur une trottinette. C'était dans un autre ghetto, en Pologne, celui-là. Les photos allaient jusqu'à douze et quinze ans, après elles disparaissaient, peut-être parce que les parents de monsieur Salomon s'étaient découragés, ils avaient dû comprendre qu'il n'y avait rien à tirer de lui du point de vue enfant prodige. Ils lui avaient pourtant fait porter des culottes courtes jusqu'à l'âge de vingt ans, dans l'espoir d'en faire un *Wunderkind*. Monsieur Salomon riait beaucoup là-dessus.

Celui qu'on n'attendait pas, peinture de I.E. REPINE (1844-1930). (Galerie Tretiakov, Moscou.)

– Je me sentais terriblement coupable, me dit-il. À l'âge de quinze ans, j'écrivis une lettre à un philatéliste japonais, car je me consolais déjà avec les timbres-poste, pour lui demander de se renseigner auprès des jardiniers japonais qui connaissaient l'art d'arrêter la croissance des plantes. Je voulais à tout prix m'arrêter de grandir pour ne pas décevoir mes parents, en restant dans les limites de taille permises à un enfant prodige. Je passais onze heures par jour au piano. La nuit, je me rassurais en me disant que je manquais de précocité et que ça pouvait encore venir. L'espoir dans le ghetto, autrefois, était toujours de chercher le génie de virtuose chez leurs enfants, qui permettait d'en sortir. Le grand Arthur Rubinstein qui avait les traits exigés par les antisémites, s'en était sorti, et il était reçu comme virtuose par les plus grands aristocrates, il a même écrit un livre pour le prouver. Le génie excuse tout.

Je commençais à savoir reconnaître dans l'œil sombre de mon ami les petites lueurs moqueuses. C'était comme s'il y avait à l'intérieur quelque chose de douloureusement drôle qui s'allumait.

– J'avais déjà seize et dix-huit ans et je ne faisais que grandir. Mon professeur de piano devenait de plus en plus triste. Mon père, qui était depuis des générations tailleur, d'abord à Berditchev en Russie et puis à Swieciany en Pologne, se montrait tellement affectueux avec moi que j'avais envie de me noyer. Ils n'avaient pas d'autres enfants et ne pouvaient avoir d'autre virtuose. Puis finalement vint le jour. Mon père est entré dans le salon où j'étais assis en culottes courtes devant le piano. Il tenait un pantalon sur son bras. J'ai tout de suite compris. C'était la fin des grandes espérances. Je me suis levé, j'ai ôté ma culotte et j'ai mis le pantalon. Je n'allais plus jamais être un enfant prodige. Ma mère pleurait. Mon père faisait semblant d'être de bonne humeur. Il m'a même embrassé et il m'a dit en russe « *nou, nitchevo,* ça ne fait rien ». Mes parents ont vendu le piano. Je me suis placé chez un marchand de tissus à Bialystok. Quand mes parents sont morts, je suis venu à Paris pour voir les lumières de l'Occident.

Romain GARY (Émile AJAR),
L'Angoisse du roi Salomon

Interrogez le texte

1. Consultez vos usuels

a. Précisez le sens des mots et expressions suivants :
– *ses parents avaient pour lui une vocation de virtuose* (l. 2-3) ; *enfant prodige* (l. 11) ; *le ghetto* (l. 11) ; *je manquais de précocité* (l. 28) ; *voir les lumières de l'Occident* (l. 50-51).
b. Qui était Arthur Rubinstein ?
c. Qu'est-ce que l'antisémitisme ?

2. Narrateur et point de vue

a. Relisez le début du roman p. 160. Qui est le narrateur* ? Qui est le protagoniste* ? Comment les deux personnages se sont-ils rencontrés ?
b. Que sont-ils devenus l'un pour l'autre depuis leur première rencontre ? Quelle expression du texte le précise ?
c. Dans quel registre de langue* le narrateur s'exprime-t-il ? Justifiez votre réponse.
d. Relevez quelques expressions du texte qui révèlent l'humour du narrateur.

Arthur Rubinstein au piano.

3. Le thème et la chronologie du récit

a. Dans les lignes 1 à 5, quelles expressions traduisent l'opposition entre le rêve des parents et la réalité ? En quoi cela constitue-t-il une « tragédie » ?
b. Sur une ligne du temps, établissez la chronologie de cette « tragédie ». Sur quelle période s'étend-elle ?

4. Lignes 1 à 20

a. Qui évoque cette « tragédie » ?
b. Quelle période de la vie de monsieur Salomon est surtout évoquée ? À partir de quoi cette évocation est-elle faite ?
c. Pourquoi les parents ont-ils l'ambition de faire de leur fils un enfant prodige ?
d. Quels détails traduisent leur déception ?

5. Lignes 21 à 51

a. Qui évoque la « tragédie » ?
b. De quelle période de la vie du personnage s'agit-il ?
c. De quoi l'adolescent se sentait-il coupable ?
d. Comment a-t-il réagi à ce sentiment ?
e. Quel est le temps le plus souvent employé ? Précisez sa valeur.
f. Quels sont les deux seuls événements rapportés au passé simple ? Pourquoi sont-ils mentionnés ? Pourquoi le personnage emploie-t-il l'article défini dans la phrase : *Puis finalement vint le jour* (l. 42) ?

6. L'humour du personnage adulte

Quel regard le personnage devenu adulte porte-t-il sur sa jeunesse ? Quelles expressions du texte le révèlent ? Relevez quelques expressions qui traduisent son humour.

À vous de jouer

7. Écrivez un récit

Vous avez un projet qui vous tient à cœur : évoquez ce qui l'a fait naître, comment vous allez le réaliser, les rêves ou interrogations qu'il suscite.

8. Racontez à la manière de Romain Gary

À la manière de Romain Gary, imaginez une rencontre avec un personnage de votre choix : il vous raconte la « tragédie » de son enfance, ou au contraire le bonheur de sa réussite. Choisissez le registre de langue adapté au personnage.

9. Expression orale

Faites l'interview imaginaire d'un champion, d'un artiste... interrogé surtout sur sa jeunesse et ses années de formation.

enrichissez votre VOCABULAIRE

a. Précisez la signification des paronymes* *prodige* et *prodigue*.
b. Utilisez chacun d'eux dans des phrases de votre composition.
c. Trouvez d'autres paronymes dont vous ferez apparaître le sens en les employant en situation dans de courtes phrases.

Rendez-vous mystérieux

Par une sombre fin d'après-midi de novembre 1793, deux hommes, dont un étranger à fort accent français, chevauchent dans une région déserte du Somersetshire, quelque part entre Bath et Bristol.

Gravure anonyme de la fin du XVIIIe siècle. (Musée Carnavalet, Paris.)

La petite lumière qu'ils avaient aperçue de loin se révéla être celle d'une lanterne accrochée au-dessus du porche en bois d'une petite maison que l'on distinguait à peine dans le brouillard. Construite à l'angle de la route, d'où une étroite allée partait vers les marais, le tout s'estompait dans l'obscurité. C'était une maisonnette laide, carrée comme une boîte, en pierre grise, la façade s'alignant en bordure du chemin et l'arrière flanqué de quelques dépendances. Au-dessus du porche, une pancarte très ordinaire était suspendue, portant en lettres blanches sur fond noir l'inscription *L'Auberge Basse*. De chaque côté, ainsi qu'au premier étage, on apercevait deux fenêtres, dont les volets étaient clos.

L'ensemble était vraiment peu attrayant, et, à part la faible lumière de la lanterne et quelques rayons filtrant à travers les interstices des volets, tout avait l'air mort.

Après certaines difficultés pour se faire obéir de leurs chevaux, nos deux voyageurs purent enfin s'arrêter et descendre sans incident. L'étranger regardait autour de lui, scrutant l'obscurité. L'endroit en effet était sinistre, peu accueillant, et faisait penser à un repaire de voleurs et de coupe-jarrets. Le silence de la lande, noyée dans cet épais brouillard, avait quelque chose de tellement lugubre qu'il fut parcouru par un frisson d'épouvante.

– Tu es sûr que c'est ici ? demanda-t-il.

– Vous n'avez qu'à lire la pancarte, rétorqua l'autre avec rudesse.

– Tiens les chevaux pendant que je rentre.

– J'peux pas, m'sieu. Je n'en ai jamais tenu deux à la fois. Et si i'se mettent à ruer et à vouloir s'enfuir ?

L'étranger, dont l'humeur s'était apparemment beaucoup aigrie par suite des fatigues du voyage, eut un geste d'impatience.

– S'échapper ? Idiot, s'écria-t-il, je te romprai le cou si quoi que ce soit arrive à ces bêtes. Je ne pourrais pas rentrer à Bath sans mon cheval, et crois-tu que je veuille passer la nuit ici dans ce trou perdu ?

Et, sans attendre d'autres protestations du rustre, il se tourna vers la porte de l'auberge et frappa avec sa cravache trois coups d'abord, suivis de deux autres. Un instant après, on entendit un bruit formidable de verrous et de chaînes, la porte s'entrouvrit et une voix timide demanda :

– Est-ce vous, m'sieu ?

– Pardieu, qui d'autre pourrait-ce bien être ? grommela l'étranger. Ouvrez vite, la femme, je suis transi de froid.

Et d'un coup de pied, il poussa la porte et entra. Une femme se tenait dans le corridor mal éclairé. Au passage de l'étranger, elle lui fit une révérence.

– Tout va bien, m'sieu, dit-elle. Le capitaine est dans la salle. Il est arrivé de Bristol au début de l'après-midi.

– Il n'y a personne d'autre ici, j'espère, demanda l'étranger sèchement.

– Non, personne, m'sieu. Ce n'est pas encore l'heure. La maison est à vous jusqu'à minuit. Après ça, il y aura pour sûr du mouvement, je pense. Deux cargaisons de liqueurs et de drap sont arrivées la nuit dernière à Watchet. Le capitaine a dit qu'il y en a pour une fortune. Les chevaux les amèneront aux premières heures du jour…

– Ça va bien, interrompit l'étranger. Donnez-moi quelque chose à manger et un pot d'ale chaude.

Baronne ORCZY (1865-1947), *Le Rire du Mouron Rouge*,
traduction Françoise Delle Donne © Omnibus, 1989.

Interrogez le texte

1. Consultez les usuels*

a. Précisez le sens des mots et expressions suivants :
– *flanqué de quelques dépendances* (l. 6-7) ; *filtrant à travers les interstices* (l. 12) ; *coupe-jarrets* (l. 18) ; *le rustre* (l. 31) ; *un pot d'ale chaude* (l. 51).
b. Où se trouvent le Somersetshire ? Bath ? Bristol ?
c. Que se passait-il en France en 1793 ? Quelles étaient alors les relations entre la France et l'Angleterre ?

2. Narrateur et point de vue

a. À quelle personne le récit est-il fait ?
b. Le narrateur a-t-il un rôle dans l'action ?
c. Est-il témoin de l'action ? Que représente le pronom indéfini *on* (l. 3, 9, 33) ? De quels verbes ce pronom est-il sujet dans le texte ?
d. Dans quel ordre le décor est-il décrit ?
e. Quelles expressions désignent les personnages ? Quelles sont les seules informations données sur eux par le narrateur ?
f. Quel est le point de vue adopté par l'auteur ? Quel est l'effet recherché ?

3. Indices de temps et indices de lieu

a. À quel moment la scène est-elle située ?
b. Quels sont les champs lexicaux* dominants dans la description de la maison et de son environnement ?
c. Quelle atmosphère est ainsi créée ?

4. Les personnages

a. Que révèlent sur les personnages le dialogue et les phrases narratives qui l'accompagnent ?
b. Qui peuvent être cet « étranger » ? son compagnon ? la femme ?
c. Que vient faire « l'étranger » ?

À vous de jouer

5. Imaginez la suite du récit

Imaginez qui sont cet étranger et le capitaine, l'affaire qui les réunit et la scène qui va se dérouler à l'intérieur de l'auberge.

6. Transposez la scène

Changez l'époque, l'atmosphère, le décor, les personnages, et décrivez, comme la baronne Orczy, l'arrivée en un lieu donné de personnages dont l'identité et les intentions resteront dans un premier temps ignorées.

enrichissez votre VOCABULAIRE

a. *S'écria-t-il…* (l. 28) : relevez dans le texte d'autres verbes introducteurs exprimant les sentiments ou le comportement du locuteur.
b. Complétez la liste.
c. Utilisez certains d'entre eux dans un dialogue de votre composition.

la *grammaire* dans le TEXTE

a. Récrivez au discours indirect la réponse de l'aubergiste (l. 45-49).
b. Quelle version préférez-vous ? Pourquoi ?

Tentation

Après la mort du guide Jean Servettaz, foudroyé au cours d'un violent orage (voir p. 146), le porteur, Georges, et le client américain, que le drame a laissé à demi hébété, entreprennent la redescente de l'aiguille du Dru. Soudain, la corde de rappel reste coincée dans le haut d'une cheminée de vingt mètres. Georges doit remonter pour la dégager.

Sa position était précaire. Les coulées de neige glissaient sans arrêt sur les plaques de rocher ; ses doigts gelés et sanglants manquaient de la souplesse nécessaire pour assurer la montée ; il claquait convulsivement des dents, et son cœur soumis à un effort trop grand battait la chamade. On eût dit qu'à chaque pulsation il allait éclater. Par moments, des rafales de neige secouaient dangereusement le porteur. Il songeait alors à ce qu'avait d'étrange sa position, accroché en pleine paroi, tenant par miracle en équilibre du bout des ongles et sur quelques clous de soulier au-dessus de sept cents mètres de vide, avec la nuit qui venait rapidement. La cheminée se terminait à une dizaine de mètres au-dessus de sa tête : aurait-il la force de la gravir ? Ses genoux lui faisaient mal et ses vêtements durcis par le gel l'entravaient, plus rigides qu'une armature de fer.

Alors Georges pensa à redescendre. Une idée tenace l'animait. Rien n'était perdu ! Mais oui, rien n'était perdu, il pouvait encore se sauver ! Tant pis pour le client. Il n'y avait qu'à l'attacher sur une plate-forme et l'abandonner à son sort. Tout seul, le porteur savait qu'il gagnerait des heures et des heures de manœuvre de corde ; peut-être même pourrait-il éviter le bivouac dangereux et gagner le refuge de la Charpoua. Oui, c'était bien ça. Il n'y avait qu'à se laisser glisser doucement, attacher le fou, lui laisser le contenu du sac et fuir ! Fuir le mauvais temps, cette montagne maudite ; fuir le cadavre de Jean Servettaz qui, là-haut, fixait ses yeux vitreux sur des horizons inconnus des vivants.

Georges, à cette pensée, sentit un immense espoir renaître.

Fuir, c'était retrouver la moraine, l'alpage, la forêt, la vallée, et le chalet de bois au milieu des vergers. Fuir, c'était vivre. Continuer, c'était presque infailliblement périr, risquer de se dérocher[1] dans cette infernale cheminée, ou, s'il en réchappait, crever de froid en compagnie de l'Américain. Ah ! oui ! l'Américain... Il n'y pensait plus : il fallait le ramener. Ramener le client ? Bien sûr ! c'était le devoir, mais ce n'était pas juste, pour ça non, pas juste du tout ! Par la faute de cet entêté, Jean se pétrifiait sur sa vire de neige[2] ; était-il nécessaire qu'il pérît lui aussi, à vouloir à toute force ramener un fou ?

1. *Se dérocher* : lâcher prise et tomber d'une paroi rocheuse.
2. *Vire de neige* : étroite plate-forme rocheuse couverte de neige qui vient couper une pente.

Orage sur des montagnes.

Chute d'une avalanche dans les Grisons, peinture de J. M. W. TURNER. (Tate Gallery, Londres.)

Georges ruminait toutes ces pensées tumultueuses, accroché à sa fissure et jaugeant de l'œil les quelques mètres terriblement exposés qui lui restaient à gravir. Cette défaillance ne dura qu'un instant. Une honte épouvantable l'envahit. Il en trembla nerveusement. Abandonner, lui le responsable ! Lui à qui Jean, en entrant dans la mort, avait tacitement confié son voyageur ! Était-il devenu fou comme l'Américain pour perdre ainsi toute dignité, tout amour-propre ? Non, il dégagerait la corde au risque de se dérocher, ensuite il tâcherait de ramener le client. Ils mourraient tous deux ou tous deux se sauveraient.

Ayant accepté l'idée du sacrifice, Georges se sentit soudain plus fort. Il oublia qu'il n'était qu'un pauvre petit d'homme accroché en pleine paroi d'une montagne inhumaine, et à haute voix il jura : « T'inquiète pas, Jean, on le ramènera. »

Roger FRISON-ROCHE, *Premier de cordée*

Interrogez le texte

1. Consultez votre dictionnaire

Précisez le sens des mots et expressions suivants :
– *précaire* (l. 1) ; *convulsivement* (l. 3) ; *la moraine* (l. 27) ; *jaugeant* (l. 41) ; *avait tacitement confié* (l. 44).

2. Narrateur et points de vue

a. À quelle personne le récit est-il fait ?
b. Qui est le protagoniste* ?
c. Dans le premier paragraphe : qu'est-ce que le narrateur connaît et révèle du personnage ? Quel est le point de vue adopté par l'auteur ?
d. Repérez dans le texte des passages où l'auteur adopte le point de vue du personnage. Par quelles formules sont-ils annoncés ?

3. Le monologue* intérieur

a. Dans quelle situation le personnage se trouve-t-il ?
b. Quelles sont les trois étapes du débat intérieur de Georges ? Pourquoi peut-on dire que ses pensées et ses sentiments sont rapportés ici au discours indirect libre* ? Justifiez votre réponse.
c. Pourquoi le texte s'achève-t-il par une phrase au discours direct ? À qui Georges s'adresse-t-il ?
d. De quelles qualités morales Georges fait-il preuve ?

À vous de jouer

4. Transposez au discours direct

Transposez au discours direct, à la première personne, le monologue intérieur de Georges (paragraphes 2 et 4).

5. Imaginez une suite de texte

Imaginez l'épisode qui pourrait constituer la suite de cette page.

6. Évoquez un débat intérieur

Une épreuve ingrate ou redoutée attend Nicolas (épreuve sportive, devoir scolaire, aveu difficile...). Dans un récit à la troisième personne, après avoir précisé les circonstances, montrez les hésitations et la décision de votre personnage. Vous veillerez à utiliser par moments le point de vue interne pour retracer son monologue intérieur.

enrichissez votre VOCABULAIRE

a. *Courage* et *lâcheté* : cherchez les noms appartenant au champ lexical* du *courage* et leurs antonymes*.
b. Utilisez certains des mots trouvés dans un texte de votre composition.

la *grammaire* dans le TEXTE

Il dégagerait..., il tâcherait..., ils mourraient..., se sauveraient (l. 46-48) :
a. À quel mode et à quel temps sont ces formes verbales ? Quelle est leur valeur ?
b. Si on récrit ces lignes au discours direct, à quel temps seront ces verbes ?

Scène du film ***Premier de cordée*** réalisé par Louis DAQUIN d'après Frison-Roche, 1943.

Honoré de BALZAC
(1799-1850)
Romancier français, il a écrit une œuvre immense et ambitieuse, *La Comédie humaine*. Il y brosse le tableau de son époque, la société de la Restauration et de la monarchie de Juillet.

Une vocation précoce

Joseph Bridau, treize ans, habite avec sa mère, veuve, au troisième étage d'un vieil immeuble de la rue Mazarine, derrière l'Institut de France.

La prédisposition de Joseph pour l'Art fut développée par le fait le plus ordinaire : en 1812, aux vacances de Pâques, en revenant de se promener aux Tuileries avec son frère et madame Descoings[1], il vit un élève faisant sur le mur la caricature de quelque professeur, et l'admiration le cloua sur le pavé devant ce trait à la craie qui pétillait de malice. Le lendemain, l'enfant se mit à la fenêtre, observa l'entrée des élèves par la porte de la rue Mazarine, descendit furtivement et se coula dans la longue cour de l'Institut[2] où il aperçut les statues, les bustes, les marbres commencés, les terres cuites, les plâtres qu'il contempla fiévreusement car son instinct se révélait, sa vocation l'agitait. Il entra dans une salle basse dont la porte était entrouverte, et y vit une dizaine de jeunes gens dessinant une statue et pour lesquels il devint aussitôt l'objet de mille plaisanteries.

– Petit, petit ! fit le premier qui l'aperçut en prenant de la mie de pain et la lui jetant émiettée.

– À qui l'enfant ?

– Dieu ! qu'il est laid !

Enfin, pendant un quart d'heure, Joseph essuya les charges[3] de l'atelier du grand statuaire Chaudet ; mais, après s'être bien moqués de lui, les élèves furent frappés de sa persistance, de sa physionomie, et lui demandèrent ce qu'il voulait. Joseph répondit qu'il avait bien envie de savoir dessiner ; et, là-dessus, chacun de l'encourager. L'enfant, pris à ce ton d'amitié, raconta comme quoi il était le fils de madame Bridau.

– Oh ! dès lors que tu es le fils de madame Bridau ! s'écria-t-on de tous les coins de l'atelier, tu peux devenir un grand homme. Vive le fils à madame Bridau ! Est-elle jolie, ta mère ? S'il faut en juger sur l'échantillon de ta boule, elle doit être un peu chique[4] !

– Ah ! tu veux être artiste, dit le plus âgé des élèves en quittant sa place et venant à Joseph pour lui faire une charge ; mais sais-tu bien qu'il faut être crâne et supporter de grandes misères ? Oui, il y a des épreuves à vous casser bras et jambes. Tous ces crapauds que tu vois là, eh bien ! il n'y en a pas un qui n'ait passé par les épreuves. Celui-là, tiens, il est resté sept jours sans manger ! Voyons si tu peux être un artiste ?

Il lui prit un bras et le lui éleva droit en l'air ; puis il plaça l'autre comme si Joseph avait à donner un coup de poing.

– Nous appelons cela l'épreuve du télégraphe, reprit-il. Si tu restes ainsi, sans baisser ni changer la position de tes membres pendant un quart d'heure, eh bien ! tu auras donné la preuve d'être un fier crâne.

– Allons, petit, du courage, dirent les autres. Ah ! dame, il faut souffrir pour être artiste.

Joseph, dans sa bonne foi d'enfant de treize ans, demeura immobile pendant environ cinq minutes, et tous les élèves le regardaient sérieusement.

1. Tante et amie de Mme Bridau.
2. Les bâtiments de l'Institut abritaient alors des ateliers d'artistes, plus tard transférés dans le palais des Beaux-Arts.
3. *Essuya les charges* : subit les moqueries.
4. *Être un peu chique* : se poser un peu là.

– Oh ! tu baisses, disait l'un.

– Eh ! tiens-toi, saperlotte ! disait l'autre. L'Empereur Napoléon est bien resté pendant un mois comme tu le vois là, dit un élève en montrant la belle statue de Chaudet.

L'Empereur, debout, tenait le sceptre impérial, et cette statue fut abattue, en 1814, de la colonne[5] qu'elle couronnait si bien. Au bout de dix minutes, la sueur brillait en perles sur le front de Joseph. En ce moment, un petit homme chauve, pâle et maladif, entra. Le plus respectueux silence régna dans l'atelier.

– Eh bien ! gamins, que faites-vous ? dit-il en regardant le martyr de l'atelier.

– C'est un petit bonhomme qui pose, dit le grand élève qui avait disposé Joseph.

– N'avez-vous pas honte de torturer un pauvre enfant ainsi ? dit Chaudet en abaissant les deux membres de Joseph. Depuis quand es-tu là ? demanda-t-il à Joseph en lui donnant sur la joue une petite tape d'amitié.

– Depuis un quart d'heure.

– Et qui t'amène ici ?

– Je voudrais être artiste.

– Et d'où sors-tu, d'où viens-tu ?

– De chez maman.

– Oh ! maman ! crièrent les élèves.

– Silence dans les cartons[6] ! cria Chaudet. Que fait ta maman ?

– C'est madame Bridau. Mon papa, qui est mort, était un ami de l'Empereur. Aussi l'Empereur, si vous voulez m'apprendre à dessiner, paiera-t-il tout ce que vous demanderez[7].

– Son père était Chef de Division au Ministère de l'Intérieur, s'écria Chaudet frappé d'un souvenir. Et tu veux être artiste déjà ?

– Oui, monsieur.

– Viens ici tant que tu voudras, et l'on t'y amusera ! Donnez-lui un carton, du papier, des crayons, et laissez-le faire. Apprenez, drôles, dit le sculpteur, que son père m'a obligé. Tiens, Corde-à-puits, va chercher des gâteaux, des friandises et des bonbons, dit-il en donnant de la monnaie à l'élève qui avait abusé de Joseph. Nous verrons bien si tu es un artiste à la manière dont tu chiqueras les légumes[8], reprit Chaudet en caressant le menton de Joseph.

Honoré de BALZAC, *La Rabouilleuse*, 1843.

5. La colonne Vendôme, en bronze, érigée en 1810, coulée avec les canons ennemis pris à Austerlitz.
6. Les cartons à dessin.
7. Le père de Joseph était mort en 1808, « tué par ses veilles » au service de Napoléon, qui accorda une aide financière à la famille de ce serviteur zélé.
8. *Chiquer les légumes* : (populaire) manger.

La Cour de l'Institut de France, à la fin de la Restauration, détail d'une peinture d'Étienne BOUHOT. (Musée Marmottan-Claude Monet, Paris.)

Interrogez le texte

1. Consultez les usuels*

a. Précisez le sens des mots et expressions suivants :
– *la prédisposition de Joseph pour l'art* (l. 1) ; *les marbres* (l. 8) ; *les plâtres* (l. 9) ; *frappés de sa persistance* (l. 19) ; *il faut être crâne* (l. 29) ; *son père m'a obligé* (l. 77) ; *qui avait abusé de Joseph* (l. 80-81).
b. Quel était le régime politique de la France en 1812 ?
c. Qu'est-ce que l'Institut de France ? Situez-le sur un plan de Paris, ainsi que la rue Mazarine, les Tuileries.
d. Qui était Chaudet ?

2. Narrateur* et point de vue*

a. À quelle personne le récit est-il fait ?
b. Quel est le point de vue adopté par l'auteur dans la narration ? Justifiez votre réponse en repérant dans le premier paragraphe tout ce que le narrateur révèle sur son personnage.

3. Indices de temps et de lieu*

a. Relevez les indices de temps et de lieu. Font-ils référence à des événements et à des lieux réels ou imaginaires ?
b. Comment l'auteur crée-t-il dans ce texte l'illusion de la réalité ? Pourquoi le fait-il ?

4. La séquence narrative*

a. Quel événement déclenche la vocation de l'enfant ?
b. Quelles sont les péripéties* de la scène de l'atelier ?
c. Qu'est-ce qui constitue l'élément de résolution* ?
d. Comparez la situation de l'enfant au début et à la fin de la scène. Sa situation s'est-elle dégradée ou améliorée ? Justifiez votre réponse.
e. Résumez en une phrase le thème de ce texte.

5. Les personnages

a. Qui est le protagoniste* ? Qui joue le rôle d'opposants* ? Qui tient le rôle d'adjuvant* ?
b. Qu'apprenons-nous sur le physique du protagoniste ? Quels aspects de son caractère se révèlent dans son comportement et ses paroles ?
c. Que révèlent les propos des étudiants ? Que pensez-vous de leur attitude à l'égard de l'enfant ? Dans quel registre de langue s'expriment-ils ? Justifiez votre réponse.
d. Comment le personnage de Chaudet est-il présenté ? En quoi son comportement s'oppose-t-il à celui des étudiants ? Quel rôle va-t-il jouer auprès de l'enfant ?

À vous de jouer

6. Jouez avec les points de vue

a. Dans un récit à la troisième personne, racontez l'arrivée d'un nouveau dans un groupe (une classe, un club sportif, une colonie de vacances...). Le narrateur appartient au groupe.
b. Imaginez la lettre que le nouveau envoie à un(e) de ses camarades.

L'Atelier de David, détail d'un dessin de J.H. CLESS, XIXe siècle. (Musée Carnavalet, Paris.)

enrichissez votre VOCABULAIRE

Il se coula dans la longue cour... (l. 7) :
a. Cherchez d'autres verbes ou expressions désignant des manières d'entrer ou de sortir, de la plus discrète à la plus spectaculaire.
b. Utilisez certains des termes trouvés dans un texte de votre composition.

la *grammaire* dans le TEXTE

a. Récrivez au discours indirect les propos de l'étudiant : *Nous appelons cela ... un fier crâne* (l. 35 à 37).
b. Justifiez les modifications apportées.
c. Quelle version vous paraît préférable ? Pourquoi ?

VERCORS
(1902-1991)
Auteur de romans *(Le Silence de la mer, Les Animaux dénaturés...)*, d'essais et de pièces de théâtre. C'est sur la fin de sa vie que Vercors a écrit *Le Grenier d'Armor*, roman policier publié après sa mort.

Le rat

Tout avait commencé avec ce rat.

Antoine supposait que, sous les ardoises du toit, quelques lattes étaient pourries et que l'animal, circulant dans les combles, avait dû passer au travers. Comme celui-ci, dans l'enceinte où il était tombé, ne pouvait trouver aucune issue, l'affolement le rendit frénétique. Il ne fit plus que se ruer contre les murs à s'en briser le crâne.

Au vrai Antoine, d'abord, n'avait rien entendu : les sauts de l'animal se perdaient parmi les mille bruits du jour. Mais après souper, dans le silence nocturne, la succession de ces flappements[1] sourds, sans doute une assez grosse bête, et si étouffés qu'ils fussent, troublèrent sa lecture. Un chat ? Ainsi distrait, il s'en impatienta. S'orientant au son, il monta au grenier, à la lumière d'une torche électrique. Conscient de cette approche humaine, la bête s'affola plus encore. Le parquet, à chaque retombée, résonnait sourdement comme un tambour voilé. Le son venait du fond, derrière ce qui semblait être le pignon du bâtiment. Le pignon ? Mais au-delà du pignon, c'est le vide de la rue ; comment ce chat pouvait-il se débattre là derrière ? Sur quoi Antoine s'avisa que ce mur devant lui était une construction à colombages, à la normande ; alors que toute cette vieille maison et son grenier étaient faits de pierres plates, à la bretonne. Ce qu'il avait pris pour le pignon n'était qu'une cloison intérieure. Il en chercha l'issue sans en trouver aucune. Or l'animal était tombé dans l'intervalle : comment l'en délivrer ? Tout à son souci, Antoine ne s'était pas encore avisé de cette anomalie[2] : dressée d'un mur à l'autre, une cloison sans porte. À quoi pouvait-elle servir ? à soutenir la toiture ? On n'étaye[3] pas une toiture avec du colombage. Et puis, cette construction normande dans une maison bretonne... Peu à peu intrigué, et impatient de délivrer la bête, il songea faire un trou dans le plâtre, qui semblait peu épais entre les croisillons. Seulement il n'était pas chez lui mais chez son vieux professeur Le Bihan, qui lui prêtait aimablement sa maison pour un mois. Toutefois peut-on laisser un chat crever d'épuisement ? Car déjà la bête se démenait moins. Que faire ? Peut-être la cloison était-elle aveugle parce qu'il se trouvait quelque issue ailleurs ? Il parcourut les aîtres[4], l'escalier – en vain : pas d'autre porte. Ma foi tant pis, foin des scrupules[5], restait à faire un trou qu'il reboucherait après. Il s'en fut donc quérir[6] marteau, ciseau à froid et se mit à l'ouvrage. En peu de temps, il eut fait tomber le stuc entre deux croisillons, à hauteur des genoux. Rien. Le « chat » terrifié se tenait coi. Antoine s'éloigna un peu. Toujours rien. Peut-être avait-il creusé encore trop haut ? Sur quoi il vit une pelote noire jaillir de l'ouverture comme un boulet de canon, retomber entre ses pieds (un rat !) et filer, la queue droite, sans prendre le temps de remercier.

Un peu vexé de tout ce travail pour un rat, mais toujours intrigué par cette cloison sans motif apparent, Antoine éclaira le réduit à la lueur de sa torche. Il était vide hors un de ces antiques mannequins « Belle Époque », hanches larges et taille fine, perché sur son trépied. Un mannequin d'étamine[7] noire, sans tête, noyé dans les toiles d'araignée.

VERCORS, *Le Grenier d'Armor* © Éd. Michalon et Rita Vercors, 1997.

1. *Flappements* : mot inventé par l'auteur pour traduire le bruit qu'il entend.
2. *Cette anomalie* : cette bizarrerie.
3. *On n'étaye pas* : on ne soutient pas.
4. *Aîtres* ou *êtres* : les diverses parties de la maison.
5. *Foin des scrupules* : au diable les scrupules.
6. *Quérir* : chercher.
7. *Étamine* : tissu peu serré de fil ou de soie.

Interrogez le texte

1. Consultez les usuels

a. Précisez le sens des mots et expressions suivants :
– *des lattes* (l. 2) ; *les combles* (l. 3) ; *frénétique* (l. 5) ; *un tambour voilé* (l. 14) ; *une construction à colombages* (l. 17-18) ; *une cloison aveugle* (l. 31) ; *le stuc* (l. 35) ; *se tenait coi* (l. 36).
b. Qu'appelle-t-on la *Belle Époque* ?

2. Narrateur et point de vue

a. À quelle personne le récit est-il fait ?
b. Le narrateur est-il omniscient* ou non ? Justifiez votre réponse.
c. Repérez les passages où le narrateur s'efface pour laisser place au point de vue du protagoniste*. Quels sentiments, émotions ou interrogations du protagoniste révèlent-ils ?

3. La séquence narrative*

a. Ce texte est la première page d'un roman : qu'a de surprenant la première phrase ?
b. Où et quand l'incident se produit-il ?
c. Étudiez le déroulement du récit en complétant le tableau suivant :

L'Escalier porte verte, peinture de Maria FILOPOULOU, 1992.

enrichissez votre VOCABULAIRE

Il s'en fut donc quérir... (l. 33-34) :
a. Regroupez les mots de la même famille étymologique*, formés sur les radicaux : *-quér-*, *quest-*, *-quêt-*, *-quis-*.
b. Utilisez certains des mots trouvés dans un texte de votre composition.

Étapes de la séquence narrative	Lieu où se trouve le personnage	Ce qui l'intrigue	Ses sentiments
Situation initiale			
Élément modificateur			
Péripéties			
Élément de résolution			
Situation finale			

d. Une fois l'animal libéré, quels détails restent énigmatiques ?

À vous de jouer

4. Imaginez une suite à ce récit

Dans le réduit, Antoine va faire d'autres découvertes : lesquelles ? Imaginez une suite à ce récit. À la manière de Vercors, vous chercherez à traduire les pensées du personnage au cours de sa recherche.

5. Écrivez à la manière de Vercors

Dans un récit à la troisième personne, mettez en scène un personnage soudain intrigué par un fait insolite et entreprenant une enquête.

la *grammaire* dans le TEXTE

Peu à peu intrigué, et impatient de délivrer la bête, il songea faire un trou dans le plâtre... (l. 25-26)
a. Indiquez la nature et la fonction des groupes soulignés.
b. Quel rapport circonstanciel expriment-ils ?
c. Substituez-leur une proposition subordonnée conjonctive de même sens.
d. Construisez trois phrases sur le même modèle, en variant éventuellement la place des groupes en apposition.

L'art d'écrire

Pour décrire lieux et personnages

Tout récit comporte des éléments descriptifs qui permettent au lecteur de se représenter les lieux, les objets, les personnages, réels ou fictifs.

■ **Les temps de la description**
On utilise le **présent** dans un **récit au présent**, l'**imparfait** dans un **récit au passé**.
■ **Les points de vue**
Description et portrait peuvent être faits :
- du point de vue d'un narrateur omniscient* (voir p. 164) ;
- d'un point de vue externe* (voir p. 166) ;
- d'un point de vue interne*, c'est-à-dire celui d'un personnage (voir p. 168).

1 a. Dans l'extrait suivant, repérez grâce aux temps verbaux où commence la description.
b. À la manière de Maupassant, rédigez un court passage où le récit fera place à des notations descriptives.

« Comme il avait été décidé, on revint par les Champs-Élysées.
La vaste avenue fourmillait de voitures. Et sur les côtés, les promeneurs étaient si nombreux qu'on eût dit deux longs rubans noirs, se déroulant depuis l'Arc de Triomphe jusqu'à la place de la Concorde… »

Guy de MAUPASSANT, *À cheval*.

2 a. Dans l'extrait suivant, relevez les verbes de perception qui renvoient à l'observateur. Quel est le champ lexical* dominant ? Dans quel état d'esprit est le personnage ?
b. Récrivez ce passage du point de vue d'une voisine jalouse de Gervaise.

« Gervaise, les premiers jours, éprouvait des joies d'enfant quand elle traversait la rue, en rentrant d'une commission […]. De loin, au milieu de la file noire des autres devantures, sa boutique lui apparaissait toute claire, d'une gaieté neuve, avec son enseigne bleu tendre, où les mots « Blanchisseuse de fin » étaient peints en grandes lettres jaunes. Dans la vitrine, fermée au fond par des petits rideaux de mousseline, tapissée en papier bleu pour faire valoir la blancheur du linge, des chemises d'homme restaient en montre… Et elle trouvait sa boutique jolie, couleur du ciel. »

Émile ZOLA, *L'Assommoir*.

■ **Les différents types de description**
1 - L'esquisse :
Notez les détails significatifs en jouant sur les phrases non verbales, les diverses expansions du nom.
2 - La description statique :
Au début du récit, par exemple, choisissez :
- l'observateur : un narrateur omniscient*, un adulte, un enfant, un animal… ;
- l'angle de vue : de près ou de loin, d'en haut ou d'en bas, à niveau… ;
- le trajet du regard, en ordonnant la description à l'aide d'indices de lieu.

3 - La description en mouvement :
Intercalez vos notations descriptives dans le récit, au fur et à mesure que le narrateur ou le personnage découvre le décor qui l'environne.

3 Décrivez le paysage que vous avez sous les yeux, en jouant sur les phrases non verbales comme dans l'exemple suivant :

Au flanc de la colline écrasée de soleil, un hameau abandonné ; toits effondrés, fenêtres béantes comme des yeux morts, seuils envahis de ronces et d'orties, un banc de pierre où courent les lézards.

4 a. Dans l'extrait suivant, étudiez les indices de lieu : où est l'observateur ?
b. À la manière de Maupassant, présentez un paysage en situant ses différents éléments par rapport à vous.

« La longue promenade de la Croisette s'arrondit au bord de l'eau bleue. Là-bas, à droite, l'Estérel s'avance au loin dans la mer. Il barre la vue, fermant l'horizon par le joli décor méridional de ses sommets pointus, nombreux et bizarres. À gauche, les îles Sainte-Marguerite et Saint-Honorat, couchées dans l'eau, montrent leur dos, couvert de sapins. Et tout le long du large golfe,[…] le peuple blanc des villas semble endormi dans le soleil. »

Guy de MAUPASSANT, *Première Neige*.

5 **Relisez le récit de Tchekhov, *La Steppe*, p. 198. Évoquez à votre tour ce que vous percevez par la vitre d'un train, d'une automobile, ou du hublot d'un avion.**

■ Pour créer une atmosphère
Pour donner une impression de beauté, d'étrangeté, de tristesse, réunissez termes et expressions appartenant aux champs lexicaux* correspondants.

6 **a. Dans chacune des évocations suivantes, quel est le champ lexical dominant ? Quelle atmosphère est ainsi créée ?**
b. Rédigez à votre tour de courts passages descriptifs suggérant des impressions différentes.

« La noire terreur habite dans cette forêt, où les rochers affectent des formes monstrueuses, où chaque arbre, avec ses racines, semble couver à ses pieds un nid de dragons engourdis… »

Théophile GAUTIER, *Le Chevalier double*.

« La nuit parut plus étincelante encore. Une étrange et grisante clarté s'était mêlée à l'éclat de la lune. Un brouillard argenté était tombé sur les alentours. Le parfum des pommiers en fleurs et des fleurs nocturnes se répandait sur toute la terre. Levko contemplait avec étonnement les eaux immobiles de l'étang : l'antique demeure seigneuriale s'y reflétait la tête en bas, pure et comme revêtue d'une sorte de magnificence lumineuse. »

Nicolas GOGOL, *Une nuit de mai*.

7 **a. Dans les extraits suivants, dites quelle atmosphère est créée par les champs lexicaux dominants et les procédés d'écriture.**
b. À votre tour, rédigez la description initiale d'un récit policier ou fantastique.

« Bientôt le Dru serait à l'épicentre du combat. Les feux follets crépitaient sans discontinuer sur la robe de la Vierge : on eût dit qu'un poste invisible émettait des messages avec l'espace ; d'étranges bruits emplirent l'air ; cela arrivait comme un bourdonnement aux oreilles des grimpeurs. »

Roger FRISON-ROCHE, *Premier de cordée* © Éd. Arthaud.

« Gémissement de sirènes. Hurlements de voitures de police qui se ruent vers le nord. Ambulances qui foncent dans leur sillage. En avant, la toile d'araignée du Queensboro Bridge. Sur l'autre rive, zébrées comme des sucres d'orge, les cheminées de l'usine Con Ed de Ravenswood, qui vomissent leurs fumées vers le ciel… »

Herbert LIEBERMAN, *Necropolis* © Éd. Le Seuil.

■ Les différents types de portraits

1 - Pour esquisser un personnage :
Notez les caractéristiques d'une silhouette, d'un visage, l'impression générale. Jouez sur les appositions, les phrases non verbales, les expansions du nom.

2 - Pour un portrait « en pied » :
Présentez votre personnage dans une attitude caractéristique :
- choisissez les détails révélateurs du personnage ;
- déterminez l'ordre de votre portrait : du plan général (stature, habillement…) à un plan particulier (visage, regard…) ; du portrait physique au portrait moral.

3 - Pour un portrait en actes :
Choisissez la (ou les) situation(s) propre(s) à révéler le caractère du personnage. Mettez-le en scène à l'aide de verbes d'action.

4 - Pour une caricature :
Sélectionnez les traits physiques et moraux les plus frappants ; grossissez-les en jouant sur les adjectifs qualificatifs, les comparaisons, les effets d'accumulation.

8 **Sur l'un ou l'autre des modèles suivants, esquissez le portrait de vos camarades.**

« Légère et court vêtue, elle allait à grands pas… »

LA FONTAINE, *La Laitière et le Pot au lait*.

« Mine de chasseurs d'hyènes – le vieux, petit, barbe grise, figure souriante, chaussé de bons souliers rouges ; son compagnon, homme de 36 ans, sandales, fusil à mèche, sombre personnage, plus effrayant à rencontrer que son gibier. »

Gustave FLAUBERT, *Voyage en Égypte*.

9 **Faites le portrait d'une personne de votre entourage dans une de ses attitudes favorites.**

10 **Observez le tableau de David, p. 119. Faites le portrait de Bonaparte.**

11 **a. Quel type de personnage est décrit dans l'extrait suivant ?**
b. Rédigez, à la manière de La Bruyère, le portrait en actes d'un avare, d'un timide ou d'un crâneur.

« Ménalque descend son escalier, ouvre sa porte pour sortir, il la referme ; il s'aperçoit qu'il est en bonnet de nuit.[…] On l'a vu une fois heurter du front contre celui d'un aveugle, s'embarrasser dans ses jambes et tomber avec lui chacun de son côté à la renverse. »

LA BRUYÈRE, *Les Caractères*.

7

Lire différents types de récits

Histoire qui reflète la vie réelle, « tranche de vie », histoire qui fait réfléchir, sourire, frémir, rêver... Familiarisez-vous avec des types de récits différents.

Les objectifs du chapitre

- Identifier les caractéristiques d'une nouvelle réaliste, d'un récit de formation, d'un conte philosophique et d'un récit fantastique.
- Découvrir leurs enjeux respectifs et les procédés d'écriture qu'ils mettent en œuvre.

Le Départ de l'enfant prodigue, détail d'une peinture de James TISSOT (1836-1902). (Musée du Petit-Palais, Paris.)

- Quelle situation initiale pouvez-vous imaginer à partir de ce tableau ? Rédigez-la pour en faire la première page d'un récit.

Guy de MAUPASSANT
(1850-1893)
(Voir p. 133)

La ficelle

Gravure de A. LEPÈRE pour *La Ficelle* de Maupassant.

1. Voir carte p. 197.
2. *Leurs jambes torses* : leurs jambes tordues, arquées.

Sur toutes les routes autour de Goderville[1], les paysans et leurs femmes s'en venaient vers le bourg ; car c'était jour de marché. Les mâles allaient, à pas tranquilles, tout le corps en avant, à chaque mouvement de leurs longues jambes torses[2], déformées par les rudes travaux, par la pesée sur la charrue qui fait en même temps monter l'épaule gauche et dévier la taille, par le fauchage des blés qui fait écarter les genoux pour prendre un aplomb solide, par toutes les besognes lentes et pénibles de la campagne. Leur blouse bleue, empesée, brillante, comme vernie, ornée au col et aux poignets d'un petit dessin de fil blanc, gonflée autour de leur torse osseux, semblait un ballon prêt à s'envoler, d'où sortaient une tête, deux bras et deux pieds.

Les uns tiraient au bout d'une corde une vache, un veau. Et leurs femmes, derrière l'animal, lui fouettaient les reins d'une branche encore garnie de feuilles, pour hâter sa marche. Elles portaient au bras de larges paniers d'où sortaient des têtes de poulets par-ci, des têtes de canards par-là. Et elles marchaient d'un pas plus court et plus vif que leurs hommes, la taille sèche, droite et drapée dans un petit châle étriqué, épinglé sur leur poitrine plate, la tête enveloppée d'un linge blanc collé sur les cheveux et surmontée d'un bonnet.

Puis, un char à bancs passait, au trot saccadé d'un bidet, secouant étrangement deux hommes assis côte à côte et une femme dans le fond du véhicule, dont elle tenait le bord pour atténuer les durs cahots.

3. *Tout était bon à ramasser qui peut servir* : tout ce qui peut servir est bon à ramasser.
4. *Bourrelier* : artisan qui fait et vend des harnais, des selles, des courroies.
5. *Ils avaient eu des affaires ensemble* : une querelle.
6. *Un licol* : ou *licou*, pièce de harnais qui se met autour du cou d'un animal pour le conduire.
7. *Dans la crotte* : dans la boue.
8. *Perplexes* : hésitants.
9. *Angélus* : sonnerie de cloche qui annonce la prière de midi.
10. *Tilburys* : voitures à cheval, cabriolets à deux places, découverts et légers.

Sur la place de Goderville, c'était une foule, une cohue d'humains et de bêtes mélangés. Les cornes des bœufs, les hauts chapeaux à longs poils des paysans riches et les coiffes des paysannes émergeaient à la surface de l'assemblée. Et les voix criardes, aiguës, glapissantes formaient une clameur continue et sauvage que dominait parfois un grand éclat poussé par la robuste poitrine d'un campagnard en gaieté, ou le long meuglement d'une vache attachée au mur d'une maison.

Tout cela sentait l'étable, le lait et le fumier, le foin et la sueur, dégageait cette saveur aigre, affreuse, humaine et bestiale, particulière aux gens des champs.

Maître Hauchecorne, de Bréauté, venait d'arriver à Goderville, et il se dirigeait vers la place, quand il aperçut par terre un petit bout de ficelle. Maître Hauchecorne, économe en vrai Normand, pensa que tout était bon à ramasser qui peut servir[3] ; et il se baissa péniblement, car il souffrait de rhumatismes. Il prit, par terre, le morceau de corde mince, et il se disposait à le rouler avec soin, quand il remarqua, sur le seuil de sa porte, maître Malandain, le bourrelier[4], qui le regardait. Ils avaient eu des affaires[5] ensemble au sujet d'un licol[6], autrefois, et ils étaient restés fâchés, étant rancuniers tous deux. Maître Hauchecorne fut pris d'une sorte de honte d'être vu ainsi, par son ennemi, cherchant dans la crotte[7] un bout de ficelle. Il cacha brusquement sa trouvaille sous sa blouse, puis dans la poche de sa culotte ; puis il fit semblant de chercher encore par terre quelque chose qu'il ne trouvait point, et il s'en alla vers le marché, la tête en avant, courbé en deux par ses douleurs.

Il se perdit aussitôt dans la foule criarde et lente, agitée par les interminables marchandages. Les paysans tâtaient les vaches, s'en allaient, revenaient, perplexes[8], toujours dans la crainte d'être mis dedans, n'osant jamais se décider, épiant l'œil du vendeur, cherchant sans fin à découvrir la ruse de l'homme et le défaut de la bête.

Vieil Homme marchant seul sur un chemin, peinture de Lauritz ANDERSEN (1854-1933). (Christie's, Londres.)

Les femmes, ayant posé à leurs pieds leurs grands paniers, en avaient tiré leurs volailles qui gisaient par terre, liées par les pattes, l'œil effaré, la crête écarlate.

Elles écoutaient les propositions, maintenaient leurs prix, l'air sec, le visage impassible ; ou bien tout à coup, se décidant au rabais proposé, criaient au client qui s'éloignait lentement :

« C'est dit, maît' Anthime. J'vous l'donne. »

Puis, peu à peu, la place se dépeupla, et l'*Angélus*[9] sonnant midi, ceux qui demeuraient trop loin se répandirent dans les auberges.

Chez Jourdain, la grande salle était pleine de mangeurs, comme la vaste cour était pleine de véhicules de toute race, charrettes, cabriolets, chars à bancs, tilburys[10], carrioles innombrables, jaunes de crotte, déformées, rapiécées, levant au ciel, comme deux bras, leurs brancards, ou bien le nez par terre et le derrière en l'air.

11. *L'aristocratie de la charrue* : les fermiers les plus riches.
12. *Maquignon* : marchand de chevaux.
13. *Les verts* : les fourrages.
14. *Un peu mucre* : un peu humide.
15. *La route de Beuzeville* : elle se confond avec celle de Bréauté, qu'a empruntée maître Hauchecorne (voir carte p. 197).
16. *Incontinent* : sur-le-champ.

Tout contre les dîneurs attablés, l'immense cheminée, pleine de flamme claire, jetait une chaleur vive dans le dos de la rangée de droite. Trois broches tournaient, chargées de poulets, de pigeons et de gigots ; et une délectable odeur de viande rôtie et de jus ruisselant sur la peau rissolée s'envolait de l'âtre, allumait les gaietés, mouillait les bouches.

Toute l'aristocratie de la charrue[11] mangeait là, chez maît' Jourdain, aubergiste et maquignon[12], un malin qui avait des écus.

Les plats passaient, se vidaient comme les brocs de cidre jaune. Chacun racontait ses affaires, ses achats et ses ventes. On prenait des nouvelles des récoltes. Le temps était bon pour les verts[13], mais un peu mucre[14] pour les blés.

Tout à coup, le tambour roula, dans la cour, devant la maison. Tout le monde aussitôt fut debout, sauf quelques indifférents, et on courut à la porte, aux fenêtres, la bouche encore pleine et la serviette à la main.

Après qu'il eut terminé son roulement, le crieur public lança d'une voix saccadée, scandant ses phrases à contre-temps :

« Il est fait assavoir aux habitants de Goderville, et en général à toutes – les personnes présentes au marché qu'il a été perdu ce matin, sur la route de Beuzeville[15], entre – neuf heures et dix heures, un portefeuille en cuir noir, contenant cinq cents francs et des papiers d'affaires. On est prié de le rapporter – à la mairie, incontinent[16], ou chez maître Fortuné Houlbrèque, de Manneville. Il y aura vingt francs de récompense. »

Puis l'homme s'en alla. On entendit encore une fois au loin les battements sourds de l'instrument et la voix affaiblie du crieur.

Alors on se mit à parler de cet événement, en énumérant les chances qu'avait maître Houlbrèque de retrouver ou de ne pas retrouver son portefeuille.

Et le repas s'acheva.

On finissait le café, quand le brigadier de gendarmerie parut sur le seuil.

Il demanda :

« Maître Hauchecorne, de Bréauté, est-il ici ? »

Maître Hauchecorne, assis à l'autre bout de la table, répondit :

« Me v'là. »

Et le brigadier reprit :

« Maître Hauchecorne, voulez-vous avoir la complaisance de m'accompagner à la mairie. M. le maire voudrait vous parler. »

Le paysan, surpris, inquiet, avala d'un coup son petit verre, se leva et, plus courbé encore que le matin, car les premiers pas après chaque repos étaient particulièrement difficiles, il se mit en route en répétant :

« Me v'là, me v'là. »

Et il suivit le brigadier.

Le maire l'attendait, assis dans un fauteuil. C'était le notaire de l'endroit, homme gros, grave, à phrases pompeuses.

« Maître Hauchecorne, dit-il, on vous a vu ce matin ramasser, sur la route de Beuzeville, le portefeuille perdu par maître Houlbrèque, de Manneville. »

Lithographie de Ch. LEANDRE pour *La Ficelle* de Maupassant.

Le campagnard, interdit[17], regardait le maire, apeuré déjà par ce soupçon qui pesait sur lui, sans qu'il comprît pourquoi.

« Mé, mé, j'ai ramassé çu portafeuille ?

– Oui, vous-même.

– Parole d'honneur, je n'en ai seulement point eu connaissance.

– On vous a vu.

– On m'a vu, mé ? Qui ça qui m'a vu ?

– M. Malandain, le bourrelier. »

Alors le vieux se rappela, comprit et, rougissant de colère :

« Ah ! i m'a vu, çu manant[18] ! I m'a vu ramasser c'te ficelle-là, tenez, m'sieu le Maire. »

Et, fouillant au fond de sa poche, il en retira le petit bout de corde.

Mais le maire, incrédule, remuait la tête.

« Vous ne me ferez pas accroire, maître Hauchecorne, que M. Malandain, qui est un homme digne de foi, a pris ce fil pour un portefeuille. »

Le paysan, furieux, leva la main, cracha de côté pour attester son honneur, répétant :

« C'est pourtant la vérité du bon Dieu, la sainte vérité, m'sieu le Maire. Là, sur mon âme et mon salut, je l'répète. »

Le maire reprit :

« Après avoir ramassé l'objet, vous avez même encore cherché longtemps dans la boue, si quelque pièce de monnaie ne s'en était pas échappée. »

Le bonhomme suffoquait d'indignation et de peur.

« Si on peut dire !... si on peut dire... des menteries comme ça pour dénaturer[19] un honnête homme ! Si on peut dire !... »

Il eut beau protester, on ne le crut pas.

Il fut confronté avec M. Malandain, qui répéta et soutint son affirmation. Ils s'injurièrent une heure durant. On fouilla, sur sa demande, maître Hauchecorne. On ne trouva rien sur lui.

Enfin, le maire, fort perplexe, le renvoya, en le prévenant qu'il allait aviser le parquet[20] et demander des ordres.

La nouvelle s'était répandue. À sa sortie de la mairie, le vieux fut entouré, interrogé avec une curiosité sérieuse ou goguenarde[21], mais où n'entrait aucune indignation. Et il se mit à raconter l'histoire de la ficelle. On ne le crut pas. On riait.

Il allait, arrêté par tous, arrêtant ses connaissances, recommençant sans fin son récit et ses protestations, montrant ses poches retournées, pour prouver qu'il n'avait rien.

On lui disait :

« Vieux malin, va ! »

17. *Interdit* : stupéfait.
18. *Manant* : paysan.
19. *Dénaturer* : calomnier.
20. *Aviser le parquet* : informer la Justice.
21. *Goguenarde* : railleuse.

Et il se fâchait, s'exaspérant, enfiévré, désolé de n'être pas cru, ne sachant que faire, et contant toujours son histoire.

La nuit vint. Il fallait partir. Il se mit en route avec trois voisins à qui il montra la place où il avait ramassé le bout de corde ; et tout le long du chemin il parla de son aventure.

Le soir, il fit une tournée dans le village de Bréauté, afin de la dire à tout le monde. Il ne rencontra que des incrédules.

Il en fut malade toute la nuit.

Le lendemain, vers une heure de l'après-midi, Marius Paumelle, valet de ferme de maître Breton, cultivateur à Ymauville, rendait le portefeuille et son contenu à maître Houlbrèque, de Manneville.

Cet homme prétendait avoir, en effet, trouvé l'objet sur la route ; mais, ne sachant pas lire, il l'avait rapporté à la maison et donné à son patron.

La nouvelle se répandit aux environs. Maître Hauchecorne en fut informé. Il se mit aussitôt en tournée et commença à narrer son histoire complétée du dénouement. Il triomphait.

« C' qui m' faisait deuil, disait-il, c'est point tant la chose, comprenez-vous ; mais c'est la menterie. Y a rien qui vous nuit comme d'être en réprobation[22] pour une menterie. »

Tout le jour il parlait de son aventure, il la contait sur les routes aux gens qui passaient, au cabaret aux gens qui buvaient, à la sortie de l'église le dimanche suivant. Il arrêtait des inconnus pour la leur dire. Maintenant, il était tranquille, et pourtant quelque chose le gênait sans qu'il sût au juste ce que c'était. On avait l'air de plaisanter en l'écoutant. On ne paraissait pas convaincu. Il lui semblait sentir des propos derrière son dos.

Le mardi de l'autre semaine, il se rendit au marché de Goderville, uniquement poussé par le besoin de conter son cas.

Malandain, debout sur sa porte, se mit à rire en le voyant passer. Pourquoi ?

Il aborda un fermier de Criquetot, qui ne le laissa pas achever et, lui jetant une tape dans le creux de son ventre, lui cria par la figure : « Gros malin, va ! » Puis lui tourna les talons.

Maître Hauchecorne demeura interdit et de plus en plus inquiet. Pourquoi l'avait-on appelé « gros malin » ?

Quand il fut assis à table, dans l'auberge de Jourdain, il se remit à expliquer l'affaire.

Un maquignon de Montivilliers lui cria :

« Allons, allons vieille pratique[23], je la connais, ta ficelle ! »

Hauchecorne balbutia :

« Puisqu'on l'a retrouvé, çu portafeuille ! »

Mais l'autre reprit :

« Tais-té, mon pé, y en a un qui trouve, et y en a un qui r'porte. Ni vu ni connu, je t'embrouille. »

Le paysan resta suffoqué. Il comprenait enfin. On l'accusait d'avoir fait reporter le portefeuille par un compère, par un complice.

Il voulut protester. Toute la table se mit à rire.

Il ne put achever son dîner et s'en alla, au milieu des moqueries.

22. *Être en réprobation* : être blâmé.
23. *Vieille pratique* : vieux malin.

Foire de la Mi-Carême à Goderville, gravure vers 1909.

24. *Sa finauderie* : sa malice.

Il rentra chez lui, honteux et indigné, étranglé par la colère, par la confusion, d'autant plus atterré qu'il était capable, avec sa finauderie[24] de Normand, de faire ce dont on l'accusait, et même de s'en vanter comme d'un bon tour. Son innocence lui apparaissait confusément comme impossible à prouver, sa malice étant connue. Et il se sentait frappé au cœur par l'injustice du soupçon.

Alors il recommença à conter l'aventure, en allongeant chaque jour son récit, ajoutant chaque fois des raisons nouvelles, des protestations plus énergiques, des serments plus solennels qu'il imaginait, qu'il préparait dans ses heures de solitude, l'esprit uniquement occupé de l'histoire de la ficelle. On le croyait d'autant moins que sa défense était plus compliquée et son argumentation plus subtile.

« Ça, c'est des raisons d'menteux », disait-on derrière son dos.

Il le sentait, se rongeait les sangs, s'épuisait en efforts inutiles.

Il dépérissait à vue d'œil.

Les plaisants maintenant lui faisaient conter « la Ficelle » pour s'amuser, comme on fait conter sa bataille au soldat qui a fait campagne. Son esprit, atteint à fond, s'affaiblissait.

Vers la fin de décembre, il s'alita.

Il mourut dans les premiers jours de janvier, et, dans le délire de l'agonie, il attestait son innocence, répétant :

« Une 'tite ficelle... une 'tite ficelle...t'nez, la voilà, m'sieu le maire. »

Guy de MAUPASSANT, « La ficelle », 1883, *Contes et Nouvelles.*

OBJECTIF
Être capable d'identifier un récit réaliste.

Interrogez le texte

1. Une nouvelle réaliste

a. Qui raconte ? Quel est le point de vue* adopté par l'auteur ?
b. L'action est-elle située dans le monde réel ? à une époque précise ? Justifiez votre réponse.
c. À quel milieu social les personnages appartiennent-ils ?
d. Pourquoi dit-on qu'il s'agit ici d'une nouvelle *réaliste* ?

2. Le point de départ du drame

a. Quelle est la situation initiale* ?
b. Qu'est-ce qui constitue l'élément modificateur* :
- Qui est le protagoniste* ?
- Que fait-il ?
- Qui observe ses gestes ? Ce témoin est-il objectif ?

c. Qu'est-ce qui est à l'origine du drame ?

3. Le rythme du récit

a. En quelle saison commence le récit ? Justifiez votre réponse.
b. Quand s'achève-t-il ? Combien de temps s'est écoulé ?
c. Étudiez le rythme du récit en complétant le schéma suivant :

Lignes	Repères de temps	Durée des événements
1 à 170		
171-187		
188-215		
216-231		

- Sur quoi l'auteur s'attarde-t-il le plus longtemps ? Pour quelles raisons ?
- Combien de lignes occupe le dénouement ? Quel est l'effet produit ?

4. Le drame

a. Quelles sont les réactions du personnage au moment où il est convoqué par le brigadier ? puis quand il se retrouve devant le maire ?
b. Pourquoi se met-il à raconter à tout le monde ce qui lui arrive ?
c. Parvient-il à convaincre ses interlocuteurs ? Pour quelles raisons la restitution du portefeuille ne l'innocente-t-elle pas ?
d. Pourquoi le personnage devient-il la proie d'une obsession ? Que marquent les guillemets et la majuscule dans : *Les plaisants maintenant lui faisaient conter « la Ficelle »* (l. 225) ? Qu'est devenu le personnage ?
e. Qu'est-ce qui entraîne sa mort ?

5. La peinture sociale

a. Quel milieu social est décrit ? À quelle occasion l'est-il ? Proposez un titre aux tableaux évoqués l. 1-31 ; l. 46-59 ; l. 63-79.
b. Que laisse deviner de leur vie le portrait physique des paysans au début du récit ?
c. Dégagez les traits essentiels de leur mentalité, d'après leur comportement au marché, l'atmosphère et les conversations à l'auberge.

à retenir

- Un **récit réaliste** fait référence au réel ; l'action s'inscrit à une époque et dans une société précises, le plus souvent contemporaines de l'auteur.
- Les personnages sont des personnages de la vie ordinaire ou représentatifs de l'époque.
- Les événements sont vraisemblables ; le récit veut donner une image de la vie réelle et peut ressembler à un fait divers.
- Le récit peint la société et montre son influence sur l'individu.

À vous de jouer

6. Racontez une scène

Vous avez été témoin d'une scène de cruauté – délibérée ou inconsciente – d'un groupe à l'égard d'une personne isolée. Racontez.

7. Décrivez ce que vous avez éprouvé

Vous est-il arrivé d'être injustement accusé(e), ou d'accuser injustement ? Après avoir rappelé les circonstances, vous essaierez de décrire ce que vous avez éprouvé.

Illustration de Gaston NICK pour *La Ficelle* de Maupassant.

enrichissez votre VOCABULAIRE

a. Relevez dans le texte les termes et expressions appartenant au champ lexical* de la *ruse*.
b. Complétez votre liste.
c. Utilisez certains des termes trouvés dans un texte de votre composition.

la *grammaire* dans le TEXTE

Il se perdit aussitôt dans la foule criarde et lente, agitée par les interminables marchandages (l. 46-47).
a. Récrivez la phrase en transformant le groupe souligné en proposition relative à la voix passive.
b. Substituez la voix active à la voix passive dans la relative.

Anton Pavlovitch TCHEKHOV
(1860-1904)
Écrivain et dramaturge russe. Ses récits courts font revivre des personnages ordinaires et constituent un tableau lucide de la Russie de la fin du XIXe siècle.

La steppe

Un matin de juillet, de bonne heure, on vit sortir de X..., chef-lieu d'arrondissement du gouvernement de Z..., un cabriolet qui s'élança avec fracas sur la grand-route postale ; c'était une voiture sans ressorts, délabrée, un de ces véhicules antédiluviens[1] comme seuls en possèdent de nos jours en Russie les voyageurs de commerce, les marchands de bestiaux et les prêtres pauvres. Elle faisait des bruits de crécelle et vous vrillait les oreilles au moindre mouvement ; un seau attaché à l'arrière faisait à cette musique un accompagnement sinistre ; rien qu'à ces bruits et aux lamentables lambeaux de cuir qui pendillaient sur sa carcasse pelée, on pouvait juger à quel point elle était vétuste et bonne pour la démolition.

Deux habitants de X... y avaient pris place : l'un était le marchand Ivan Kouzmitchov, un homme au visage glabre[2], portant lunettes et chapeau de paille, qui ressemblait plus à un fonctionnaire qu'à un marchand ; le second était le Père Christophe Siriiski, doyen[3] de l'église Saint-Nicolas, un petit vieillard aux longs cheveux, vêtu d'un caftan[4] de grosse toile grise, coiffé d'un chapeau haut de forme à large bord et serré dans une ceinture de couleur brodée. Le premier était absorbé dans ses pensées et secouait la tête pour chasser la somnolence qui le gagnait ; sur son visage, l'habituelle sécheresse des gens d'affaires le disputait à l'air débonnaire[5] de l'homme qui vient de prendre congé des siens et de boire à satiété ; le second, les yeux humides, contemplait avec étonnement le monde du Bon Dieu, et sur sa figure s'épanouissait un si large sourire que ses lèvres semblaient rejoindre le bord de son haut-de-forme ; son visage était rouge et semblait gelé. Tous deux, le Père Christophe et Kouzmitchov, allaient vendre de la laine. Avant de quitter la famille, ils avaient fait un copieux repas froid de beignets à la crème aigre arrosé, malgré l'heure matinale, de vodka... Tous deux étaient d'excellente humeur.

1. *Ces véhicules antédiluviens* : ces véhicules très anciens.
2. *Au visage glabre* : au visage rasé.
3. *Doyen* : titre qui désigne le responsable d'une église.
4. *Un caftan* : un vêtement ample et long.
5. *Le disputait à l'air débonnaire* : était en conflit avec l'air paisible.

Troïka, véhicule russe, dessin de J. SWEBACH, 1821.

Tête de garçon, tableau de Vassili TROPININE (1776-1857). (Galerie Tretiakov, Moscou.)

Outre les deux personnages que je viens de décrire et le cocher Denis qui fouaillait inlassablement les deux bais fringants[6], la voiture comptait encore un passager, un petit garçon d'une dizaine d'années, au visage noir de hâle et baigné de larmes. C'était Iégor, le neveu de Kouzmitchov. Avec le consentement de son oncle et la bénédiction du Père, il allait entrer dans un lointain lycée. Sa maman, veuve d'un petit fonctionnaire et sœur de Kouzmitchov, aimait les gens instruits et la bonne société, et avait supplié son frère, qui partait vendre sa laine, d'emmener Iégor et de le mettre au lycée ; et, maintenant, le petit garçon, qui ne comprenait ni où il allait ni ce qu'il allait faire, assis sur le siège à côté de Denis, s'agrippait au coude du cocher pour ne pas tomber et tressautait comme une bouilloire sur un réchaud. La vitesse gonflait sa chemise rouge dans son dos comme une bulle de savon et faisait glisser sans arrêt sur sa nuque son chapeau de postillon tout neuf qu'ornait une plume de paon. Il se sentait malheureux au suprême degré et avait envie de pleurer.

Quand la voiture longea la prison, Iégor regarda les sentinelles qui faisaient paisiblement le tour du mur blanc, les petites fenêtres grillagées, la croix qui scintillait sur le toit et se souvint qu'une semaine plus tôt, le jour de Notre-Dame de Kazan, il était allé avec sa mère à l'église de la prison dont on célébrait la fête ; une fois déjà, pour Pâques, il était venu à la prison avec la cuisinière Lioudmila et le cocher Denis pour apporter du *koulitch*[7], des œufs, des *pirojki*[8], du bœuf rôti ; les prisonniers l'avaient remercié et s'étaient signés[9] ; l'un d'eux lui avait fait cadeau de boutons de manchettes en étain, de sa fabrication.

Le petit garçon cherchait des yeux les endroits qu'il connaissait, mais la détestable voiture passait trop vite et laissait tout derrière elle. Après la prison apparurent des forges sombres, noires de fumée, puis le douillet cimetière vert, avec sa clôture de grosses pierres que dépassaient gaiement les croix et les stèles blanches cachées dans la verdure des cerisiers et semblables de loin à des taches blanches. Iégor se souvint que, lorsque les cerisiers étaient en fleur, ces taches se fondaient avec le blanc des pétales en une mer de blancheur et qu'au moment où les cerises mûrissaient, les stèles et les croix blanches étaient semées de points rouges comme du sang. Derrière la clôture, à l'ombre des cerisiers, dormaient jour et nuit son père et sa grand-mère Zénaïde. Quand celle-ci était morte, on l'avait mise dans un long et étroit cercueil et on avait placé deux pièces de cinq kopecks[10] sur ses yeux qui refusaient de se fermer. Jusqu'à sa mort, elle avait été pleine d'entrain. Elle rapportait du marché des bretzels[11] bien souples, saupoudrés de graines de pavot, et maintenant elle dormait, dormait...

Derrière le cimetière fumaient les briqueteries. La fumée épaisse et noire s'élevait en hauts panaches au-dessus des longs toits de roseaux, écrasés contre terre, et montait paresseusement dans l'espace. Au-dessus des usines et du cimetière, le ciel était brun et les grandes ombres des panaches de fumée glissaient sur les champs et sur la route. Dans cette même fumée, près des toits, s'affairaient gens et chevaux, couverts d'une poussière rouge...

6. *Qui fouaillait les deux bais fringants* : qui fouettait les deux chevaux très vifs ; un cheval bai est un cheval d'un brun rouge.
7. *Koulitch* : gâteau aux fruits.
8. *Pirojki* : petits pâtés chauds farcis de viande, de poisson, de légumes.
9. *S'étaient signés* : avaient fait le signe de croix.
10. *Kopeck* : monnaie russe, centième du rouble.
11. *Bretzel* : pâtisserie légère et salée en forme de huit.

12. *Tes simagrées* : ta comédie.
13. *Lomonossov* (1711-1765) : fils de pêcheur, devenu un grand savant, poète officiel de la cour et fondateur de l'université de Moscou.
14. *Sans entendement* : sans jugeote.
15. *Tumulus* : collines.

Autoportrait, détail d'un pastel d'Egon SCHIELE, 1906.

■ Faites les portraits des deux jeunes garçons (p. 199 et ci-dessus) en insistant sur leurs différences.

La Steppe rouge, peinture de S. ROMANOV.

Les usines marquaient la fin de la ville et le commencement de la campagne. Iégor se retourna une dernière fois, appuya la tête sur le coude de Denis et éclata en sanglots...

« Tu n'as pas assez pleuré, braillard ? dit Kouzmitchov. Voilà que tu recommences tes simagrées[12], enfant gâté ! Si tu ne veux pas partir, reste. Personne ne t'emmène de force.

– Allons, allons, mon petit Iégor, allons..., marmotta précipitamment le Père Christophe. Allons, mon petit... Invoque le Bon Dieu... Ce que tu vas chercher, ce n'est pas le mal, mais le bien. L'instruction, comme on dit, c'est la lumière, et l'ignorance, les ténèbres... Tu peux me croire.

– Tu veux t'en retourner ? demanda Kouzmitchov.

– Ou... oui, répondit Iégor dans un sanglot.

– Et tu ferais bien. Tu pars pour rien, le jeu n'en vaut pas la chandelle.

– Allons, allons, mon petit..., continuait le Père Christophe. Invoque le Bon Dieu... Lomonossov[13] est parti de la même façon, avec des poissonniers, pourtant il est devenu un homme connu de toute l'Europe. L'esprit que l'on acquiert avec la foi porte des fruits agréables à Dieu. Que dit la prière ? Pour la gloire du Créateur, pour la consolation de nos parents, pour le profit de l'Église et de la patrie... Voilà.

– Il y a profit et profit, dit Kouzmitchov en allumant un cigare à bon marché. Tel étudie pendant vingt ans qui n'obtient aucun résultat.

– Ça arrive.

– Il y en a à qui la science profite, et d'autres à qui elle ne fait que brouiller l'esprit. Ma sœur est une femme sans entendement[14], elle cherche toujours à imiter les nobles et voudrait faire de Iégor un savant, mais elle ne voit pas que moi, rien que dans mes affaires, je pourrais faire le bonheur de son fils et pour toute la vie. Si je vous dis ça, c'est parce que, si tout le monde se met à devenir savant ou à entrer dans la noblesse, il n'y aura plus personne pour faire le commerce et semer le blé. Et tout le monde mourra de faim.

– Et si tout le monde fait du commerce et sème le blé, il n'y aura personne pour s'y entendre dans les études. »

L'un et l'autre, pensant avoir prononcé des mots définitifs, prirent un air grave et toussèrent en même temps. Denis, qui avait écouté leur conversation sans rien y comprendre, secoua la tête et, se soulevant sur son siège, fouailla les deux bais. Un silence tomba.

Cependant se déroulait devant les yeux des voyageurs une plaine vaste, infinie, coupée par une chaîne de collines. Serrées l'une derrière l'autre, elles se fondaient en un plateau qui s'étendait à droite de la route jusqu'à l'horizon et disparaissait dans les lointains mauves ; on avait beau avancer, on n'arrivait pas à savoir où commençait l'horizon et où il finissait... Le soleil s'était déjà levé dans leur dos, derrière la ville, et doucement, sans histoire, s'était mis au travail. Loin devant eux, à l'endroit où le ciel se joignait à la terre, près de petits tumulus[15] et d'un moulin à vent qui ressemblait de loin à un petit bonhomme agitant les bras, glissa sur la terre une large bande jaune vif ; une minute plus tard, une bande toute pareille s'alluma un peu plus près, vira sur la droite et enveloppa les collines ;

quelque chose de tiède effleura le dos de Iégor, un rai de lumière, surgi furtivement par-derrière, se faufila par-dessus la voiture et les chevaux, se porta à la rencontre des autres rayons et, soudain, toute la vaste steppe, rejetant la pénombre du matin, sourit et étincela de rosée.

Le seigle moissonné, les herbes folles, l'euphorbe, le chanvre sauvage, toutes les plantes, grillées par la chaleur, jaunies et à demi mortes, à présent baignées de rosée et caressées par le soleil, se ranimaient pour s'épanouir à nouveau. Au-dessus de la route, des guillemots[16] volaient avec des cris joyeux, dans les herbes les zizels[17] s'interpellaient ; quelque part au loin, sur la gauche, des vanneaux[18] pleuraient. Une compagnie de perdreaux, effrayés par la voiture, s'envolèrent avec des « trr... » très doux, gagnèrent les collines à tire-d'aile. Criquets, grillons, capricornes et courtilières entonnèrent leur musique aigre, monotone.

Mais, au bout d'un moment, la rosée s'évapora, l'air redevint immobile et la steppe déçue reprit son aspect accablé de juillet. Les herbes baissèrent la tête, la vie s'évanouit. Les collines calcinées par le soleil, brun-vert, mauves au loin, avec leurs teintes mortes comme l'ombre, la plaine et ses lointains vaporeux et le ciel renversé sur elles, terriblement profond et transparent sur une steppe sans forêts et sans montagnes, tout maintenant semblait interminable, engourdi d'ennui...

On étouffait, et quelle tristesse ! La voiture avait beau filer, devant les yeux de Iégor se déroulait toujours le même spectacle : le ciel, la plaine, les collines... La musique dans l'herbe s'était tue. Les guillemots s'étaient envolés, on ne voyait plus de perdrix. Au-dessus de l'herbe flétrie, tournoyaient des freux désœuvrés[19] ; ils sont tous semblables et rendent la steppe encore plus monotone.

Un milan rasa le sol de son vol coulé et soudain s'immobilisa dans l'espace comme s'il eût médité sur l'ennui de vivre, puis il battit des ailes et fila comme un trait au-dessus de la plaine sans que l'on comprenne pourquoi et dans quel dessein. Au loin tournaient les ailes d'un moulin...

Anton TCHEKHOV, *Récits de 1886-1892,*
traduction Édouard Parayre revue par Lily Denis

16. *Guillemots* : oiseaux palmipèdes des régions nordiques.
17. *Zizels* : rongeurs de la taille d'un petit écureuil, qui se reproduisent très rapidement.
18. *Vanneaux* : oiseaux échassiers de la taille du pigeon, à huppe noire.
19. *Des freux désœuvrés* : le *freux* est une espèce de corneille à bec étroit ; ils tournent en rond comme pour passer le temps.

OBJECTIF
Être capable d'identifier un récit de formation.

Interrogez le texte

1. Un récit réaliste

a. Qui raconte ?
b. Quel est le point de vue* adopté par l'auteur au début du récit ? Justifiez votre réponse en vous fondant sur les deux premiers paragraphes.
c. À partir de la ligne 43, relevez les verbes dont Iégor est le sujet ou les expressions indiquant qui sent ou regarde. Pourquoi peut-on dire que les passages descriptifs privilégient le point de vue de l'enfant ?
d. Dans quel pays et à quelle époque l'action est-elle située ? Relevez les indices qui vous permettent de répondre.
e. Qui sont les personnages ? À quel milieu social appartiennent-ils ? Où se trouvent-ils ?
f. Pourquoi peut-on dire qu'il s'agit d'un récit réaliste* ?

2. La progression du récit

a. Quel est le thème du récit ?
b. Étudiez la progression du récit en complétant le tableau suivant :

Lignes	Déplacements de la voiture	Ce que décrit ou rapporte le texte	État d'esprit de Iégor
1 à 42			
43 à 51			
52 à 67			
68 à 74			
75 à 110			
111 à 134			
135 à 151			

- À quel moment les voyageurs sont-ils partis ? À quel moment arrivent-ils dans la steppe ?
- Pourquoi le récit s'attarde-t-il sur la traversée de la ville ? Quel est le moment le plus douloureux pour l'enfant ?
- En quoi le comportement de l'enfant s'oppose-t-il dans la première partie à celui des deux adultes ?

3. Le début d'un récit de formation

a. Le protagoniste* :
- Quel âge a-t-il ? Où va-t-il ?
- Qui a décidé de ce départ ? Quel en est le motif ?

b. L'état d'esprit du protagoniste :
- Quelles émotions et quels sentiments éprouve-t-il ?
- Quels souvenirs éveillent chez lui les lieux qu'il aperçoit ?
- À quoi est-il particulièrement sensible ? Justifiez votre réponse.
- Quels sont les traits dominants de son caractère ?

c. Sur quoi porte le dialogue entre l'oncle et le père Christophe ?
En quoi s'opposent-ils ? Quels sont leurs arguments respectifs ?

à retenir

- Un **récit ou roman de formation (ou d'apprentissage)** raconte les débuts dans la vie d'un personnage, amené à chercher sa place dans la société.
- Le déroulement du récit suit son apprentissage de la vie sociale ou son éducation sentimentale et morale.
- Le lecteur découvre en même temps la société où le personnage évolue, et dont le roman propose une description réaliste, plus ou moins amusée ou satirique.

À vous de jouer

4. Racontez à la manière de Tchekhov

Guillaume (ou Laura) quitte sa famille pour la première fois pour un séjour à l'étranger. Dans un récit à la troisième personne, racontez une partie de son voyage, son départ ou son arrivée dans une ville étrangère. Vous veillerez à traduire le point de vue de votre personnage.

enrichissez votre VOCABULAIRE

a. Relevez dans les derniers paragraphes (l. 126-151) les verbes et expressions désignant des mouvements d'oiseaux.
b. Complétez la liste.
c. Employez certains des mots trouvés dans un texte de votre composition.

la *grammaire* dans le TEXTE

Dans les lignes 116-125 (*Le soleil s'était déjà levé... étincela de rosée*) :
a. Relevez une comparaison*.
b. Relevez une métaphore*.
c. Quel est l'effet produit ?

VOLTAIRE
(1694-1778)
Voir p. 73.

Le basilic

En 1747, Voltaire s'interroge sur la destinée : l'homme peut-il trouver le bonheur en étant sage et raisonnable ? Zadig, jeune Babylonien, semble avoir tous les atouts en mains : richesse, beauté, « un esprit juste et modéré, un cœur sensible et noble ». Mais ses qualités lui valent autant d'ennuis que de succès. Le roi Moabdar l'apprécie et en fait son ministre. Mais il plaît trop à la reine Astarté, et doit fuir Babylone et la vengeance royale. En Égypte, il est vendu comme esclave à Sétoc, un marchand arabe, qui reconnaît son intelligence et fait de lui son ami. Reprenant la route de Babylone, il apprend la mort du roi Moabdar, la ruine de Babylone et la disparition d'Astarté.

Zadig retrouve Astarté, gravure coloriée anonyme pour *Zadig*, 1747.

Arrivé dans une belle prairie, il y vit plusieurs femmes qui cherchaient quelque chose avec beaucoup d'application. Il prit la liberté de s'approcher de l'une d'elles et de lui demander s'il pouvait avoir l'honneur de les aider dans leurs recherches. « Gardez-vous-en bien, répondit la Syrienne ; ce que nous cherchons ne peut être touché que par des femmes. – Voilà qui est bien étrange, dit Zadig ; oserai-je vous prier de m'apprendre ce que c'est qu'il n'est permis qu'aux femmes de toucher ? – C'est un basilic[1], dit-elle. – Un basilic, Madame ? et pour quelle raison, s'il vous plaît, cherchez-vous un basilic ? – C'est pour notre seigneur et maître Ogul, dont vous voyez le château sur le bord de cette rivière, au bout de la prairie. Nous sommes ses très humbles esclaves ; le seigneur Ogul est malade ; son médecin lui a ordonné de manger un basilic cuit dans l'eau rose[2], et comme c'est un animal fort rare, qui ne se laisse jamais prendre que par des femmes, le seigneur Ogul a promis de choisir pour sa femme bien-aimée celle de nous qui lui apporterait un basilic : laissez-moi chercher, s'il vous plaît, car vous voyez ce qu'il m'en coûterait si j'étais prévenue[3] par mes compagnes. »

Zadig laissa cette Syrienne et les autres chercher leur basilic, et continua de marcher dans la prairie. Quand il fut au bord d'un petit ruisseau, il y trouva une autre dame couchée sur le gazon, et qui ne cherchait rien. Sa

1. *Un basilic* : serpent fabuleux dont le regard passait pour mortel.
2. *L'eau rose* : eau de rose ; préparation à base d'alcool obtenue par distillation ou infusion de pétales de rose.
3. *Si j'étais prévenue* : si j'étais devancée.

Le Poète et sa Bien-aimée, miniature persane extraite du *Recueil des œuvres poétiques* de CHAHI, 1514-1515.

■ Comparez cette miniature persane du XVIe siècle avec l'illustration française du conte de *Zadig* faite au XVIIIe siècle (composition, couleurs, personnages...).

taille paraissait majestueuse, mais son visage était couvert d'un voile. Elle était penchée vers le ruisseau ; de profonds soupirs sortaient de sa bouche. Elle tenait en main une petite baguette, avec laquelle elle traçait des caractères sur un sable fin qui se trouvait entre le gazon et le ruisseau. Zadig eut la curiosité de voir ce que cette femme écrivait ; il s'approcha, il vit la lettre Z, puis un A ; il fut étonné ; puis parut un D ; il tressaillit. Jamais surprise ne fut égale à la sienne quand il vit les deux dernières lettres de son nom. Il demeura quelque temps immobile ; enfin, rompant le silence d'une voix entrecoupée : « Ô généreuse dame ! pardonnez à un étranger, à un infortuné, d'oser vous demander par quelle aventure étonnante je trouve ici le nom de ZADIG tracé de votre main divine. » À cette voix, à ces paroles, la dame releva son voile d'une main tremblante, regarda Zadig, jeta un cri d'attendrissement, de surprise et de joie, et, succombant sous tous les mouvements divers qui assaillaient à la fois son âme, elle tomba évanouie entre ses bras. C'était Astarté elle-même, c'était la reine de Babylone, c'était celle que Zadig adorait, et qu'il se reprochait d'adorer ; c'était celle dont il avait tant pleuré et tant craint la destinée. Il fut un moment privé de l'usage de ses sens ; et quand il eut attaché ses regards sur les yeux d'Astarté, qui se rouvraient avec une langueur mêlée de confusion et de tendresse : « Ô puissances immortelles ! s'écria-t-il, qui présidez aux destins des faibles humains, me rendez-vous Astarté ? En quel temps, en quels lieux, en quel état la revois-je ! » Il se jeta à genoux devant Astarté, et il attacha son front à la poussière de ses pieds. La reine de Babylone le relève, et le fait asseoir auprès d'elle sur le bord de ce ruisseau ; elle essuyait à plusieurs reprises ses yeux, dont les larmes recommençaient toujours à couler. Elle reprenait vingt fois des discours que ses gémissements interrompaient ; elle l'interrogeait sur le hasard qui les rassemblait, et prévenait soudain ses réponses par d'autres questions. Elle entamait le récit de ses malheurs, et voulait savoir ceux de Zadig. Enfin tous deux ayant un peu apaisé le tumulte de leurs âmes, Zadig lui conta en peu de mots par quelle aventure il se trouvait dans cette prairie. « Mais, ô malheureuse et respectable reine ! comment vous retrouvé-je en ce lieu écarté, vêtue en esclave, et accompagnée d'autres femmes esclaves qui cherchent un basilic pour le faire cuire dans l'eau rose par ordonnance du médecin ? »

Astarté conte son aventure : comment, grâce à un serviteur fidèle, elle échappa, en se cachant dans un temple, au poison que lui destinait Moabdar, comment Babylone finit par se révolter contre un roi devenu tyran, comment elle devint prisonnière du prince d'Hyrcanie avant de fuir vers l'Égypte dans l'espoir de retrouver Zadig.

« J'étais déjà près de l'Arabie, lorsqu'un fameux voleur, nommé Arbogad, m'enleva, et me vendit à des marchands qui m'ont amenée dans ce château, où demeure le seigneur Ogul. Il m'a achetée sans savoir qui j'étais. C'est un homme voluptueux[4] qui ne cherche qu'à faire grande chère, et qui croit que Dieu l'a mis au monde pour tenir table. Il est d'un embonpoint excessif, qui est toujours prêt à le suffoquer. Son médecin, qui

4. *Voluptueux* : qui cherche le plaisir en tout.

5. *Qui n'a que peu de crédit* : auquel il ne fait pas confiance.
6. *Sur le bruit de* : en apprenant.
7. *Leur reconnaissance* : leurs retrouvailles.
8. Le Zend-Avesta, ensemble des livres sacrés des anciens Perses.
9. Ses propriétés curatives doivent s'infiltrer par la peau.
10. *Un petit outre* : une sorte de ballon. Ce terme est féminin aujourd'hui.
11. *Il recouvra* : il récupéra.
12. *L'intempérance* : la tendance à trop profiter des plaisirs de la table.
13. Voltaire exprime sa défiance pour des savoirs non fondés sur des méthodes scientifiques.
14. *L'apothicaire* : le pharmacien.

Détail d'un tableau de Laurent de LA HYRE (1606-1656). (Art Institute, Chicago.)

n'a que peu de crédit[5] auprès de lui quand il digère bien, le gouverne despotiquement quand il a trop mangé. Il lui a persuadé qu'il le guérirait avec un basilic cuit dans de l'eau rose. Le seigneur Ogul a promis sa main à celle de ses esclaves qui lui apporterait un basilic. Vous voyez que je les laisse s'empresser à mériter cet honneur, et je n'ai jamais eu moins d'envie de trouver ce basilic que depuis que le ciel a permis que je vous revisse. »

Alors Astarté et Zadig se dirent tout ce que des sentiments longtemps retenus, tout ce que leurs malheurs et leurs amours pouvaient inspirer aux cœurs les plus nobles et les plus passionnés ; et les génies qui présidaient à l'amour portèrent leurs paroles jusqu'à la sphère de Vénus.

Les femmes rentrèrent chez Ogul sans avoir rien trouvé. Zadig se fit présenter à lui, et lui parla en ces termes : « Que la santé immortelle descende du ciel pour avoir soin de tous vos jours ! Je suis médecin ; j'ai accouru vers vous sur le bruit de[6] votre maladie, et je vous ai apporté un basilic cuit dans de l'eau rose. Ce n'est pas que je prétende vous épouser. Je ne vous demande que la liberté d'une jeune esclave de Babylone que vous avez depuis quelques jours ; et je consens de rester en esclavage à sa place si je n'ai pas le bonheur de guérir le magnifique seigneur Ogul. »

La proposition fut acceptée. Astarté partit pour Babylone avec le domestique de Zadig, en lui promettant de lui envoyer incessamment un courrier pour l'instruire de tout ce qui se serait passé. Leurs adieux furent aussi tendres que l'avait été leur reconnaissance[7]. Le moment où l'on se retrouve et celui où l'on se sépare sont les deux plus grandes époques de la vie, comme dit le grand livre du Zend[8]. Zadig aimait la reine autant qu'il le jurait, et la reine aimait Zadig plus qu'elle ne lui disait.

Cependant Zadig parlait ainsi à Ogul : « Seigneur, on ne mange point mon basilic, toute sa vertu doit entrer chez vous par les pores[9]. Je l'ai mis dans un petit outre[10] bien enflé et couvert d'une peau fine : il faut que vous poussiez cet outre de toute votre force, et que je vous le renvoie à plusieurs reprises ; et en peu de jours de régime, vous verrez ce que peut mon art. » Ogul, dès le premier jour, fut tout essoufflé, et crut qu'il mourrait de fatigue. Le second, il fut moins fatigué, et dormit mieux. En huit jours, il recouvra[11] toute la force, la santé, la légèreté et la gaieté de ses plus brillantes années. « Vous avez joué au ballon, et vous avez été sobre, lui dit Zadig : apprenez qu'il n'y a point de basilic dans la nature, qu'on se porte toujours bien avec de la sobriété et de l'exercice, et que l'art de faire subsister ensemble l'intempérance[12] et la santé est un art aussi chimérique que la pierre philosophale, l'astrologie judiciaire et la théologie des mages[13]. »

Le premier médecin d'Ogul, sentant combien cet homme était dangereux pour la médecine, s'unit avec l'apothicaire[14] du corps pour envoyer Zadig chercher des basilics dans l'autre monde. Ainsi, après avoir été toujours puni pour avoir bien fait, il était prêt de périr pour avoir guéri un seigneur gourmand. On l'invita à un excellent dîner. Il devait être empoisonné au second service ; mais il reçut un courrier de la belle Astarté au premier. Il quitta la table, et partit. « Quand on est aimé d'une belle femme, dit le grand Zoroastre, on se tire toujours d'affaire dans ce monde. »

VOLTAIRE, *Zadig ou la Destinée* (ch. XVI), 1747.

OBJECTIF
Être capable d'identifier un conte philosophique.

Interrogez le texte

1. Consultez les usuels

a. Où se trouve Babylone ?
b. Qui était Astarté ? Zoroastre ?

2. Un conte

a. Le récit comporte-t-il des indices de lieu* précis ? À quelle civilisation fait-il référence ?
b. Comporte-t-il des indices de temps* précis ?
c. Quels sont les personnages mis en scène ?
d. En suivant les déplacements de Zadig, déterminez les trois parties du récit. Pour chacune d'elles, précisez le décor, les personnages en présence, et proposez un titre.
e. Quelles caractéristiques du conte merveilleux retrouve-t-on dans ce texte ? À quels contes vous fait-il penser ?

3. La satire*

a. L. 18 à 70 :
- Comment Voltaire souligne-t-il le caractère inattendu de la rencontre ?
- En quoi Astarté diffère-t-elle des autres femmes ? De quels défauts prêtés aux femmes Voltaire se moque-t-il ?
- Qu'est-ce qui fait de Zadig et d'Astarté un couple idéal ?
- Relevez les termes qui traduisent le bouleversement des personnages : qu'est-ce qui prête à sourire ?

b. L. 71-106 :
- Quel type d'homme représente Ogul ?
- En quoi consiste le traitement ordonné par Zadig ?
- Pourquoi n'en révèle-t-il pas tout de suite la nature ?
- Comment Zadig persuade-t-il Ogul de suivre son traitement ?
- Voulait-il seulement le guérir de son obésité ?
- Quel danger représente Zadig aux yeux du médecin d'Ogul ?
- Qu'a réussi à faire Zadig ? Sa réussite est-elle complète ?

4. Un conte philosophique

a. Que dénonce Voltaire dans ce texte ?
b. Le personnage de Zadig donne-t-il l'impression de maîtriser sa destinée ou de subir les caprices du hasard ?
c. Quel est, d'après ce texte, le double enjeu* d'un conte philosophique ?

à retenir

Un **conte philosophique** cherche à faire réfléchir le lecteur tout en le divertissant.
- Le lecteur est amené à suivre les aventures et les expériences d'un héros, représentant un type (un sage, un naïf...), dans un univers plus ou moins imaginaire.
- À travers le récit de fiction, l'auteur fait passer ses idées, sa conception de la vie et de la condition humaine.

À vous de jouer

5. Écrivez un épisode inédit de *Zadig*

Ogul reconnaissant fait de Zadig son médecin personnel. Imaginez comment Zadig va pouvoir échapper à la jalousie des autres médecins et rejoindre sa chère Astarté.

enrichissez votre VOCABULAIRE

a. À quel infinitif correspond le passé simple *il recouvra* (l. 93) ?
Avec quel autre verbe ne faut-il pas le confondre ?
b. Précisez l'étymologie* de chacun des deux verbes. Cherchez des mots appartenant à chacune des deux familles étymologiques*.
c. Utilisez certains des mots trouvés dans des phrases ou un texte de votre composition.

la *grammaire* dans le TEXTE

Transposez au discours indirect les paroles de Zadig à Ogul, l. 86 à 90.

Théophile GAUTIER
(1811-1872)
Poète, romancier, critique dramatique. Ses contes fantastiques, écrits tout au long de sa vie, sont regroupés en 1863 sous le titre *Romans et Contes*.

Le chevalier double

I. L'étranger aux yeux noirs

Qui rend donc la blonde Edwige si triste ? Que fait-elle assise à l'écart, le menton dans sa main et le coude au genou, plus morne que le désespoir, plus pâle que la statue d'albâtre qui pleure sur un tombeau ?

Du coin de sa paupière une grosse larme roule sur le duvet de sa joue, une seule, mais qui ne tarit jamais ; comme cette goutte d'eau qui suinte des voûtes du rocher et qui à la longue use le granit, cette seule larme, en tombant sans relâche de ses yeux sur son cœur, l'a percé et traversé à jour.

Edwige, blonde Edwige, ne croyez-vous plus à Jésus-Christ le doux Sauveur ? Doutez-vous de l'indulgence de la très sainte Vierge Marie ? Pourquoi portez-vous sans cesse à votre flanc vos petites mains diaphanes[1], amaigries et fluettes comme celles des Elfes et des Willis[2] ? Vous allez être mère ; c'était votre plus cher vœu ; votre noble époux, le comte Lodbrog, a promis un autel d'argent massif, un ciboire[3] d'or fin à l'église de Saint-Euthbert si vous lui donniez un fils.

Hélas ! hélas ! la pauvre Edwige a le cœur percé des sept glaives de la douleur ; un terrible secret pèse sur son âme. Il y a quelques mois, un étranger est venu au château ; il faisait un terrible temps cette nuit-là : les tours tremblaient dans leur charpente, les girouettes piaulaient, le feu rampait dans la cheminée, et le vent frappait à la vitre comme un importun qui veut entrer.

L'étranger était beau comme un ange, mais comme un ange tombé ; il souriait doucement et regardait doucement, et pourtant ce regard et ce sourire vous glaçaient de terreur et vous inspiraient l'effroi qu'on éprouve en

1. *Mains diaphanes* : très pâles, comme translucides.
2. Les *Elfes* sont les génies aériens des légendes scandinaves. Selon une tradition slave, les *Willis* sont des fiancées mortes avant leurs noces, se rassemblant la nuit pour danser.
3. *Ciboire* : vase sacré en forme de coupe où l'on conserve les hosties.

Château au clair de lune, tableau de WRIGHT OF DERBY, 1787.

4. *Une grâce scélérate* : une beauté, un charme diabolique.
5. *Langueur perfide* : douceur apparente.
6. *Maître chanteur* : musicien et poète.
7. *Le mire* : le médecin, mais aussi astrologue et devin.

se penchant sur un abîme. Une grâce scélérate[4], une langueur perfide[5] comme celle du tigre qui guette sa proie accompagnaient tous ses mouvements ; il charmait à la façon du serpent qui fascine l'oiseau.

Cet étranger était un maître chanteur[6] ; son teint bruni montrait qu'il avait vu d'autres cieux ; il disait venir du fond de la Bohême, et demandait l'hospitalité pour cette nuit-là seulement.

Il resta cette nuit, et encore d'autres jours et encore d'autres nuits, car la tempête ne pouvait s'apaiser, et le vieux château s'agitait sur ses fondements comme si la rafale eût voulu le déraciner et faire tomber sa couronne de créneaux dans les eaux écumeuses du torrent.

Beata Beatrix, peinture de Dante Gabriel ROSSETTI, 1863. (Tate Gallery, Londres.)

Pour charmer le temps, il chantait d'étranges poésies qui troublaient le cœur et donnaient des idées furieuses ; tout le temps qu'il chantait, un corbeau noir vernissé, luisant comme le jais, se tenait sur son épaule ; il battait la mesure avec son bec d'ébène, et semblait applaudir en secouant ses ailes. – Edwige pâlissait, pâlissait comme les lis du clair de lune ; Edwige rougissait, rougissait comme les roses de l'aurore, et se laissait aller en arrière dans son grand fauteuil, languissante, à demi morte, enivrée comme si elle avait respiré le parfum fatal de ces fleurs qui font mourir.

Enfin le maître chanteur put partir ; un petit sourire bleu venait de dérider la face du ciel. Depuis ce jour, Edwige, la blonde Edwige ne fit que pleurer dans l'angle de la fenêtre.

II. La naissance

Edwige est mère ; elle a un bel enfant tout blanc et tout vermeil. – Le vieux comte Lodbrog a commandé au fondeur l'autel d'argent massif, et il a donné mille pièces d'or à l'orfèvre dans une bourse de peau de renne pour fabriquer le ciboire ; il sera large et lourd, et tiendra une grande mesure de vin. Le prêtre qui le videra pourra dire qu'il est un bon buveur.

L'enfant est tout blanc et tout vermeil, mais il a le regard noir de l'étranger : sa mère l'a bien vu. Ah ! pauvre Edwige ! pourquoi avez-vous tant regardé l'étranger avec sa harpe et son corbeau ?...

Le chapelain ondoie l'enfant ; – on lui donne le nom d'Oluf, un bien beau nom ! – Le mire[7] monte sur la plus haute tour pour lui tirer l'horoscope.

Le temps était clair et froid : comme une mâchoire de loup cervier aux dents aiguës et blanches, une découpure de montagnes couvertes de neiges mordait le bord de la robe du ciel ; les étoiles larges et pâles brillaient dans la crudité bleue de la nuit comme des soleils d'argent.

Le Corbeau, fusain d'Odilon REDON, 1882. (National Gallery of Canada, Ottawa.)

Le mire prend la hauteur, remarque l'année, le jour et la minute ; il fait de longs calculs en encre rouge sur un long parchemin tout constellé de signes cabalistiques[8] ; il rentre dans son cabinet, et remonte sur la plate-forme, il ne s'est pourtant pas trompé dans ses supputations[9], son thème de nativité[10] est juste comme un trébuchet[11] à peser les pierres fines ; cependant il recommence : il n'a pas fait d'erreur.

Le petit comte Oluf a une étoile double, une verte et une rouge, verte comme l'espérance, rouge comme l'enfer ; l'une favorable, l'autre désastreuse. Cela s'est-il jamais vu qu'un enfant ait une étoile double ?

Avec un air grave et compassé le mire rentre dans la chambre de l'accouchée et dit, en passant sa main osseuse dans les flots de sa grande barbe de mage :

« Comtesse Edwige, et vous, comte Lodbrog, deux influences ont présidé à la naissance d'Oluf, votre précieux fils : l'une bonne, l'autre mauvaise ; c'est pourquoi il a une étoile verte et une étoile rouge. Il est soumis à un double ascendant ; il sera très heureux ou très malheureux, je ne sais lequel ; peut-être tous les deux à la fois. »

Le comte Lodbrog répondit au mire : « L'étoile verte l'emportera. » Mais Edwige craignait dans son cœur de mère que ce ne fût la rouge. Elle remit son menton dans sa main, son coude sur son genou, et recommença à pleurer dans le coin de la fenêtre. Après avoir allaité son enfant, son unique occupation était de regarder à travers la vitre la neige descendre en flocons drus et pressés, comme si l'on eût plumé là-haut les ailes blanches de tous les anges et de tous les chérubins.

De temps en temps un corbeau passait devant la vitre, croassant et secouant cette poussière argentée. Cela faisait penser Edwige au corbeau singulier qui se tenait toujours sur l'épaule de l'étranger au doux regard de tigre, au charmant sourire de vipère.

Et ses larmes tombaient plus vite de ses yeux sur son cœur, sur son cœur percé à jour.

III. Enfance et adolescence

Le jeune Oluf est un enfant bien étrange : on dirait qu'il y a dans sa petite peau blanche et vermeille deux enfants d'un caractère différent ; un jour il est bon comme un ange, un autre jour il est méchant comme un diable, il mord le sein de sa mère, et déchire à coup d'ongles le visage de sa gouvernante.

Le vieux comte Lodbrog, souriant dans sa moustache grise, dit qu'Oluf fera un bon soldat et qu'il a l'humeur belliqueuse[12]. Le fait est qu'Oluf est un petit drôle insupportable : tantôt il pleure, tantôt il rit ; il est capricieux comme la lune, fantasque comme une femme ; il va, vient, s'ar-

8. *Cabalistiques* : mystérieux.
9. *Supputations* : calculs, prévisions.
10. *Son thème de nativité* : la disposition des astres au moment de la naissance.
11. *Trébuchet* : petite balance très sensible pour peser l'or, les pierres précieuses.
12. *Humeur belliqueuse* : goût des combats.

rête tout à coup sans motif apparent, abandonne ce qu'il avait entrepris et fait succéder à la turbulence la plus inquiète l'immobilité la plus absolue ; quoiqu'il soit seul, il paraît converser avec un interlocuteur invisible ! Quand on lui demande la cause de toutes ces agitations, il dit que l'étoile rouge le tourmente.

Oluf a bientôt quinze ans. Son caractère devient de plus en plus inexplicable ; sa physionomie, quoique parfaitement belle, est d'une expression embarrassante ; il est blond comme sa mère, avec tous les traits de la race du Nord ; mais sous son front blanc comme la neige que n'a rayée encore ni le patin du chasseur ni maculée[13] le pied de l'ours, et qui est bien le front de la race antique des Lodbrog, scintille entre deux paupières orangées un œil aux longs cils noirs, un œil de jais illuminé des fauves ardeurs de la passion italienne, un regard velouté, cruel et doucereux comme celui du maître chanteur de Bohême.

Comme les mois s'envolent, et plus vite encore les années ! Edwige repose maintenant sous les arches ténébreuses du caveau des Lodbrog, à côté du vieux comte, souriant, dans son cercueil, de ne pas voir son nom périr. Elle était déjà si pâle que la mort ne l'a pas beaucoup changée. Sur son tombeau il y a une belle statue couchée, les mains jointes, et les pieds sur une levrette de marbre, fidèle compagnie des trépassés. Ce qu'a dit Edwige à sa dernière heure, nul ne le sait, mais le prêtre qui la confessait est devenu plus pâle encore que la mourante.

Oluf, le fils brun et blond d'Edwige la désolée, a vingt ans aujourd'hui. Il est très adroit à tous les exercices ; nul ne tire mieux l'arc que lui ; il refend la flèche qui vient de se planter en tremblant dans le cœur du but ; sans mors ni éperon il dompte les chevaux les plus sauvages.

Il n'a jamais impunément[14] regardé une femme ou une jeune fille ; mais aucune de celles qui l'ont aimé n'a été heureuse. L'inégalité fatale de son caractère s'oppose à toute réalisation de bonheur entre une femme et lui. Une seule de ses moitiés ressent de la passion, l'autre éprouve de la haine ; tantôt l'étoile verte l'emporte, tantôt l'étoile rouge.

[...]

13. *Maculée* : tachée.
14. *Impunément* : sans la blesser.

IV. Oluf éconduit

Un jour Oluf appelle Dietrich, son fidèle écuyer ; il lui dit de seller son cheval.

« Maître, regardez comme la neige tombe, comme le vent siffle et fait ployer jusqu'à terre la cime des sapins ; n'entendez-vous pas dans le lointain hurler les loups maigres et bramer ainsi que des âmes en peine les rennes à l'agonie ?

– Dietrich, mon fidèle écuyer, je secouerai la neige comme on fait d'un duvet qui s'attache au manteau, je passerai sous l'arceau des sapins en inclinant un peu l'aigrette de mon casque. Quant aux loups, leurs griffes s'émousseront sur cette bonne armure, et du bout de mon épée fouillant la glace, je découvrirai au pauvre renne, qui geint et pleure à chaudes larmes, la mousse fraîche et fleurie qu'il ne peut atteindre. »

Montagne dans le brouillard, peinture de Caspar David FRIEDRICH (1774-1840). (Staatliche Museen Heidecksburg, Rudolstadt.)

Le comte Oluf de Lodbrog, car tel est son titre depuis que le vieux comte est mort, part sur son bon cheval, accompagné de ses deux chiens géants, Murg et Fenris[15], car le jeune seigneur aux paupières couleur d'orange a un rendez-vous, et déjà peut-être, du haut de la petite tourelle aiguë en forme de poivrière[16], se penche sur le balcon sculpté, malgré le froid et la bise, la jeune fille inquiète, cherchant à démêler dans la blancheur de la plaine le panache du chevalier.

Oluf, sur son grand cheval à formes d'éléphant, dont il laboure les flancs à coups d'éperon, s'avance dans la campagne ; il traverse le lac, dont le froid n'a fait qu'un seul bloc de glace, où les poissons sont enchâssés, les nageoires étendues, comme des pétrifications dans la pâte du marbre ; les quatre fers du cheval, armés de crochets, mordent solidement la dure surface ; un brouillard, produit par sa sueur et sa respiration, l'enveloppe et le suit ; on dirait qu'il galope dans un nuage ; les deux chiens, Murg et Fenris, soufflent, de chaque côté de leur maître, par leurs naseaux sanglants, de longs jets de fumée comme des animaux fabuleux.

Voici le bois de sapins ; pareils à des spectres, ils étendent leurs bras appesantis chargés de nappes blanches ; le poids de la neige courbe les plus jeunes et les plus flexibles : on dirait une suite d'arceaux d'argent. La noire terreur habite dans cette forêt, où les rochers affectent des formes monstrueuses, où chaque arbre, avec ses racines, semble couver à ses pieds un nid de dragons engourdis. Mais Oluf ne connaît pas la terreur.

15. *Murg* est le nom d'une rivière d'Allemagne, affluent du Rhin. *Fenris* est le loup monstrueux de la mythologie scandinave.
16. En forme de *poivrière* : qui porte un toit conique.

Le chemin se resserre de plus en plus, les sapins croisent inextricablement leurs branches lamentables ; à peine de rares éclaircies permettent-elles de voir la chaîne de collines neigeuses qui se détachent en blanches ondulations sur le ciel noir et terne.

Heureusement Mopse est un vigoureux coursier qui porterait sans plier Odin[17] le gigantesque ; nul obstacle ne l'arrête ; il saute par-dessus les rochers, il enjambe les fondrières, et de temps en temps il arrache aux cailloux que son sabot heurte sous la neige une aigrette d'étincelles aussitôt éteintes.

« Allons, Mopse, courage ! tu n'as plus à traverser que la petite plaine et le bois de bouleaux ; une jolie main caressera ton col satiné, et dans une écurie bien chaude tu mangeras de l'orge mondée et de l'avoine à pleine mesure. »

Quel charmant spectacle que le bois de bouleaux ! toutes les branches sont ouatées d'une peluche de givre, les plus petites brindilles se dessinent en blanc sur l'obscurité de l'atmosphère : on dirait une immense corbeille de filigrane[18], un madrépore[19] d'argent, une grotte avec toutes ses stalactites ; les ramifications et les fleurs bizarres dont la gelée étame les vitres n'offrent pas des dessins plus compliqués et plus variés.

« Seigneur Oluf, que vous avez tardé ! j'avais peur que l'ours de la montagne vous eût barré le chemin ou que les elfes vous eussent invité à danser, dit la jeune châtelaine en faisant asseoir Oluf sur le fauteuil de chêne dans l'intérieur de la cheminée. Mais pourquoi êtes-vous venu au rendez-vous d'amour avec un compagnon ? Aviez-vous donc peur de passer tout seul par la forêt ?

– De quel compagnon voulez-vous parler, fleur de mon âme ? dit Oluf très surpris à la jeune châtelaine.

– Du chevalier à l'étoile rouge que vous menez toujours avec vous. Celui qui est né d'un regard du chanteur bohémien, l'esprit funeste qui vous possède ; défaites-vous du chevalier à l'étoile rouge, ou je n'écouterai jamais vos propos d'amour ; je ne puis être la femme de deux hommes à la fois. »

Oluf eut beau faire et beau dire, il ne put seulement parvenir à baiser le petit doigt rose de la main de Brenda ; il s'en alla fort mécontent et résolu à combattre le chevalier à l'étoile rouge s'il pouvait le rencontrer.

17. *Odin* : le dieu le plus important de la mythologie scandinave, dieu de la sagesse, de la poésie et de la guerre.
18. *Corbeille de filigrane* : corbeille faite de fil de métal, ici d'argent.
19. *Madrépore* : animal des mers chaudes, qui ressemble au corail.

V. Combat contre le spectre

Malgré l'accueil sévère de Brenda, Oluf reprit le lendemain la route du château à tourelles en forme de poivrière : les amoureux ne se rebutent pas aisément.

Tout en cheminant il se disait : « Brenda sans doute est folle, et que veut-elle dire avec son chevalier à l'étoile rouge ? »

La tempête était des plus violentes ; la neige tourbillonnait et permettait à peine de distinguer la terre du ciel. Une spirale de corbeaux, malgré les abois de Fenris et de Murg, qui sautaient en l'air pour les saisir, tournoyait sinistrement au-dessus du panache d'Oluf. À leur tête était le corbeau luisant comme le jais qui battait la mesure sur l'épaule du chanteur bohémien.

Fenris et Murg s'arrêtent subitement : leurs naseaux mobiles hument l'air avec inquiétude ; ils subodorent la présence d'un ennemi. Ce n'est point un loup ni un renard ; un loup et un renard ne seraient qu'une bouchée pour ces braves chiens.

Un bruit de pas se fait entendre, et bientôt paraît au détour du chemin un chevalier monté sur un cheval de grande taille et suivi de deux chiens énormes.

Vous l'auriez pris pour Oluf. Il était armé exactement de même, avec un surcot historié du même blason[20] ; seulement il portait sur son casque une plume rouge au lieu d'une verte. La route était si étroite qu'il fallait que l'un des deux chevaliers reculât.

« Seigneur Oluf, reculez-vous pour que je passe, dit le chevalier à la visière baissée. Le voyage que je fais est un long voyage ; on m'attend, il faut que j'arrive.

– Par la moustache de mon père, c'est vous qui reculerez. Je vais à un rendez-vous d'amour, et les amoureux sont pressés », répondit Oluf en portant la main sur la garde de son épée.

20. *Un surcot historié du même blason* : leur surcot, vêtement porté par-dessus la cotte, est décoré du même blason.

Combat de chevaliers dans la campagne, peinture d'Eugène DELACROIX, 1830. (Musée du Louvre, Paris.)

■ Les illustrations qui accompagnent ce conte de Th. Gautier vous semblent-elles avoir été bien choisies ? Justifiez votre réponse.

L'inconnu tira la sienne, et le combat commença. Les épées, en tombant sur les mailles d'acier, en faisaient jaillir des gerbes d'étincelles pétillantes ; bientôt, quoique d'une trempe supérieure, elles furent ébréchées comme des scies. On eût pris les combattants, à travers la fumée de leurs chevaux et la brume de leur respiration haletante, pour deux noirs forgerons acharnés sur un fer rouge. Les chevaux, animés de la même rage que leurs maîtres, mordaient à belles dents leurs cous veineux, et s'enlevaient des lambeaux de poitrail ; ils s'agitaient avec des soubresauts furieux, se dressaient sur leurs pieds de derrière, et se servant de leurs sabots comme de poings fermés, ils se portaient des coups terribles pendant que leurs cavaliers se martelaient affreusement par-dessus leurs têtes ; les chiens n'étaient qu'une morsure et qu'un hurlement.

Les gouttes de sang, suintant à travers les écailles imbriquées des armures et tombant toutes tièdes sur la neige, y faisaient de petits trous roses. Au bout de peu d'instants l'on aurait dit un crible, tant les gouttes tombaient fréquentes et pressées. Les deux chevaliers étaient blessés.

Chose étrange, Oluf sentait les coups qu'il portait au chevalier inconnu ; il souffrait des blessures qu'il faisait et de celles qu'il recevait : il avait éprouvé un grand froid dans la poitrine, comme d'un fer qui entrerait et chercherait le cœur, et pourtant sa cuirasse n'était pas faussée à l'endroit du cœur : sa seule blessure était un coup dans les chairs au bras droit. Singulier duel, où le vainqueur souffrait autant que le vaincu, où donner et recevoir était une chose indifférente.

Détail d'une illustration d'Otto SVEND pour *Les Cygnes sauvages*. Maison de H.C. Andersen, Odense.)

Ramassant ses forces, Oluf fit voler d'un revers le terrible heaume de son adversaire. – Ô terreur ! que vit le fils d'Edwige et de Lodbrog ? il se vit lui-même devant lui : un miroir eût été moins exact. Il s'était battu avec son propre spectre, avec le chevalier à l'étoile rouge ; le spectre jeta un grand cri et disparut.

La spirale de corbeaux remonta dans le ciel et le brave Oluf continua son chemin ; en revenant le soir à son château, il portait en croupe la jeune châtelaine, qui cette fois avait bien voulu l'écouter. Le chevalier à l'étoile rouge n'étant plus là, elle s'était décidée à laisser tomber de ses lèvres de rose, sur le cœur d'Oluf, cet aveu qui coûte tant à la pudeur. La nuit était claire et bleue, Oluf leva la tête pour chercher sa double étoile et la faire voir à sa fiancée : il n'y avait plus que la verte, la rouge avait disparu.

En entrant, Brenda, tout heureuse de ce prodige qu'elle attribuait à l'amour, fit remarquer au jeune Oluf que le jais de ses yeux s'était changé en azur, signe de réconciliation céleste. Le vieux Lodbrog en sourit d'aise sous sa moustache blanche au fond de son tombeau ; car, à vrai dire, quoiqu'il n'en eût rien témoigné, les yeux d'Oluf l'avaient quelquefois fait réfléchir. – L'ombre d'Edwige est toute joyeuse, car l'enfant du noble seigneur Lodbrog a enfin vaincu l'influence maligne de l'œil orange, du corbeau noir et de l'étoile rouge : l'homme a terrassé l'incube[21]. [...]

Si vous demandez qui nous a apporté cette légende de Norvège, c'est un cygne ; un bel oiseau au bec jaune, qui a traversé le fjord, moitié nageant, moitié volant.

Théophile GAUTIER, « Le chevalier double », 1840, *Romans et Contes*.

21. *L'incube* : le démon.

OBJECTIF
Être capable d'identifier un récit fantastique.

Interrogez le texte

1. L'action et les personnages

a. Résumez en quelques lignes chacune des cinq parties du texte.

b. Relevez les indices de lieu* :
- L'action est-elle située avec précision ?
- Quels types de paysages et de climat sont évoqués ?
- En quoi se prêtent-ils à des événements hors du commun ?

c. Quelle époque le récit évoque-t-il ? Relevez les détails qui permettent de répondre.

d. Qui sont les personnages ? Lequel est le protagoniste* ?

2. Un récit fantastique

a. Sur quel mystère s'ouvre le récit ?

b. L'étranger :
- Quels traits de caractère dominent le portrait de « l'étranger » accueilli au château ? Relevez, l. 20 à 25, les alliances de mots* et les comparaisons qui évoquent le personnage : sur quoi mettent-elles l'accent ?
- Quels phénomènes inquiétants se produisent lors de son arrivée au château ?
- À quel animal est-il associé ?
- Qui se cache, selon vous, sous l'apparence de l'étranger ? Relevez les expressions du texte qui le suggèrent.

c. Le thème du double :
- Quelle découverte le mire fait-il à la naissance de l'enfant ? Retrouvez dans la suite du texte ce qui illustre la double nature du protagoniste.
- Quel est l'épisode le plus spectaculaire ?
- Grâce à qui et à quoi Oluf est-il amené à combattre son double ?
- Pourquoi, au cours du combat, Oluf souffre-t-il autant des blessures qu'il inflige que de celles qu'il reçoit ?
- Quels miracles la victoire de l'étoile verte entraîne-t-elle ?

d. Quelles notations donnent au décor et aux êtres vivants un caractère fantastique ?

À vous de jouer

3. Présentez un roman

Lisez le célèbre roman de Stevenson, *Dr Jekyll et Mr Hyde*. Faites une fiche de lecture (voir p. 58). Quelles ressemblances y a-t-il entre ce roman et la nouvelle de Théophile Gautier ?

4. Écrivez un récit

Jumeau complice ou jaloux, clone, envahisseur revêtant une apparence humaine, voyage dans le temps... : le thème du double est fréquent dans les récits fantastiques ou de science-fiction. Imaginez un récit dont le protagoniste (pourquoi pas vous ?) se retrouvera, à un moment donné de son aventure, face à son double.

enrichissez votre VOCABULAIRE

Les Elfes... (l. 11) : explorez le champ lexical* des êtres surnaturels qui peuplent l'air, l'eau, les forêts, et qu'on retrouve souvent dans les contes populaires.

la *grammaire* dans le TEXTE

Qui rend donc la blonde Edwige si triste ? (l. 1) *; il disait venir...* (l. 27) *; comme si la rafale eût voulu...* (l. 31) *; comme si elle avait respiré...* (l. 44) *; on dirait qu'il y a...* (l. 98)

a. Retrouvez dans le texte, par exemple dans les lignes 164 à 172, d'autres expressions et procédés d'écriture créant l'incertitude.

b. Complétez la liste.

c. Utilisez certains de ces procédés dans un petit texte destiné à créer une atmosphère angoissante.

à retenir

- L'action d'un **récit fantastique** suppose l'irruption d'un fait surnaturel, inquiétant, échappant à toute explication rationnelle.
- L'énigme fait naître un climat d'angoisse.
- Le suspense est entretenu par le narrateur qui maintient le doute dans l'esprit du lecteur.
- Le dénouement, souvent catastrophique, ne résout pas le mystère.

Pour écrire un récit

La seule règle est de savoir captiver son lecteur en ménageant le suspense, en variant le rythme du récit, en créant des surprises, en variant les points de vue.

■ Les ingrédients du récit

Avant de commencer l'écriture du récit, déterminez :
- le **narrateur**, le point de vue de la narration ;
- le **temps** et le **lieu** de l'action ;
- les **personnages** : le protagoniste* et son projet, ceux qui l'aideront (adjuvants), ceux qui feront obstacle (opposants) ;
- l'**enjeu** de l'épisode ;
- les **étapes du récit** (situation initiale, élément modificateur, péripéties, élément de résolution, situation finale).

■ L'ordre et le rythme du récit

1 - Vous avez le choix entre :
- un récit **chronologique**, propice à des effets de contraste, par exemple entre la situation initiale et la rupture produite par l'élément modificateur ;
- une ouverture plus vivante en pleine action, ce qui supposera un **retour en arrière** pour expliquer la situation.

2 - Vous pouvez :
- **accélérer le récit** par des ellipses narratives (voir p. 136) ; la durée réelle de l'action sera indiquée par des indices de temps (*Vingt ans après...*) ;
- ou **le ralentir** pour créer un effet de suspense (voir p. 138).

1 Voici une situation :

À la tombée de la nuit, Patrick, au bord du chemin, essayait encore de redresser la roue voilée de son vélo quand une camionnette s'arrêta près de lui...

a. Patrick raconte au chauffeur ce qui lui est arrivé.

b. En prenant comme point de repère le moment où la camionnette s'arrête, un narrateur omniscient raconte ce qui a précédé et imagine une suite au récit.

2 Précisez la situation suivante et imaginez une suite qui ménagera un effet de suspense :

Dans une pièce éloignée, une horloge a sonné ; en même temps, il m'a semblé entendre le grincement de la grille du jardin...

3 Prenez pour point de départ une rencontre et construisez une première page de roman comportant un retour en arrière.

■ La parole rapportée

Pour varier votre rédaction, songez aux différentes façons de rapporter les paroles des personnages : discours direct*, discours indirect* et discours indirect libre*.

4 Repérez dans le texte suivant ce qui est discours direct, indirect ou indirect libre.
Transposez ce qui est discours direct en discours indirect.

« Même Amédée[1] était d'humeur vacancière. Pour le moment, son travail sur les vignes était terminé : il n'y avait rien d'autre à faire que d'attendre le mûrissement des grappes et d'essayer sur nous son répertoire d'histoires anglaises. "Qu'est-ce qui en trois heures, me demanda-t-il un matin, passe de la couleur d'un rat mort à celle d'un homard mort ?" Ses épaules commençaient à s'agiter de soubresauts, il s'efforçait de réprimer son rire devant l'insupportable drôlerie de la réponse. "Les Anglais en vacances, dit-il, vous comprenez ?" Au cas où je n'aurais pas saisi tout le sel de la plaisanterie, il entreprit alors de m'expliquer avec beaucoup de soin : les Anglais, on le savait, avaient le teint si clair qu'à la moindre exposition au soleil ils tournaient au rouge vif. "Même sous un rayon de lune, dit-il, frémissant d'allégresse, même un rayon de lune les fait virer au rose !" »

Peter MAYLE, *Une année en Provence* © Nil édition, 1994.

1. *Amédée* est un fermier, voisin du narrateur, l'écrivain anglais depuis peu installé en Provence.

5 **Imaginez deux personnages seuls, la nuit, dans une grande bâtisse. Des bruits inquiétants les réveillent. Présentez-les et donnez une rapide esquisse du décor. Imaginez leur dialogue.**

6 **a. Tout ému, un enfant arrive essoufflé chez lui et raconte à sa mère un incident auquel il vient d'assister. Imaginez le dialogue en rapportant leurs paroles au discours direct.**
b. La mère va faire ses courses, rencontre une de ses voisines à qui elle raconte ce que son fils vient de lui raconter. Rapportez leur dialogue.

■ La suite de texte

Écrire une suite de texte, c'est prendre le relais de l'auteur, pour compléter une séquence narrative*, imaginer un rebondissement de l'action et un nouveau développement. Vous devez **respecter les caractéristiques du texte de base** :

- le choix du narrateur et du point de vue ;
- la situation de l'action dans le temps et l'espace ;
- le caractère des personnages et leur fonction dans le récit ;
- le registre de langue et les principaux procédés d'écriture.

7 **Relisez le récit de Maupassant, *Le Vagabond*, p. 133. Imaginez deux éléments modificateurs capables d'acheminer le récit l'un vers un dénouement heureux, l'autre vers un dénouement malheureux.**

8 **Imaginez une suite possible à cet extrait :**

« Le carnet de correspondance ! [...] Je viens de me souvenir que je l'ai emporté avec moi dans mon cartable. Si le maître le trouve...
– Ton père m'a bien répété de ne pas te le signer.
Quand la mère m'a dit ça ce matin, je n'ai pas insisté. Elle avait une sacrée poigne dans les yeux.
– Il va t'en causer ce soir.
Il y a longtemps que je sais que *causer* n'est pas synonyme de *parler*. Ça veut plutôt dire causer du pays : cette étrange contrée inconnue dont on ne rapporte que des ennuis. »

Daniel PICOULY, *Le Champ de personne* © Éd. Flammarion, 1995.

■ La transposition

Transposer un texte, c'est le récrire en **modifiant** une ou plusieurs de **ses caractéristiques** : le narrateur ou le point de vue, l'époque, le cadre géographique ou social, le caractère d'un personnage, l'introduction d'un élément de résolution qui amène un dénouement différent...

9 **Transposez le texte suivant de façon à transformer en ravissement la déception de ces deux jeunes employées d'un salon de coiffure parisien qui découvrent la côte normande.**

« La chambre qu'on avait louée était encore plus petite et plus mal commode qu'on ne l'avait redouté. Dehors il pleuvait. Marylène déballa ses deux grosses valises en maugréant. Elle en sortit ses petites robes diaphanes et autres buées vestimentaires, les déplia devant Pomme et puis les jeta sur le lit dans un geste de répudiation malheureux : "Je ne pourrai jamais mettre ça!... ça non plus... Tiens ! et ça, tu me vois avec ça, ici ?" Pomme fit remarquer que les gens dehors avaient des parapluies.
Enfin le temps s'éclaircit. "Ça n'aura été qu'une averse", dit Pomme par amitié pour Marylène. Elle avait envie d'aller voir tout de suite la mer. Marylène ne fut pas mécontente non plus d'échapper à la petite chambre où on entendait dégorger la gouttière juste au-dessus de la fenêtre. On arriva à la digue.
Pas de mer ! C'était la marée basse. Il n'y avait que du sable à perte de vue, et puis une étroite bande luisante, très, très loin. De rares vivants erraient au bord de cette catastrophe, en bottes de caoutchouc et imperméable. Il y avait des parasols aussi, mais tous repliés. Quelques-uns s'étaient renversés. Le vent rassemblait les nuages vers l'est... Pomme avait froid. Marylène était d'humeur ironique et parlait des pull-overs qu'elle avait laissés à Paris. On décida de continuer la promenade "en ville". »

Pascal LAINÉ, *La Dentellière* © Éd. Gallimard.

10 **Transposez le début du récit de *La Steppe*, p. 198 (l. 1 à 17), en imaginant le départ en vacances de deux jeunes gens avec la voiture d'occasion qu'ils viennent d'acheter.**

11 **Relisez *La leçon de piano*, p. 166. Faites raconter la scène par le professeur de piano téléphonant ou écrivant à une amie.**

8

Lire un roman historique

Pour découvrir comment un auteur fait revivre une époque révolue en la prenant pour cadre de son roman, lisez *Les Chouans* de Balzac et suivez les péripéties d'une histoire d'amour passionnée et tragique entre une belle espionne républicaine et le chef des insurgés royalistes.

Les objectifs du chapitre

- Analyser les caractéristiques du roman historique.
- Étudier comment le romancier donne vie et rythme à son récit.

La Rochejaquelein au combat de Cholet, détail d'une peinture de Paul Émile BOUTIGNY. (Musée d'Art et d'Histoire, Cholet.)

- Qui était La Rochejaquelein ? Documentez-vous sur l'épisode historique représenté sur cette peinture.

Honoré de BALZAC
(1799-1850)
Voir aussi p. 181.

Balzac et *La Comédie humaine*

Balzac est considéré comme le plus grand romancier français du XIXe siècle. L'ensemble de son œuvre porte le titre général de *La Comédie humaine*. L'ambition de Balzac était d'y faire un tableau fidèle de la société de son époque.

Les Chouans : un roman historique

Premier roman de *La Comédie humaine*, *Les Chouans* font partie des « scènes de la vie militaire ». L'insurrection des campagnes d'Ille-et-Vilaine en 1800 sert de décor à une extraordinaire passion amoureuse entre une belle espionne au service de la République et le chef des royalistes qu'elle est chargée de livrer. Pour construire son roman, Balzac a fait un séjour à Fougères, en Bretagne. Il y a étudié les événements historiques et a parcouru les différents sites dans lesquels ils s'étaient déroulés.

LE CADRE HISTORIQUE

Sur la route de Mayenne

Dans les premiers jours de l'an VIII, au commencement de vendémiaire, ou, pour se conformer au calendrier actuel, vers la fin du mois de septembre 1799, une centaine de paysans et un assez grand nombre de bourgeois, partis le matin de Fougères pour se rendre à Mayenne, gravissaient la montagne de la Pèlerine, située à mi-chemin environ de Fougères à Ernée, petite ville où les voyageurs ont coutume de se reposer. […]

En considérant ces hommes étonnés de se voir ensemble, et ramassés comme au hasard, on eût dit la population d'un bourg chassée de ses foyers par un incendie. Mais l'époque et les lieux donnaient un tout autre intérêt à cette masse d'hommes. Un observateur initié aux secrets des discordes civiles[1] qui agitaient alors la France aurait pu facilement reconnaître un petit nombre de citoyens sur la fidélité desquels la République devait compter dans cette troupe, presque entièrement composée de gens qui, quatre ans auparavant, avaient guerroyé[2] contre elle. Un dernier trait assez saillant[3] ne laissait aucun doute sur les opinions qui divisaient ce rassemblement. Les républicains seuls marchaient avec une sorte de gaieté. Quant aux autres individus de la troupe, s'ils offraient des différences sensibles dans leurs costumes, ils montraient sur leurs figures et dans leurs attitudes cette expression uniforme que donne le malheur. Bourgeois et paysans, tous gardaient l'empreinte d'une mélancolie profonde ; leur silence avait quelque chose de farouche[4], et ils semblaient courbés sous le joug[5] d'une même pensée, terrible sans doute, mais soigneusement cachée, car leurs figures étaient impénétrables ; seulement, la lenteur peu ordinaire de leur marche pouvait trahir de secrets calculs. De temps en temps, quelques-uns d'entre eux, remarquables par des chapelets suspendus à leur cou, malgré le danger qu'ils couraient à conserver ce signe d'une religion plutôt supprimée que détruite, secouaient leurs cheveux et relevaient la tête avec

1. *Discordes civiles :* guerres entre républicains et royalistes.
2. *Avaient guerroyé :* avaient fait la guerre.
3. *Saillant :* remarquable.
4. *Farouche :* ici, menaçant.
5. *Sous le joug :* sous le poids.

6. *À la dérobée :* en se cachant.
7. *Qui encaissaient la route :* entre lesquels passait la route.
8. *Subodorer :* flairer.
9. *Leur contenance de désespoir :* leur attitude désespérée.
10. *Hétérogènes :* ici, d'origine sociale différente.
11. *Proscrit :* interdit.
12. *Promptement :* rapidement.
13. *Une même livrée :* un même uniforme.
14. *Le contingent :* le nombre de soldats appelés.
15. *La levée :* l'enrôlement dans l'armée.
16. 30 juillet 1799.

défiance. Ils examinaient alors à la dérobée[6] les bois, les sentiers et les rochers qui encaissaient[7] la route, mais de l'air avec lequel un chien, mettant le nez au vent, essaye de subodorer[8] le gibier ; puis, en n'entendant que le bruit monotone des pas de leurs silencieux compagnons, ils baissaient de nouveau leurs têtes et reprenaient leur contenance de désespoir[9], semblables à des criminels emmenés au bagne pour y vivre, pour y mourir.

La marche de cette colonne sur Mayenne, les éléments hétérogènes[10] qui la composaient et les divers sentiments qu'elle exprimait, s'expliquaient assez naturellement par la présence d'une autre troupe formant la tête du détachement. Cent cinquante soldats environ marchaient en avant, avec armes et bagages, sous le commandement d'un *chef de demi-brigade*. Il n'est pas inutile de faire observer à ceux qui n'ont pas assisté au drame de la Révolution, que cette dénomination remplaçait le titre de colonel, proscrit[11] par les patriotes comme trop aristocratique. Ces soldats appartenaient au dépôt d'une demi-brigade d'infanterie en séjour à Mayenne. Dans ces temps de discordes, les habitants de l'Ouest avaient appelé tous les soldats de la République, des *Bleus*. Ce surnom était dû à ces premiers uniformes bleus et rouges dont le souvenir est encore assez frais pour rendre leur description superflue. Le détachement des Bleus servait donc d'escorte à ce rassemblement d'hommes presque tous mécontents d'être dirigés sur Mayenne, où la discipline militaire devait promptement[12] leur donner un même esprit, une même livrée[13] et l'uniformité d'allure qui leur manquait alors si complètement.

Cette colonne était le contingent[14] péniblement obtenu du district de Fougères, et dû par lui dans la levée[15] que le Directoire exécutif de la République française avait ordonnée par une loi du 10 messidor précédent[16].

(Début du chapitre 1.)

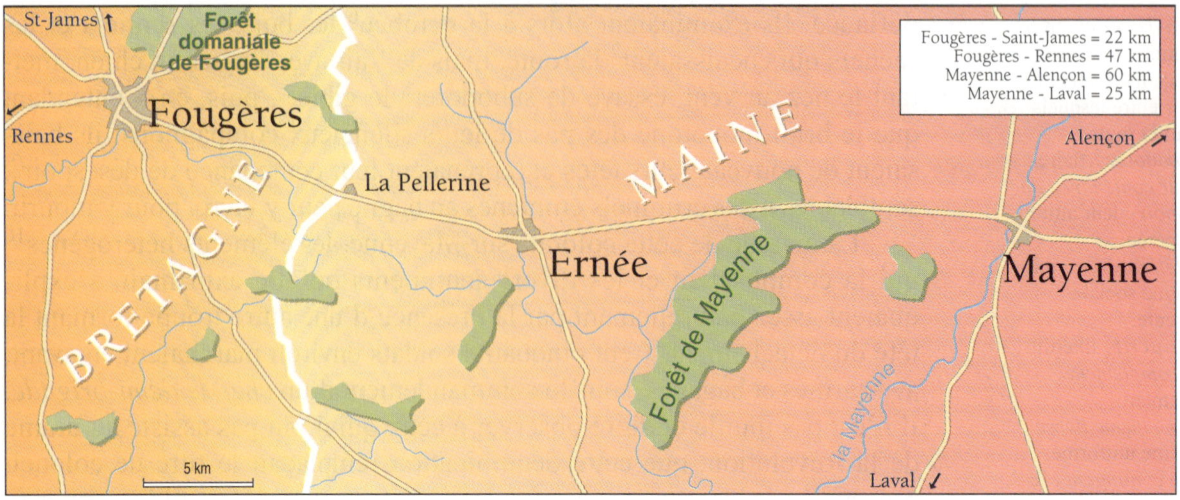

Interrogez le texte

1. Un début de roman historique : l'illusion de réalité

a. Relevez les indices de temps : quelle période et quels événements sont évoqués ? Sont-ils réels ou imaginaires ? Justifiez votre réponse.

b. Observez la carte ci-dessus : y retrouve-t-on les noms des lieux cités dans le texte ? L'indication de distance donnée dans le premier paragraphe correspond-elle à la réalité ? Justifiez votre réponse.

c. Qui étaient les Chouans ? Comment se distinguent-ils des autres dans le groupe des réquisitionnés ? Dans quels événements historiques ont-ils été impliqués ? Consultez les usuels ou votre manuel d'histoire.

d. Comment Balzac cherche-t-il à faire croire au lecteur que l'histoire qu'il va lire est vraie ? Justifiez votre réponse.

2. Narrateur et point de vue

a. À quelle personne le récit est-il fait ?

b. Quel est le point de vue* adopté par l'auteur dans ce début de roman ? Justifiez votre réponse.

c. Quelle est la situation initiale* ? Que décrivent ces premières pages ?

d. Quels indices du texte suggèrent qu'une menace plane sur cette colonne en marche ?

3. Une analyse sociale

a. Faites la liste des différents groupes d'hommes qui constituent cette colonne.

b. Quels sentiments éprouvent-ils les uns et les autres ? Relevez dans les l. 16 à 33 les expressions qui décrivent leur comportement.

c. Pourquoi le contingent est-il escorté par des Bleus ?

d. Pourquoi ces hommes sont-ils *dirigés sur Mayenne* (l. 48) ? Quelles expressions résument le projet des révolutionnaires (l. 48-50) ?

LE PORTRAIT D'UN PERSONNAGE

Un Chouan

La colonne en route pour Mayenne ne parvient pas à garder le rythme de la marche. Le commandant Hulot, fidèle serviteur de la République, se demande pourquoi les nouvelles recrues traînent ainsi les pieds.

– Pourquoi diable ne viennent-ils pas ? demanda-t-il pour la seconde fois de sa voix grossie par les fatigues de la guerre. Se trouve-t-il dans le village quelque bonne Vierge à laquelle ils donnent une poignée de main ?

– Tu demandes pourquoi ? répondit une voix.

En entendant des sons qui semblaient sortir de la corne avec laquelle les paysans de ces vallons rassemblent leurs troupeaux, le commandant se retourna brusquement, comme s'il eût senti la pointe d'une épée, et vit à deux pas un personnage encore plus bizarre qu'aucun de ceux emmenés à Mayenne pour servir la République. Cet inconnu, homme trapu[1], large des épaules, lui montrait une tête presque aussi grosse que celle d'un bœuf, avec laquelle elle avait plus d'une ressemblance. Des narines épaisses faisaient paraître son nez encore plus court qu'il ne l'était. Ses larges lèvres retroussées par des dents blanches comme de la neige, ses grands et ronds yeux noirs garnis de sourcils menaçants, ses oreilles pendantes et ses cheveux roux appartenaient moins à notre belle race caucasienne[2] qu'au genre des herbivores. Enfin l'absence complète des autres caractères de l'homme social[3] rendait cette tête nue plus remarquable encore. La face, comme bronzée par le soleil et dont les anguleux contours offraient une vague analogie[4] avec le granit qui forme le sol de ces contrées, était la seule partie visible du corps de cet être singulier. À partir du cou, il était enveloppé d'un sarrau, espèce de blouse en toile rousse plus grossière encore que celle des pantalons des conscrits[5] les moins aisés. Ce sarrau, dans lequel un antiquaire[6] aurait reconnu la *saye (saga)* ou le *sayon* des Gaulois, finissait à mi-corps, en se rattachant à deux fourreaux de peau de chèvre par des morceaux de bois grossièrement travaillés et dont quelques-uns gardaient leur écorce. Les peaux de bique, pour parler la langue du pays, qui lui garnissaient les jambes et les cuisses, ne laissaient distinguer aucune forme humaine. Des sabots énormes lui cachaient les pieds. Ses longs cheveux luisants, semblables aux poils de ses peaux de chèvre, tombaient de chaque côté de sa figure, séparés en deux parties égales, et pareils aux chevelures de ces statues du Moyen Âge qu'on voit encore dans quelques cathédrales. Au lieu du bâton noueux que les conscrits portaient sur leur épaule, il tenait appuyé sur sa poitrine, en guise de fusil, un gros fouet dont le cuir habilement tressé paraissait avoir une longueur double de celle des fouets ordinaires.

La brusque apparition de cet être bizarre semblait facile à expliquer. Au premier aspect, quelques officiers supposèrent que cet inconnu était un réquisitionnaire ou conscrit (l'un se disait encore pour l'autre) qui se repliait[7] sur la colonne en la voyant arrêtée. Néanmoins, l'arrivée de cet

1. *Trapu :* de petite taille et robuste.
2. *Race caucasienne :* race blanche européenne.
3. *L'homme social :* l'homme civilisé.
4. *Une vague analogie :* une vague ressemblance.
5. *Des conscrits :* des soldats qui appartenaient au même contingent.
6. *Un antiquaire :* un archéologue.
7. *Se repliait :* revenait en direction de la colonne.

8. *S'il n'en parut pas... :* même s'il n'en parut pas…
9. *Toisé :* examiné en détail.
10. *La harangue laconique :* le discours très bref.
11. *La contenance empreinte de :* l'attitude caractérisée par…
12. *Une attitude prophétique :* l'attitude de quelqu'un qui connaît les mystères de l'avenir.
13. *Le génie... :* être surnaturel qui incarne et protège la Bretagne.
14. *Crêpes :* morceaux de tissu noir qu'on porte en signe de deuil dans les deux camps.
15. *Détachement :* la troupe en marche.
16. *Expression de torpeur :* expression de somnolence.

homme étonna singulièrement le commandant ; s'il n'en parut pas[8] le moins du monde intimidé, son front devint soucieux ; et, après avoir toisé[9] l'étranger, il répéta machinalement et comme occupé de pensées sinistres :

– Oui, pourquoi ne viennent-ils pas, le sais-tu, toi ?

– C'est que, répondit le sombre interlocuteur avec un accent qui prouvait une assez grande difficulté pour parler français, c'est que là, dit-il en étendant sa rude et large main vers Ernée, là est le Maine et là finit la Bretagne.

Puis il frappa fortement le sol en jetant le pesant manche de son fouet aux pieds du commandant. L'impression produite sur les spectateurs de cette scène par la harangue laconique[10] de l'inconnu ressemblait assez à celle que donnerait un coup de tam-tam frappé au milieu d'une musique. Le mot de harangue suffit à peine pour rendre la haine, les désirs de vengeance qu'exprimèrent un geste hautain, une parole brève et la contenance empreinte[11] d'une énergie farouche et froide. La grossièreté de cet homme taillé comme à coups de hache, sa noueuse écorce, la stupide ignorance gravée sur ses traits, en faisaient une sorte de demi-dieu barbare. Il gardait une attitude prophétique[12] et apparaissait là comme le génie même de la Bretagne[13], qui se relevait d'un sommeil de trois années, pour recommencer une guerre où la victoire ne se montra jamais sans de doubles crêpes[14].

– Voilà un joli coco ! dit Hulot en se parlant à lui-même. Il m'a l'air d'être l'ambassadeur des gens qui s'apprêtent à parlementer à coups de fusil.

Après avoir grommelé ces paroles entre ses dents, le commandant promena successivement ses regards de cet homme au paysage, du paysage au détachement[15], du détachement sur les talus abrupts de la route, dont les crêtes étaient ombragées par les hauts genêts de la Bretagne ; puis il les reporta tout à coup sur l'inconnu, auquel il fit subir comme un muet interrogatoire qu'il termina en lui demandant brusquement :

– D'où viens-tu ?

Son œil avide et perçant cherchait à deviner les secrets de ce visage impénétrable qui, pendant cet intervalle, avait pris la niaise expression de torpeur[16] dont s'enveloppe un paysan au repos.

– Du pays des *Gars*, répondit l'homme sans manifester aucun trouble.

– Ton nom ?

– *Marche-à-terre.*

– Pourquoi portes-tu, malgré la loi, ton surnom de Chouan ?

Marche-à-terre, puisqu'il se donnait ce nom, regarda le commandant d'un air d'imbécillité si profondément vraie, que le militaire crut n'avoir pas été compris.

– Fais-tu partie de la réquisition de Fougères ?

À cette demande, Marche-à-terre répondit par un de ces *je ne sais pas*, dont l'inflexion désespérante arrête tout entretien. Il s'assit tranquillement sur le bord du chemin, tira de son sarrau quelques morceaux d'une mince et noire galette de sarrasin, repas national dont les tristes délices ne peuvent être comprises que des Bretons, et se mit à manger avec une indiffé-

17. *Quelque naturel :* quelqu'un qui est originaire de.
18. *Le héraut :* celui qui annonce.
19. *Les halliers :* les buissons touffus.

rence stupide. Il faisait croire à une absence si complète de toute intelligence, que les officiers le comparèrent tour à tour, dans cette situation, à un des animaux qui broutaient les gras pâturages de la vallée, aux sauvages de l'Amérique ou à quelque naturel[17] du cap de Bonne-Espérance. Trompé par cette attitude, le commandant lui-même n'écoutait déjà plus ses inquiétudes, lorsque, jetant un dernier regard de prudence à l'homme qu'il soupçonnait être le héraut[18] d'un prochain carnage, il en vit les cheveux, le sarrau, les peaux de chèvre couverts d'épines, de débris de feuilles, de brins de bois et de broussailles, comme si ce Chouan eût fait une longue route à travers les halliers[19]. Il lança un coup d'œil significatif à son adjudant Gérard, près duquel il se trouvait, lui serra fortement la main et dit à voix basse :

– Nous sommes allés chercher de la laine, et nous allons revenir tondus.

Les officiers étonnés se regardèrent en silence.

(Extrait du chapitre 2.)

La colonne tombe effectivement dans une embuscade tendue par les Chouans, au cours de laquelle Hulot aperçoit leur chef, le jeune marquis de Montauran. L'apparition de Marche-à-terre était destinée à prévenir les Chouans du contingent de l'imminence de l'embuscade. Le combat se termine par la victoire des Bleus, grâce à la vigilance de Hulot.

Interrogez le texte

1. Un portrait dans le récit

a. De quelle manière Balzac introduit-il le nouveau personnage ?
b. Quels sont les deux points de vue* que l'auteur adopte tour à tour pour faire le portrait de Marche-à-terre ? Justifiez votre réponse.
c. Quels sentiments la vue de cet inconnu fait-elle naître chez Hulot ?
d. Balzac cherche-t-il à rendre Marche-à-terre sympathique ou antipathique au lecteur ? Justifiez votre réponse en observant les champs lexicaux* dominants dans le portrait du personnage et en relevant les expressions les plus significatives.

2. Le dialogue

a. Qu'apprend le dialogue au lecteur ?
b. Les réponses de l'inconnu permettent-elles à Hulot d'en savoir davantage sur son interlocuteur ?
c. Quelles expressions révèlent que Hulot a conscience d'être en présence d'un danger imminent ?

LA RENCONTRE DES HÉROS

La naissance de l'amour

Hulot a reçu l'ordre d'escorter jusqu'à Alençon une voiture dans laquelle se trouve Mlle de Verneuil, une jeune et jolie espionne envoyée par Fouché, ministre de la Police. Sa mission : séduire le chef des Chouans, le marquis de Montauran, et le livrer à la police, sous le contrôle d'un agent de Fouché, Corentin. L'équipage s'arrête à l'hôtel des Trois Maures. *Ignorant l'identité de la nouvelle venue, l'aubergiste propose un peu légèrement à Mlle de Verneuil et à Francine, sa suivante, de partager le repas de deux autres voyageurs, deux « personnes de distinction », c'est-à-dire des aristocrates.*

– Eh bien, mademoiselle accepte votre proposition, dit gravement [Francine] à l'hôte[1], qui fut comme réveillé en sursaut par ces paroles.

– Laquelle ? demanda-t-il avec une surprise réelle.

– Laquelle ? demanda Corentin survenant.

– Laquelle ? demanda mademoiselle de Verneuil.

– Laquelle ? demanda un quatrième personnage qui se trouvait sur la dernière marche de l'escalier et qui sauta légèrement dans la cuisine.

– Eh bien, de déjeuner avec vos personnes de distinction, répondit Francine impatiente.

– De distinction, reprit d'une voix mordante et ironique le personnage arrivé par l'escalier. Ceci, mon cher, me semble une mauvaise plaisanterie d'auberge ; mais, si c'est cette jeune citoyenne que tu veux nous donner pour convive, il faudrait être fou pour s'y refuser, brave homme, dit-il en regardant mademoiselle de Verneuil. En l'absence de ma mère, j'accepte, ajouta-t-il en frappant sur l'épaule de l'aubergiste stupéfait.

La gracieuse étourderie de la jeunesse déguisa la hauteur insolente de ces paroles, qui attira naturellement l'attention de tous les acteurs de cette scène sur ce nouveau personnage. L'hôte prit alors la contenance de Pilate cherchant à se laver les mains de la mort de Jésus-Christ[2] , il rétrograda de deux pas vers sa grosse femme et lui dit à l'oreille :

– Tu es témoin que, s'il arrive quelque malheur, ce ne sera pas ma faute. Mais, au surplus, ajouta-t-il encore plus bas, va prévenir de tout ça monsieur Marche-à-terre.

Le voyageur, jeune homme de moyenne taille, portait un habit bleu et de grandes guêtres[3] noires qui lui montaient au-dessus du genou, sur une culotte de drap également bleu. Cet uniforme simple et sans épaulettes appartenait aux élèves de l'École polytechnique[4]. D'un seul regard, mademoiselle de Verneuil sut distinguer sous ce costume sombre des formes élégantes et ce *je ne sais quoi* qui annonce une noblesse native[5]. Assez ordinaire au premier aspect, la figure du jeune homme se faisait bientôt remarquer par la conformation de quelques traits où se révélait une âme capable de grandes choses. Un teint bruni, des cheveux blonds et bouclés, des yeux bleus étincelants, un nez fin, des mouvements pleins d'aisance ; en lui, tout décelait et une vie dirigée par des sentiments élevés et l'habi-

1. *L'hôte :* l'aubergiste, que Marche-à-terre avait entre-temps alerté du danger que représentait Mlle de Verneuil.
2. *Ponce Pilate,* selon la Bible, a abandonné Jésus aux juifs qui voulaient sa mort en se lavant symboliquement les mains. D'où l'expression : « Je m'en lave les mains ».
3. *Guêtres :* enveloppes de tissu qui couvrent le haut de la chaussure et le bas de la jambe.
4. *École polytechnique :* école militaire destinée à former les officiers de l'armée de la République.
5. *Native :* de naissance.

6. *De son génie :* de sa personnalité.
7. *Lestement :* avec légèreté.
8. *Une ci-devant :* une aristocrate.

tude du commandement. Mais les signes les plus caractéristiques de son génie[6] se trouvaient dans un menton à la Bonaparte, et dans sa lèvre inférieure qui se joignait à la supérieure en décrivant la courbe gracieuse de la feuille d'acanthe sous le chapiteau corinthien. La nature avait mis dans ces deux traits d'irrésistibles enchantements.

– Ce jeune homme est singulièrement distingué pour un républicain, se dit mademoiselle de Verneuil.

Voir tout cela d'un clin d'œil, s'animer par l'envie de plaire, pencher mollement la tête de côté, sourire avec coquetterie, lancer un de ces regards veloutés qui ranimeraient un cœur mort à l'amour ; voiler ses longs yeux noirs sous de larges paupières dont les cils fournis et recourbés dessinèrent une ligne brune sur sa joue ; chercher les sons les plus mélodieux de sa voix pour donner un charme pénétrant à cette phrase banale : « Nous vous sommes bien obligées, monsieur », tout ce manège n'employa pas le temps nécessaire à le décrire. Puis mademoiselle de Verneuil, s'adressant à l'hôte, demanda son appartement, vit l'escalier et disparut, avec Francine, en laissant à l'étranger le soin de deviner si cette réponse contenait une acceptation ou un refus.

– Quelle est cette femme-là ? demanda lestement[7] l'élève de l'École polytechnique à l'hôte immobile et de plus en plus stupéfait.

– C'est la citoyenne Verneuil, répondit aigrement Corentin en toisant le jeune homme avec jalousie, une ci-devant[8] ; qu'en veux-tu faire ?

L'inconnu, qui fredonnait une chanson républicaine, leva la tête avec fierté vers Corentin. Les deux jeunes gens se regardèrent alors pendant un moment comme deux coqs près de se battre, et ce regard fit éclore la haine entre eux pour toujours.

(Extrait du chapitre 2.)

Interrogez le texte

1. L'entrée en scène du héros

a. De quelle manière Balzac introduit-il ce nouveau personnage ?
b. Quels traits physiques lui donne-t-il ?
c. Quels sont les traits dominants de son caractère ?
d. Pour qui cherche-t-il à se faire passer ?

2. Le début du roman d'amour

a. Dans quel lieu les deux héros se rencontrent-ils ? Qui est à l'origine de leur rencontre ?
b. Quelle expression du texte indique que l'inconnu a tout de suite remarqué Mlle de Verneuil ? En quoi le terme de *citoyenne* (l. 55) est-il ironique ?
c. Quelles réactions cette rencontre provoque-t-elle chez Mlle de Verneuil ?
d. En quoi les deux héros se ressemblent-ils ? Pourquoi Balzac construit-il l'intrigue amoureuse de son roman autour d'eux ?

3. Amour et politique

a. Parmi les personnages présents, lesquels connaissent la véritable identité de Mlle de Verneuil ? celle du jeune aristocrate ?
b. Chez quels personnages cette rencontre fait-elle naître de l'inquiétude ? Pourquoi ?
c. Marche-à-terre semble-t-il jouer un rôle important chez les Chouans ? Justifiez votre réponse.
d. Quels personnages vont constituer une menace pour le marquis de Montauran et pour l'avenir des deux héros ? À quel camp appartiennent-ils respectivement ?

LA RENCONTRE DES ADVERSAIRES

Les soupçons du commandant

Au cours du repas, l'inconnu se fait passer pour le citoyen du Gua Saint-Cyr. Mme du Gua, qui se prétend sa mère, s'est jointe aux convives. Or on raconte que du Gua Saint-Cyr a été tué dans une voiture de poste dévalisée par les Chouans. Quelle est donc la véritable identité de l'inconnu ?

1. *Une mine renfrognée :* de mauvaise humeur.
2. *Béant :* stupéfait.
3. *Méconnaître :* faire semblant de ne pas voir.
4. *L'aversion :* la haine.
5. *Dans quel corps :* dans quelle arme.
6. *Des officiers... du génie :* qui s'occupent des fortifications, du transport…
7. *Ne se déconcerta pas :* ne perdit pas son assurance.

Les pas pesants d'un militaire retentirent dans le corridor, et le commandant Hulot montra bientôt une mine renfrognée[1].

– Venez ici, mon colonel, dit en souriant mademoiselle de Verneuil, qui lui indiqua de la main une chaise auprès d'elle. Occupons-nous, puisqu'il le faut, des affaires de l'État. Mais riez donc ! Qu'avez-vous ? Y a-t-il des Chouans ici ?

Le commandant était resté béant[2] à l'aspect du jeune inconnu, qu'il contemplait avec une singulière attention.

– Ma mère, désirez-vous encore du lièvre ? Mademoiselle, vous ne mangez pas ? disait à Francine le marin en s'occupant des convives.

Mais la surprise de Hulot et l'attention de mademoiselle de Verneuil avaient quelque chose de cruellement sérieux qu'il était dangereux de méconnaître[3].

– Qu'as-tu donc, commandant ? Est-ce que tu me connaîtrais ? reprit brusquement le jeune homme.

– Peut-être, répondit le républicain.

– En effet, je crois t'avoir vu venir à l'École.

– Je ne suis jamais allé à l'école, répliqua brusquement le commandant. Et de quelle école sors-tu donc, toi ?

– De l'École polytechnique.

– Ah ! ah ! oui, de cette caserne où l'on veut faire des militaires dans les dortoirs, répondit le commandant, dont l'aversion[4] était insurmontable pour les officiers sortis de cette savante pépinière. Mais dans quel corps[5] sers-tu ?

– Dans la marine.

– Ah ! dit Hulot en riant avec malice. Connais-tu beaucoup d'élèves de cette école-là dans la marine ? Il n'en sort, reprit-il d'un accent grave, que des officiers d'artillerie et du génie[6].

Le jeune homme ne se déconcerta pas[7].

– J'ai fait exception à cause du nom que je porte, répondit-il. Nous avons tous été marins dans notre famille.

– Ah ! reprit Hulot, quel est donc ton nom de famille, citoyen ?

– Du Gua Saint-Cyr.

– Tu n'as donc pas été assassiné à Mortagne ?

– Ah ! il s'en est de bien peu fallu ! dit vivement madame du Gua, mon fils a reçu deux balles...

– Et as-tu des papiers ? dit Hulot sans écouter la mère.

– Est-ce que vous voulez les lire ? demanda impertinemment le jeune

marin, dont l'œil bleu plein de malice étudiait alternativement la sombre figure du commandant et celle de mademoiselle de Verneuil.

8. *Un blanc-bec :* un petit jeune.

– Un blanc-bec[8] comme toi voudrait-il m'embêter, par hasard ? Allons, donne-moi tes papiers, ou sinon en route !

– Là, là, mon brave, je ne suis pas un *serin*. Ai-je donc besoin de te répondre ! Qui es-tu ?

– Le commandant du département, répliqua Hulot.

– Oh ! alors, mon cas peut devenir très grave, je serais pris les armes à la main.

Et il tendit un verre de vin de Bordeaux au commandant.

– Je n'ai pas soif, répondit Hulot. Allons, voyons tes papiers.

En ce moment, un bruit d'armes et les pas de quelques soldats ayant retenti dans la rue, Hulot s'approcha de la fenêtre et prit un air satisfait qui fit trembler mademoiselle de Verneuil. Ce signe d'intérêt réchauffa le jeune homme, dont la figure était devenue froide et fière. Après avoir fouillé dans la poche de son habit, il tira d'un élégant portefeuille et offrit au commandant des papiers que Hulot se mit à lire lentement, en comparant le signalement du passeport avec le visage du voyageur suspect. Pendant cet examen, le cri de la chouette recommença ; mais, cette fois, il ne fut pas difficile d'y distinguer l'accent et les jeux d'une voix humaine. Le commandant rendit alors au jeune homme les papiers d'un air moqueur.

– Tout cela est bel et bon, lui dit-il, mais il faut me suivre au district[9]. Je n'aime pas la musique, moi !

– Pourquoi l'emmenez-vous au district ? demanda mademoiselle de Verneuil d'une voix altérée.

– Ma petite fille, répondit le commandant en faisant sa grimace habituelle, cela ne vous regarde pas.

Irritée du ton, de l'expression du vieux militaire, et plus encore de cette espèce d'humiliation subie devant un homme à qui elle plaisait, mademoiselle de Verneuil se leva, quitta tout à coup l'attitude de candeur[10] et de modestie dans laquelle elle s'était tenue jusqu'alors, son teint s'anima et ses yeux brillèrent.

– Dites-moi, ce jeune homme a-t-il satisfait à tout ce qu'exige la loi ? s'écria-t-elle doucement, mais avec une sorte de tremblement dans la voix.

– Oui, en apparence, répondit ironiquement Hulot.

– Eh bien, j'entends que vous le laissiez tranquille *en apparence*, reprit-elle. Avez-vous peur qu'il ne vous échappe ? Vous allez l'escorter avec moi jusqu'à Mayenne, il sera dans la malle[11] avec madame sa mère... Pas d'observation, je le veux !... Eh bien, quoi ! reprit-elle en voyant Hulot qui se permit de faire sa petite grimace, le trouvez-vous encore suspect ?

– Mais un peu, je pense.

– Que voulez-vous donc en faire ?

– Rien, si ce n'est de lui rafraîchir la tête avec un peu de plomb... C'est un étourdi, reprit le commandant avec ironie.

– Plaisantez-vous, colonel ? s'écria mademoiselle de Verneuil.

– Allons, camarade ! dit le commandant en faisant un signe de tête au marin ; allons, dépêchons !

À cette impertinence de Hulot, mademoiselle de Verneuil devint calme et sourit.

– N'avancez pas, dit-elle au jeune homme, qu'elle protégea par un geste plein de dignité.

– Oh ! la belle tête ! dit le marin à l'oreille de sa mère, qui fronça les sourcils.

Le dépit et mille sentiments irrités, mais combattus, déployaient alors des beautés nouvelles sur le visage de la Parisienne. Francine, madame du Gua, son fils, s'étaient levés tous. Mademoiselle de Verneuil se plaça vivement entre eux et le commandant qui souriait, et défit lestement deux brandebourgs de son spencer[12]. Puis, agissant par suite de cet aveuglement dont les femmes sont saisies lorsqu'on attaque fortement leur amour-propre, mais flattée ou impatiente aussi d'exercer son pouvoir, comme un enfant peut l'être d'essayer le nouveau jouet qu'on lui a donné, elle présenta vivement au commandant une lettre ouverte.

– Lisez, lui dit-elle avec un sourire sardonique[13].

Elle se retourna vers le jeune homme à qui, dans l'ivresse du triomphe, elle lança un regard où la malice se mêlait à une expression amoureuse. Chez tous deux, les fronts s'éclaircirent ; la joie colora leurs

9. *Au district :* là où se trouvent les autorités administratives.
10. *Candeur :* naïveté.
11. *La malle :* la voiture de poste.
12. *Deux brandebourgs de son spencer :* deux attaches de sa veste courte.
13. *Sardonique :* à la fois moqueur et méchant.

figures agitées, et mille pensées contradictoires s'élevèrent dans leurs âmes. Par un seul regard, madame du Gua parut attribuer bien plus à l'amour qu'à la charité la générosité de mademoiselle de Verneuil, et certes elle avait raison. La jolie voyageuse rougit d'abord et baissa modestement les paupières en devinant tout ce que disait ce regard de femme. Devant cette menaçante accusation elle releva fièrement la tête et défia tous les yeux. Le commandant, pétrifié, rendit cette lettre contresignée des ministres, et qui enjoignait[14] à toutes les autorités d'obéir aux ordres de cette mystérieuse personne ; mais il tira son épée du fourreau, la prit, la cassa sur son genou, et jeta les morceaux.

– Mademoiselle, vous savez probablement bien ce que vous avez à faire ; mais un républicain a ses idées et sa fierté, dit-il. Je ne sais pas servir[15] là où les belles filles commandent ; le premier consul aura, dès ce soir, ma démission, et d'autres que Hulot vous obéiront. Là où je ne comprends plus, je m'arrête ; surtout quand je suis tenu de comprendre.

Il y eut un moment de silence ; mais il fut bientôt rompu par la jeune Parisienne, qui marcha au commandant, lui tendit la main et lui dit :

– Colonel, quoique votre barbe soit un peu longue, vous pouvez m'embrasser, vous êtes un homme.

– Et je m'en flatte, Mademoiselle, répondit-il en déposant assez gauchement un baiser sur la main de cette singulière fille. Quant à toi, camarade, ajouta-t-il en menaçant du doigt le jeune homme, tu en reviens d'une belle !

– Mon commandant, dit en riant l'inconnu, il est temps que la plaisanterie finisse, et, si tu le veux, je vais te suivre au district.

– Y viendras-tu avec ton siffleur invisible, Marche-à-terre…?

– Qui, Marche-à-terre ? demanda le marin avec tous les signes de la surprise la plus vraie.

– N'a-t-on pas sifflé tout à l'heure ?

– Eh bien, répliqua l'étranger, qu'a de commun ce sifflement et moi, je te le demande ? J'ai cru que les soldats que tu avais commandés pour m'arrêter, sans doute, te prévenaient ainsi de leur arrivée.

– Vraiment, tu as cru cela ?

– Eh ! mon Dieu, oui. Mais bois donc ton verre de vin de Bordeaux, il est délicieux.

Surpris de l'étonnement naturel du marin, de l'incroyable légèreté de ses manières, de la jeunesse de sa figure, que rendaient presque enfantine les boucles de ses cheveux blonds soigneusement frisés, le commandant flottait entre mille soupçons. Il remarqua madame du Gua, qui essayait de surprendre le secret des regards que son fils jetait à mademoiselle de Verneuil, et lui demanda brusquement :

– Votre âge, citoyenne ?

– Hélas ! monsieur l'officier, les lois de notre République deviennent bien cruelles ! J'ai trente-huit ans.

– Quand on devrait me fusiller, je n'en croirais rien encore. Marche-à-terre est ici, il a sifflé, vous êtes des Chouans déguisés. Tonnerre de Dieu ! je vais faire entièrement cerner et fouiller l'auberge.

14. *Enjoignait :* ordonnait.
15. *Servir :* faire mon devoir de soldat.

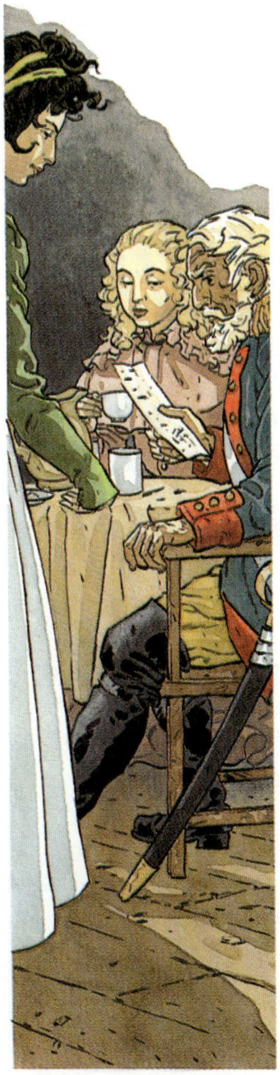

16. H*eureusement :* par chance.
17. *Le cabinet de Londres :* les émigrés qui, depuis l'Angleterre, complotent contre la République.

En ce moment, un sifflement irrégulier, assez semblable à ceux qu'on avait entendus, et qui partait de la cour de l'auberge, coupa la parole au commandant ; il se précipita fort heureusement[16] dans le corridor, et n'aperçut point la pâleur que ses paroles avaient répandue sur la figure de madame du Gua. Hulot vit, dans le siffleur, un postillon qui attelait ses chevaux à la malle ; il déposa ses soupçons, tant il lui sembla ridicule que des Chouans se hasardassent au milieu d'Alençon, et il revint confus.

– Je lui pardonne, mais, plus tard, il payera cher le moment qu'il nous a fait passer ici, dit gravement la mère à l'oreille de son fils au moment où Hulot rentrait dans la chambre.

Le brave officier offrait sur sa figure embarrassée l'expression de la lutte que la sévérité de ses devoirs livrait dans son cœur à sa bonté naturelle. Il conserva son air bourru, peut-être parce qu'il croyait alors s'être trompé ; mais il prit le verre de vin de Bordeaux et dit :

– Camarade, excuse-moi ; mais ton école envoie à l'armée des officiers si jeunes...

– Les brigands en ont donc de plus jeunes encore ? demanda en riant le prétendu marin.

– Pour qui preniez-vous donc mon fils ? reprit madame du Gua.

– Pour le Gars, le chef envoyé aux Chouans et aux Vendéens par le cabinet de Londres[17], et qu'on nomme le marquis de Montauran.

(Extrait du chapitre 2.)

Interrogez le texte

1. Une scène de théâtre

a. Quels personnages prennent part à la discussion ?
b. Pourquoi Balzac a-t-il choisi de rapporter cette scène au discours direct ?
c. Quelles indications sont données dans les paragraphes de récit ? Quel rôle jouent-elles dans le texte ?
d. Quelles sont les deux parties de la scène ?
e. Qu'est-ce qui constitue un coup de théâtre ?

2. Un duel verbal

a. Qu'est-ce qui fait naître les soupçons de Hulot sur la véritable identité de du Gua Saint-Cyr ?
b. Hulot sait-il véritablement à qui il a affaire ? Justifiez votre réponse.
c. Comment Hulot cherche-t-il à prendre le jeune inconnu au piège ?
d. Pour quelles raisons n'arrête-t-il finalement pas le jeune homme ?
e. Mlle de Verneuil exécute-t-elle fidèlement la mission qui lui a été confiée ? Justifiez votre réponse.

UNE PÉRIPÉTIE TRAGIQUE

Le guet-apens

Mme du Gua et son prétendu fils, qui est effectivement le marquis de Montauran, ont accepté de monter dans la voiture de poste qui reprend la route vers Mayenne, sous l'escorte de soldats républicains. Chemin faisant, le marquis et Marie de Verneuil se déclarent ouvertement leur amour. Il lui avoue qu'il n'est pas républicain mais royaliste, tout en continuant à lui dissimuler sa véritable identité.
Montauran propose à Marie une halte au château de la Vivetière, près de Fougères. Il y invite aussi l'escorte des Bleus, commandée par Merle et Gérard, les deux adjoints de Hulot. Or à la Vivetière se tient une réunion secrète des chefs chouans et vendéens, avertis par Marche-à-terre de l'arrivée de Marie et des Bleus.
On est à table, quand un nouveau convive fait son entrée.

Certains coups d'œil surpris entre le marquis et ses hôtes, certains mots à double sens imprudemment prononcés, mais surtout la ceinture de barbe dont le cou de quelques convives était garni et qu'ils cachaient assez mal dans leurs cravates, finirent par apprendre aux deux officiers une vérité qui les frappa en même temps. Ils se révélèrent leurs communes pensées par un même regard, car madame du Gua les avait habilement séparés et ils en étaient réduits au langage de leurs yeux. Leur situation commandait d'agir avec adresse : ils ne savaient s'ils étaient les maîtres du château, ou s'ils y avaient été attirés dans une embûche[1] ; si mademoiselle de Verneuil était la dupe ou la complice de cette inexplicable aventure ; mais un événement imprévu précipita la crise, avant qu'ils pussent en connaître toute la gravité.

Le nouveau convive[2] était un de ces hommes carrés de base comme de hauteur, dont le teint est fortement coloré, qui se penchent en arrière quand ils marchent, qui semblent déplacer beaucoup d'air autour d'eux, et croient qu'il faut à tout le monde plus d'un regard pour les voir. Malgré sa noblesse, il avait pris la vie comme une plaisanterie dont on doit tirer le meilleur parti possible ; mais, tout en s'agenouillant devant lui-même, il était bon, poli et spirituel à la manière de ces gentilshommes qui, après avoir fini leur éducation à la cour, reviennent dans leurs terres, et ne veulent jamais supposer qu'ils ont pu, au bout de vingt ans, s'y rouiller. Ces sortes de gens manquent de tact avec un aplomb imperturbable, disent spirituellement une sottise, se défient du bien avec beaucoup d'adresse, et prennent d'incroyables peines pour donner dans un piège.

Lorsque, par un jeu de fourchette qui annonçait un grand mangeur, il eut regagné le temps perdu, il leva les yeux sur la compagnie. Son étonnement redoubla en voyant les deux officiers, et il interrogea du regard madame du Gua qui, pour toute réponse, lui montra mademoiselle de Verneuil. En apercevant la sirène[3] dont la beauté commençait à imposer silence aux sentiments d'abord excités par madame du Gua dans l'âme des convives, le gros inconnu laissa échapper un de ces sourires impertinents

1. *Dans une embûche :* dans une embuscade.
2. *Le nouveau convive :* le comte de Bauvan, qui jouera un rôle important dans la suite du roman.
3. *La sirène :* la jolie jeune femme.

4. *Graveleuse :* vulgaire et obscène.
5. *Ce serpenteau :* ce message assassin.

et moqueurs qui semblent contenir toute une histoire graveleuse[4]. Il se pencha à l'oreille de son voisin, auquel il dit deux ou trois mots, et ces mots, qui restèrent un secret pour les officiers et pour Marie, voyagèrent d'oreille en oreille, de bouche en bouche, jusqu'au cœur de celui qu'ils devaient frapper à mort. Les chefs des Vendéens et des Chouans tournèrent leurs regards sur le marquis de Montauran avec une curiosité cruelle. Les yeux de madame du Gua allèrent du marquis à mademoiselle de Verneuil étonnée, en lançant des éclairs de joie. Les officiers inquiets se consultèrent en attendant le résultat de cette scène bizarre.

Puis, en un moment, les fourchettes demeurèrent inactives dans toutes les mains, le silence régna dans la salle, et tous les regards se concentrèrent sur le Gars. Une effroyable rage éclata sur ce visage colère et sanguin, qui prit une teinte de cire. Le jeune chef se tourna vers le convive d'où ce serpenteau[5] était parti, et, d'une voix qui sembla couverte d'un crêpe :

– Mort de mon âme, comte, cela est-il vrai ? demanda-t-il.

– Sur mon honneur, répondit le comte en s'inclinant avec gravité.

Le marquis baissa les yeux un moment, et il les releva bientôt pour les reporter sur Marie, qui, attentive à ce débat, recueillit ce regard plein de mort.

– Je donnerais ma vie, dit-il à voix basse, pour me venger sur l'heure.

Madame du Gua comprit cette phrase au mouvement seul des lèvres et sourit au jeune homme, comme on sourit à un ami dont le désespoir va cesser. Le mépris général pour mademoiselle de Verneuil, peint sur toutes les figures, mit le comble à l'indignation des deux républicains, qui se levèrent brusquement.

– Que désirez-vous, citoyens ? demanda madame du Gua.

– Nos épées, *citoyenne*, répondit ironiquement Gérard.

– Vous n'en avez pas besoin à table, dit froidement le marquis.

– Non ; mais nous allons jouer à un jeu que vous connaissez, répon-

dit Gérard en reparaissant. Nous nous verrons ici d'un peu plus près qu'à la Pèlerine[6].

L'assemblée resta stupéfaite. En ce moment, une décharge faite avec un ensemble terrible pour les oreilles des deux officiers retentit dans la cour. Les deux officiers s'élancèrent sur le perron : là, ils virent une centaine de Chouans qui ajustaient quelques soldats survivant à leur première décharge, et qui tiraient sur eux comme sur des lièvres. Ces Bretons sortaient de la rive où Marche-à-terre les avait postés au péril de leur vie ; car, dans cette évolution et après les derniers coups de fusil, on entendit, à travers les cris des mourants, quelques Chouans tombant dans les eaux, où ils roulèrent comme des pierres dans un gouffre. Pille-miche[7] visait Gérard, Marche-à-terre tenait Merle en respect.

– Capitaine, dit froidement le marquis à Merle en lui répétant les paroles que le républicain avait dites de lui, *voyez-vous, les hommes sont comme les nèfles*[8]*, ils mûrissent sur la paille*.

Et, par un geste de main, il montra l'escorte entière des Bleus couchée sur la litière ensanglantée, où les Chouans achevaient les vivants et dépouillaient les morts avec une incroyable célérité[9].

– J'avais bien raison de vous dire que vos soldats n'iraient pas jusqu'à la Pèlerine, ajouta le marquis. Je crois aussi que votre tête sera pleine de plomb avant la mienne, qu'en dites-vous ?

Montauran éprouvait un horrible besoin de satisfaire sa rage. Son ironie envers le vaincu, la férocité, la perfidie même de cette exécution militaire faite sans ordre, et qu'il avouait alors, répondaient aux vœux secrets de son cœur. Dans sa fureur, il aurait voulu anéantir la France. Les Bleus égorgés, les deux officiers vivants, tous innocents du crime dont il demandait vengeance, étaient entre ses mains comme les cartes que dévore un joueur au désespoir.

– J'aime mieux périr ainsi que de triompher comme vous, dit Gérard.

6. *La Pèlerine :* où les Chouans qui avaient tendu une embuscade aux républicains avaient été battus et avaient pris la fuite (voir p. 220).
7. *Pille-miche :* un Chouan, compagnon de Marche-à-terre.
8. *Les nèfles :* fruits du néflier.
9. *Célérité :* rapidité.

Puis, en voyant ses soldats nus et sanglants, il s'écria :

– Les avoir assassinés lâchement !

– Comme le fut Louis XVI, Monsieur, répondit vivement le marquis.

– Monsieur, répliqua Gérard avec hauteur, il existe dans le procès d'un roi des mystères que vous ne comprendrez jamais.

– Accuser le roi ! s'écria le marquis hors de lui.

– Combattre la France ! répondit Gérard d'un ton de mépris.

– Niaiserie ! dit le marquis.

– Parricide[10] ! reprit le républicain.

– Régicide[11] !

– Eh bien, vas-tu prendre le moment de ta mort pour te quereller ? s'écria gaiement Merle.

– C'est vrai, dit froidement Gérard en se retournant vers le marquis. Monsieur, si votre intention est de nous donner la mort, reprit-il, faites-nous au moins la grâce de nous fusiller sur-le-champ.

– Te voilà bien ! reprit le capitaine ; toujours pressé d'en finir. Mais, mon ami, quand on va loin et qu'on ne pourra pas déjeuner le lendemain, on soupe.

Gérard s'élança fièrement et sans mot dire vers la muraille ; Pille-miche l'ajusta, puis, regardant le marquis immobile, il prit le silence de son chef pour un ordre, et l'adjudant-major tomba comme un arbre. Marche-à-terre courut partager cette nouvelle dépouille avec Pille-miche. Comme deux corbeaux affamés, ils eurent un débat [12] et grognèrent sur le cadavre encore chaud.

– Si vous voulez achever de souper, capitaine, vous êtes libre de venir avec moi, dit le marquis à Merle, qu'il voulut garder pour faire des échanges[13].

Le capitaine rentra machinalement avec le marquis, en disant à voix basse, comme s'il s'adressait un reproche :

– C'est cette diablesse de fille[14] qui est cause de ça... Que dira Hulot ?

– Cette fille! s'écria le marquis d'un ton sourd. C'est donc bien décidément une fille ?

Le capitaine semblait avoir tué Montauran, qui le suivait tout pâle, défait, morne, et d'un pas chancelant. Il s'était passé dans la salle à manger une autre scène qui, par l'absence du marquis, prit un caractère tellement sinistre, que Marie, se trouvant sans son protecteur, put croire à l'arrêt de mort écrit dans les yeux de sa rivale. Au bruit de la décharge, tous les convives s'étaient levés, moins madame du Gua.

– Rasseyez-vous, dit-elle, ce n'est rien, nos gens tuent les Bleus.

Lorsqu'elle vit le marquis dehors, elle se leva.

– Mademoiselle que voici, s'écria-t-elle avec le calme d'une sourde rage, venait nous enlever le Gars ! Elle venait essayer de le livrer à la République.

– Depuis ce matin, je l'aurais pu livrer vingt fois, et je lui ai sauvé la vie, répliqua mademoiselle de Verneuil.

(Extrait du chapitre 2.)

10. *Parricide :* assassin de son père.
11. *Régicide :* assassin du roi.
12. *Ils eurent un débat :* ils se disputèrent.
13. *Pour faire des échanges :* pour l'échanger contre des prisonniers.
14. *Fille :* synonyme de *femme*, dans la bouche de Merle. Mais repris par le marquis au sens de *prostituée*. On peut imaginer quel était le contenu du *serpenteau* qui a couru pendant le dîner.

Interrogez le texte

1. Un dialogue muet

a. Quels personnages sont réunis autour de la table ?

b. De quoi Merle et Gérard prennent-ils brusquement conscience ? Pourquoi ne peuvent-ils pas en parler entre eux ? Quelle question se posent-ils au sujet de Mlle de Verneuil ?

c. Quel personnage fait passer un message ? de quelle façon ? À qui ce message est-il destiné ? dans quelle intention ?

d. L. 25-51 : étudiez le mouvement des regards autour de la table à l'aide du tableau suivant, sur le modèle de l'exemple donné.

Expression du texte	Qui regarde ?	Qui est regardé ?	Motif ou signification du regard
Il leva les yeux sur la compagnie	le nouveau convive …	les autres convives …	la curiosité …

e. L. 46-51 : pourquoi la réaction du marquis est-elle si violente ?

2. Les éléments du récit

a. La séquence narrative : retrouvez les étapes du récit.

Lignes	Étapes de la séquence narrative	Titre proposé
1 à 12		
13 à 24		
25 à 62		
63 à 88		
89 à122		
123- fin		

b. Un portrait (l. 13-26) : étudiez le portrait du nouveau convive. Balzac cherche-t-il à rendre ce personnage sympathique ou antipathique au lecteur ? Justifiez votre réponse en observant les champs lexicaux* dominants et en relevant les expressions les plus significatives.

c. Une scène de guerre civile : relevez quelques expressions qui illustrent particulièrement la cruauté du massacre.

- Quelle image Balzac donne-t-il des Chouans dans ce texte ? Quelle expression de Mme du Gua traduit le mépris des Chouans pour les républicains ?
- Quelle image Balzac donne-t-il au contraire des deux officiers républicains ?

d. Un affrontement verbal (l. 89-107) :

- Quels sont les deux personnages en présence ? Au nom de quel idéal chacun d'eux s'exprime-t-il ?
- Quel est l'état d'esprit de chacun d'eux ? Justifiez votre réponse.
- Pourquoi le débat ne peut-il déboucher que sur la violence ?
- Quel rôle joue le capitaine Merle ? Justifiez votre réponse.

UNE RÉSOLUTION FATALE

Soif de vengeance

Après le massacre des Bleus, Marie de Verneuil quitte la Vivetière. Désespérée par la trahison de celui qu'elle aime, elle se réfugie à l'auberge de La Poste, à Fougères. Elle décide de se venger et de venger la mort des Bleus, dont elle se sent responsable.

Elle s'élança d'un bond sur Francine effrayée.

– Aimes-tu ? Oh ! oui, tu aimes[1], je m'en souviens. Ah ! je suis bien heureuse d'avoir auprès de moi une femme qui me comprenne. Eh bien, ma pauvre Francine, l'homme ne te semble-t-il pas une effroyable créature ? Hein ! Il disait m'aimer, et il n'a pas résisté à la plus légère des épreuves. Mais, si le monde entier l'avait repoussé, pour lui mon âme eût été un asile[2] ; si l'univers l'avait accusé, je l'aurais défendu ! Autrefois, je voyais le monde rempli d'êtres qui allaient et venaient, ils ne m'étaient qu'indifférents ; le monde était triste et non pas horrible ; mais, maintenant, qu'est le monde sans lui ? Il va donc vivre sans que je sois près de lui, sans que je le voie, que je lui parle, que je le sente, que je le tienne, que je le serre !... Ah ! je l'égorgerai plutôt moi-même dans son sommeil !

Francine, épouvantée, la contempla un moment en silence.

– Tuer celui qu'on aime... dit-elle d'une voix douce.

– Ah ! certes, quand il n'aime plus.

Mais, après ces épouvantables paroles, elle se cacha le visage dans ses mains, se rassit et garda le silence.

Le lendemain, un homme se présenta brusquement devant elle sans être annoncé. Il avait un visage sévère. C'était Hulot. Corentin l'accompagnait. Elle leva les yeux et frémit.

– Vous venez, dit-elle, me demander compte de vos amis ? Ils sont morts.

– Je le sais, répondit Hulot. Ce n'est pas au service de la République !

– Pour moi et par moi, reprit-elle. Vous allez me parler de la patrie ! La patrie rend-elle la vie à ceux qui meurent pour elle ? les venge-t-elle seulement ? Moi, je les vengerai ! s'écria-t-elle.

Les lugubres images de la catastrophe dont elle avait été la victime s'étant tout à coup développées à son imagination, cet être gracieux, qui mettait la pudeur en premier dans les artifices[3] de la femme, eut un mouvement de folie et marcha d'un pas saccadé vers le commandant stupéfait.

– Pour quelques soldats égorgés, j'amènerai sous la hache de vos échafauds une tête qui vaut des milliers de têtes ! dit-elle. Les femmes font rarement la guerre, mais vous pourrez, quelque vieux que vous soyez, apprendre à mon école de bons stratagèmes[4]. Je livrerai à vos baïonnettes une famille entière : ses aïeux, et lui, son avenir, son passé. Autant j'ai été bonne et vraie pour lui, autant je serai perfide et fausse. Oui, commandant, je veux amener ce petit gentilhomme dans mon lit, et il en sortira pour marcher à la mort. C'est cela, je n'aurai jamais de rivale... Le misérable a

1. Francine est amoureuse de Marche-à-terre, son ami d'enfance.
2. *Un asile :* un refuge.
3. *Les artifices :* moyens de séduire.
4. *Stratagèmes :* ruses de guerre.

5. *Son arrêt :* sa condamnation.
6. *Le rebelle :* celui qui prend les armes contre le gouvernement établi.
7. *N'expie :* ne punit.

prononcé lui-même son arrêt[5] : *un jour sans lendemain*. Votre République et moi, nous serons vengées. La République ! reprit-elle d'une voix dont les intonations bizarres effrayèrent Hulot ; mais le rebelle[6] mourra donc pour avoir porté les armes contre son pays ? La France me volerait donc ma vengeance ! Ah ! qu'une vie est peu de chose, une mort n'expie[7] qu'un crime ! Mais, si ce monsieur n'a qu'une tête à donner, j'aurai une nuit pour lui faire penser qu'il perd plus d'une vie. Sur toute chose, commandant, vous qui le tuerez (elle laissa échapper un soupir), faites en sorte que rien ne trahisse ma trahison, et qu'il meure convaincu de ma fidélité. Je ne vous demande que cela. Qu'il ne voie que moi, moi et mes caresses !

Là, elle se tut ; mais, à travers la pourpre de son visage, Hulot et Corentin s'aperçurent que la colère et le délire n'étouffaient pas entièrement la pudeur. Marie frissonna violemment en disant les derniers mots ; elle les écouta de nouveau comme si elle eût douté de les avoir prononcés, et tressaillit naïvement en faisant les gestes involontaires d'une femme à laquelle un voile échappe.

– Mais vous l'avez eu entre les mains ! dit Corentin.

– Probablement, répondit-elle avec amertume.

– Pourquoi m'avoir arrêté quand je le tenais ? demanda Hulot.

– Eh ! commandant, nous ne savions pas que ce serait *lui*.

Tout à coup, cette femme agitée, qui se promenait à pas précipités en jetant des regards dévorants aux deux spectateurs de cet orage, se calma.

– Je ne me reconnais pas, dit-elle, d'un ton d'homme. Pourquoi parler ? Il faut l'aller chercher !

– L'aller chercher, dit Hulot ; mais, ma chère enfant, prenez-y garde, nous ne sommes pas maîtres des campagnes, et, si vous vous hasardiez à sortir de la ville, vous seriez prise ou tuée à cent pas.

– Il n'y a pas de danger pour ceux qui veulent se venger, répondit-elle en faisant un geste de dédain pour bannir de sa présence ces deux hommes, qu'elle avait honte de voir.

– Quelle femme ! s'écria Hulot en se retirant avec Corentin. Quelle idée ils ont eue, à Paris, ces gens de police ! Mais elle ne nous le livrera jamais, ajouta-t-il en hochant la tête.

– Oh ! si ! répliqua Corentin.

– Ne voyez-vous pas qu'elle l'aime ? reprit Hulot.

– C'est précisément pour cela. D'ailleurs, dit Corentin en regardant le commandant étonné, je suis là pour l'empêcher de faire des sottises ; car, selon moi, camarade, il n'y a pas d'amour qui vaille trois cent mille francs[8].

Quand ce diplomate de l'intérieur[9] quitta le soldat, ce dernier le suivit des yeux ; et, lorsqu'il n'entendit plus le bruit de ses pas, il poussa un soupir en se disant à lui-même : « Il y a donc quelquefois du bonheur à n'être qu'une bête comme moi ! Tonnerre de Dieu ! si je rencontre le Gars, nous nous battrons corps à corps, ou je ne me nomme pas Hulot ; car, si ce renard-là me l'amenait à juger, maintenant qu'ils ont créé des conseils de guerre[10], je croirais ma conscience aussi sale que la chemise d'un jeune troupier qui entend le feu pour la première fois. »

(Extrait du chapitre 3.)

8. *Trois cent mille francs :* récompense promise à Marie par Fouché si elle réussissait dans sa mission.
9. *L'intérieur :* la police politique.
10. *Des conseils de guerre :* des tribunaux militaires.

Interrogez le texte

1. Un moment de crise

a. L. 1 à 17 : dans quel état d'esprit se trouve Marie au début de cet extrait ? Quels sentiments l'animent ? Quelle formule traduit la violence extrême du personnage ?

b. Quelles réactions les propos de Marie inspirent-ils à Francine ? Quel rôle joue cette dernière ?

2. Le projet de vengeance (l.18-fin)

a. Quelle expression signale une ellipse* dans le récit ?

b. Quels personnages entrent en scène ? Pourquoi l'auteur a-t-il choisi dans ce passage la forme du dialogue ?

c. Marie veut-elle seulement venger les soldats tués dans l'embuscade de la Vivetière ? À quoi semble-t-elle attacher le plus d'importance ? Justifiez votre réponse.

d. Quel stratagème imagine-t-elle pour sa vengeance ?

e. Quel reproche Corentin fait-il à Marie ? Comment s'en défend-elle ? Pourquoi Corentin est-il sûr que Marie livrera le marquis ?

f. Précisez ce qui oppose Hulot et Corentin dans cette scène.

LA DERNIÈRE PÉRIPÉTIE

Le bal de Saint-James

Au cours d'une escarmouche dans les environs de Fougères, Marie a fait prisonnier le comte de Bauvan, celui qui l'avait calomniée lors du repas à la Vivetière. Elle le confie à un Bleu, avec mission de le conduire sain et sauf à Fougères. Apprenant que Hulot est sur le point de le faire exécuter, Marie intervient. Elle le sauve.
Convaincu qu'elle est bien la fille du duc de Verneuil et non une vulgaire aventurière, le comte de Bauvan lui accorde sa protection : le lendemain il lave son honneur devant les aristocrates chouans et vendéens présents au bal donné à Saint-James où Marie s'est rendue dans le dessein de renouer avec Montauran.

1. *Son cavalier :* l'homme avec qui elle danse.
2. *Une espèce de boudoir :* un petit salon.
3. *Un bout de tison :* un morceau de bois en feu.

– Il fait horriblement chaud ici, dit-elle à son cavalier[1]. Je vois le front de monsieur de Montauran tout humide. Menez-moi de l'autre côté, que je puisse respirer…, j'étouffe.

Et, d'un geste de tête, elle désigna au comte le salon voisin, où se trouvaient quelques joueurs. Le marquis y suivit sa maîtresse, dont les paroles avaient été devinées au seul mouvement des lèvres. Il osa espérer qu'elle ne s'éloignait de la foule que pour le revoir, et cette faveur supposée rendit à sa passion une violence inconnue ; car son amour avait grandi de toutes les résistances qu'il croyait devoir lui opposer depuis quelques jours. Mademoiselle de Verneuil se plut à tourmenter le jeune chef, son regard, si doux, si velouté pour le comte, devenait sec et sombre quand par hasard il rencontrait les yeux du marquis. Montauran parut faire un effort pénible et dit d'une voix sourde :

– Ne me pardonnerez-vous donc pas ?

– L'amour, lui répondit-elle avec froideur, ne pardonne rien ou pardonne tout. Mais, ajouta-t-elle en lui voyant faire un mouvement de joie, il faut aimer…

Elle avait repris le bras du comte et s'était élancée dans une espèce de boudoir[2] attenant à la salle de jeu. Le marquis y suivit Marie.

– Vous m'écouterez ! s'écria-t-il.

– Vous feriez croire, Monsieur, répondit-elle, que suis venue ici pour vous et non par respect pour moi-même. Si vous ne cessez cette odieuse poursuite, je me retire.

– Eh bien, dit-il en se souvenant d'une des plus folles actions du dernier duc de Lorraine, laissez-moi vous parler seulement pendant le temps que je pourrai garder dans la main ce charbon.

Il se baissa vers le foyer, saisit un bout de tison[3] et le serra violemment. Mademoiselle de Verneuil rougit, dégagea vivement son bras de celui du comte et regarda le marquis avec étonnement. Le comte s'éloigna doucement et laissa les deux amants seuls. Une si folle action avait ébranlé le cœur de Marie, car, en amour, il n'y a rien de plus persuasif qu'une courageuse bêtise.

– Vous me prouvez là, dit-elle en essayant de lui faire jeter le charbon, que vous me livreriez au plus cruel de tous les supplices. Vous êtes extrême en tout. Sur la foi d'un sot et les calomnies d'une femme[4], vous avez soupçonné celle qui venait de vous sauver la vie d'être capable de vous vendre !

– Oui, dit-il en souriant, j'ai été cruel envers vous ; mais oubliez-le toujours, je ne l'oublierai jamais. Écoutez-moi... J'ai été indignement trompé, mais tant de circonstances dans cette fatale journée se sont trouvées contre vous...

– Et ces circonstances suffisaient pour éteindre votre amour ?

Il hésitait à répondre, elle fit un geste de dédain et se leva.

– Oh ! Marie, maintenant, je ne veux plus croire que vous…

– Mais jetez donc ce feu ! Vous êtes fou. Ouvrez votre main, je le veux.

Il se plut à opposer une molle résistance aux doux efforts de sa maîtresse, pour prolonger le plaisir aigu qu'il éprouvait à être fortement pressé par ses doigts mignons et caressants ; mais elle réussit enfin à ouvrir cette main qu'elle aurait voulu pouvoir baiser. Le sang avait éteint le charbon.

– Eh bien, à quoi cela vous a-t-il servi ?... dit-elle.

Elle fit de la charpie[5] avec son mouchoir et en garnit une plaie peu profonde, que le marquis couvrit bientôt de son gant. Madame du Gua arriva sur la pointe du pied dans le salon de jeu, et jeta de furtifs[6] regards sur les deux amants, aux yeux desquels elle échappa avec adresse en se penchant en arrière à leurs moindres mouvements ; mais il lui était certes difficile de s'expliquer leurs propos par ce qu'elle leur voyait faire.

– Si tout ce qu'on vous a dit de moi était vrai, avouez qu'en ce moment je serais bien vengée ! dit Marie avec une expression de malignité[7] qui fit pâlir le marquis.

– Et par quel sentiment avez-vous donc été amenée ici ?

– Mais, mon cher enfant, vous êtes un bien grand fat[8]. Vous croyez donc pouvoir impunément[9] mépriser une femme comme moi ? Je venais et pour vous et pour moi, reprit-elle après une pause, en mettant la main sur la touffe de rubis[10] qui se trouvait au milieu de sa poitrine, et lui montrant la lame de son poignard.

– Qu'est-ce que tout cela signifie ? pensait madame du Gua.

– Mais, continua Marie, vous m'aimez encore… Vous me désirez toujours, du moins ; et la sottise que vous venez de faire, ajouta-t-elle en

4. *Une femme :* Mme du Gua.
5. *Elle fit de la charpie :* elle déchira son mouchoir pour en faire un pansement.
6. *Furtifs :* rapides comme ceux d'un voleur.
7. *Malignité :* méchanceté.
8. *Fat :* prétentieux.
9. *Impunément :* sans courir de risque.
10. *La touffe de rubis :* Marie porte un poignard orné de pierres rouges.

11. *Absous* : pardonné.
12. *Joué* : trompé.

lui prenant la main, m'en a donné la preuve. Je suis redevenue ce que je voulais être, et je pars heureuse. Qui nous aime est toujours absous[11]. Quant à moi, je suis aimée, j'ai reconquis l'estime de l'homme qui représente à mes yeux le monde entier : je puis mourir.

– Vous m'aimez donc encore ? dit le marquis.

– Ai-je dit cela ? répondit-elle d'un air moqueur, en suivant avec joie les progrès de l'affreuse torture que, dès son arrivée, elle avait commencé à faire subir au marquis. N'ai-je pas dû faire des sacrifices pour venir ici ! J'ai sauvé monsieur de Bauvan de la mort, et, plus reconnaissant, il m'a offert, en échange de ma protection, sa fortune et son nom. Vous n'avez jamais eu cette pensée.

Le marquis, étourdi par ces derniers mots, réprima la plus violente colère à laquelle il eût encore été en proie, en se croyant joué[12] par le comte, et il ne répondit pas.

– Ah ! vous réfléchissez ? reprit-elle avec un sourire amer.

– Mademoiselle, répondit le jeune homme, votre doute justifie le mien.

– Monsieur, sortons d'ici ! s'écria mademoiselle de Verneuil en apercevant un coin de la robe de madame du Gua.

Elle se leva. Mais le désir de désespérer sa rivale la fit hésiter à s'en aller.

– Voulez-vous donc me plonger dans l'enfer ? demanda le marquis en lui prenant la main et la pressant avec force.

– Ne m'y avez-vous pas jetée depuis cinq jours ? En ce moment même, ne me laissez-vous pas dans la plus cruelle incertitude sur la sincérité de votre amour ?

– Mais sais-je si vous ne poussez pas votre vengeance jusqu'à vous emparer de toute ma vie, pour la ternir, au lieu de vouloir ma mort !...

– Ah ! vous ne m'aimez pas : vous pensez à vous, et non à moi ! dit-elle avec rage en versant quelques larmes.

La coquette connaissait bien la puissance de ses yeux quand ils étaient noyés de pleurs.

– Eh bien, dit-il hors de lui, prends ma vie, mais sèche tes larmes !

– Ô mon amour, s'écria-t-elle d'une voix étouffée, voici les paroles, l'accent et le regard que j'attendais pour préférer ton bonheur au mien ! Mais, monsieur, reprit-elle, je vous demande une dernière preuve de votre affection, que vous dites si grande. Je ne veux rester ici que le temps nécessaire pour y bien faire savoir que vous êtes à moi. Je ne prendrais pas même un verre d'eau dans la maison où demeure une femme qui, deux fois, a tenté de me tuer, qui complote peut-être encore quelque trahison contre nous, et qui, dans ce moment, nous écoute, ajouta-t-elle en montrant du doigt au marquis les plis flottants de la robe de madame du Gua.

Puis elle essuya ses larmes, se pencha jusqu'à l'oreille du jeune chef, qui tressaillit en se sentant caresser par la douce moiteur de son haleine.

– Préparez tout pour notre départ, dit-elle ; vous me reconduirez à Fougères, et, là seulement, vous saurez bien si je vous aime ! Pour la seconde fois, je me fie à vous. Vous fierez-vous une seconde fois à moi ?

– Ah ! Marie, vous m'avez amené au point de ne plus savoir ce que je fais ! Je suis enivré par vos paroles, par vos regards, par vous, enfin, et suis prêt à vous satisfaire.

– Eh bien, rendez-moi, pendant un moment, bien heureuse ! Faites-moi jouir du seul triomphe que j'aie désiré. Je veux respirer en plein air, dans la vie que j'ai rêvée, et me repaître de mes illusions avant qu'elles se dissipent. Allons, venez, et dansez avec moi.

Ils revinrent ensemble dans la salle de bal et, quoique mademoiselle de Verneuil fût aussi complètement flattée dans son cœur et dans sa vanité que puisse l'être une femme, l'impénétrable douceur de ses yeux, le fin sourire de ses lèvres, la rapidité des mouvements d'une danse animée, gardèrent le secret de ses pensées, comme la mer garde celui du criminel qui lui confie un pesant cadavre.

(Extrait du chapitre 3.)

Après le bal, Marie et le marquis veulent gagner Fougères. En chemin, elle lui révèle qui elle est et la vérité sur sa mission. Montauran retourne alors auprès des Chouans. Mais la passion est la plus forte et, au péril de sa vie, car Fougères est aux mains des Bleus, il propose à Marie de venir la retrouver un soir.
Sentant qu'elle a renoncé à son projet de vengeance, Corentin fait tomber dans les mains de Marie une fausse lettre, insultante pour elle, signée du marquis et adressée à Mme du Gua. Blessée par cette lettre qu'elle croit vraie, Marie revient à son projet de vengeance et organise avec Hulot et Corentin la souricière où tombera Montauran.

Interrogez le texte

1. Une scène de séduction

a. Pourquoi Mlle de Verneuil assiste-t-elle au bal de Saint-James ?
b. Comment provoque-t-elle la jalousie du marquis de Montauran ?
c. Par quel geste Montauran commence-t-il à lui prouver qu'elle est parvenue à ses fins ?
d. Quelles raisons donne-t-elle au marquis pour l'entraîner à Fougères ?
e. Le marquis se doute-t-il du piège qui lui est tendu ?

2. La psychologie de Mlle de Verneuil

a. Par quels sentiments Marie passe-t-elle tour à tour ?
b. Est-elle simplement une auxiliaire de police qui cherche à prendre au piège l'homme qu'elle poursuit ? Justifiez votre réponse.
c. Est-elle encore sincèrement amoureuse du marquis ? Justifiez votre réponse.

LE DÉNOUEMENT

Un jour sans lendemain

Le marquis est venu avec un prêtre qui célèbre le mariage des deux héros. Marie comprend trop tard qu'elle a été le jouet de Corentin. Les jeunes époux s'éveillent après leur nuit de noces dans la maison de Marie, à Fougères.

– J'ai donc pu dormir ?… s'écria-t-elle vers le matin, réveillée en sursaut par un de ces mouvements soudains qui nous font tressaillir lorsqu'on a fait la veille un pacte en soi-même afin de s'éveiller le lendemain à une certaine heure. Oui, j'ai dormi, répéta-t-elle en voyant à la lueur des bougies que l'aiguille de la pendule allait bientôt marquer deux heures du matin.

Elle se retourna et contempla le marquis endormi, la tête appuyée sur une de ses mains, à la manière des enfants, et de l'autre serrant celle de sa femme en souriant à demi, comme s'il se fût endormi au milieu d'un baiser.

– Ah ! se dit-elle à voix basse, il a le sommeil d'un enfant. Mais pouvait-il se défier de moi, de moi qui lui dois un bonheur sans nom ?

Elle le poussa légèrement, il se réveilla et acheva de sourire. Il baisa la main qu'il tenait, et regarda cette malheureuse femme avec des yeux si étincelants que, n'en pouvant soutenir le voluptueux éclat, elle déroula lentement ses larges paupières, comme pour s'interdire à elle-même une dangereuse contemplation ; mais, en voilant ainsi le feu de ses regards, elle excitait si bien le désir en paraissant s'y refuser que, si elle n'avait pas eu de profondes terreurs à cacher, son mari aurait pu l'accuser d'une trop grande coquetterie. Ils relevèrent ensemble leurs têtes charmantes, et se firent mutuellement un signe de reconnaissance plein des plaisirs qu'ils avaient goûtés ; mais, après un rapide examen du délicieux tableau que lui offrait la figure de sa femme, le marquis, attribuant à un sentiment de mélancolie les nuages répandus sur le front de Marie, lui dit d'une voix douce :

– Pourquoi cette ombre de tristesse, mon amour ?

– Pauvre Alphonse, où crois-tu donc que je t'aie mené ?... demanda-t-elle en tremblant.

– Au bonheur...

– À la mort !

Et, tressaillant d'horreur, elle s'élança hors du lit ; le marquis étonné la suivit, sa femme l'amena près de la fenêtre. Après un geste délirant qui lui échappa, Marie releva les rideaux et lui montra du doigt, sur la place, une vingtaine de soldats. La lune, ayant dissipé le brouillard, éclairait de sa blanche lumière les habits, les fusils, l'impassible Corentin, qui allait et venait comme un chacal attendant sa proie, et le commandant, les bras croisés, immobile, le nez en l'air, les lèvres retroussées, attentif et chagrin.

– Eh ! laissons-les, Marie, et reviens...

– Pourquoi ris-tu, Alphonse? c'est moi qui les ai placés là !

– Tu rêves ?

– Non.

Ils se regardèrent un moment, le marquis devina tout et, la serrant dans ses bras :

– Va ! je t'aime toujours, dit-il.

– Tout n'est donc pas perdu ! s'écria Marie. Alphonse, dit-elle après une pause, il y a de l'espoir.

En ce moment ils entendirent distinctement le cri sourd de la chouette, et Francine sortit tout à coup du cabinet de toilette.

– Pierre[1] est là ! dit-elle avec une joie qui tenait du délire.

La marquise et Francine revêtirent Montauran d'un costume de Chouan, avec cette étonnante promptitude qui n'appartient qu'aux femmes. Lorsque la marquise vit son mari occupé à charger les armes que Francine apporta, elle s'esquiva lestement, après avoir fait un signe d'intelligence[2] à sa fidèle Bretonne. Francine conduisit alors le marquis dans le cabinet de toilette attenant à la chambre. Le jeune homme, en voyant une grande quantité de draps fortement attachés, put se convaincre de l'active sollicitude[3] avec laquelle la Bretonne avait travaillé à tromper la vigilance des soldats.

– Jamais je ne pourrai passer par là, dit le marquis en examinant l'étroite baie de l'œil-de-bœuf[4].

En ce moment, une grosse figure noire en remplit entièrement l'ovale, et une voix rauque, bien connue de Francine, cria doucement :

– Dépêchez-vous, mon général ! ces crapauds de Bleus se remuent…

– Oh ! encore un baiser ! dit une voix tremblante et douce.

Le marquis, dont les pieds atteignaient l'échelle libératrice, mais qui avait encore une partie du corps engagée dans l'œil-de-bœuf, se sentit pressé par une étreinte de désespoir. Il jeta un cri en reconnaissant ainsi que sa femme avait pris ses habits ; il voulut la retenir, mais elle s'arracha brusquement de ses bras, et il se trouva forcé de descendre. Il gardait à la main un lambeau d'étoffe et, la lueur de la lune venant à l'éclairer soudain, il s'aperçut que ce lambeau devait appartenir au gilet qu'il avait porté la veille.

– Halte ! feu de peloton !…

Ces mots, prononcés par Hulot au milieu d'un silence qui avait quelque chose d'horrible, rompirent le charme sous l'empire duquel semblaient être les hommes et les lieux. Une salve de balles arrivant du fond de la vallée jusqu'au pied de la tour succéda aux décharges que firent les Bleus placés sur la Promenade. Le feu des républicains n'offrit aucune interruption et fut continu, impitoyable. Les victimes ne jetèrent pas un cri. Entre chaque décharge, le silence était effrayant.

Cependant, Corentin, ayant entendu tomber du haut de l'échelle un des personnages aériens qu'il avait signalés au commandant, soupçonna quelque piège.

– Pas un de ces animaux-là ne chante, dit-il à Hulot ; nos deux amants sont bien capables de nous amuser ici par quelque ruse, tandis qu'ils se sauvent peut-être par un autre côté…

1. Prénom de Marche-à-terre, dont Francine est l'amie d'enfance.
2. *D'intelligence :* de complicité.
3. *De l'active sollicitude :* du soin efficace.
4. *L'œil-de-bœuf :* étroite fenêtre ovale.

L'espion, impatient d'éclaircir le mystère, envoya le fils de Galopechopine[5] chercher des torches. La supposition de Corentin avait été si bien comprise de Hulot, que le vieux soldat, préoccupé par le bruit d'un engagement très sérieux qui avait lieu devant le poste de Saint-Léonard, s'écria :

– C'est vrai, ils ne peuvent pas être deux.

Et il s'élança vers le corps de garde.

– On lui a lavé la tête avec du plomb, mon commandant, lui dit Beau-Pied, qui venait à la rencontre de Hulot ; mais il a tué Gudin et blessé deux hommes. Ah ! l'enragé ! il avait enfoncé trois rangées de nos lapins[6], et aurait gagné les champs sans le factionnaire[7] de la porte Saint-Léonard, qui l'a embroché avec sa baïonnette.

En entendant ces paroles, le commandant se précipita dans le corps de garde, et vit sur le lit de camp un corps ensanglanté que l'on venait d'y placer ; il s'approcha du prétendu marquis, leva le chapeau qui en couvrait la figure, et tomba sur une chaise.

– Je m'en doutais, s'écria-t-il en se croisant les bras avec force ; elle l'avait, sacré tonnerre ! gardé trop longtemps.

5. *Galope-chopine :* un Chouan assassiné par Marche-à-terre qui le soupçonnait de trahison. Pour venger son père, le fils a accepté d'aider Corentin.
6. *Nos lapins :* nos braves.
7. *Le factionnaire :* la sentinelle.

Tous les soldats restèrent immobiles. Le commandant avait fait dérouler les longs cheveux noirs d'une femme. Tout à coup, le silence fut interrompu par le bruit d'une multitude armée. Corentin entra dans le corps de garde en précédant quatre soldats qui, sur leurs fusils placés en forme de civière, portaient Montauran, auquel plusieurs coups de feu avaient cassé les deux cuisses et les bras. Le marquis fut déposé sur le lit de camp auprès de sa femme, il l'aperçut et trouva la force de lui prendre la main par un geste convulsif. La mourante tourna péniblement la tête, reconnut son mari, frissonna par une secousse horrible à voir, et murmura ces paroles d'une voix presque éteinte :

– Un jour sans lendemain !... Dieu m'a trop bien exaucée !

– Commandant, dit le marquis en rassemblant toutes ses forces et sans quitter la main de Marie, je compte sur votre probité[8] pour annoncer ma mort à mon jeune frère, qui se trouve à Londres. Écrivez-lui que, s'il veut obéir à mes dernières paroles, il ne portera pas les armes contre la France, sans néanmoins jamais abandonner le service du roi.

– Ce sera fait, dit Hulot en serrant la main du mourant.

– Portez-les à l'hôpital voisin ! s'écria Corentin.

Hulot prit l'espion par le bras, de manière à lui laisser l'empreinte de ses ongles dans la chair, et lui dit :

– Puisque ta besogne est finie par ici, fiche-moi le camp ! et regarde bien la figure du commandant Hulot, pour ne jamais te trouver sur son passage, si tu ne veux pas qu'il fasse de ton ventre le fourreau de son bancal[9].

Et déjà le vieux soldat tirait son sabre.

– Voilà encore un de mes honnêtes gens qui ne feront jamais fortune, se dit Corentin quand il fut loin du corps de garde.

(Extrait du chapitre 3.)

8. *Probité :* honnêteté.
9. *Son bancal :* son sabre de forme recourbée.

Interrogez le texte

1. La progression dramatique

a. Donnez un titre à chacune des deux grandes parties de cet extrait (l. 1-46 et l. 47-130).
b. Quels sentiments les deux époux partagent-ils au début du texte ? Justifiez votre réponse.
c. Qu'est-ce qui tourmente Marie ? Son désir de vengeance est-il intact ?
d. À quel moment dévoile-t-elle à son époux le piège qu'elle lui a tendu ?
e. Comment le marquis de Montauran réagit-il à cette révélation ?

2. Le dénouement

a. Quel stratagème Marie a-t-elle imaginé pour sauver son amour ?
b. Quelle est la fonction du dialogue final entre Hulot et Montauran ?
c. Pourquoi Hulot manifeste-t-il une telle hostilité à l'égard de Corentin ?

Lire *Les Chouans*

1. Un roman historique

a. En quelle année se déroule l'action des *Chouans* ? Retrouvez dans votre manuel d'histoire quels étaient alors le gouvernement et la situation politique de la France.
b. Quel événement historique sert de toile de fond au roman ? Quels personnages historiques sont cités dans les extraits étudiés ?
c. Dans quels lieux se déroulent les événements racontés dans les différents extraits ? S'agit-il de lieux réels ou non ?
d. Quelle image Balzac donne-t-il des Chouans ? des Bleus ? Auquel des deux camps semble aller sa sympathie ?
e. De quelle mission Montauran charge-t-il Hulot avant de mourir ? Que reconnaît-il par là ? Quelle leçon d'histoire tire-t-il des événements ? Pourquoi Hulot serre-t-il la main de Montauran ?
f. Pourquoi peut-on dire en conclusion que *Les Chouans* sont un roman historique ?

2. Un roman d'amour

a. Retrouvez dans l'extrait du bal l'indice qui permet de savoir combien de temps s'est écoulé entre le début et la fin du roman.
b. Pourquoi Marie échoue-t-elle dans la mission qui lui a été confiée par Fouché, le ministre de la Police ?
c. Quel rôle tient la passion amoureuse dans ce roman ?
d. Pourquoi Montauran, au moment de mourir, serre-t-il la main de sa femme ?
e. Ce roman d'amour pouvait-il se terminer autrement que sur une fin tragique ? Justifiez votre réponse.

3. Les héros

a. Qui sont les deux héros du roman ?
b. Les deux protagonistes des *Chouans* sont-ils des personnages réels ou fictifs ? Justifiez votre réponse.
c. Qu'est-ce qui fait d'eux des héros (qualités physiques, morales, mission...) ? Qu'est-ce qui les rapproche ? Qu'est-ce qui les sépare ?
d. Qu'est-ce qui s'oppose à leur passion ?

4. Les personnages secondaires

a. Regroupez les éléments qui permettent de faire le portrait de Hulot, de Corentin et de Mme du Gua. Quel type de personnage chacun d'eux représente-t-il ?
b. Quels autres personnages secondaires apparaissent dans les extraits proposés ?
c. Quel rôle jouent-ils auprès des héros ?

À vous de jouer

5. Imaginez un autre dénouement

Mécontent de la fin tragique des *Chouans*, l'éditeur demande à Balzac de la modifier en une fin heureuse. Récrivez le dernier extrait de la ligne 65 à la fin. Respectez le registre de langue de l'auteur.

6. Pour en savoir plus

En vous aidant des *Chouans* (extraits ou texte intégral), faites des recherches que vous présenterez à l'oral sur les sujets suivants :
a. La chouannerie.
b. La religion en 1799.
c. Hulot et Corentin : deux types d'hommes opposés.
d. La Bretagne et la République.
e. Le rôle de l'Angleterre dans la contre-révolution.

7. Lisez d'autres romans historiques

Victor HUGO, *Quatre-vingt-treize, Les Misérables.*
Alfred de VIGNY, *Cinq-Mars.*
Walter SCOTT, *Quentin Durward, Ivanhoé.*
Alexandre DUMAS, *Les Trois Mousquetaires...*
Baronne ORCZY, *Les Romans du Mouron Rouge.*

Une adaptation cinématographique : Les Chouans, *film d'Henri Calef*

▲ 1

Photographies *1* à *6* : Jean Marais (LE MARQUIS DE MONTAURAN), Madeleine Lebeau (MARIE DE VERNEUIL), Madeleine Robinson (MADAME DU GUA), Jean Brochard (MARCHE-À-TERRE) dans le film d'Henri CALEF, *Les Chouans*, 1946, adaptation du roman d'Honoré de Balzac.

Interrogez les images

a. En vous reportant aux extraits des *Chouans* que vous venez de lire, pouvez-vous identifier les différents personnages qui figurent sur ces photographies ? À quoi les reconnaissez-vous ?

b. Les acteurs vous semblent-ils avoir été bien choisis et correspondre au portrait que Balzac fait de ses personnages dans son roman ?

c. À quelles scènes correspondent ces six photographies ?

d. En utilisant le vocabulaire de la page ci-contre, observez les différentes photographies :

- Laquelle présente un **plan d'ensemble** ?
- Laquelle présente un **plan de demi-ensemble** ?
- Cette série de photographies comporte-t-elle un **plan moyen** ? un **plan américain** ? un **plan rapproché** ? un **gros plan** ? Justifiez votre réponse.

e. Pourquoi un metteur en scène utilise-t-il différents plans pour la prise de vues ? Justifiez votre réponse en vous fondant sur les photographies proposées.

f. Comparez les prises de vues du film avec les dessins de ce chapitre qui illustrent les scènes correspondantes : laquelle des deux adaptations préférez-vous ? Justifiez votre réponse.

▼ 2

▲ 3

▲ 4

▲ 5

vocabulaire

La prise de vues

- ***Plan d'ensemble ou de demi-ensemble*** : plan qui montre tout ou partie du décor.
- ***Plan moyen*** : plan qui montre un ou plusieurs personnages en pied.
- ***Plan américain*** : plan qui cadre les acteurs à mi-cuisse.
- ***Plan rapproché*** : plan où les acteurs sont cadrés à hauteur de la taille ou de la poitrine.
- ***Gros plan*** : plan qui montre un visage ou un objet.

▼ 6

9

Découvrir le théâtre

Pour apprécier le théâtre et devenir un spectateur averti, pour comprendre l'intrigue, rire avec les personnages, étudiez certains procédés caractéristiques de l'écriture théâtrale.

Les objectifs du chapitre

- Étudier l'exposition au théâtre.
- Identifier un monologue, un aparté, et comprendre leur fonction.
- S'initier aux différentes formes du comique.

Décor pour ***L'École des femmes*** de Molière, dessin aquarellé de Christian BÉRARD, 1936. (Bibliothèque nationale de France, Paris.)

- Quels sont les différents éléments qui constituent ce décor imaginé pour *L'École des femmes* ?

Jan POTOCKI
(1761-1815)
Aristocrate d'origine polonaise qui vécut en France et dont l'œuvre théâtrale, écrite en français, fut très célèbre en son temps.

Maître et valet

SCÈNE 1

CASSANDRE[1]. – *(Seul.)* Oui, plus j'y réfléchis et plus je vois de raisons qui doivent me déterminer à l'absence d'un éloignement nécessaire[2]. Les honnêtes gens sont toujours les plus exposés à la calomnie, et depuis que j'ai été pendu en Iphigénie[3] aux yeux d'un peuple étonné, mon commerce et mon crédit[4] souffrent considérablement. Les meilleures maisons m'évitent partout où elles me rencontrent, les petits garçons me montrent au doigt quand je passe, enfin tout concourt à me rendre odieux le séjour de Chaillot. Ainsi le meilleur sera de faire seller ma vieille mule et de cingler des deux[5] pour les Indes orientales d'occident[6], pays dont tout le monde revient cousu d'or. Mais avant que de partir, je dois mettre dans ma maison l'arrangement honnête, au moyen duquel tout s'y maintiendra dans un ordre ineffable.

Je dois surtout penser à ma fille Zerzabelle ; il y a près de trente ans qu'elle est nubile[7], et la garde de son honneur m'occasionne les soins d'une inquiétude funeste[8]. Gilles[9], Gilles ! Ce maraud ne vient point, Gilles, Gilles !

(Il va dans la coulisse et l'amène en le tenant par l'oreille.)

1. *Cassandre* : personnage de la farce italienne ; vieillard imbécile et crédule que l'on dupe facilement.
2. *Me déterminer à l'absence d'un éloignement nécessaire* : me décider à une absence nécessaire.
3. Confusion entre deux paronymes* : *Iphigénie*, fille d'Agamemnon, et *effigie*.
4. *Mon crédit* : la confiance que l'on a en moi.
5. Télescopage de deux expressions : *piquer des deux* (piquer son cheval des deux éperons) et *cingler* (faire voile). *Cingler* (faire voile) est homonyme* de *cingler* (frapper), ce qui rend le calembour possible.
6. *Les Indes orientales d'occident* : formule amusante pour désigner l'Amérique.
7. *Nubile* : bonne à marier.
8. *Les soins d'une inquiétude funeste* : un souci qui me tourmente.
9. *Gilles* : nom d'un personnage de farce, niais et naïf.

Commedia dell'arte à Vérone, peinture de Marco MARCOLA, XVIIIe siècle. (The Art Institute of Chicago.)

La Troupe des comédiens italiens dits les farceurs « Gelosi », peinture anonyme, XVIe siècle. (Musée Carnavalet, Paris.)

SCÈNE 2

CASSANDRE. – Eh bien ! pourquoi ne viens-tu donc point lorsque l'on t'appelle ?

GILLES. – Mais, Monsieur Cassandre, c'est parce que je n'avais pas entendu.

CASSANDRE. – Ah ! tu n'avais pas entendu, maraud, je vais voir si tu n'as pas entendu. *(Il crie :* Gilles, Gilles ! *Et puis il va dans la coulisse, pour savoir si l'on entend.)* Il a ma foi raison, l'on n'entend rien du tout.

GILLES. – Je vous disais bien, et il ne fallait pas me tirer l'oreille si fort, car je n'aime pas les jeux de mains.

CASSANDRE. – Allons, voilà qui est bon. J'ai quelque chose d'important à te dire, ainsi prête-moi l'oreille, et fais attention.

GILLES. – Oh ! non, Monsieur. Vous ne m'y tenez pas, je ne veux plus vous prêter mes oreilles, vous en faites trop mauvais usage.

CASSANDRE. – Tu ne m'entends pas[10] et je veux dire seulement que tu dois être attentif à ce que je dirai.

GILLES. – Oh ! pour cela, Monsieur, tant que vous voudrez et pourvu que vous me laissiez achever un petit somme que j'ai commencé à dormir chez nous.

CASSANDRE. – Ne t'avise pas de dormir, faquin, ou bien je t'éveillerai de quelque façon qui ne te plaira pas.

GILLES. – Eh ! non, Monsieur, ne vous donnez pas la peine. Allons, je vous écoute.

CASSANDRE. – Eh bien ! donc, Gilles, tu dois savoir que je vais partir.

GILLES. – Eh bien ! Monsieur, bon voyage. *(Il s'en va.)*

CASSANDRE. – Et où vas-tu donc ? Je ne t'ai seulement pas dit où je dois aller.

10. *Tu ne m'entends pas* : tu ne me comprends pas.

Gilles. – Et qué qu'ça me fait à moi ?

Cassandre. – Mais c'est que, Gilles, tu dois savoir que je vais aux Indes.

Gilles. – Aux dindes ! Eh bien, si elles sont rôties, j'irai avec vous.

Cassandre. – Tu n'y es pas, mon cher Gilles. Les Indes sont un pays lointain, où l'on va recueillir des successions[11].

Gilles. – Est-ce que vous y avez des parents ?

Cassandre. – Non, tous mes parents sont à Chaillot, mais je t'ai déjà dit que l'on allait aux Indes pour y recueillir des successions, et si l'année est bonne, tu sens bien … *(Il lui frappe l'épaule.)*

Gilles. – Oui, je sens cela, vous allez recueillir la succession d'une dinde, et j'espère que pour ma part, j'en aurai pied ou aile.

Cassandre. – Oui, c'est cela même, et pour cette fois tu m'as bien entendu. Mais je voulais encore te dire que mon absence sera longue.

Gilles. – Votre absence sera longue ? et de quelle longueur ?

Cassandre. – Je veux dire que je serai longtemps avant de rentrer.

Gilles. – Eh bien ! tant mieux, nous serons moins à table, et l'on dit comme ça, que moins il y a de fous à table, et plus il y a à manger pour chacun, puis quand il y a à manger pour trois, il y aura aussi à manger pour moi, surtout si je ne donne rien à mademoiselle Zerzabelle.

Cassandre. – Tais-toi et me laisse parler, car c'est précisément de ma fille que je veux t'entretenir. Je sais qu'elle est aussi vertueuse que belle. Mais c'est un danger de plus, et j'ai tout lieu de craindre, qu'emportée par l'ardeur d'une passion nouvelle, elle ne jette sa vertu par-dessus tous les moulins, et qu'elle ne tombe dans les pièges que lui tend un certain Léandre, qui rôde tous les soirs autour de notre maison. C'est pourquoi, mon cher Gilles, je voudrais que nous avisions aux moyens d'empêcher que ce Léandre ne revienne et ne se montre plus ici.

Gilles. – Eh ! mais il n'y a rien de plus facile ; il n'y a qu'à lui donner cent coups de bâton, la première fois qu'il se montrera ici.

Cassandre. – Ce moyen est bon, mais c'est qu'il faut savoir qu'il porte toujours une grande épée.

Gilles. – Diable ! je ne savais pas cela. Mais il n'y aura qu'à lui donner les cent coups de bâton, sans qu'il s'en aperçoive.

Cassandre. – C'est vrai, mais comment faire ?

Gilles. – Je n'en sais rien. C'est à vous d'y songer.

Cassandre. – Je crois que cela serait trop difficile. Le plus court sera que tu restes toujours devant la porte de notre maison et que tu l'empêches d'entrer chez nous. Mais il se fait tard. Les Indes sont loin, il faut que je parte. Adieu, mon cher Gilles, fais ton devoir. Il ne faut pas m'attendre à souper, ainsi mange tout et garde-moi ce qui restera.

Jan Potocki, *Voyage de Cassandre aux Indes*, in *Parades, Les Bohémiens d'Andalousie.*

11. Formule étrange, car Cassandre semble se représenter les successions comme des fruits que l'on récolte et pour lesquels on espère « une bonne année ».

Gilles, détail d'une peinture de Jean-Antoine WATTEAU (1684-1721). Musée du Louvre, Paris.)

L'exposition

OBJECTIF
Être capable de dégager des premières scènes d'une pièce de théâtre les informations nécessaires pour comprendre le déroulement de l'action.

Observez

1. Une scène d'exposition

a. Les personnages
- Quels personnages entrent successivement en scène ? Qui sont-ils ? Où se trouvent-ils ?
- Qu'est-ce qui permet au lecteur de répondre à ces questions ? Le spectateur dispose-t-il des mêmes informations ? Comment peut-il identifier les personnages et le lieu où ils se trouvent ?
- Quels sont les autres personnages mentionnés ?

b. L'intrigue
- Quelle est la situation de Cassandre au début de la pièce ? Précisez son projet.
- Quelle mission confie-t-il à Gilles ? Peut-on imaginer ce qui va se passer ?

2. Une scène de farce

a. Quels types de personnages représentent Cassandre et Gilles ? À quelles catégories sociales appartiennent-ils ? En quoi sont-ils ridicules ?
b. Repérez les jeux de scène qui provoquent le rire.
c. Relevez les jeux de mots, les répliques destinés à faire rire.
d. À partir de cet exemple, définissez ce qu'est une farce.

À vous de jouer

3. Écrivez un dialogue

Cherchez des jeux de mots possibles fondés soit sur des confusions de paronymes* (par exemple, *aux Indes* et *dindes*), soit sur des expressions utilisées habituellement au sens figuré et qui seront entendues au sens propre (par exemple, *prendre la porte* et *prendre l'air*...).
Imaginez un dialogue entre deux personnages où vous utiliserez un certain nombre de ces jeux de mots.

4. Mettez en scène et jouez

Constituez une équipe de deux acteurs et un metteur en scène. Distribuez-vous les rôles et apprenez-les. Déterminez les jeux de scène, les déplacements sur la scène et l'intonation. Jouez la scène devant la classe.

à retenir

Toute pièce de théâtre commence par une exposition, c'est-à-dire par une ou plusieurs scènes où le décor, l'éclairage, les costumes et les propos tenus par les personnages vont permettre au spectateur d'identifier :
- le moment et le lieu de l'action ;
- les personnages qui dialoguent sur scène, leur fonction, leurs relations sociales ou familiales ;
- comme dans un récit, la situation initiale et l'élément qui vient la modifier et lancer l'action.

Quand on lit une pièce de théâtre, les indications concernant le décor, les jeux de scène et l'intonation sont souvent données par l'auteur, sous forme de **didascalies**.

MOLIÈRE
(1622-1673)
Auteur, acteur, metteur en scène, directeur de troupe, Molière laissa une œuvre considérable constituée de farces et comédies, où il se moque des travers de la société de son temps. Il mourut en scène alors qu'il jouait le *Malade imaginaire*.

Harpagon désespéré

Harpagon vient de découvrir que la cassette qu'il avait enterrée dans son jardin a disparu.

HARPAGON

(Il crie au voleur dès le jardin, et vient sans chapeau.)

Au voleur, au voleur, à l'assassin, au meurtrier. Justice, juste Ciel. Je suis perdu, je suis assassiné, on m'a coupé la gorge, on m'a dérobé mon argent. Qui peut-ce être ? qu'est-il devenu ? où est-il ? où se cache-t-il ? que ferai-je pour le trouver ? où courir ? où ne pas courir ? n'est-il point là ? n'est-il point ici ? qui est-ce ? arrête. Rends-moi mon argent, coquin... *(Il se prend lui-même le bras.)* Ah, c'est moi. Mon esprit est troublé, et j'ignore où je suis, qui je suis, et ce que je fais. Hélas, mon pauvre argent, mon pauvre argent, mon cher ami, on m'a privé de toi ; et puisque tu m'es enlevé, j'ai perdu mon support, ma consolation, ma joie, tout est fini pour moi, et je n'ai plus que faire au monde. Sans toi, il m'est impossible de vivre. C'en est fait, je n'en puis plus, je me meurs, je suis mort, je suis enterré. N'y a-t-il personne qui veuille me ressusciter, en me rendant mon cher argent, ou en m'apprenant qui l'a pris ? Euh ? que dites-vous ? ce n'est personne. Il faut, qui que ce soit qui ait fait le coup, qu'avec beaucoup de soin on ait épié l'heure ; l'on a choisi justement le temps que je parlais à mon traître de fils. Sortons. Je veux aller quérir la justice, et faire donner la question à toute ma maison ; à servantes, à valets, à fils, à fille, et à moi aussi. Que de gens assemblés ! Je ne jette mes regards sur personne qui ne me donne des soupçons, et tout me semble mon voleur. Eh ? de quoi est-ce qu'on parle là ? de celui qui m'a dérobé ? Quel bruit fait-on là-haut ? est-ce mon voleur qui y est ? De grâce, si l'on sait des nouvelles de mon voleur, je supplie que l'on m'en dise. N'est-il point caché là parmi vous ? Ils me regardent tous, et se mettent à rire. Vous verrez qu'ils ont part, sans doute, au vol que l'on m'a fait. Allons vite, des commissaires, des archers, des prévôts, des juges, des gênes[1], des potences, et des bourreaux. Je veux faire pendre tout le monde ; et si je ne retrouve mon argent, je me pendrai moi-même après.

MOLIÈRE, *L'Avare* (acte IV, scène 7), 1668.

1. *Gênes* : instruments de torture.

Michel Bouquet (HARPAGON) dans la mise en scène de Pierre FRANCK, théâtre de l'Atelier, 1989.

Le monologue

OBJECTIF
Être capable d'identifier un monologue et d'en comprendre la fonction dans une pièce de théâtre.

Observez

1. Un monologue

a. La situation d'énonciation* : qui parle ? D'où vient-il ? Sous le coup de quelle émotion est-il ? Pourquoi parle-t-il tout seul ?
b. Lignes 1-18 : comment Molière traduit-il le désarroi du personnage ?
c. Lignes 8-14 : par quelles expressions Harpagon désigne-t-il son argent ? Quel sentiment éprouve-t-il pour lui ? À qui l'argent est-il implicitement comparé ?
d. Lignes 14-32 : relevez les expressions qui désignent les personnages présents à qui s'adresse Harpagon. De qui s'agit-il ?
e. Quelles phrases révèlent la folie d'Harpagon ?

2. Une scène de comédie

a. De quel défaut humain Molière se moque-t-il en tournant Harpagon en ridicule ?
b. Par quels procédés fait-il rire aux dépens d'Harpagon ? Repérez des jeux de scène et relevez des jeux de mots qui suscitent le rire.
c. À partir de ce monologue, pouvez-vous dire ce qu'est une comédie de caractère ?

à retenir

Un **monologue** est un texte qu'un personnage prononce seul en scène et qui constitue une scène complète.
Son rôle est d'informer le spectateur sur des événements survenus hors de la scène ; il permet au personnage d'exprimer des sentiments dans une situation où son émotion est très grande, ou bien de prendre une décision en pesant, à haute voix, le pour et le contre.

À vous de jouer

3. Expression orale

Apprenez ce monologue par cœur et jouez-le de la façon la plus expressive possible.

Michel Bouquet (Harpagon) dans la mise en scène de Pierre FRANCK, théâtre de l'Atelier, 1989.

Jean TARDIEU
(1903- 1995)
Dans de brèves pièces de théâtre, il donne une image bouffonne de la vie et s'amuse à jouer avec le langage.

Oswald et Zénaïde

PERSONNAGES

OSWALD, *vingt ans, fiancé de Zénaïde.*
ZÉNAÏDE, *vingt ans, fiancée d'Oswald.*
MONSIEUR POMMÉCHON, *soixante ans, père de Zénaïde.*
LE PRÉSENTATEUR.

LE PRÉSENTATEUR, *devant le rideau fermé.*

Exagérant à dessein un procédé théâtral autrefois en usage, cette petite pièce a pour objet d'établir un contraste comique entre la pauvreté des répliques échangées « à haute voix » et l'abondance des « apartés ».

Le Présentateur se retire. Le rideau s'ouvre. La scène est dans un salon bourgeois à la campagne, vers 1830. Au lever du rideau, Zénaïde est seule. Elle rêve tristement en arrangeant un bouquet dans un vase. On frappe à la porte à droite.

ZÉNAÏDE, *haut.*

Qui est là ? *(À part.)* Pourvu que ce ne soit pas Oswald, mon fiancé ! Je n'ai pas mis la robe qu'il préfère ! Et d'ailleurs, à quoi bon ? Après tout ce qui s'est passé !

LA VOIX D'OSWALD, *au-dehors.*

C'est moi, Oswald !

ZÉNAÏDE, *à part.*

Hélas, c'est lui, c'est bien Oswald ! *(Haut.)* Entrez, Oswald ! *(À part.)* Voilà bien ma chance ! Que pourrai-je lui dire ? Jamais je n'aurai le courage de lui apprendre la triste vérité !

Entre Oswald. Il reste un moment sur le seuil et contemple Zénaïde avec émotion.

OSWALD, *haut.*

Vous, vous Zénaïde ! *(À part.)* Que lui dire de plus ? Elle est si confiante, si insouciante ! Jamais je n'aurai la cruauté de lui avouer la grave décision qui vient d'être prise à son insu[1] !

ZÉNAÏDE, *allant vers lui et lui donnant sa main à baiser ; haut.*

Bonjour, Oswald ! *(À part, tandis qu'Oswald agenouillé lui baise la main avec transport.)* Se peut-il que tout soit fini ! Ah ! tandis qu'il presse ma main sur ses lèvres, mon Dieu, ne prolongez pas mon supplice et faites

1. *À son insu* : sans qu'elle le sache.

Élizabeth Morat et Bernard Mellek dans *Oswald et Zénaïde*, mise en scène de Philippe DESBŒUF, Lucernaire, 1978.

2. *Alcyon* : oiseau de mer.

que cette minute, qui me paraît un siècle, passe plus vite que l'alcyon[2] sur la mer écumante !

OSWALD, *se relevant, tandis que Zénaïde retire gracieusement sa main ; haut, avec profondeur.*

Bonjour, Zénaïde ! *(À part.)* Ah ! ce geste gracieux et spontané, plus éloquent que le plus long discours ! J'ai toujours aimé le silence qu'elle répand autour d'elle : il est comme animé de paroles mystérieuses que l'oreille n'entendrait pas, mais que l'âme comprendrait.

ZÉNAÏDE, *haut, avec douceur.*

Asseyez-vous, Oswald ! *(À part.)* Il se tait, le malheureux ! Je crois entendre son cœur battre à coups précipités, sur le même rythme que le mien. Pourtant, il ne sait rien sans doute et croit encore à notre union ! *(Elle s'assied.)*

OSWALD, *s'asseyant à quelque distance.*

Merci, Zénaïde ! *(À part.)* Cette chaise était sûrement préparée pour moi. La pauvre enfant m'attendait et ne pouvait prévoir le motif de ma visite !

(On entend sonner 5 heures au clocher du village.)

ZÉNAÏDE, *haut, avec mélancolie.*

Cinq heures ! *(À part.)* Mais il fait déjà nuit dans mon cœur !

OSWALD, *haut, sur un ton qui veut paraître dégagé.*

Eh oui, 5 heures ! *(À part.)* Pour moi, c'est l'aube des condamnés !

ZÉNAÏDE, *haut.*

Il fait encore jour ! *(À part, d'un air stupide, comme récitant un exemple de grammaire.)* Mais les volubilis ferment leurs corolles, ma grand-mère préfère les pois de senteur et le jardinier a rangé ses outils.

OSWALD, *haut, avec un soupir.*

C'est le printemps, Zénaïde ! *(À part, d'un air sombre et presque délirant.)* Aux Antipodes, c'est l'hiver ! Au Congo, les Lapons s'assemblent sur la banquise ; en Chine, les Bavarois vont boire de la bière dans les tavernes ; au Canada, les Espagnols dansent la séguédille.

ZÉNAÏDE, *haut avec un nouveau soupir.*

Oui, il fait jour ! *(À part, avec égarement.)* Ce silence m'accable ! La canne de mon oncle avait un pommeau d'or, la marquise sortit à 5 heures : ma raison s'égare ! Dois-je tout lui dire ? Ou bien jeter mon bonnet par-dessus les moulins ?

OSWALD, *haut, avec tendresse.*

Il fait jour ! Vous l'avez déjà dit, Zénaïde ! *(À part, avec véhémence.)* Me voici brutal, à présent ! Feu et diable, sang et enfer ! Les sorcières vont au sabbat, la lune court dans les ajoncs !... Allons, du calme, du calme ! Je ferais mieux de lui révéler ce secret qui m'étouffe !

ZÉNAÏDE, *à part.*

Je n'en puis plus !

OSWALD, *à part.*

C'est intolérable !

ZÉNAÏDE, *à part.*

Je meurs !

OSWALD, *à part.*

Je deviens fou !

ZÉNAÏDE et OSWALD
à part et ensemble, au comble du désespoir.

Hélas ! ma fa-mille ne veut pas de no-tre mariage !

Un long silence. On entend sonner 6 heures.

ZÉNAÏDE, *haut.*

Vous disiez ?

Bernard Mellek (OSWALD), Élizabeth Morat (ZÉNAÏDE) dans la mise en scène de Philippe DESBŒUF, Lucernaire, 1978.

OSWALD, *haut.*

Moi ? Rien !

ZÉNAÏDE, *haut.*

Ah ! bon ! Je croyais...

OSWALD, *haut.*

C'est-à-dire...

ZÉNAÏDE, *haut.*

Quoi donc ?

OSWALD, *haut.*

Oh ! peu de chose !

ZÉNAÏDE, *haut.*

Mais encore ?

OSWALD, *haut.*

Oui, vraiment ! D'ailleurs je vous écrirai ! *(À part.)* Puisse ma lettre ne jamais parvenir à destination et féconder le gouffre de l'oubli, cependant que j'irai, dans les sables d'Australie, à la recherche d'un trésor moins précieux que celui que je perds !...

ZÉNAÏDE, *haut.*

Peut-être répondrai-je ! *(À part.)* Ce sera la dernière lettre que j'aurai adressée au monde avant d'ensevelir dans un couvent ma jeunesse désespérée !

OSWALD, *avec émotion.*

Au revoir, Zénaïde ! *(À part.)* Le boulanger pétrit sa pâte, l'écuyère monte à cheval, le navigateur fait le point, les cheminées fument, le soleil luit, mais moi, je dois dire adieu à la jeune fille que j'aime !

ZÉNAÏDE, *haut, des larmes dans la voix.*

Au revoir, Oswald ! *(À part.)* Je ne sais plus quoi penser, je ne sais plus que dire, je suis comme la feuille d'automne qui tombe sur un étang à minuit !

À ce moment, la porte s'ouvre brusquement. Entre un bourgeois ventripotent, cossu et jovial. C'est Monsieur Pomméchon.

MONSIEUR POMMÉCHON

Eh bien ! mes enfants ! Ah ! Je vous y prends, ah ! je vous y prends !

ZÉNAÏDE, *à part, avec effroi.*

Ciel, mon père !

OSWALD, *à part.*

Celui qui aurait pu devenir mon beau-père !

MONSIEUR POMMÉCHON

Allons ! Allons ! Remettez-vous ! Je ne vais pas vous manger, que diable ! À votre âge et à votre place, il y aurait longtemps que... je me serais embrassé !

ZÉNAÏDE et OSWALD, *haut et ensemble.*

Mais, que signifie ? ...

MONSIEUR POMMÉCHON

Cela signifie, mes petits poulets, cela signifie, mes petits lapins, que vous avez été les jouets d'une affectueuse mystification[3] ! Cela signifie que je viens pour tout arranger. De la part de ta mère, ma chère Zénaïde, de la part de ton père, mon cher Oswald. Nous avions décidé de mettre vos sentiments à l'épreuve. Lorsque vous avez cru que tout était perdu, votre chagrin nous a prouvé que votre mutuel penchant n'était pas de ces feux de paille, de ces entraînements d'un jour, de ces... de ces... choses qui ne durent pas et qui... Mais vous ne dites rien ? Sac à papier ! On dirait que vous voilà frappés de stupeur !

3. *Mystification* : farce.

ZÉNAÏDE, *à part.*

Ô Dieu ! Un pareil bonheur est-il possible ?

OSWALD, *à part.*

Béni soit le jour où la grand-mère de ma fiancée donna naissance à mon beau-père !

MONSIEUR POMMÉCHON

Bon ! bon ! Je vois que votre émotion vous coupe le souffle. Sac à papier ! À votre âge et à votre place, je me serais déjà sauté au cou ! Enfin, bref, je n'insiste pas, je vous laisse à votre joie. Nous parlerons demain de la noce... si du moins vous avez recouvré l'usage de la parole. Allons, au revoir, mes petites carpes, au revoir, mes petits colibris ! Ah ! sac à papier, sac à papier !

Il tapote la joue de Zénaïde, donne une bourrade amicale à Oswald et part en riant.

Jean TARDIEU, *Oswald et Zénaïde ou les Apartés,*
dans *La Comédie de la comédie* © Éd. Gallimard, 1966.

Les apartés

OBJECTIF
Être capable de repérer au théâtre le procédé des apartés et de comprendre le rôle qu'ils jouent.

Observez

1. Une petite comédie

a. Quel est le rôle du présentateur ? Pourquoi ne réapparaîtra-t-il pas dans la suite de la pièce ?
b. Quelles informations sont données par les différentes didascalies* ?
c. Où se déroule l'action ?
d. Repérez les trois étapes de cette pièce : qu'est-ce qui marque le passage d'une scène à l'autre ?
e. Quels personnages entrent successivement en scène ? Quelles sont leurs relations ?
f. Quelle est la situation des deux jeunes gens au début de la pièce ? à la fin ? Quel est le rôle de M. Pomméchon ?

2. Un procédé de théâtre : les apartés

a. Faites une expérience : lisez la scène en vous limitant à ce qui doit être dit à haute voix. Que reste-t-il de la scène ? Qu'est-ce qui a disparu ? Qu'est-ce que les deux personnages expriment en aparté ?
b. À qui s'adressent les apartés ? Qui est censé ne pas les entendre ? Quel est le rôle de ce procédé théâtral ?
c. En quoi consiste le comique de cette scène ?
d. Jean Tardieu a-t-il atteint l'objectif défini au début de la pièce par le présentateur ? Justifiez votre réponse.

À vous de jouer

3. Mettez en scène et jouez

Constituez une équipe de quatre acteurs et un metteur en scène. Distribuez-vous les rôles et apprenez-les. Déterminez les jeux de scène, les déplacements sur la scène, l'intonation. Jouez la scène devant la classe.

4. Écrivez à la manière de Jean Tardieu

En utilisant à votre tour le procédé de l'aparté, mettez en scène, dans une courte comédie, des personnages qui dialogueront entre eux, tout en exprimant dans des apartés ce qu'ils ne peuvent ou ne veulent pas dire en face.

à retenir

Un **aparté** (de l'italien *a parte*, à part) est un mot ou une réplique prononcés par un personnage et que seul le spectateur est censé entendre.
Un aparté établit une certaine complicité entre le public et le personnage dont il peut révéler les réactions, les pensées, les intentions cachées.

Reportages sportifs

Dessin de BRIDENNE, paru dans *Le Vélo*, éditions Glénat, 1997.

Brouhaha : klaxons, cris, « Vas-y, Loulou ! », « Gianni, Gianni, bravo, forza ! »... Puis la rumeur décroît. On sent qu'une étape importante vient de se dérouler à la façon dont les deux journalistes s'adressent successivement aux deux coureurs.

LE REPORTER TV *(micro en main)*. – Louis Vanier, Louis Vanier ! *(Louis Vanier, en tenue cycliste, finit par apparaître.)* Nos téléspectateurs viennent de voir les images de cette fantastique étape. Louis, Loulou, pour Télé-Télévision, quelles sont vos impressions ?

LOULOU. – Elles sont bonnes.

REPORTER TV. – Vous venez pourtant de perdre vingt-six secondes sur Gianni Bozzi.

LOULOU. – Non. C'est lui qui les a perdues.

REPORTER TV. – Vous l'avez battu ?

LOULOU. – Oui. Sur la fin.

REPORTER TV. – Excusez-moi. J'avais mal vu. La caméra était mal placée. Vous avez donc le maillot jaune !

LOULOU. – Non. J'ai un retard de deux minutes sur un Espagnol dont je n'arrive pas à prononcer le nom. Il s'appelle Luis...

REPORTER TV. – Luis Monjuich ! Vous n'avez pas rejoint Monjuich ?

LOULOU. – Je lui ai repris six minutes, mais il avait beaucoup d'avance.

REPORTER TV. – Après cet exploit que vient de retransmettre Télé-Télévision, vous pensez avoir encore vos chances de remporter le Tour de France ?

LOULOU. – Plus que jamais. Je viens de gagner la première étape des Alpes, et personne ne m'a suivi jusqu'au bout.

REPORTER TV. – Ah ! Vous avez gagné l'étape ! Je ne l'avais pas vu, j'avais cru le voir... Notre caméra était fichtrement mal placée !

LOULOU. – Mais rien n'est fait. Gianni Bozzi est en très bonne position. Le Tour va se jouer entre nous. À mon avis.

REPORTER TV. – Giovanni Bozzi ! Un autre héros ! Le panache italien ! C'est un homme toujours en accord avec les déclarations qu'il a fait.

LOULOU. – Fait*es*. Faites !

REPORTER TV. – Pardon ?

LOULOU. – Avec les déclarations qu'il a fait*es*. Vous ne respectez pas l'accord du participe.

REPORTER TV. – Qu'il a faites, si vous voulez. Est-ce qu'il va pouvoir continuer à cette cadence, à cette vélocipédité ?

LOULOU. – À cette vélocité ?

REPORTER TV. – Oui, c'est vélocité que je voulais dire.

LOULOU. – Peut-être. J'espère que non. Aujourd'hui, il a fini par flancher. Mais demain ?

REPORTER TV. – Merci, Louis. Merci, Loulou. Bravo pour cette belle victoire que nos téléspectateurs ont pu suivre en direct sur Télé-Télévision. Vous êtes un champion. Et un champion grammairien. Votre accord du participe, on en s'en souviendra. Et si vous voyez Gianni que je ne vois pas, envoyez-le-moi.

LOULOU. – Mais je ne sais pas où il est... Est-ce que vous pourriez ne pas m'appeler Loulou ? Je préfère Louis.

REPORTER TV. – Toute la France vous appelle Loulou ! Et j'aimerais pouvoir dire bientôt : Loulou a remporté le Tour de France !

LOULOU. – Encore douze jours.

REPORTER TV. – Faites-nous un beau spectacle !

LOULOU. – Je ne fais pas du spectacle. Je fais du sport.

On devine une bousculade. On se retrouve avec le journaliste de la presse écrite et Gianni.

LE JOURNALISTE *(toujours un verre à portée de main)*. – Giovanni Bozzi, comment analyses-tu ta course ?

GIANNI *(fort accent italien)*. – Jé né sais pas.

LE JOURNALISTE. – Sans Loulou, tu la gagnais, cette étape !

GIANNI. – Oui, mais il y avait Loulou.

LE JOURNALISTE. – As-tu cru que tu allais gagner ?

GIANNI. – Jé l'ai crou et jé ne l'ai pas crou.

LE JOURNALISTE. – À quel moment as-tu senti ce qui allait se passer ?

GIANNI. – Jé né sais pas.

LE JOURNALISTE. – Raconte-moi ta course, Gianni.

GIANNI. – J'étais bien, pouis, à la fin, moins bien. On a monté oune col, pouis oune autre, puis oune autre, et encore oune autre. Dans lé dernier, j'étais jouste. Qué vous dire ? Loulou est passé dévant.

LE JOURNALISTE. – Ce fut une journée difficile !

GIANNI. – J'ai pensé à ma femme et au pétit. Ils mé manquent.

LE JOURNALISTE. – Tu as donné tout ce que tu avais, ou tu as gardé des réserves ?

GIANNI. – Ma femme et lé piccolo mé manquent. Je vais prendre ma douche.

François Clavier (REPORTER TV) et Christian Drillaud (LOUIS VANIER, dit LOULOU), dans *Le Tour de France* de Gilles COSTAZ, mise en scène de René LOYON, théâtre Artistic Athévains, Paris, 1997.

LE JOURNALISTE. – Qu'est-ce que tu as au fond du cœur ? Un esprit de revanche contre Loulou ?

GIANNI. – J'ai mal aux jambes. Un pétit pou.

LE JOURNALISTE. – C'est tout ?

GIANNI. – Jé n'ai rien à dire. J'allais m'endormir dé fatigue quand Loulou m'a doublé.

LE JOURNALISTE. – Merci, Gianni. *(Il sort un stylo de sa poche, écrit et, le temps passant vite au théâtre, est déjà en train de dicter au téléphone.)* Descendant de son vélo rouge comme le sang, Gianni Bozzi, l'aigle des Abruzzes, ne prit pas le temps de respirer et nous dit, une formidable lueur de vengeance dans ses yeux noirs : « Ce fut une journée comme en connurent les dieux antiques. Je voulais être le porte-flamme de l'Italie. Dans les palpitations de mon sang et de mon cœur, tout m'indiquait que j'allais être ce héros qui s'inscrit dans la légende. Sur la rude pente de ces montagnes qui me souriaient, ma pédalée limpide et puissante effaçait mes adversaires les uns après les autres. J'allais vers le triomphe des hommes supérieurs. Le maillot couleur d'or ne pouvait échapper à mon désir. Au dernier moment, je ne vis pas le franchésé accélérer. Je pensais à Dante, à ce qu'aurait écrit de moi l'auteur de *La Divine Comédie*, s'il avait été là, assis sur le flanc des Alpes. Loulou Vanier m'a devancé de quelques secondes. La déesse de la chance ne sera pas toujours son alliée. Ce soir, je prierai la Sainte Vierge pour qu'elle me donne ma revanche... » Oui, c'est un peu long, Cathy, mais ne coupez pas ce papier ! Je suis le seul à avoir les confidences de Giovanni Bozzi !... Vous vous en foutez ?... Vous préférez les papiers sur Clint Eastwood ?... Ne raccrochez pas ! Je n'ai pas fini. Gianni m'a dit aussi : « Même battu, l'aigle ne replie pas ses ailes »...

Gilles COSTAZ, *Tour de France*

Interrogez le texte

1. Une scène d'exposition

a. Quelles indications permettent au lecteur de dire en quel lieu, à quel moment et dans quelles circonstances se déroule l'action ?
b. Qu'est-ce qui permet au lecteur d'identifier les personnages ?
c. Le spectateur dispose-t-il des mêmes indications ? Comment peut-il identifier les personnages et le lieu où ils se trouvent ?
d. En complétant le tableau suivant, faites apparaître la structure de ce début de pièce de théâtre :

Lignes	Titre proposé	Ce qui marque le changement de scène	Personnages en scène

enrichissez votre VOCABULAIRE

a. Quelle est l'étymologie* du nom *vélo* ?
b. Le mot *vélocipédité* (l. 37) existe-t-il dans le dictionnaire ? Quelle confusion le journaliste a-t-il faite ?
c. Quelle est la valeur du suffixe *-(i)té* ? Donnez les noms correspondant aux adjectifs suivants : *malin, méchant, serein, tranquille, virtuose.*

2. Une satire

a. Quelle différence y a-t-il entre un reporter TV et un journaliste ? Leurs interviews se font-elles dans les mêmes conditions ?
b. Les deux journalistes mis en scène sont-ils de bons professionnels ? Justifiez votre réponse.
c. Quelles ressemblances, quelles différences observez-vous entre les deux coureurs (caractère, registre de langue...) ?
d. Le journaliste téléphone-t-il à sa rédaction un compte rendu fidèle de l'interview de Gianni ? Justifiez votre réponse.
e. De quoi l'auteur fait-il la satire* dans cette pièce ?

À vous de jouer

3. Soyez un journaliste scrupuleux

Vous téléphonez à la rédaction du journaliste pour transmettre le « vrai » compte rendu de l'interview de Gianni.
Imaginez la discussion entre deux responsables du journal dont l'un veut publier votre compte rendu alors que l'autre veut publier celui du journaliste.
Recherchez leurs arguments et rédigez votre texte sous forme d'une scène de théâtre.

4. Rédigez un article de journal

Ayant interviewé les deux cyclistes héros de l'étape, vous rédigerez un article pour présenter à vos lecteurs leurs portraits contrastés. Choisissez avec soin un titre accrocheur ; respectez la mise en page d'un journal ; utilisez, si vous le pouvez, un traitement de texte.

5. Mettez en scène et jouez

Constituez une équipe de quatre acteurs et un metteur en scène. Distribuez-vous les rôles et apprenez-les. Déterminez le décor, les bruitages, les jeux de scène, les déplacements, l'intonation. Jouez la scène devant la classe.

6. Laissez courir votre imagination

Faites parler l'illustration de la page 265 en décrivant le décor, en imaginant les réactions, les dialogues des « personnages » et ce que peut bien se raconter le cycliste.

la *grammaire* dans le TEXTE

Dans l'article que dicte le journaliste, relevez des exemples de comparaisons, de métaphores*. Quel effet le journaliste cherche-t-il à produire ?

MOLIÈRE
(1622-1673)
Voir p. 258.

L'habit fait-il le gentilhomme ?

Monsieur Jourdain est un riche bourgeois, qui rêve d'être admis dans le cercle de la noblesse et de fréquenter les « gens de qualité ». Il s'est commandé un habit digne de ses ambitions.

MAÎTRE TAILLEUR, GARÇON TAILLEUR,
portant l'habit de Monsieur Jourdain,
MONSIEUR JOURDAIN, LAQUAIS.

MONSIEUR JOURDAIN. – Ah vous voilà. Je m'allais mettre en colère contre vous.

MAÎTRE TAILLEUR. – Je n'ai pas pu venir plus tôt, et j'ai mis vingt garçons après votre habit.

MONSIEUR JOURDAIN. – Vous m'avez envoyé des bas de soie si étroits, que j'ai eu toutes les peines du monde à les mettre, et il y a déjà deux mailles de rompues.

MAÎTRE TAILLEUR. – Ils ne s'élargiront que trop.

MONSIEUR JOURDAIN. – Oui, si je romps toujours des mailles. Vous m'avez aussi fait faire des souliers qui me blessent furieusement[1].

MAÎTRE TAILLEUR. – Point du tout, Monsieur.

MONSIEUR JOURDAIN. – Comment point du tout ?

MAÎTRE TAILLEUR. – Non, ils ne vous blessent point.

MONSIEUR JOURDAIN. – Je vous dis qu'ils me blessent, moi.

MAÎTRE TAILLEUR. – Vous vous imaginez cela.

MONSIEUR JOURDAIN. – Je me l'imagine, parce que je le sens. Voyez la belle raison.

MAÎTRE TAILLEUR. – Tenez, voilà le plus bel habit de la Cour, et le mieux assorti. C'est un chef-d'œuvre, que d'avoir inventé un habit sérieux, qui ne fût pas noir ; et je le donne en six coups aux tailleurs les plus éclairés.

MONSIEUR JOURDAIN. – Qu'est-ce que c'est que ceci ? Vous avez mis les fleurs en enbas[2].

MAÎTRE TAILLEUR. – Vous ne m'avez pas dit que vous les vouliez en enhaut[2].

MONSIEUR JOURDAIN. – Est-ce qu'il faut dire cela ?

MAÎTRE TAILLEUR. – Oui vraiment. Toutes les personnes de qualité[3] les portent de la sorte.

MONSIEUR JOURDAIN. – Les personnes de qualité portent les fleurs en enbas ?

MAÎTRE TAILLEUR. – Oui, Monsieur.

MONSIEUR JOURDAIN. – Oh ! voilà qui est donc bien.

MAÎTRE TAILLEUR. – Si vous voulez, je les mettrai en enhaut.

1. *Furieusement* : énormément.
2. *En enbas, en enhaut* : la tête vers le bas, vers le haut.
3. *Les personnes de qualité* : les nobles.

Jean-Paul Quéret (MONSIEUR JOURDAIN) et Marc Galabru (LE MAÎTRE TAILLEUR) dans la mise en scène de Jean-Pierre FONTAINE, théâtre de Neuilly, 1993.

Le Bourgeois gentilhomme, décors et costumes de Robert CAVIN, mise en scène de Jean-Pierre FONTAINE, théâtre de Neuilly, 1993.

MONSIEUR JOURDAIN. – Non, non.

MAÎTRE TAILLEUR. – Vous n'avez qu'à dire.

MONSIEUR JOURDAIN. – Non, vous dis-je, vous avez bien fait. Croyez-vous que mon habit m'aille bien ?

MAÎTRE TAILLEUR. – Belle demande ! Je défie un peintre, avec son pinceau, de vous faire rien de plus juste. J'ai chez moi un garçon, qui pour monter une rhingrave[4], est le plus grand génie du monde ; et un autre, qui pour assembler un pourpoint[5], est le héros de notre temps.

MONSIEUR JOURDAIN. – La perruque, et les plumes, sont-elles comme il faut ?

MAÎTRE TAILLEUR. – Tout est bien.

MONSIEUR JOURDAIN, *en regardant l'habit du tailleur*. – Ah, ah, Monsieur le tailleur, voilà de mon étoffe du dernier habit que vous m'avez fait. Je la reconnais bien.

MAÎTRE TAILLEUR. – C'est que l'étoffe me sembla si belle, que j'en ai voulu lever un habit pour moi.

MONSIEUR JOURDAIN. – Oui, mais il ne fallait pas le lever avec le mien.

MAÎTRE TAILLEUR. – Voulez-vous mettre votre habit ?

MONSIEUR JOURDAIN. – Oui, donnez-le moi.

MAÎTRE TAILLEUR. – Attendez. Cela ne va pas comme cela. J'ai amené des gens pour vous habiller en cadence, et ces sortes d'habits se mettent avec cérémonie. Holà, entrez vous autres. Mettez cet habit à Monsieur, de la manière que vous faites aux personnes de qualité.

Quatre garçons tailleurs entrent, dont deux lui arrachent le haut-de-chausses de ses exercices, et deux autres la camisole, puis ils lui mettent son habit neuf ; et Monsieur Jourdain se promène entre eux, et leur montre son habit pour voir s'il est bien. Le tout à la cadence de toute la symphonie.

GARÇON TAILLEUR. – Mon gentilhomme, donnez, s'il vous plaît, aux garçons quelque chose pour boire.

MONSIEUR JOURDAIN. – Comment m'appelez-vous ?

GARÇON TAILLEUR. – Mon gentilhomme.

MONSIEUR JOURDAIN. – Mon gentilhomme ! Voilà ce que c'est, de se mettre en personne de qualité. Allez-vous-en demeurer toujours habillé en bourgeois, on ne vous dira point mon gentilhomme. Tenez, voilà pour mon gentilhomme.

GARÇON TAILLEUR. – Monseigneur, nous vous sommes bien obligés[6].

MONSIEUR JOURDAIN. – Monseigneur, oh, oh ! Monseigneur ! Attendez, mon ami, Monseigneur mérite quelque chose, et ce n'est pas une petite parole que Monseigneur. Tenez, voilà ce que Monseigneur vous donne.

4. *Une rhingrave* : petite jupe recouvrant le haut-de-chausses (culotte s'arrêtant au genou).
5. *Un pourpoint* : partie du vêtement masculin qui couvrait le torse jusqu'au-dessous de la taille.
6. *Obligés* : reconnaissants.

GARÇON TAILLEUR. – Monseigneur, nous allons boire tous à la santé de Votre Grandeur.

MONSIEUR JOURDAIN. – Votre Grandeur, oh, oh, oh ! Attendez, ne vous en allez pas. À moi, Votre Grandeur ! Ma foi, s'il va jusqu'à l'Altesse, il aura toute la bourse. Tenez, voilà pour ma Grandeur.

GARÇON TAILLEUR. – Monseigneur, nous la remercions très humblement de ses libéralités[7].

MONSIEUR JOURDAIN. – Il a bien fait, je lui allais tout donner.

Les quatre garçons tailleurs se réjouissent par une danse, qui fait le second intermède.

MOLIÈRE, *Le Bourgeois gentilhomme* (acte II, scène 5), 1670.

7. *Ses libéralités* : ses dons généreux.

Interrogez le texte

1. Une scène de théâtre

a. Dans quel lieu cette scène se déroule-t-elle ?
b. Quels personnages entrent en scène ? Que viennent-ils faire ?
c. Les didascalies sont-elles nombreuses ? Sur quels points de la mise en scène apportent-elles des indications ?
d. Lors d'une représentation, la scène se limite-t-elle au dialogue entre les personnages ? Justifiez votre réponse.

2. Une satire*

a. À quelle catégorie sociale appartient le protagoniste* ? À laquelle rêve-t-il d'appartenir ? Comment s'y prend-il ? Que signifie le titre de la pièce ?
b. Lignes 1-17 : de quel trait de caractère M. Jourdain fait-il preuve ici ? Sur quel ton parle-t-il au maître tailleur ? Se laisse-t-il influencer par les affirmations de ce dernier ?
c. Lignes 18-47 : par quels arguments le maître tailleur parvient-il à convaincre M. Jourdain de la beauté de son habit ? Observez l'argument déterminant, les procédés d'écriture utilisés dans la description de l'habit (l. 18-20 et 39-44). Pourquoi M. Jourdain se laisse-t-il si facilement convaincre ?
d. Lignes 60 à la fin :
- Quel procédé le garçon tailleur utilise-t-il pour obtenir un bon pourboire ?
- Repérez la réplique où M. Jourdain exprime les raisons de sa satisfaction. Quelle illusion se fait-il ?

e. De quoi Molière se moque-t-il ? En quoi consiste le comique de cette scène ?

À vous de jouer

3. Mettez en scène

Reproduisez le texte. Indiquez sous forme de didascalies* les jeux de scène, de physionomie et le ton des différentes répliques. Apprenez vos rôles, mettez la mise en scène au point. Jouez la scène devant la classe.

enrichissez votre VOCABULAIRE

Relevez les termes qui désignent les différentes pièces de l'habillement de M. Jourdain. Faites un croquis légendé. Vous pourrez trouver dans une encyclopédie des renseignements sur le costume masculin à l'époque de Louis XIV.

la *grammaire* dans le TEXTE

Vous m'avez envoyé des bas de soie si étroits, que j'ai eu toutes les peines du monde à les mettre (l. 5-6).
a. Quelle est la valeur circonstancielle de la subordonnée ?
b. Cherchez dans le texte une autre phrase qui présente la même syntaxe.
c. Transformez ces deux phrases en faisant de la subordonnée une proposition principale et de la principale une subordonnée : quelle sera la valeur circonstancielle de la subordonnée ?

Alfred de MUSSET
(1810-1857)
Écrivain romantique, auteur de poèmes, de contes et de pièces de théâtre, écrites davantage pour être lues que pour être jouées.

Un jeu cruel

PERSONNAGES

LE BARON.	CAMILLE, *nièce du baron.*
PERDICAN, *son fils.*	DAME PLUCHE, *sa gouvernante.*
MAÎTRE BLAZIUS, *gouverneur de Perdican.*	ROSETTE, *sœur de lait de Camille.*
MAÎTRE BRIDAINE, *curé.*	Paysans, valets, etc.

Le baron se fait une joie de voir à nouveau réunis dans son château son fils qui vient d'achever de brillantes études et sa nièce, qui sort du couvent. Se souvenant de leur affection réciproque lorsqu'ils étaient enfants, il a décidé de les marier. Mais Camille, par peur de connaître le sort de certaines de ses compagnes religieuses désespérées d'avoir été trompées dans leur amour, décide de retourner au couvent.
Perdican vient d'intercepter la lettre où Camille explique sa résolution. Blessé dans son amour et son orgueil, il décide de lui donner une leçon.

Isabelle Carré (ROSETTE) et Pascal Rambert (PERDICAN) dans *On ne badine pas avec l'amour*, mise en scène de Jean-Pierre VINCENT, théâtre des Amandiers, Nanterre, 1993.

SCÈNE 3

Le petit bois.
Entrent CAMILLE *et* LE PAYSAN.

LE PAYSAN. – Mademoiselle, je vais au château porter une lettre pour vous ; faut-il que je vous la donne ou que je la remette à la cuisine, comme me l'a dit le seigneur Perdican ?

CAMILLE. – Donne-la moi.

LE PAYSAN. – Si vous aimez mieux que je la porte au château, ce n'est pas la peine de m'attarder.

CAMILLE. – Je te dis de me la donner.

LE PAYSAN. – Ce qui vous plaira. *(Il donne la lettre.)*

CAMILLE. – Tiens, voilà pour ta peine.

LE PAYSAN. – Grand merci ; je m'en vais, n'est-ce pas ?

CAMILLE. – Si tu veux.

LE PAYSAN. – Je m'en vais, je m'en vais. *(Il sort.)*

CAMILLE, *lisant.* – Perdican me demande de lui dire adieu, avant de partir, près de la petite fontaine où je l'ai fait venir hier. Que peut-il avoir à me dire ? Voilà justement la fontaine, et je suis toute portée[1]. Dois-je accorder ce second rendez-vous ? Ah ! *(Elle se cache derrière un arbre.)* Voilà Perdican qui approche avec Rosette, ma sœur de lait. Je suppose qu'il va la quitter ; je suis bien aise de ne pas avoir l'air d'arriver la première. *(Entrent Perdican et Rosette qui s'assoient.)*

1. *Toute portée* : arrivée à destination sans avoir de chemin à parcourir.

Clotilde de Bayser (CAMILLE) dans la mise en scène de Jean-Pierre VINCENT, théâtre de Sartrouville, 1988.

CAMILLE, *cachée, à part.* – Que veut dire cela ? Il la fait asseoir près de lui ? Me demande-t-il un rendez-vous pour y venir causer avec une autre ? Je suis curieuse de savoir ce qu'il lui dit.

PERDICAN, *à haute voix, de manière que Camille l'entende.* – Je t'aime, Rosette ! toi seule au monde tu n'as rien oublié de nos beaux jours passés ; toi seule tu te souviens de la vie qui n'est plus ; prends ta part de ma vie nouvelle ; donne-moi ton cœur, chère enfant ; voilà le gage de notre amour. *(Il lui pose sa chaîne sur le cou.)*

ROSETTE. – Vous me donnez votre chaîne d'or ?

PERDICAN. – Regarde à présent cette bague. Lève-toi et approchons-nous de cette fontaine. Nous vois-tu tous les deux, dans la source, appuyés l'un sur l'autre ? Vois-tu tes beaux yeux près des miens, ta main dans la mienne ? Regarde tout cela s'effacer. *(Il jette sa bague dans l'eau.)* Regarde comme notre image a disparu ; la voilà qui revient peu à peu ; l'eau qui s'était troublée reprend son équilibre ; elle tremble encore ; de grands cercles noirs courent à sa surface ; patience, nous reparaissons ; déjà je distingue de nouveau tes bras enlacés dans les miens ; encore une minute, et il n'y aura plus une ride sur ton joli visage ; regarde ! C'était une bague que m'avait donnée Camille.

CAMILLE, *à part.* – Il a jeté ma bague dans l'eau.

PERDICAN. – Sais-tu ce que c'est que l'amour, Rosette ? Écoute ! le vent se tait ; la pluie du matin roule en perles sur les feuilles séchées que le soleil ranime. Par la lumière du ciel, par le soleil que voilà, je t'aime ! Tu veux bien de moi, n'est-ce pas ? On n'a pas flétri ta jeunesse ? On n'a pas infiltré dans ton sang vermeil les restes d'un sang affadi ? Tu ne veux pas te faire religieuse ; te voilà jeune et belle dans les bras d'un jeune homme. Ô Rosette, Rosette ! sais-tu ce que c'est que l'amour ?

ROSETTE. – Hélas ! monsieur le docteur, je vous aimerai comme je pourrai.

PERDICAN. – Oui, comme tu pourras ; et tu m'aimeras mieux, tout docteur que je suis et toute paysanne que tu es, que ces pâles statues fabriquées par les nonnes, qui ont la tête à la place du cœur, et qui sortent des cloîtres pour venir répandre dans la vie l'atmosphère humide de leurs cellules ; tu ne sais rien ; tu ne lirais pas dans un livre la prière que ta mère t'apprend, comme elle l'a apprise de sa mère ; tu ne comprends même pas le sens des paroles que tu répètes, quand tu t'agenouilles au pied de ton lit ; mais tu comprends bien que tu pries, et c'est tout ce qu'il faut à Dieu.

ROSETTE. – Comme vous me parlez, monseigneur !

PERDICAN. – Tu ne sais pas lire ; mais tu sais ce que disent ces bois et ces prairies, ces tièdes rivières, ces beaux champs couverts de moissons, toute cette nature splendide de jeunesse. Tu reconnais tous ces milliers de frères, et moi pour l'un d'entre eux ; lève-toi, tu seras ma femme, et nous prendrons racine ensemble dans la sève du monde tout-puissant. *(Il sort avec Rosette.)*

SCÈNE 4 : LE CHŒUR, DAME PLUCHE, CAMILLE.

Entre LE CHŒUR. – Il se passe assurément quelque chose d'étrange au châ-

2. *Dont* : d'où.
3. *Derechef* : pour la seconde fois.
4. *Canaille* : mot employé par mépris pour désigner le bas peuple.
5. *Bâter* : mettre la selle à une bête de somme.

teau ; Camille a refusé d'épouser Perdican ; elle doit retourner aujourd'hui au couvent dont[2] elle est venue. Mais je crois que le seigneur son cousin s'est consolé avec Rosette. Hélas ! la pauvre fille ne sait pas quel danger elle court en écoutant les discours d'un jeune et galant seigneur.

Dame Pluche, *entrant*. – Vite, vite, qu'on selle mon âne !

Le Chœur. – Passerez-vous comme un songe léger, ô vénérable dame ? Allez-vous si promptement enfourcher derechef[3] cette pauvre bête qui est si triste de vous porter ?

Dame Pluche. – Dieu merci, chère canaille[4], je ne mourrai pas ici.

Le Chœur. – Mourez au loin, Pluche, ma mie ; mourez inconnue dans un caveau malsain. Nous ferons des vœux pour votre respectable résurrection.

Dame Pluche. – Voici ma maîtresse qui s'avance. *(À Camille qui entre.)* Chère Camille, tout est prêt pour notre départ ; le baron a rendu ses comptes, et mon âne est bâté[5].

Camille. – Allez au diable, vous et votre âne, je ne partirai pas aujourd'hui. *(Elle sort.)*

Le Chœur. – Que veut dire ceci ? Dame Pluche est pâle de terreur ; ses faux cheveux tentent de se hérisser, sa poitrine siffle avec force et ses doigts s'allongent en se crispant.

Dame Pluche. – Seigneur Jésus ! Camille a juré ! *(Elle sort.)*

Le baron, lithographie de Louis MORIN, 1904, pour *On ne badine pas avec l'amour.*

SCÈNE 5

Entrent Le Baron *et* Maître Bridaine.

Maître Bridaine. – Seigneur, il faut que je vous parle en particulier. Votre fils fait la cour à une fille du village.

Le Baron. – C'est absurde, mon ami.

Maître Bridaine. – Je l'ai vu distinctement passer dans la bruyère en lui donnant le bras ; il se penchait à son oreille, et lui promettait de l'épouser.

Le Baron. – Cela est monstrueux.

Maître Bridaine. – Soyez-en convaincu ; il lui a fait un présent considérable, que la petite a montré à sa mère.

Le Baron. – Ô ciel ! considérable, Bridaine ? En quoi considérable ?

Maître Bridaine. – Pour le poids et pour la conséquence. C'est la chaîne d'or qu'il portait à son bonnet.

Le Baron. – Passons dans mon cabinet ; je ne sais à quoi m'en tenir. *(Ils sortent.)*

SCÈNE 6

La chambre de Camille.
Entrent Camille *et* Dame Pluche.

Camille. – Il a pris ma lettre, dites-vous ?

Dame Pluche. – Oui, mon enfant ; il s'est chargé de la mettre à la poste.

Dame Pluche, lithographie de Louis MORIN, 1904.

CAMILLE. – Allez au salon, dame Pluche, et faites-moi le plaisir de dire à Perdican que je l'attends ici. *(Dame Pluche sort.)* Il a lu ma lettre, cela est certain ; sa scène du bois est une vengeance, comme son amour pour Rosette. Il a voulu me prouver qu'il en aimait une autre que moi, et jouer l'indifférent malgré son dépit. Est-ce qu'il m'aimerait, par hasard ? *(Elle lève la tapisserie.)* Es-tu là, Rosette ?

ROSETTE, *entrant.* – Oui ; puis-je entrer ?

CAMILLE. – Écoute-moi, mon enfant ; le seigneur Perdican ne te fait-il pas la cour ?

ROSETTE. – Hélas ! oui.

CAMILLE. – Que penses-tu de ce qu'il t'a dit ce matin ?

ROSETTE. – Ce matin ? Où donc ?

CAMILLE. – Ne fais pas l'hypocrite. – Ce matin à la fontaine, dans le petit bois.

ROSETTE. – Vous m'avez donc vue ?

CAMILLE. – Pauvre innocente ! Non, je ne t'ai pas vue. Il t'a fait de beaux discours, n'est-ce pas ? Gageons qu'il t'a promis de t'épouser.

ROSETTE. – Comment le savez-vous ?

CAMILLE. – Qu'importe comment je le sais ; crois-tu à ses promesses, Rosette ?

ROSETTE. – Comment n'y croirais-je pas ? Il me tromperait donc ? Pour quoi faire ?

CAMILLE. – Perdican ne t'épousera pas, mon enfant.

ROSETTE. – Hélas ! je n'en sais rien.

CAMILLE. – Tu l'aimes, pauvre fille ; il ne t'épousera pas, et la preuve, je vais te la donner ; rentre derrière ce rideau, tu n'auras qu'à prêter l'oreille et à venir quand je t'appellerai. *(Rosette sort.)*

CAMILLE, *seule.* – Moi qui croyais faire un acte de vengeance, ferais-je un acte d'humanité ? La pauvre fille a le cœur pris. *(Entre Perdican.)* Bonjour, cousin, asseyez-vous.

PERDICAN. – Quelle toilette, Camille ! À qui en voulez-vous ?

CAMILLE. – À vous, peut-être ; je suis fâchée de n'avoir pu me rendre au rendez-vous que vous m'avez demandé ; vous aviez quelque chose à me dire ?

PERDICAN, *à part.* – Voilà, sur ma vie, un petit mensonge assez gros pour un agneau sans tache : je l'ai vue derrière un arbre écouter la conversation. *(Haut.)* Je n'ai rien à vous dire, qu'un adieu, Camille ; je croyais que vous partiez ; cependant votre cheval est à l'écurie, et vous n'avez pas l'air d'être en robe de voyage.

CAMILLE. – J'aime la discussion ; je ne suis pas bien sûre de ne pas avoir eu envie de me quereller encore avec vous.

PERDICAN. – À quoi sert de se quereller, quand le raccommodement est impossible ? Le plaisir des disputes, c'est de faire la paix.

CAMILLE. – Êtes-vous convaincu que je ne veuille pas la faire ?

PERDICAN. – Ne raillez pas ; je ne suis pas de force à vous répondre.

CAMILLE. – Je voudrais qu'on me fît la cour ; je ne sais si c'est que j'ai une robe neuve, mais j'ai envie de m'amuser. Vous m'avez proposé d'aller au village, allons-y, je veux bien ; mettons-nous en bateau ; j'ai envie d'aller dîner sur l'herbe, ou de faire une promenade dans la forêt. Fera-t-il clair de lune, ce soir ? Cela est singulier, vous n'avez plus au doigt la bague que je vous ai donnée ?

PERDICAN. – Je l'ai perdue.

CAMILLE. – C'est donc pour cela que je l'ai trouvée ; tenez, Perdican, la voilà.

PERDICAN. – Est-ce possible ? Où l'avez-vous trouvée ?

CAMILLE. – Vous regardez si mes mains sont mouillées, n'est-ce pas ? En réalité, j'ai gâté ma robe de couvent pour retirer ce petit hochet d'enfant de la fontaine. Voilà pourquoi j'en ai mis une autre, et, je vous dis, cela m'a changée ; mettez donc cela à votre doigt.

PERDICAN. – Tu as retiré cette bague de l'eau, Camille, au risque de te précipiter[6] ? Est-ce un songe ? La voilà ; c'est toi qui me la mets au doigt ! Ah ! Camille, pourquoi me le rends-tu, ce triste gage d'un bonheur qui n'est plus ? Parle, coquette et imprudente fille, pourquoi pars-tu ? Pourquoi restes-tu ? Pourquoi, d'une heure à l'autre, changes-tu d'apparence et de couleur, comme la pierre de cette bague à chaque rayon du soleil ?

6. *Se précipiter* : tomber brutalement la tête la première.

CAMILLE. – Connaissez-vous le cœur des femmes, Perdican ? Êtes-vous sûr de leur inconstance, et savez-vous si elles changent réellement de pensée en changeant quelquefois de langage ? Il y en a qui disent que non. Sans doute, il nous faut souvent jouer un rôle, souvent mentir ; vous voyez que je suis franche ; mais êtes-vous sûr que tout mente dans une femme, lorsque sa langue ment ? Avez-vous bien réfléchi à la nature de cet être faible et violent, à la rigueur avec laquelle on le juge, aux principes qu'on lui impose ? Et qui sait si, forcée à tromper par le monde, la tête de ce petit être sans cervelle ne peut pas y prendre plaisir, et mentir quelquefois par passe-temps, par folie, comme elle ment par nécessité ?

PERDICAN. – Je n'entends rien à tout cela, et je ne mens jamais. Je t'aime, Camille, voilà tout ce que je sais.

CAMILLE. – Vous dites que vous m'aimez, et vous ne mentez jamais ?

PERDICAN. – Jamais.

CAMILLE. – En voilà une qui dit pourtant que cela vous arrive quelquefois. *(Elle lève la tapisserie ; Rosette paraît dans le fond, évanouie sur une chaise.)* Que répondrez-vous à cette enfant, Perdican, lorsqu'elle vous demandera compte de vos paroles ? Si vous ne mentez jamais, d'où vient donc qu'elle s'est évanouie en vous entendant me dire que vous m'aimez ? Je vous laisse avec elle ; tâchez de la faire revenir. *(Elle veut sortir.)*

Alfred de MUSSET, *On ne badine pas avec l'amour* (acte III, scènes 3 à 6), 1834.

Perdican et Camille, deux détails d'une lithographie de Louis MORIN, 1904, pour *On ne badine pas avec l'amour.*

Interrogez le texte

1. Une séquence théâtrale

a. À l'aide du tableau suivant, étudiez le déroulement des quatre scènes :

Scène	Lieu	Personnages principaux	secondaires	Les faits importants	Scène comique ? tragique ?
3					
4					
5					
6					

• Quelle difficulté le metteur en scène doit-il résoudre ? Quelles solutions peut-il imaginer ?
• Quelles sont les deux scènes les plus importantes ? Justifiez votre réponse.
• D'après cet extrait, pouvez-vous dire si cette pièce est comique ou tragique ?

b. Les didascalies* sont-elles nombreuses ? Quelles indications donnent-elles généralement ? Lesquelles ont un rôle particulièrement important ? Justifiez votre réponse.

2. Les personnages

a. Scène 3 :
• Pourquoi Perdican a-t-il entraîné Rosette dans le petit bois près de la fontaine ?
• À qui s'adresse en réalité son discours ? Justifiez votre réponse.
• Quelle image donne-t-il de Rosette ? Quels reproches fait-il indirectement à Camille ?
• Quelles réactions provoque-t-il chez Rosette ?
• Quelles sont celles de Camille ? Quel procédé permet au spectateur de les découvrir ?
• Quels aspects du caractère de Perdican révèle cette scène ?

b. Scènes 4 et 5 :
• Quels personnages secondaires apparaissent ? Lesquels sont grotesques ?
• Quel est leur rôle ?
• Quel rôle joue le chœur ?

c. Scène 6 :
• Dans quel but Camille a-t-elle fait venir Rosette dans sa chambre ?
• Quel stratagème va-t-elle utiliser ?
• Quelles différences apparaissent entre Camille et Rosette au début de la scène ?
• De quelle façon Camille amène-t-elle Perdican à lui déclarer son amour ?

d. En quoi cette séquence théâtrale illustre-t-elle le proverbe qui sert de titre à la pièce ?

À vous de jouer

3. Mettez en scène et jouez

Constituez une équipe comportant un metteur en scène et le nombre d'acteurs nécessaire. Distribuez-vous les rôles. De quels accessoires allez-vous avoir besoin ? Comment allez-vous suggérer les changements de décor ? Répétez en mettant au point vos déplacements, les jeux de scène, l'intonation. Jouez la scène devant la classe.

enrichissez votre *VOCABULAIRE*

a. Cherchez l'étymologie* du nom *cloître* (l. 51).
b. Recherchez les mots appartenant à la même famille étymologique*.
c. Utilisez certains des mots trouvés dans des phrases de votre composition.

la *grammaire* dans le TEXTE

Dans les scènes 3 et 6, étudiez le jeu des pronoms de deuxième personne :
a. Quel pronom personnel Perdican et Camille utilisent-ils pour s'adresser à Rosette ? Pourquoi ?
b. Quel pronom personnel Rosette utilise-t-elle pour s'adresser à Perdican et à Camille ? Pourquoi ?
c. Quel pronom personnel Perdican et Camille utilisent-ils habituellement pour s'adresser l'un à l'autre ? Pourquoi ?
d. À quel moment le tutoiement apparaît-il ? Qui l'utilise ? Pourquoi ?

L'empereur et son geôlier

Sir Hudson Lowe vient d'être nommé gouverneur de l'île de Sainte-Hélène où Napoléon est prisonnier des Anglais. Chargé de la garde de l'illustre personnage, il veut le voir pour lui signifier les instructions du gouvernement anglais : réduire ses dépenses et en assumer le tiers. Mais Napoléon refuse de le recevoir : Lowe ne lui a pas demandé audience. Il revient le lendemain, à l'heure fixée par Napoléon.

Jean-Pierre Cassel (LOWE) dans la mise en scène de Marcel BLUWAL, théâtre Montparnasse, 1995.

À Sainte-Hélène.
Cabinet de travail très simplement meublé.
Cheminée surmontée d'une glace et supportant une pendule.
Sofa, fauteuils, table.
Un jour d'avril 1816.
[...]

Silence et noir. Puis on entend sonner quatre heures à la pendule, et la lumière revient lentement. Son chapeau sur la tête et revêtu de l'habit vert des Chasseurs de la garde, à passements et collet[1] *rouge, la plaque de la Légion d'honneur sur la poitrine, Napoléon, debout, attend. La porte s'ouvre toute seule, et Lowe, en grande tenue de lieutenant général, habit écarlate galonné d'or, chapeau empanaché de plumes, apparaît sur le seuil.*

LOWE. – Je vous présente mes devoirs, général.

Et il s'assied, le chapeau sur la tête. Napoléon l'observe fixement sans répondre. Un temps. Lowe se relève, embarrassé, et ôte son chapeau qu'il va poser sur une table. Alors Napoléon ôte le sien et va s'asseoir.

NAPOLÉON *(ton neutre)*. – Asseyez-vous, Monsieur. *(Lowe obéit.)* Avez-vous fait un bon voyage ?

LOWE. – Oui, merci. Le *Phaëton* est un fort bon navire et le capitaine Stanfell un excellent marin.

NAPOLÉON. – Pas de tempête ?

LOWE. – Eh bien non, du beau temps. Ce n'est qu'en arrivant que nous avons trouvé la pluie.

NAPOLÉON. – Lady Lowe a bien supporté la traversée ?

LOWE. – Elle n'a pas le pied marin, mais la mer ayant été bonne...

NAPOLÉON. – Vous lui ferez mes compliments.

LOWE. – Elle en sera très honorée.

Un temps.

NAPOLÉON. – Monsieur de Montholon[2], auquel vous avez bien voulu écrire...

LOWE *(le coupant)*. – J'espère, général, que vous avez compris le sens de ma missive. J'ai des instructions de mon gouvernement, et il me faut les appliquer.

1. *Passements et collet* : galons et col.
2. *Monsieur de Montholon* : accusé d'avoir volé la caisse de son régiment et passible du conseil de guerre, il a préféré s'exiler à Sainte-Hélène où il sert de secrétaire à Napoléon plutôt que d'être emprisonné en France.

Le Songe, lithographie de DELPECH, 1821.

- Dans quel décor Napoléon est-il représenté? En quelle année ?
- Quel rêve fait-il ?

NAPOLÉON. – La dernière fois qu'on m'a appelé *général*, c'était à la bataille des Pyramides. Alors soyez plus actuel, Monsieur le gouverneur : appelez-moi donc Sire... ou Votre Majesté, comme chacun le fait ici.

LOWE. – Vos compatriotes, sans doute, mais les instructions de mon gouvernement, en ce qui me concerne, sont formelles, et je ne peux y déroger[3].

NAPOLÉON. – Qui a donné le droit au Cabinet anglais de contester mon titre ? J'ai été reconnu comme Empereur par toutes les puissances d'Europe.

LOWE. – L'Angleterre exceptée.

NAPOLÉON *(d'un ton tranchant)*. – Mais le pape y compris qui m'a sacré à Notre-Dame. En ce qui touche à l'Angleterre, elle était, au temps de mon règne, entièrement disposée à me donner de l'Empereur chaque fois qu'elle avait quelque profit à tirer de cette concession. J'ai été, l'Angleterre n'a pu l'oublier, le plus puissant monarque que le monde ait connu depuis Charlemagne – et mon incarcération sans précédent et sans exemple dans l'histoire. Jamais auparavant la paix et la sécurité de l'univers n'avaient eu comme première et indispensable condition la mise aux fers d'un seul individu. Se refuser à me donner mon titre, c'est insulter la France en niant son droit souverain de se donner légalement un chef. Je le réclame donc, ce titre, au nom de mon pays.

Un temps.

LOWE. – Il me semblait...

NAPOLÉON. – Quoi ?

LOWE. – ... que vous aviez abdiqué.

3. *Déroger* : ne pas respecter.

Le Sacre de Napoléon Ier, détail d'une peinture de Louis DAVID, 1806-1807. (Musée du Louvre, Paris.)

NAPOLÉON. – J'ai, en effet, abdiqué le trône de France, mais non le titre d'Empereur. Je ne m'appelle pas Napoléon, empereur des Français, mais Napoléon, Empereur.

LOWE. – Je ne suis pas ici, Monsieur, pour discuter de cette question.

NAPOLÉON. – Mais vous êtes venu pour me présenter vos devoirs. Vous n'aviez aucune raison de le faire à Bonaparte, et seul mon titre d'Empereur justifiait ce protocole.

LOWE. – Hier matin, c'était le général que j'étais venu voir.

NAPOLÉON. – Oui, mais c'est l'Empereur auquel vous n'aviez pas cru bon de demander audience qui vous a refusé sa porte.

LOWE. – On m'a dit que vous étiez dans votre bain.

NAPOLÉON. – Non, mais j'y suis entré afin de ne pouvoir vous recevoir.

LOWE. – Voilà, Monsieur, qui n'est guère civil.

NAPOLÉON. – Ne sommes-nous donc pas entre soldats ?

LOWE. – Quoi qu'il en soit...

NAPOLÉON. – Vous avez des instructions, je sais.

LOWE. – Oui, Monsieur, et elles sont impératives.

NAPOLÉON. – Et vous mettez tout votre honneur à ne jamais les discuter. Pour vous, ma carrière s'arrête donc à mon grade de général ?

LOWE. – Elle y est plutôt revenue. Je ne conteste pas... je veux dire, le Cabinet anglais n'a jamais contesté que vous ayez été empereur des Français.

NAPOLÉON. – C'est en effet incontestable.

LOWE. – Oui, mais la fortune des armes a malheureusement décidé...

NAPOLÉON. – Vous voulez dire *heureusement* pour vous... pour vous et l'Angleterre. En somme, à vous entendre, je dois mon titre aux baïonnettes de mes soldats... et de l'avoir perdu aux baïonnettes des vôtres.

LOWE. – On peut le dire ainsi, général. *(Un temps.)* Mais...

Regard fixé sur son chapeau, Lowe tend son bras vers lui.

NAPOLÉON. – Quoi... qu'y a-t-il ?

LOWE. – Mon chapeau... il vient de bouger.

Il se lève et va soulever son chapeau. Sous lui, le rat. Sautant par terre, il disparaît sous la tenture.

NAPOLÉON *(paisiblement)*. – Monsieur Fouché, mon confident, auquel j'avais parlé de vous. Sans doute a-t-il voulu vous voir de près. Vous n'aimez pas les rats ?

LOWE. – Non. Quelle horreur ! Ils me répugnent à tel point que je préférerais... la dégradation – oui, redevenir adjudant... plutôt que toucher à un seul.

NAPOLÉON. – On s'y fait, Monsieur Lowe, on s'y fait – et plus facilement qu'à certains hommes.

Claude Brasseur (NAPOLÉON) et Jacques François (LOWE) dans la mise en scène de Marcel BLUWAL, théâtre Montparnasse, 1995.

Jean-Claude BRISVILLE, *La Dernière Salve* © Actes-Sud, 1995.

Interrogez le texte

1. L'entrée en scène (lignes 1-22)

a. Comment la mise en scène prépare-t-elle l'entrée du personnage attendu ? Quelle atmosphère est ainsi créée ?
b. Quel contraste observez-vous entre le costume et le comportement de sir Hudson Lowe et ceux de Napoléon ? Comment les spectateurs peuvent-ils interpréter cette opposition ?
c. Dans quel but sir Hudson Lowe est-il venu ? Quel sens Napoléon veut-il donner à sa visite ?
d. Comment peut-on caractériser le ton et le contenu des premières répliques échangées ?

2. L'affrontement (lignes 23-79)

a. Quel est le point de départ de la discussion ?
b. Que revendique Napoléon ? Avec quels arguments ?
c. À quoi se refuse sir Hudson Lowe ? Avec quels arguments ?
d. L'un des deux personnages l'emporte-t-il ? Justifiez votre réponse.

3. L'entrée en scène d'un nouveau personnage (lignes 81 à la fin)

a. Quel personnage apparaît vers la fin de l'extrait ? Quelles réactions suscite-t-il chez sir Hudson Lowe ?
b. Quel nom Napoléon lui a-t-il donné ? Qui était ce personnage ?
c. Comment comprenez-vous la remarque finale de Napoléon ?

4. Une pièce de théâtre historique

a. Qu'est-ce qui donne à la pièce de Brisville sa dimension historique ?
b. Quels aspects de la personnalité des deux protagonistes* l'auteur a-t-il mis en scène ?
c. Ce dialogue entre Napoléon et son geôlier vous semble-t-il vraisemblable ? Justifiez votre réponse.

À vous de jouer

5. Mettez en scène

Constituez une équipe comprenant deux acteurs et un metteur en scène. Reproduisez le texte. Indiquez sous forme de didascalies* les jeux de scène, de physionomie et le ton des différentes répliques. Apprenez vos rôles. Jouez la scène devant la classe.

Claude Brasseur (NAPOLÉON) et Jean-Pierre Cassel (LOWE) dans la mise en scène de Marcel BLUWAL, théâtre Montparnasse, 1995.

enrichissez votre VOCABULAIRE

a. Lignes 64-65 : sur quel jeu de mots sont construites ces deux répliques ? Dans quel sens sir Hudson Lowe utilise-t-il l'adjectif *civil* ? Dans quel sens Napoléon l'a-t-il pris ?
b. Précisez le champ sémantique* de ce terme.
c. Cherchez des mots appartenant à la même famille étymologique*.
Précisez leur sens.
d. Utilisez certains des mots trouvés dans des phrases de votre composition.

la *grammaire* dans le TEXTE

– Hier matin, c'était le général que j'étais venu voir.
– Oui, mais c'est l'Empereur auquel vous n'aviez pas cru bon de demander audience qui vous a refusé sa porte. (l. 59-61)
a. Quelle ressemblance observez-vous dans la construction de ces deux répliques ?
b. Quel est le rôle des expressions soulignées ?
c. Récrivez les deux répliques en les supprimant.
d. Laquelle des deux formulations est la meilleure ? Justifiez votre réponse.

10

S'initier à la poésie

Pour rêver, rire ou sourire, pleurer, se révolter, s'interroger, jouer avec les mots et les idées, laissez-vous séduire, au fil des pages, par la variété de la poésie française.

Les objectifs du chapitre

- Découvrir des poètes français du XVIIe siècle à nos jours.
- Identifier certaines formes poétiques (fable, sonnet, chanson, odelette...).

Vol des mouettes, peinture de Nicolas DE STAEL (1914-1955). (Collection particulière.)

- Notez, comme elles vous viennent à l'esprit, les images et les idées que vous suggère ce tableau. Reprenez-les pour en faire un poème en vers libres.

LA FONTAINE
(1621-1695)
Voir p. 102.

Le Renard et le Bouc

Capitaine Renard allait de compagnie
Avec son ami Bouc des plus haut encornés[1] :
Celui-ci ne voyait pas plus loin que son nez ;
L'autre était passé maître en fait de tromperie.
La soif les obligea de descendre en un puits :
Là chacun d'eux se désaltère.
Après qu'abondamment tous deux en eurent pris[2],
Le Renard dit au Bouc : « Que ferons-nous compère ?
Ce n'est pas tout de boire, il faut sortir d'ici.
Lève tes pieds en haut, et tes cornes aussi ;
Mets-les contre le mur : le long de ton échine[3]
Je grimperai premièrement[4] ;
Puis sur tes cornes m'élevant,
À l'aide de cette machine,
De ce lieu-ci je sortirai.
Après quoi je t'en tirerai.
– Par ma barbe, dit l'autre, il est bon[5] ; et je loue
Les gens bien sensés comme toi.
Je n'aurais jamais, quant à moi,
Trouvé ce secret, je l'avoue. »
Le Renard sort du puits, laisse son compagnon,
Et vous lui fait un beau sermon
Pour l'exhorter[6] à la patience.
« Si le ciel t'eût, dit-il, donné par excellence
Autant de jugement que de barbe au menton,
Tu n'aurais pas, à la légère,
Descendu dans ce puits. Or, adieu ; j'en suis hors[7] :
Tâche de t'en tirer, et fais tous tes efforts ;
Car, pour moi, j'ai certaine affaire
Qui ne me permet pas d'arrêter en chemin. »

En toute chose il faut considérer la fin.

Jean de LA FONTAINE,
Fables (III, 5), 1668.

1. *Des plus haut encornés* : avec des cornes particulièrement hautes.
2. *Après qu'abondamment tous deux en eurent pris* : après qu'ils eurent beaucoup bu.
3. *Le long de ton échine* : sur ton dos.
4. *Je grimperai premièrement* : je commencerai par grimper.
5. *Il est bon* : voilà qui est bien.
6. *Pour l'exhorter* : pour l'encourager.
7. *J'en suis hors* : j'en suis sorti.

Le Renard et le Bouc, image d'Épinal, vers 1900.

Interrogez le texte

1. Une fable

a. Qu'est-ce qui fait de ce texte une fable ?
b. Quelle est la fonction du récit ?
c. Quelle est la morale de cette fable ? Cherchez dans votre dictionnaire les différents sens du mot *fin*. Dans quel sens faut-il le prendre dans cette morale ?

2. La structure du récit

a. Retrouvez les étapes du récit : situation initiale, élément modificateur, péripéties, élément de résolution, situation finale.
b. Pour lequel des deux personnages la situation s'est-elle améliorée ? dégradée ? Justifiez votre réponse.

3. Les personnages

a. Comment les deux animaux sont-ils caractérisés ?
b. En quoi leur discours traduit-il leur personnalité ? Comment le Renard parvient-il à convaincre le Bouc ?
c. Quel type d'homme représente chacun d'eux ? Duquel des deux personnages La Fontaine se moque-t-il tout particulièrement ?

À vous de jouer

4. L'art de dire

Apprenez cette fable par équipes de trois : l'un(e) sera le narrateur, les deux autres joueront le Renard et le Bouc. Dites-la à la manière d'une petite comédie.

Victor HUGO
(1802-1885)
Poète, romancier, auteur dramatique, défenseur des « misérables ». *Les Contemplations*, recueil écrit après la mort tragique de sa fille Léopoldine (1843) et publié en 1856, rassemblent des poèmes qui évoquent les temps d'*autrefois* (avant le drame) et les temps d'*aujourd'hui* (après le drame).

Enfant de fabrique, gravure d'après HÉBERT, XIXe siècle.

Melancholia[1]

Où vont tous ces enfants dont pas un seul ne rit ?
Ces doux êtres pensifs que la fièvre maigrit ?
Ces filles de huit ans qu'on voit cheminer seules ?
Ils s'en vont travailler quinze heures sous des meules[2] ;
Ils vont, de l'aube au soir, faire éternellement
Dans la même prison le même mouvement,
Accroupis sous les dents d'une machine sombre,
Monstre hideux qui mâche on ne sait quoi dans l'ombre,
Innocents dans un bagne, anges dans un enfer,
Ils travaillent. Tout est d'airain[3], tout est de fer.
Jamais on ne s'arrête et jamais on ne joue.
Aussi quelle pâleur ! La cendre est sur leur joue.
Il fait à peine jour, ils sont déjà bien las.
Ils ne comprennent rien à leur destin, hélas !
Ils semblent dire à Dieu : « Petits comme nous sommes,
Notre père, voyez ce que nous font les hommes ! »
Ô servitude infâme imposée à l'enfant !
Rachitisme ! travail dont le souffle étouffant
Défait ce qu'a fait Dieu ; qui tue, œuvre insensée,
La beauté sur les fronts, dans les cœurs la pensée,
Et qui ferait – c'est là son fruit le plus certain ! –
D'Apollon un bossu, de Voltaire un crétin !
Travail mauvais qui prend l'âge tendre en sa serre,
Qui produit la richesse en créant la misère,
Qui se sert d'un enfant ainsi que d'un outil !
Progrès dont on demande : « Où va-t-il ? que veut-il ? »
Qui brise la jeunesse en fleur ! qui donne, en somme,
Une âme à la machine et la retire à l'homme !
Que ce travail, haï des mères, soit maudit !
Maudit comme le vice où l'on s'abâtardit[4],
Maudit comme l'opprobre[5] et comme le blasphème[6] !
Ô Dieu ! qu'il soit maudit au nom du travail même,
Au nom du vrai travail, saint, fécond, généreux,
Qui fait le peuple libre et qui rend l'homme heureux !

Victor HUGO,
Les Contemplations (III, 2, vers 113-146), 1838.

1. *Melancholia* : titre qui évoque une gravure du peintre allemand Albrecht Dürer, représentant une femme accablée de tristesse.
2. *Meules* : machines servant à polir les objets de métal.
3. *D'airain* : de bronze.
4. *Où l'on s'abâtardit* : où l'on perd ses qualités naturelles.
5. *L'opprobre* : la honte, le déshonneur.
6. *Le blasphème* : l'insulte à Dieu.

La Forge, dessin de Georges SAUVAGE, XIXe siècle.

Interrogez le texte

1. Description d'une réalité sociale (vers 1-16)

a. À quel type appartiennent les trois phrases qui constituent les trois premiers vers du texte ? Qu'est-ce qui choque le poète et provoque son interrogation ?
b. Quelle réalité sociale V. Hugo évoque-t-il ?
c. Relevez la métaphore* évoquant la machine à laquelle les enfants travaillent. Quelles réactions et quelles associations d'idées fait-elle surgir dans l'esprit du lecteur ?
d. Quels sont les champs lexicaux* dominants dans l'évocation de l'usine ? dans l'évocation des enfants ? Quel contraste observez-vous ? Que veut ainsi traduire le poète ?

2. Un poète engagé (vers 17-34)

a. Quel type de phrase domine dans ce passage ? Que traduit son emploi ?
b. Que dénonce ici V. Hugo ? Relevez les vers qui vous semblent les plus frappants.
c. V. Hugo condamne-t-il toute forme de travail ? Justifiez votre réponse.
d. Le poème de V. Hugo reste-t-il d'actualité ? Reportez-vous au document p. 106 pour justifier votre réponse.

3. La force de la poésie

a. Quel mètre* le poète a-t-il utilisé ? Où se trouve généralement la coupe* ? Qu'ont de particulier les vers 5-6 ? 9-10 ? 15-16 ? Quel est l'effet produit ?
b. Comment les rimes* sont-elles disposées ? Repérez-en quelques-unes qui, rapprochant certains termes, renforcent le message indigné du poète.
c. Repérez des exemples des procédés d'écriture qui donnent sa force à ce poème (métaphores*, anaphores*, antithèses* ...).

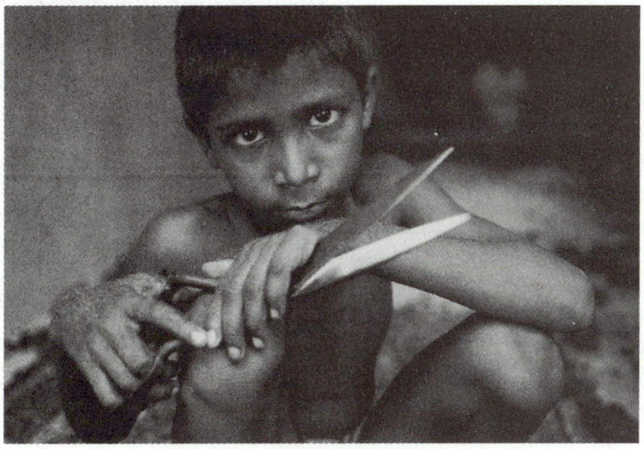

Enfant travaillant dans le textile en Inde, 1993.

Victor HUGO
(1802-1885)
Les Châtiments sont une œuvre de combat politique contre Napoléon III, écrite pendant l'exil du poète à Jersey et Guernesey.

L'expiation

Il neigeait. On était vaincu par sa conquête.
Pour la première fois l'aigle baissait la tête.
Sombres jours ! l'empereur revenait lentement,
Laissant derrière lui brûler Moscou fumant.
Il neigeait. L'âpre hiver[1] fondait en avalanche.
Après la plaine blanche une autre plaine blanche.
On ne connaissait plus[2] les chefs ni le drapeau.
Hier la grande armée, et maintenant troupeau.
On ne distinguait plus les ailes ni le centre :
Il neigeait. Les blessés s'abritaient dans le ventre
Des chevaux morts ; au seuil des bivouacs désolés
On voyait des clairons[3] à leur poste gelés
Restés debout, en selle et muets, blancs de givre,
Collant leur bouche en pierre aux trompettes de cuivre.
Boulets, mitraille, obus, mêlés aux flocons blancs,
Pleuvaient ; les grenadiers, surpris d'être tremblants,
Marchaient pensifs, la glace à leur moustache grise.
Il neigeait, il neigeait toujours ! la froide bise
Sifflait ; sur le verglas, dans des lieux inconnus,
On n'avait pas de pain et l'on allait pieds nus.
Ce n'étaient plus des cœurs vivants, des gens de guerre ;
C'était un rêve errant dans la brume, un mystère,
Une procession d'ombres sous le ciel noir.
La solitude vaste, épouvantable à voir,
Partout apparaissait, muette vengeresse.
Le ciel faisait sans bruit avec la neige épaisse
Pour cette immense armée un immense linceul[4].
Et, chacun se sentant mourir, on était seul.
– Sortira-t-on jamais de ce funeste empire ?
Deux ennemis ! le Czar[5], le Nord. Le Nord est pire.
On jetait les canons pour brûler les affûts[6].
Qui se couchait, mourait. Groupe morne et confus,
Ils fuyaient ; le désert dévorait le cortège.
On pouvait, à des plis qui soulevaient la neige,
Voir que des régiments s'étaient endormis là.
Ô chutes d'Annibal ! Lendemains d'Attila[7] !
Fuyards, blessés, mourants, caissons, brancards, civières,
On s'écrasait aux ponts pour passer les rivières.
On s'endormait dix mille, on se réveillait cent.
Ney[8], que suivait naguère une armée, à présent
S'évadait, disputant sa montre à trois cosaques[9].
Toutes les nuits, qui vive ! alerte, assauts ! attaques !
Ces fantômes prenaient leur fusil, et sur eux
Ils voyaient se ruer, effrayants, ténébreux,

1. *L'âpre hiver* : le rude hiver.
2. *On ne connaissait plus* : on ne reconnaissait plus.
3. *Des clairons* : soldats jouant du clairon pour transmettre les ordres.
4. *Linceul* : pièce de toile pour ensevelir les morts.
5. *Le Czar* (aujourd'hui *tsar*) : l'empereur de Russie.
6. *Les affûts* : pièces de bois sur lesquelles sont montés les canons.
7. *Annibal, Attila* : deux conquérants célèbres (général carthaginois et roi des Huns) vaincus après des conquêtes extraordinaires.
8. *Ney* : commandant de la cavalerie.
9. *Cosaques* : cavaliers russes.

La Retraite de Russie de 1812, détail d'une peinture d'Auguste RAFFET, 1856. (Musée du Louvre, Paris.)

- Le paysage est-il représenté avec précision ?
- Sur quel groupe de personnages la lumière est-elle concentrée ? D'où vient-elle ?
- Ce tableau vous semble-t-il correspondre au poème de Victor Hugo ?

Avec des cris pareils aux voix des vautours chauves,
D'horribles escadrons, tourbillons d'hommes fauves.
Toute une armée ainsi dans la nuit se perdait.
L'empereur était là, debout, qui regardait.
Il était comme un arbre en proie à la cognée[10].
Sur ce géant, grandeur jusqu'alors épargnée,
Le malheur, bûcheron sinistre, était monté ;
Et lui, chêne vivant, par la hache insulté,
Tressaillant sous le spectre aux lugubres revanches,
Il regardait tomber autour de lui ses branches.
Chefs, soldats, tous mouraient. Chacun avait son tour.
Tandis qu'environnant sa tente avec amour,
Voyant son ombre aller et venir sur la toile,
Ceux qui restaient, croyant toujours à son étoile,
Accusaient le destin de lèse-majesté[11],
Lui se sentit soudain dans l'âme épouvanté.
Stupéfait du désastre et ne sachant que croire,
L'empereur se tourna vers Dieu ; l'homme de gloire
Trembla ; Napoléon comprit qu'il expiait[12]
Quelque chose peut-être, et, livide[13], inquiet,
Devant ses légions sur la neige semées :
– Est-ce le châtiment, dit-il, Dieu des armées ? –
Alors il s'entendit appeler par son nom
Et quelqu'un qui parlait dans l'ombre lui dit : non.

Victor HUGO, *Les Châtiments* (XIII, 1), 1853.

10. *La cognée* : grande hache de bûcheron.
11. *Accusaient... de lèse-majesté* : accusaient d'atteinte à la gloire de l'empereur.
12. *Qu'il expiait* : qu'il rachetait ses fautes par ses souffrances.
13. *Livide* : pâle.

Groupe de soldats blessés, épisode de la retraite de Russie, 1812, dessin, plume, encre et aquarelle de Théodore GÉRICAULT, 1818. (Musée des Beaux-Arts, Rouen.)

Interrogez le texte

1. Le thème et l'enjeu du texte

a. Quel événement historique est évoqué dans ce texte ? Relevez dans les vers 1 à 4 les éléments qui vous permettent de répondre.

b. Qui exerce le pouvoir en France en 1853 ? Où se trouve Victor Hugo ? Quel combat mène-t-il ? Pourquoi écrit-il un poème pour célébrer Napoléon Ier ?

c. Que signifie le mot *expiation* ? Quel sens peut-il avoir dans ce texte ?

2. Un poème épique

a. Étudiez les deux tableaux successivement décrits par le poète :

	Titre proposé	Champs lexicaux* dominants
Premier tableau (v. 1-47)		
Deuxième tableau (v. 48-68)		

b. Dans le premier tableau, relevez des exemples de procédés d'écriture : anaphores*, métaphores*, comparaisons*, antithèses*... Quel est l'effet recherché ?

c. Quel contraste observez-vous entre les deux tableaux ?

d. De quelle manière le poète confère-t-il à Napoléon une dimension surhumaine ?

e. Quelle impression d'ensemble se dégage de ce texte ?

f. Une épopée (ou poème épique) est un texte où la légende se mêle à l'histoire et dont l'enjeu est de célébrer un héros. En quoi ce poème de V. Hugo est-il un poème épique ? En quoi diffère-t-il d'une page de manuel d'histoire ou d'encyclopédie ? Justifiez votre réponse.

À vous de jouer

3. Comparez les textes

Reportez-vous aux trois discours de Bonaparte p. 120-122. Combien de temps s'est écoulé entre la campagne d'Italie et la retraite de Russie ? Quelle évolution se marque dans la situation de l'armée ? dans celle de son chef ?

Victor HUGO
(1802-1885)
Voir p. 286.

Chanson

Si vous n'avez rien à me dire,
Pourquoi venir auprès de moi ?
Pourquoi me faire ce sourire
Qui tournerait la tête au roi ?
Si vous n'avez rien à me dire,
Pourquoi venir auprès de moi ?

Si vous n'avez rien à m'apprendre,
Pourquoi me pressez-vous la main ?
Sur le rêve angélique et tendre,
Auquel vous songez en chemin,
Si vous n'avez rien à m'apprendre,
Pourquoi me pressez-vous la main ?

Si vous voulez que je m'en aille,
Pourquoi passez-vous par ici ?
Lorsque je vous vois, je tressaille :
C'est ma joie et c'est mon souci.
Si vous voulez que je m'en aille,
Pourquoi passez-vous par ici ?

Victor HUGO, *Les Contemplations* (II, 4).

Une Parisienne, place de la Concorde, peinture de Jean BÉRAUD (1849-1936). (Musée Carnavalet, Paris.)

■ Silhouette noire et gracieuse, elle traversait la place de la Concorde...
Poursuivez le portrait de cette jeune femme en prose, ou évoquez-la dans un poème.

Interrogez le texte

Une chanson

a. Qu'est-ce qui donne à ce poème l'allure d'une chanson ?
b. Quel est le mètre* choisi ?
c. Qui dit *je* ? À qui peut-il s'adresser ?
d. Quelle scène ce poème évoque-t-il ?
e. Quelle impression d'ensemble se dégage ?

Victor HUGO
(1802-1885)
Voir p. 286.

À quoi songeaient les deux cavaliers dans la forêt

La nuit était fort noire et la forêt très sombre.
Hermann à mes côtés me paraissait une ombre.
Nos chevaux galopaient. À la garde de Dieu !
Les nuages du ciel ressemblaient à des marbres.
Les étoiles volaient dans les branches des arbres
Comme un essaim d'oiseaux de feu.

Je suis plein de regrets. Brisé par la souffrance,
L'esprit profond d'Hermann est vide d'espérance.
Je suis plein de regrets. Ô mes amours, dormez !
Or, tout en traversant ces solitudes vertes,
Hermann me dit : « Je songe aux tombes entrouvertes ! »
Et je lui dis : « Je pense aux tombeaux refermés ! »

Lui regarde en avant : je regarde en arrière.
Nos chevaux galopaient à travers la clairière ;
Le vent nous apportait de lointains angélus[1] ;
Il dit : « Je songe à ceux que l'existence afflige,
À ceux qui sont, à ceux qui vivent. — Moi, lui dis-je,
Je pense à ceux qui ne sont plus ! »

Les fontaines chantaient. Que disaient les fontaines ?
Les chênes murmuraient. Que murmuraient les chênes ?
Les buissons chuchotaient comme d'anciens amis.
Hermann me dit : « Jamais les vivants ne sommeillent.
En ce moment, des yeux pleurent, d'autres yeux veillent. »
Et je lui dis : « Hélas ! d'autres sont endormis ! »

Hermann reprit alors : « Le malheur, c'est la vie.
Les morts ne souffrent plus. Ils sont heureux ! J'envie
Leur fosse où l'herbe pousse, où s'effeuillent les bois.
Car la nuit les caresse avec ses douces flammes ;
Car le ciel rayonnant calme toutes les âmes
Dans tous les tombeaux à la fois ! »

Et je lui dis : « Tais-toi ! respect au noir mystère !
Les morts gisent couchés sous nos pieds dans la terre.
Les morts, ce sont les cœurs qui t'aimaient autrefois !
C'est ton ange expiré ! c'est ton père et ta mère !
Ne les attristons point par l'ironie amère.
Comme à travers un rêve, ils entendent nos voix. »

Victor HUGO, *Les Contemplations* (IV, 12), 1853.

1. *Angélus* : son de la cloche qui annonce une prière du soir.

Deux hommes contemplant la lune, peinture de Caspar David FRIEDRICH, 1819. (Gemäldegalerie Neue Meister, Dresde.)

■ Décrivez ce tableau en essayant de traduire l'impression qui s'en dégage.

Interrogez le texte

1. Le décor et les personnages

a. Strophe 1 :
- Où les deux cavaliers galopent-ils ?
- Quelle impression d'ensemble produisent les notations de couleur, de matière et de lumière ?
- Quelles comparaisons contribuent à créer une atmosphère fantastique ?

b. Comment le décor se modifie-t-il dans la strophe 2 ? la strophe 3 ? la strophe 4 ?

c. À quel moment le dialogue s'engage-t-il entre les deux cavaliers ?

d. En quoi les deux cavaliers se ressemblent-ils ? En quoi s'opposent-ils ?

e. À quel temps le décor est-il évoqué ? À quels temps les deux cavaliers sont-ils évoqués ? Justifiez l'emploi de ces temps.

2. Le thème du poème

a. Quel est le thème du dialogue ? En quoi le décor influence-t-il la méditation des personnages ?

b. Quelle thèse* défend chacun des deux cavaliers ? Relevez les vers les plus significatifs.

c. Lequel des deux semble avoir l'avantage ? Justifiez votre réponse.

d. Qui peuvent être ces deux cavaliers : le poète et un compagnon ? le poète et son double ?

3. La forme poétique

a. Les strophes sont-elles toutes identiques ?

b. Observez la disposition des rimes* : comment invite-t-elle à grouper les vers ?

c. Quelle impression d'ensemble se dégage de ce texte ?

Alfred de MUSSET
(1810-1857)
L'auteur des *Contes d'Espagne et d'Italie,* de *Comédies et Proverbes*, a été aussi le poète de la fantaisie et de la passion.

Chanson de Barberine

Beau chevalier qui partez pour la guerre,
Qu'allez-vous faire
Si loin d'ici ?
Voyez-vous pas que la nuit est profonde,
Et que le monde
N'est que souci ?

Vous qui croyez qu'une amour délaissée
De la pensée
S'enfuit ainsi,
Hélas ! hélas ! chercheurs de renommée,
Votre fumée
S'envole aussi.

Beau chevalier qui partez pour la guerre,
Qu'allez-vous faire
Si loin de nous ?
J'en vais pleurer, moi qui me laissais dire
Que mon sourire
Était si doux.

Alfred de MUSSET,
Poésies, 1836.

Le Chevalier de Falkenstein, détail d'une peinture de Moritz von SCHWIND, 1843-1844. (Museum der Bildenden Kuenste, Leipzig.)

Interrogez le texte

1. Le thème du poème

a. Qui chante ? Quel thème est indiqué dès les trois premiers vers ?
b. Précisez strophe par strophe les différents arguments ou reproches avancés.

2. La forme poétique

a. Observez les types de phrases, les sonorités les plus fréquentes, le choix des rimes* : quelle est la tonalité dominante du poème ?
b. Relevez les éléments qui donnent à cette chanson une coloration moyenâgeuse (personnages, expressions...).
c. Qu'est-ce qui fait de ce poème une chanson ? Notez la similitude de la construction des strophes, les vers de longueur différente et le rythme qu'ils créent, la disposition des rimes, les reprises.

Gérard de NERVAL
(1808-1855)
Il a fréquenté très tôt le milieu artistique, notamment Théophile Gautier dont il était l'ami. Il est par excellence le poète du souvenir et du rêve.

Une allée du Luxembourg

Elle a passé, la jeune fille
Vive et preste comme un oiseau :
À la main une fleur qui brille,
À la bouche un refrain nouveau.

C'est peut-être la seule au monde
Dont le cœur au mien répondrait,
Qui venant dans ma nuit profonde
D'un seul regard l'éclaircirait !...

Mais, non, – ma jeunesse est finie...
Adieu, doux rayon qui m'as lui[1], –
Parfum, jeune fille, harmonie...
Le bonheur passait, – il a fui !

Gérard de NERVAL, *Odelettes*, 1835.

1. *Qui m'as lui* : (toi) qui as brillé pour moi.

Interrogez le texte

1. La forme poétique

a. Qu'est-ce qui donne au poème sa légèreté ? Observez la longueur des vers, celle des strophes, le choix et la disposition des rimes*.
b. À partir de cet exemple, dites ce qu'est une *odelette*.

2. Thème et mouvement du poème

a. De quelle vision naît le poème ? À quoi la jeune fille est-elle associée dans la première strophe ?
b. Étudiez le mouvement du poème en notant dans les strophes 2 et 3 le thème, les temps et modes des verbes, le rythme des vers, le sentiment exprimé ou la tonalité dominante.
c. Quelle impression se dégage de l'ensemble du poème ?

***Jeune femme cueillant des fleurs,* I,** pastel de Frank KUPKA, 1909-1910. (Musée national d'Art moderne, CGP, Paris.)

■ Comment le peintre a-t-il donné l'impression de mouvement ?

José Maria de HEREDIA
(1842-1905)
Poète qui aimait à décrire avec une grande précision et une extrême concision ; sa forme poétique de prédilection était le sonnet.

Soleil couchant

Les ajoncs éclatants, parure du granit,
Dorent l'âpre sommet que le couchant allume ;
Au loin, brillante encor par sa barre d'écume,
La mer sans fin commence où la terre finit.

À mes pieds, c'est la nuit, le silence. Le nid
Se tait, l'homme est rentré sous le chaume[1] qui fume ;
Seul, l'Angélus du soir[2], ébranlé dans la brume,
À la vaste rumeur de l'Océan s'unit.

Alors, comme du fond d'un abîme, des traînes[3],
Des landes, des ravins, montent des voix lointaines
De pâtres attardés ramenant le bétail.

L'horizon tout entier s'enveloppe dans l'ombre,
Et le soleil mourant, sur un ciel riche et sombre,
Ferme les branches d'or de son rouge éventail.

José Maria de HEREDIA,
Les Trophées, 1893.

1. *Le chaume* : le toit de chaume.
2. *L'Angélus* : cloche qui appelle à la prière du soir.
3. *Traînes* : lisières des forêts ou chemins creux.

La sieste

Pas un seul bruit d'insecte ou d'abeille en maraude,
Tout dort sous les grands bois accablés de soleil
Où le feuillage épais tamise un jour pareil
Au velours sombre et doux des mousses d'émeraude.

Criblant le dôme obscur, Midi splendide y rôde
Et, sur mes cils mi-clos alanguis de sommeil,
De mille éclairs furtifs forme un réseau vermeil
Qui s'allonge et se croise à travers l'ombre chaude.

Vers la gaze de feu que trament les rayons,
Vole le frêle essaim des riches papillons
Qu'enivrent la lumière et le parfum des sèves ;

Alors mes doigts tremblants saisissent chaque fil,
Et dans les mailles d'or de ce filet subtil,
Chasseur harmonieux, j'emprisonne mes rêves.

José Maria de HEREDIA,
Les Trophées, 1893.

Coucher de soleil sur la mer, peinture d'Adolphe Félix CALS (1810-1880). (Musée Bonnat, Bayonne.)

Interrogez les textes

1. *Soleil couchant* : un tableau

a. Relevez les indices qui permettent de situer par rapport au poète les différents éléments ou scènes évoqués : où le poète est-il placé ? Quel ordre suit la description ?

b. Quels sont les champs lexicaux* dominants dans chacune des strophes ? Quelles sensations dominent dans chacune d'elles ? Quels contrastes observez-vous ?

c. Quelle métaphore* clôt le poème ? À quelles idées ou quelles images peut-elle s'associer chez le lecteur ?

2. Un poème à forme fixe : le sonnet

a. Combien de vers comporte le poème *Soleil couchant* ? En combien de strophes sont-ils répartis ?

b. Comment les rimes* sont-elles disposées ? Les rimes des quatrains* et celles des tercets* ont-elles des sonorités équivalentes ?

c. Montrez comment le poète a su créer un rythme en harmonie avec le thème, en observant :

- le jeu des sonorités (rimes et assonances*) ;
- la place des accents* et des coupes*;
- les enjambements* et les rejets*.

3. Un autre sonnet de Heredia

a. En suivant la méthode indiquée pour *Soleil couchant*, lisez le deuxième sonnet de Heredia, *La sieste*.

b. Quel est le champ lexical dominant dans le dernier tercet ?
Montrez que ce tercet est une métaphore de la création poétique.

Charles BAUDELAIRE
(1821-1867)
Un des poètes qui ont le mieux chanté le *spleen*, c'est-à-dire la souffrance de l'homme incapable d'atteindre l'idéal auquel il aspire.

Spleen

Quand le ciel bas et lourd pèse comme un couvercle
Sur l'esprit gémissant en proie aux longs ennuis,
Et que de l'horizon embrassant tout le cercle
Il nous verse un jour noir plus triste que les nuits ;

Quand la terre est changée en un cachot humide,
Où l'Espérance, comme une chauve-souris,
S'en va battant les murs de son aile timide
Et se cognant la tête à des plafonds pourris ;

Quand la pluie étalant ses immenses traînées
D'une vaste prison imite les barreaux,
Et qu'un peuple muet d'infâmes araignées
Vient tendre ses filets au fond de nos cerveaux,

Des cloches tout à coup sautent avec furie
Et lancent vers le ciel un affreux hurlement,
Ainsi que des esprits errants et sans patrie
Qui se mettent à geindre opiniâtrement[1].

– Et de longs corbillards, sans tambours ni musique,
Défilent lentement dans mon âme ; l'Espoir,
Vaincu, pleure, et l'Angoisse atroce, despotique,
Sur mon crâne incliné plante son drapeau noir.

Charles BAUDELAIRE,
Les Fleurs du mal, 1857.

1. *Geindre opiniâtrement* : gémir sans cesse.

Interrogez le texte

1. La forme poétique

a. Comment le poème est-il disposé sur la page ? Quel est le mètre* choisi ?
b. Lisez le poème à haute voix : quelles sont les sonorités les plus fréquentes ? Quelle impression d'ensemble est ainsi créée ?

2. Thème et progression du poème

a. Précisez la construction grammaticale des quatre premières strophes : par quelle anaphore* est-elle soulignée ?
b. Étudiez la progression des trois premières strophes en complétant le tableau suivant :

	Élément du monde extérieur	comparé à...	Expressions désignant l'esprit ou l'état d'esprit du poète	comparé à...	Sentiment exprimé
Strophe 1					
Strophe 2					
Strophe 3					

D'après ce tableau, dites comment le poète exprime la montée de son angoisse.

c. Quels mots, quelles images, quelles sonorités traduisent la violence du désespoir dans la quatrième strophe ?

d. Sur quelles visions s'achève le poème ? Qu'expriment-elles ? Comment le rythme des vers souligne-t-il la force des images ?

e. Quelles comparaisons et quelles images vous paraissent le mieux traduire le lien entre le malaise physique et le malaise moral du poète ?

Le Cri, peinture d'Edvard MUNCH, 1893. (Nasjonalgalleriet, Oslo.)

■ Quelle place tient le décor dans ce tableau ? Où se trouve le personnage ? Quelles sont les couleurs dominantes ? Que veut traduire cette peinture ?

■ Ce tableau est-il, à votre avis, une bonne illustration du poème de Baudelaire ? Justifiez votre réponse.

Paul VERLAINE
(1844-1896)
Les Poèmes saturniens (1866) et *Romances sans paroles* (1874) font partie de ses premiers recueils. Il y suit la pente de sa rêverie que traduit une poésie de qualité musicale.

Soleils couchants

Une aube affaiblie
Verse par les champs
La mélancolie
Des soleils couchants.
La mélancolie
Berce de doux chants
Mon cœur qui s'oublie
Aux soleils couchants.
Et d'étranges rêves,
Comme des soleils
Couchants sur les grèves,
Fantômes vermeils,
Défilent sans trêves,
Défilent, pareils
À des grands soleils
Couchants sur les grèves.

Paul VERLAINE,
Poèmes saturniens, 1866.

Il pleure dans mon cœur...

Il pleut doucement sur la ville.
(Arthur RIMBAUD)

Il pleure dans mon cœur
Comme il pleut sur la ville ;
Quelle est cette langueur
Qui pénètre mon cœur ?

Ô bruit doux de la pluie
Par terre et sur les toits !
Pour un cœur qui s'ennuie,
Ô le chant de la pluie !

Il pleure sans raison
Dans ce cœur qui s'écœure.
Quoi ! nulle trahison ?
Ce deuil est sans raison.

C'est bien la pire peine
De ne savoir pourquoi,
Sans amour et sans haine,
Mon cœur a tant de peine !

Paul VERLAINE,
Romances sans paroles, 1874.

Dans l'interminable ennui...

Dans l'interminable
Ennui de la plaine
La neige incertaine
Luit comme du sable.

Le ciel est de cuivre
Sans lueur aucune.
On croirait voir vivre
Et mourir la lune.

Comme des nuées
Flottent gris les chênes
Des forêts prochaines
Parmi les buées.

Le ciel est de cuivre
Sans lueur aucune.
On croirait voir vivre
Et mourir la lune.

Corneille poussive
Et vous, les loups maigres,
Par ces bises aigres
Quoi donc vous arrive ?

Dans l'interminable
Ennui de la plaine
La neige incertaine
Luit comme du sable.

Paul VERLAINE,
Romances sans paroles, 1874.

Nuit d'été au bord de la mer, peinture d'Edvard MUNCH (1863-1944). (Neue Galerie in der Stallburg, Vienne.)

■ Ce tableau vous semble-t-il en harmonie avec les poèmes de Verlaine? Justifiez votre réponse.

Interrogez les textes

1. Le thème des poèmes

a. Quels sont les différents paysages évoqués dans ces trois textes ?
b. Quels sentiments différents inspirent-ils au poète ?
c. Relevez dans chaque poème les termes ou expressions qui établissent une correspondance entre le paysage contemplé et l'état d'esprit du poète.

2. La forme poétique

a. Le mètre* choisi est-il le même dans les trois poèmes ? Quel est l'effet produit par les vers impairs ?
b. Combien de vers comporte chacun des poèmes ? Les vers sont-ils groupés de la même façon dans les trois poèmes ? Quelles différences observez-vous ?
c. Par quels procédés d'écriture le poète traduit-il ses sentiments dans ces trois poèmes ? Observez en particulier le jeu des sonorités, les rimes* et les reprises de mots ou d'expressions.

À vous de jouer

3. À la manière de Paul Verlaine

En choisissant comme mètre un vers de cinq ou de six syllabes, évoquez à la manière de Paul Verlaine les sentiments gais ou tristes que vous inspire la vue d'un paysage. Soignez les images, le rythme, les sonorités. Il n'est pas indispensable de chercher des rimes.

4. Comparez les poèmes

Comparez le poème *Soleils couchants* de Verlaine à *Soleil couchant* de J. M. de Heredia (p. 296). Lequel des deux préférez-vous ? Pourquoi ?

Arthur RIMBAUD
(1854-1891)
Précocité littéraire, révolte contre toute forme d'autorité, fugues dans la campagne ardennaise ont marqué l'adolescence de ce poète qui écrivit toutes ses œuvres entre quinze et vingt et un ans.

Le dormeur du val

C'est un trou de verdure où chante une rivière
Accrochant follement aux herbes des haillons
D'argent ; où le soleil, de la montagne fière,
Luit : c'est un petit val qui mousse de rayons.

Un soldat jeune, bouche ouverte, tête nue,
Et la nuque baignant dans le frais cresson bleu,
Dort ; il est étendu dans l'herbe, sous la nue,
Pâle dans son lit vert où la lumière pleut.

Les pieds dans les glaïeuls, il dort. Souriant comme
Sourirait un enfant malade, il fait un somme :
Nature, berce-le chaudement : il a froid.

Les parfums ne font pas frissonner sa narine ;
Il dort dans le soleil, la main sur sa poitrine
Tranquille. Il a deux trous rouges au côté droit.

Octobre 1870

Arthur RIMBAUD,
Poésies.

Illustration de Lucien BOUCHER pour *Le dormeur du val*, dans *Poésies* d'Arthur Rimbaud, éditions Lubineau, 1953.

Interrogez le texte

1. Le thème du poème

a. À la lecture du titre et de la première strophe, le lecteur peut-il s'attendre à un texte heureux ou à un texte triste ? Justifiez votre réponse en observant les éléments du décor.
b. Quel personnage apparaît dans la deuxième strophe ? Que fait-il ?
c. Quel effet de surprise crée le dernier vers ?
d. Relisez attentivement les vers 5 à 14 : quels indices pouvaient laisser entrevoir la fin ?

2. L'enjeu du texte

a. À quelle date ce poème a-t-il été composé ? De quels événements la France était-elle alors le théâtre ?
b. Quelle est l'étymologie* du nom *glaïeuls* (v. 9) ? De quoi ces glaïeuls sont-ils le symbole ?
c. Que dénonce Rimbaud à travers ce texte ?

3. La forme poétique

a. Montrez que l'agencement des strophes et la disposition des rimes* font de ce texte un sonnet*.
b. Quel est le mètre* choisi ?
c. Relevez des exemples d'enjambements* ou de rejets* : quels termes sont ainsi mis en valeur ? Quel effet ces procédés poétiques produisent-ils sur le rythme de l'alexandrin* ?

Henri de RÉGNIER
(1864-1936)
Admirateur de Verlaine, il cherchera la souplesse mélodique sans jamais rompre avec les règles de la poésie traditionnelle.

Odelette

Un petit roseau m'a suffi
Pour faire frémir l'herbe haute
Et tout le pré
Et les doux saules
Et le ruisseau qui chante aussi ;
Un petit roseau m'a suffi
À faire chanter la forêt.

Ceux qui passent l'ont entendu
Au fond du soir, en leurs pensées,
Dans le silence et dans le vent,
Clair ou perdu,
Proche ou lointain...
Ceux qui passent en leurs pensées
En écoutant, au fond d'eux-mêmes,
L'entendront encore et l'entendent
Toujours qui chante.

Il m'a suffi
De ce petit roseau cueilli
À la fontaine où vint l'Amour
Mirer, un jour,
Sa face grave
Et qui pleurait,
Pour faire pleurer ceux qui passent
Et trembler l'herbe et frémir l'eau :
Et j'ai, du souffle d'un roseau,
Fait chanter toute la forêt.

Henri de RÉGNIER,
Les Jeux rustiques et divins
© Éd. Mercure de France, 1897.

Roseau canne de Provence.

Roseau commun.

Interrogez le texte

1. Une odelette

a. Combien de strophes comporte ce poème ? Ont-elles toutes le même nombre de vers ?
b. Quels mètres* le poète a-t-il choisis ? La diction d'un vers court est plus lente que celle d'un vers long. Lisez ce poème à haute voix, en respectant cette alternance. Quel est l'effet produit par l'alternance des vers courts et des vers longs?
c. Le poème comporte-t-il des rimes* ou des assonances* ?
d. Qu'est-ce qui donne l'impression d'une chanson ?

2. Le thème du poème

a. Quel paysage évoque la première strophe ?
b. Quel verbe le poète répète-t-il à trois reprises dans la deuxième strophe ? Qu'a voulu traduire le poète par le jeu des temps ?
c. Qu'évoque la dernière strophe ? Quelle est sa tonalité ?
d. De quel *petit roseau* peut-il s'agir ?
- Qui en joue ?
- Quel rôle joue-t-il dans chacune des strophes ?
- Que symbolise*-t-il ?
- Comment son pouvoir est-il suggéré ?

Guillaume APOLLINAIRE
(1880-1918)
Passionné de peinture et de tous les aspects de la modernité, il associe dans sa poésie les images du monde et l'expression de ses sentiments.

Le pont Mirabeau

Sous le pont Mirabeau coule la Seine
Et nos amours
Faut-il qu'il m'en souvienne
La joie venait toujours après la peine

Vienne la nuit sonne l'heure
Les jours s'en vont je demeure

Les mains dans les mains restons face à face
Tandis que sous
Le pont de nos bras passe
Des éternels regards l'onde si lasse

Vienne la nuit sonne l'heure
Les jours s'en vont je demeure

L'amour s'en va comme cette eau courante
L'amour s'en va
Comme la vie est lente
Et comme l'Espérance est violente

Vienne la nuit sonne l'heure
Les jours s'en vont je demeure

Passent les jours et passent les semaines
Ni temps passé
Ni les amours reviennent
Sous le pont Mirabeau coule la Seine

Vienne la nuit sonne l'heure
Les jours s'en vont je demeure

Guillaume APOLLINAIRE, *Alcools*

Le pont Mirabeau.

Le Pont, peinture de Fernand LÉGER, 1923. (Collection Thyssen-Bornemisza, Madrid.)

■ Essayez de retrouver comment Fernand Léger a décomposé le pont selon la méthode des peintres cubistes, contemporains d'Apollinaire.

Interrogez le texte

1. Une chanson

a. Qu'est-ce qui donne à ce poème l'allure d'une chanson ?
b. Quels sont les différents mètres* choisis par le poète ?
c. Dans une première version, les vers 2 et 3 de chaque strophe formaient un décasyllabe. Lisez à haute voix le poème d'abord en les liant comme le souhaitait l'auteur dans sa première version, puis en marquant une pause à la fin du vers 2. Quels changements cela produit-il ? Quelle version préférez-vous ? Pourquoi ?
d. Quelles remarques faites-vous sur la nature des rimes* ? sur leur répartition ? Quel est l'effet produit ?

2. Le thème du poème

a. Comment comprenez-vous le refrain ? Justifiez votre réponse.
b. Relevez l'ensemble des verbes du texte. À quel champ lexical appartiennent-ils presque tous ?
c. Quelle peut être la fonction grammaticale du groupe *nos amours* dans la strophe 1 ? Quelles sont les deux façons différentes de comprendre la strophe à l'oral ?
d. Quelle métaphore* le poète utilise-t-il dans la strophe 2 ? Que signifie-t-elle ?
e. Quelle comparaison utilise-t-il dans la strophe 3 ? Que signifie-t-elle ?
f. Dégagez en une phrase le thème de ce poème.

Jacques PRÉVERT
(1900-1977)
Poète, cinéaste, flânant inlassablement avec ses amis Queneau et Doisneau dans les rues de Paris, à l'écoute de la vie et des humbles, il écrit des poèmes d'inspiration populaire où s'exprime son amour de la liberté et du bonheur.

Le désespoir est assis sur un banc

Dans un square sur un banc
Il y a un homme qui vous appelle quand on passe
Il a des binocles un vieux costume gris
Il fume un petit ninas il est assis
Et il vous appelle quand on passe
Ou simplement il vous fait signe
Il ne faut pas le regarder
Il ne faut pas l'écouter
Il faut passer
Faire comme si on ne le voyait pas
Comme si on ne l'entendait pas
Il faut passer presser le pas
Si vous le regardez
Si vous l'écoutez
Il vous fait signe et rien personne
Ne peut vous empêcher d'aller vous asseoir près de lui
Alors il vous regarde et sourit
Et vous souffrez atrocement
Et l'homme continue de sourire
Et vous souriez du même sourire
Exactement
Plus vous souriez plus vous souffrez
Atrocement
Plus vous souffrez plus vous souriez
Irrémédiablement
Et vous restez là
Assis figé
Souriant sur le banc

Série des paysages parisiens : les jardins du Trocadéro, l'automne, lithographie de Henri RIVIÈRE (1864-1951). (Musée d'Orsay, Paris.)

Des enfants jouent tout près de vous
Des passants passent
Tranquillement
Des oiseaux s'envolent
Quittant un arbre
Pour un autre
Et vous restez là
Sur le banc
Et vous savez vous savez
Que jamais plus vous ne jouerez
Comme ces enfants
Vous savez que jamais plus vous ne passerez
Tranquillement
Comme ces passants
Que jamais plus vous ne vous envolerez
Quittant un arbre pour un autre
Comme ces oiseaux.

Jacques PRÉVERT, *Paroles* © Éd. Gallimard, 1945.

Interrogez le texte

1. Un décor, un personnage (vers 1-6)

a. Quels éléments constituent le décor ?
b. À quoi se limite le portrait physique du personnage ? Quels sont les seuls adjectifs qualificatifs utilisés ?
c. Quel est le seul déterminant employé ? Précisez la valeur des pronoms *on* et *vous.*
d. Quel effet produisent ces premiers vers ?

2. L'intervention du poète (vers 7-16)

a. Quel conseil le poète donne-t-il ?
b. Quels procédés d'écriture traduisent son insistance ?
c. Formulez clairement le lien logique entre le vers 12 et les vers suivants.

3. La force du désespoir (vers 17-45)

Relevez dans le tableau suivant les verbes dont chacun des personnages est sujet et les adverbes qui les accompagnent :

	Verbes	Adverbes
l'homme		
vous		
les enfants		
les passants		
les oiseaux		

Quel contraste observez-vous ?

4. Le thème du poème

a. Cherchez dans le dictionnaire ce qu'est une *personnification.* En quoi peut-on parler ici d'une personnification du désespoir ? Justifiez votre réponse.
b. Qu'a voulu exprimer ici le poète ?

5. La forme poétique

a. Pourquoi dit-on que ce poème est écrit en vers libres* ?
b. Présentez ce poème comme un texte de prose avec ponctuation. Lisez les deux versions à haute voix. Quels mots sont mis en valeur par les vers libres ? En quoi cela renforce-t-il la tonalité désespérée du poème ?
c. Repérez des passages où le poète joue sur les assonances* et les allitérations*. Quel est l'effet produit ?

À vous de jouer

6. Composez un poème

Composez un poème, en vers libres, à la manière de Jacques Prévert.
Il pourrait commencer par : *Dans le square, il y a des enfants...*
Vous donnerez à votre poème une tonalité enjouée.

Boris VIAN
(1920-1959)
Trompettiste, passionné de jazz, romancier, auteur dramatique, il est aussi l'auteur de chansons et d'une plaquette de vers éditée après sa mort, *Je voudrais pas crever*, où se mêlent humour, tendresse et secrète angoisse.

Ils cassent le monde

Ils cassent le monde
En petits morceaux
Ils cassent le monde
À coups de marteau
Mais ça m'est égal
Ça m'est bien égal
Il en reste assez pour moi
Il en reste assez
Il suffit que j'aime
Une plume bleue
Un chemin de sable
Un oiseau peureux
Il suffit que j'aime
Un brin d'herbe mince
Une goutte de rosée
Un grillon de bois
Ils peuvent casser le monde
En petits morceaux
Il en reste assez pour moi
Il en reste assez
J'aurai toujours un peu d'air
Un petit filet de vie
Dans l'œil un peu de lumière
Et le vent dans les orties
Et même, et même
S'ils me mettent en prison
Il en reste assez pour moi
Il en reste assez
Il suffit que j'aime
Cette pierre corrodée[1]
Ces crochets de fer
Où s'attarde un peu de sang
Je l'aime, je l'aime
La planche usée de mon lit
La paillasse et le châlit[2]
La poussière de soleil
J'aime le judas[3] qui s'ouvre
Les hommes qui sont entrés
Qui s'avancent, qui m'emmènent
Retrouver la vie du monde
Et retrouver la couleur
J'aime ces deux longs montants
Ce couteau triangulaire
Ces messieurs vêtus de noir
C'est ma fête et je suis fier
Je l'aime, je l'aime
Ce panier rempli de son
Où je vais poser ma tête
Oh, je l'aime pour de bon
Il suffit que j'aime
Un petit brin d'herbe bleue
Une goutte de rosée
Un amour d'oiseau peureux
Ils cassent le monde
Avec leurs marteaux pesants
Il en reste assez pour moi
Il en reste assez, mon cœur.

Boris VIAN, *Je voudrais pas crever*, 1962

1. *Corrodée* : rongée.
2. *Châlit* : les planches d'un lit.
3. *Judas* : petite ouverture pratiquée dans la porte d'une cellule pour la surveillance du prisonnier.

Interrogez le texte

1. La forme poétique

a. Quels sont les mètres* les plus fréquents ?
b. Lisez le poème à haute voix : quelle tonalité est créée par le choix des mètres, les reprises, l'absence de ponctuation ?

2. Thème et mouvement du poème

a. D'après le début du poème (vers 1 à 8), à qui s'oppose le poète ? Que refuse-t-il ?
b. Combien de fois retrouverez-vous dans le poème le refrain des vers 7 et 8 ? Repérez le verbe le plus fréquemment repris. Quel est donc le thème du poème ?
c. Étudiez le développement du thème en proposant un titre aux deux mouvements suivants : v. 9 à 24 et 25 à 49.
d. Qu'est-ce qui fait des huit derniers vers une sorte de conclusion ?
e. À quels objets, quelles couleurs sont associés les hommes que dénonce le poète ? À quelle mentalité et quel comportement s'en prend-il ?
f. Par opposition, que célèbre le poète ? Étudiez notamment les détails évoqués dans les vers 9 à 24 : qu'est-ce qui les caractérise ? Que veulent-ils suggérer ?

La Clef des champs, peinture de René MAGRITTE, 1936. (Collection Thyssen-Bornemisza, Madrid.)

- Que représente ce tableau au premier plan ? à l'arrière-plan ? Quelle impression s'en dégage ?
- Ce tableau vous semble-t-il être en harmonie avec le poème de Boris Vian ?

Langage

Je dis : nuit, et le fleuve des étoiles coule sans bruit, se tord comme le bras du laboureur autour d'une belle taille vivante.
Je dis : neige, et les tisons noircissent le bois des skis.
Je dis : mer, et l'ouragan fume au-dessus des vagues, troue les falaises où le soleil accroche des colliers de varechs[1].
Je dis : ciel, quand l'ombre de l'aigle suspendue dans le vide ouvre les ailes pour mourir.
Je dis : vent, et la poussière s'amoncelle sur les dalles, ensevelit les bouquets de perles, ferme les paupières encore mouillées d'images de feu.
Je dis : sang, et mon cœur s'emplit de violence et de glaçons fous.
Je dis : encre, et les larmes se mettent à bruire toutes ensemble.
Je dis : feu sur les orties, et il pousse des roses sur l'encolure des chalets.
Je dis : pluie, pour noyer les bûchers qui s'allument chaque jour.
Je dis : terre, comme le naufragé dit terre quand son radeau oscille au sommet de la plus haute vague et les oiseaux effrayés par mes cris abandonnent les îles qui regardent de leurs prunelles mortes les merveilles des nuages.

Albert AYGUESPARSE,
Encre couleur du sang (C.E.L.F.), droits réservés.

1. *Varechs* : algues rejetées sur le rivage.

Ombres de rêve, pastel d'Odilon REDON (1840-1916).

Interrogez le texte

1. La forme poétique

a. Quelle remarque faites-vous sur la disposition de ce poème sur la page ?
b. Par quel procédé d'écriture chacune des strophes est-elle introduite ?

2. Le thème du texte

a. Quel thème est annoncé par le titre ?
b. Observez de façon précise comment chaque terme énuméré est développé.
c. Essayez d'expliquer pourquoi le poème s'achève sur l'évocation de la terre.
d. Quelle impression ressentez-vous à la lecture de ce texte ? Justifiez votre réponse.

À vous de jouer

3. Écrivez à la manière d'Albert Ayguesparse

Écrivez un texte poétique à la manière d'Albert Ayguesparse, en utilisant le même procédé, mais en changeant les termes qui amorcent chaque strophe (noms de couleurs, de saisons, de pays, prénoms...).

Claude ROY
(1915-1997)
Même à l'heure de la maladie, sa poésie reflète son amour de la vie et son désir d'éterniser par l'écriture le souvenir de ses instants de bonheur.

À la lisière du temps

Quand on marche le soir à la lisière du temps
il monte soudain une bouffée d'enfance
les cris d'hirondelles folles d'un préau d'école
ou le silence de la barque sur la rivière
à la tombée du jour quand le soleil rase l'eau qui moucheronne[1]
ou bien la sonnette (deux fois) de l'épicerie-mercerie
où on achète après l'école les rouleaux de réglisse Zan
qui barbouillent de noir et font les doigts collants

On tend l'oreille le long du voile de la brume
Quelqu'un parle à voix basse
sans qu'on puisse reconnaître la voix
et sans comprendre les paroles
les mots chuchotés loin   à l'envers du silence

Hôpital de la Pitié
25 août 1983

Claude ROY,
À la lisière du temps
© Éd. Gallimard, 1984.

1. *Moucheronne* : se dit des poissons qui sautent hors de l'eau pour attraper des insectes.

Interrogez le texte

1. Thème et mouvement du poème

a. Qu'évoque Claude Roy dans ce poème ? Comment comprenez-vous le titre et le premier vers ?
b. Pourquoi à votre avis le poète a-t-il précisé la date et le lieu où ce texte a été écrit ?
c. La première strophe :
- Que traduit l'expression *il monte...* ?
- Les images surgies du passé sont-elles précises ou floues ?
- Relevez les notations auditives, visuelles, tactiles : quelle impression est ainsi créée ?

d. En quoi la deuxième strophe s'oppose-t-elle à la première ? Justifiez votre réponse. Comment comprenez-vous l'expression *à l'envers du silence* ? Pourquoi est-elle détachée du vers par un blanc ?

2. La forme du poème

a. Quel type de vers Claude Roy a-t-il choisi dans ce poème ?
b. Comment les sonorités, la longueur des vers, leur disposition et les silences s'accordent-ils avec le thème ?

Photographie de Valérie WINCKLER (détail).

Il a marché...

Il a marché toute la nuit
il a traversé les torrents
il a dansé dans les prairies
il a chanté dans la forêt
et lié conversation avec les hiboux

il a grimpé aux arbres
et caressé les renards endormis
il s'est déguisé en fouine puis en belette
il a joué à cache-cache avec les écureuils
personne n'a dormi dans la montagne

il a frappé au volet chez Doucelin
il est allé parler aux chevaux
dans l'écurie de la ferme du Rossignol
il a détaché les chèvres de la Renardière
et ri à la lune dans l'eau de la Fontaine du Saule
il a même compté les étoiles
dans la mare de la Clémence
ça lui a pris un bout de temps

puis il est allé voir les bergers
du côté du jas[1] de l'Étoile
c'était presque l'aube
il a trait les brebis avec eux
puis il s'est couché dans l'herbe
et il a roulé jusqu'aux gorges

là on ne l'a plus vu
le soleil se levait
et l'a bu pour son déjeuner

1. *Le jas* : bergerie.

Jean BRIANES, *Poèmes*,
éd. le Signal d'alarme,
Dieulefit, droits réservés.

Tableau ci-contre :
Les Plumes en fleurs, gouache de Marc CHAGALL, 1943.
(Musée national d'Art moderne, CGP, Paris.)

■ Que représente ce tableau ? Imaginez un conte merveilleux à partir de cette peinture.

Interrogez le texte

1. Mouvement et thème du poème

a. À partir de quel procédé ce poème est-il construit ? Quel est le temps verbal utilisé ? Quelle est sa valeur ?

b. Dans quel décor le personnage évolue-t-il ? Le décor est-il décrit ? Comment est-il évoqué ?

c. Pour chacune des quatre premières strophes :

- cherchez le point commun entre les actions évoquées ;
- précisez le thème qu'elles développent.

d. Qui peut désigner le pronom *il* ? Justifiez votre réponse.

e. Comment comprenez-vous les trois derniers vers ? Qu'évoque pour vous ce poème ?

2. La forme du poème

Observez la longueur des vers, celle des strophes, les sonorités à la rime, la ponctuation : en quoi la forme du poème correspond-elle bien au thème ?

À vous de jouer

3. Écrivez à la manière de Jean Brianes

Rédigez à votre tour un poème évoquant dans un décor de votre choix les déplacements et les actions d'un *il* dont vous dissimulerez l'identité.

Essayez ensuite de deviner qui se cache derrière les textes des uns et des autres.

Éléments de versification

Jusqu'à la fin du XIXe siècle, la poésie française a obéi à des règles strictes. Depuis le début du XXe siècle, beaucoup de poètes ont adopté le vers libre.

Le vers ou mètre

Il existe des vers :

- de 2 syllabes :
On doute
La nuit...
- de 3 syllabes :
Dans la plaine
Naît un bruit.
- de 4 syllabes :
La voix plus haute
Semble un grelot.
- de 5 syllabes :
La rumeur approche
L'écho la redit.
- de 6 syllabes ou hexamètres :
Dieu ! la voix sépulcrale
Des Djinns !... Quel bruit ils font !
- de 7 syllabes :
C'est l'essaim des Djinns qui passe,
Et tourbillonne en sifflant.
- de 8 syllabes ou octosyllabes :
Ils sont tout près ! Tenons fermée
Cette salle, où nous les narguons.
- de 10 syllabes ou décasyllabes :
Cris de l'enfer ! voix qui hurle et qui pleure !
(Vers extraits des *Djinns* de V. Hugo)
- de 12 syllabes ou alexandrins :
De ses doigts en vibrant s'échappe la guitare.
(V. Hugo)

Attention au e muet !

Une syllabe *atone* (consonne + e muet)

- compte pour une syllabe à l'intérieur du vers, devant une consonne ;
- mais elle ne compte ni devant une voyelle ni en fin de vers :

*Il pleu / **re** / dans / mon / cœur /*
1 2 3 4 5 6

*Com / **m(e) il** / pleut / sur / la / **vill(e)***
1 2 3 4 5 6

Attention à la diérèse !

Elle consiste à séparer dans la prononciation les deux sons vocaliques d'une diphtongue.

Exemple : dans le mot *inquiète*, la syllabe *-quiè-* se prononce en une seule fois ; faire la diérèse revient à prononcer la syllabe en séparant *-qui* et *è-*.

Les poèmes à forme fixe

1 - Le rondeau

Construit sur deux rimes, il comporte le plus souvent 13 vers ; le premier vers revient en refrain après le 6e et à la fin.

2 - La chanson

Elle est composée de strophes de structure identique, dotées d'un refrain.
(Voir p. 291, 294, 308).

3 - La ballade

– Elle est composée :
- soit de trois strophes de 8 octosyllabes + 1/2 strophe (l'envoi) ;
- soit de trois strophes de 10 décasyllabes + 1/2 strophe (l'envoi).

– Chaque strophe se clôt sur un refrain.

4 - Le sonnet

– Il a été importé d'Italie au XVIe siècle.
– Il comporte deux quatrains (strophes de 4 vers) et deux tercets (strophes de 3 vers).
– Les rimes doivent en principe respecter une disposition rigoureuse :
- 1er quatrain : abba ;
- 2e quatrain : abba ;
- 1er tercet : ccd ;
- 2e tercet : eed.

(Voir p. 296, 302.) Certains poètes ne respectent pas toujours cette disposition.

5 - La fable

C'est un poème narratif, de structure plus libre, qui comporte une *moralité*.
(Voir p. 102, 284.)

6 - La forme libre

La poésie moderne s'est dégagée des contraintes formelles. Elle choisit souvent le vers *libre*, sans rime et au nombre de syllabes libre. D'où l'importance de la disposition du poème sur la page, du rythme et des sonorités.
(Voir p. 304, 306, 308, 310, 311, 312.)

Le rythme

Dans un poème, le rythme est donné par le jeu des *accents*, les *rejets* et les *enjambements*.

1 - Les syllabes accentuées

L'accent porte sur la dernière syllabe d'un groupe de mots, ou, si la dernière syllabe est atone, sur l'avant-dernière.

Les sapins en bonnets pointus
De longues robes revêtus
Comme des astrologues
Saluent leurs frères abattus
Les bateaux qui sur le Rhin voguent...
(G. Apollinaire)

2 - Rejets et enjambements

Ils allongent le vers.

– Le rejet est un court élément de phrase placé en début de vers, mais appartenant pour le sens au vers précédent.

Du palais d'un jeune lapin
Dame Belette, un beau matin,
***S'empara :** c'est une rusée.* (La Fontaine)

– L'enjambement est le report sur le vers suivant d'un groupe de mots nécessaire au sens du vers précédent, et qui peut occuper un vers complet.

Un arbre, par-dessus le toit,
Berce sa palme. (Verlaine)

3 - Les rimes

– Elles font répondre un vers à un autre : elles tissent une sorte de ligne mélodique.

– La poésie classique fait alterner :

- *rimes féminines* (avec une syllabe atone en finale) : s'all**ume** / f**ume** ; rus**ée** / ais**ée** ;
- *rimes masculines* (terminées par une consonne ou une voyelle autre que le e muet) : b**ois** / v**oix** ; fa**tal** / cris**tal**.

– On désigne chaque rime par une lettre de l'alphabet (**a** pour la première, **b** pour la deuxième, etc.).

Les rimes peuvent être :

- **plates** : aa / bb / cc / dd...
- **embrassées** : abba / abba ou cddc...

À vous, troupe légère, **(a)** } plates
Qui d'aile passagère **(a)**
Par le monde volez, **(b)** } embrassées
Et d'un sifflant murmure **(c)**
L'ombrageuse verdure **(c)**
Doucement ébranlez, **(b)**

J'offre ces violettes, **(d)** } plates
Ces lys et ces fleurettes, **(d)**
Et ces roses ici, **(e)** } embrassées
Ces vermeillettes roses, **(f)**
Tout fraîchement écloses, **(f)**
Et ces œillets aussi... **(e)**
(Du Bellay)

- **croisées ou alternées** : abab, etc. ou ababcdcd, etc.

Dans le bassin des Tuileries, **(a)**
Le cygne s'est pris en nageant, **(b)**
Et les arbres, comme aux féeries, **(a)**
Sont en filigrane d'argent. **(b)**

Les vases ont des fleurs de givre **(c)**
Sous la charmille aux blancs réseaux ; **(d)**
Et sur la neige on voit se suivre **(c)**
Les pas étoilés des oiseaux... **(d)**
(Th. Gautier)

4 - Allitérations et assonances

Le retour d'un même son-consonne, *allitération*, ou d'un même son-voyelle, *assonance*, peut créer des effets sonores très particuliers :

- allitérations en **[k] [t]**

*Des **c**loches **t**ou**t** **à** **c**oup sau**tent** a**v**e**c** furie*
(Baudelaire)

- assonances en **-our** ou **-eu**

*La c**our**be de tes **yeux** fait le t**our** de mon c**œur***
*Un rond de danse et de d**ou**c**eur***
(Éluard)

Jouez avec les bouts rimés :

Jeu prévu pour l'ensemble de la classe ou une équipe comportant un certain nombre de joueurs.

a. Décidez tous ensemble d'une rime féminine et d'une rime masculine.

b. Inscrivez chacun sur un bout de papier un mot comportant la rime féminine choisie et un mot comportant la rime masculine.

c. Tirez au sort deux papiers.

d. Décidez de la disposition des rimes (plates, embrassées, croisées).

e. Composez un premier quatrain.

Le jeu peut se poursuivre aussi longtemps que vous le souhaiterez en adoptant chaque fois la même procédure. (D'après R. Boudet, *Langue de jeux*, Éd. de l'École.)

Lexique

Accent (dans le vers) : voir p. 315.

Accroche : terme qui, dans la publicité, désigne une phrase choc, destinée à attirer l'attention.

Adjuvant : terme qui désigne les objets ou les êtres qui viennent en aide au héros. Voir **conte***.

Alexandrin : voir p. 314.

Alliance de mots : association de termes de sens opposé : *une obscure clarté.*

Allitération : voir p. 315.

Analogie : ressemblance.

Anaphore : reprise d'un même mot ou d'un même groupe de mots avec la même fonction et à la même place dans la phrase.

Antithèse : opposition.

Antonyme : mot de sens opposé ; *joie* est l'antonyme de *chagrin.*

Aparté : réplique que l'acteur se dit à lui-même, et que seul le spectateur est censé entendre.

Argument : preuve ou raison que l'on avance pour appuyer ou réfuter une idée ou une affirmation.

Arrière-plan : voir **plan***.

Assonance : voir p. 315.

Auteur : personne qui a écrit un livre et dont le nom figure sur la couverture ou sur la page de titre d'un ouvrage.

Autobiographie : récit où l'auteur raconte sa propre vie ; l'auteur est à la fois le **narrateur*** et le **protagoniste*** de son récit.

Autobiographique (récit) : voir **autobiographie*.**

Brève (une) : courte information, occupant quelques lignes dans un journal.

Caricature : portrait-charge qui, par le choix des détails, l'accent mis sur certains aspects, le grossissement, fait rire de la personne que l'on décrit tout en en révélant les défauts.

Champ lexical : ensemble des mots (verbes, noms, adjectifs, adverbes), qui se rapportent à un même thème. Par exemple, *frayeur, redouter, terrifiant* appartiennent au champ lexical de la *peur.*

Champ sémantique : ensemble des sens d'un mot.

Chapeau : présentation d'un texte en quelques lignes qui s'insèrent entre le titre et le texte proprement dit.

Chronologie : succession des événements dans le temps.

Chronologique (récit) : récit dans lequel les événements sont rapportés dans l'ordre où ils se sont produits.

Comique : appartient au genre théâtral de la farce ou de la comédie qui visent à faire rire. On distingue le comique de mots, le comique de gestes, le comique de répétition, le comique de caractère et le comique de situation.

Comparaison : *ce tissu est blanc comme neige.* Les deux termes comparés sont *le tissu* et *la neige* ; ils ont un point commun, *la blancheur.* L'outil de comparaison est *comme.* Dans toutes les comparaisons, on retrouve deux termes comparés, parce qu'ils ont un point commun, et un outil de comparaison qui peut être *tel, pareil à, semblable à,* etc. Voir p. 17.

Conte : récit imaginaire ; le conte de fées fait intervenir le merveilleux, le surnaturel. Il met en scène un **héros**, qui a une **mission** à accomplir : sur sa route il rencontrera des obstacles **(opposants)**, des êtres ou des objets magiques qui lui apporteront leur aide **(adjuvants)**.

Coupe : dans un vers, pause après une syllabe accentuée : *La courbe de tes* ***yeux*** */ fait le tour de mon cœur.*

Dénouement : façon dont se dénoue une situation, une histoire ; c'est la fin, la conclusion.

Destinataire : celui à qui s'adresse de façon générale un envoi, et plus particulièrement un message. Dans ce cas, il a pour synonymes *interlocuteur, auditeur.*

Deuxième plan : voir **plan***.

Dialogue : paroles que deux ou plusieurs personnages échangent entre eux directement (voir **discours direct***). Le changement d'interlocuteur est généralement marqué par des tirets : *– Comment vas-tu ? – Bien, et toi ?*

Didascalie : indication intégrée dans le corps d'une pièce, au fil des répliques, par laquelle l'auteur précise le jeu des acteurs (jeux de scène, intonations) et la mise en scène (décor, disposition des accessoires, déplacement des personnages).

Discours direct : consiste à rapporter les paroles de quelqu'un comme elles ont été réellement prononcées ; chacun parle donc son propre langage. C'est, pour ainsi dire, du théâtre intégré au récit. Les paroles rapportées au discours direct sont signalées par des "..." ; des tirets marquent le changement d'interlocuteur ; un verbe introducteur placé avant, en incise, ou après, introduit le dialogue. Par exemple : *Il promit : « Je viendrai demain. » « Je viendrai, promit-il, demain. »* ou *« Je viendrai demain », promit-il.*

Discours indirect : consiste à rapporter les paroles de quelqu'un en les intégrant au texte narratif. Il permet de résumer ou d'intégrer au récit ce qu'a dit un personnage. Il est introduit par un verbe qui peut être suivi :
– d'une construction prépositionnelle : *Il promit de venir le lendemain.*
– d'une subordonnée conjonctive : *Il promit qu'il viendrait le lendemain dès qu'il le pourrait.*

Discours indirect libre : discours indirect sans terme subordonnant : *Il me fit une promesse solennelle : il viendrait le lendemain dès qu'il le pourrait.*

Élément de résolution : voir **séquence narrative***.

Élément modificateur : voir **séquence narrative***.

Ellipse narrative : dans un récit, consiste à passer sous silence certains événements ou certaines périodes.

Enjambement : voir p. 315.

Enjeux du texte : raisons qui ont poussé l'auteur à écrire son œuvre et but visé par le texte.

Épopée (ou **poème épique**) **:** récit généralement en vers des exploits d'un héros, auquel le texte donne une dimension surnaturelle.

Étymologie : origine d'un mot.

Étymologique (sens) : sens qui s'explique par l'origine du mot.

Explicatif (texte) : texte qui fournit toutes les indications et informations sur les sujets les plus divers (comment se servir d'un appareil, à quoi servent les feuilles et les racines d'une plante, comment on se rend d'un lieu à un autre, etc.).

Explicite : qui dit les choses de façon claire sans sous-entendu. **Antonyme*** de *implicite*.

Exposition (scène d') : scène initiale d'une pièce de théâtre qui permet au spectateur d'apprendre tout ce qui est nécessaire pour comprendre le déroulement de la pièce (événements passés, identité des personnages, situation sociale, liens familiaux, etc.).

Fable : court récit en prose ou en vers destiné à illustrer une **morale**, c'est-à-dire la leçon que l'on peut tirer d'une histoire.

Gros plan : en photographie et au cinéma, vision rapprochée du détail d'un personnage, d'un objet ou d'un élément du décor.

Implicite : qui n'est pas dit, sous-entendu. **Antonyme*** de *explicite*.

Indice : élément du texte à partir duquel on peut tirer un certain nombre d'informations :
– les **indices de lieu** permettent de situer le lieu où se déroule une action ;
– les **indices de temps** permettent de situer une action dans le temps et d'en suivre les différentes étapes ;
– les **indices lexicaux** sont les mots utilisés par le narrateur et qui, appartenant à tel ou tel **champ lexical***, permettent au lecteur attentif de repérer les intentions du texte.

Interlocuteur : personne qui dialogue avec une autre.

Intertitre : terme de journalisme désignant un titre qui apparaît souvent en gras dans le corps même d'un article, et qui résume le contenu ou met en valeur une idée essentielle du ou des paragraphes qui suivent.

Interview : entrevue au cours de laquelle un journaliste s'entretient avec une personne qu'il interroge sur sa vie, son métier, ses projets, ses opinions, etc. ; l'entretien peut être en direct ou en différé à la radio et à la télévision et/ou il peut faire l'objet d'une publication ultérieure dans la presse.

Locuteur : celui qui parle.

Métaphore : *Il est bête comme un âne* **(comparaison*)**. *C'est un âne* (métaphore). Dans la métaphore, l'outil de comparaison (ici, *comme*) est supprimé ainsi que le point commun *(bête)*.

Mètre : voir p. 314.

Mise en page(s) : disposition de tout ce qui figure sur une même page (texte, illustrations et leurs légendes, titres, choix des caractères...).

Monologue : (du grec *monos*, seul, et *logos*, discours) paroles qu'un personnage s'adresse à lui-même à voix haute ou intérieurement (monologue intérieur).

Morale, moralité : voir **fable***.

Mot entrée : dans un dictionnaire, terme qui fait l'objet d'un article. Les mots entrées sont classés par ordre alphabétique.

Narrateur : celui qui raconte. Il peut ou bien être différent de l'auteur, ou bien se confondre avec lui (voir **autobiographie***). Il peut aussi être extérieur au récit, ne pas participer aux événements, ou bien être intérieur au récit, être l'un des **protagonistes***.

Objectif, -ve : qui est exact, conforme à la réalité et ne reflète en aucun cas le point de vue de celui qui s'exprime. S'oppose à **subjectif, -ve***.

Ode ou **odelette** (du grec *ôdé*, chant) **:** type de poème composé d'un nombre variable de strophes identiques et pouvant développer les sujets les plus variés.

Omniscient (narrateur) : point de vue du narrateur qui connaît tout de ses personnages (passé, sentiments...) et qui en sait même plus qu'eux.

Opposant : voir **conte***.

Paradoxal : qui tient du **paradoxe***.

Paradoxe : (du grec *paradoxos*, qui est contraire à l'opinion commune) opinion qui surprend, parce qu'elle est contraire à ce que l'on pense habituellement, ou qu'elle semble contradictoire dans les termes : *Qui paie ses dettes s'enrichit...*

Paronymes : mots qui se prononcent presque de la même façon. Par exemple *percepteur* et *précepteur*.

Péripéties : événements qui marquent les différentes étapes d'un récit.

Personnage : dans un roman ou une pièce de théâtre on distingue :
– **le protagoniste**, personnage principal, celui qui joue le rôle le plus important ;
– **le(s) personnage(s) secondaire(s)**, personnage(s) qui intervien(nen)t de temps en temps dans l'action mais n'a (ont) pas de rôle déterminant ;
– **le(s) figurant(s)**, personnage(s) qui assiste(nt) à une scène sans y prendre part mais seulement à titre de spectateur(s).

Perturbateur (élément) : voir **séquence narrative***.

Plan : dans un tableau, une photographie, un décor, un paysage, on distingue ce qui est le plus près de l'observateur **(le premier plan)**, ce qui se trouve un peu plus loin **(le second plan)** et ce qui est le plus éloigné **(l'arrière-plan)**. Par exemple, on peut avoir au premier plan un puits, au second une maison et, à l'arrière-plan, des montagnes.

Point de vue : voir p. 160 à 169.

Portrait en actes : portrait d'un personnage à travers ses actes et son comportement.

Protagoniste : voir **personnage***.

Quatrain : voir p. 314.

Réaliste : qui veut représenter la réalité telle qu'elle est.

Récit : consiste à raconter oralement ou par écrit des événements réels ou imaginaires. Un récit est constitué d'un ensemble de **séquences narratives***. Le récit peut suivre l'ordre dans lequel les événements se sont déroulés **(récit chronologique)** ou un ordre différent (voir **retour en arrière***).

Registres de langue : on en distingue trois : le registre **familier** *(j'sais pas qui c'est ton copain)*, le registre **courant** *(je ne sais pas qui est ton camarade)*, le registre **soutenu** *(j'ignore l'identité de ton ami)*. Ils se distinguent par la ponctuation, le respect ou non des règles grammaticales, la prononciation et le vocabulaire.

Rejet : voir p. 315.

Retour en arrière : procédé qui consiste à raconter les événements non pas dans l'ordre où ils se sont déroulés, mais en revenant en arrière pour expliquer la situation.

Rime : voir p. 315.

Rubrique : dans un journal ou un magazine figurent des rubriques différentes : elles regroupent les articles qui traitent de sujets touchant un même domaine. On trouve ainsi la rubrique *des faits divers*, celle *des faits de société*, celle de *politique internationale*, la rubrique de *l'éducation*, la *rubrique sportive*, etc.

Rythme : voir p. 314.

Satire : texte qui critique quelqu'un ou quelque chose en le tournant en ridicule.

Sens : on distingue le **sens propre** : c'est le premier sens d'un mot, souvent étymologique. Ainsi, *clé* vient du latin *clavis* qui désigne tout ce qui sert à fermer. Au sens propre, le mot signifie : un objet qui sert à fermer ou ouvrir une porte. Le **sens figuré** repose sur une image : ainsi *prendre la clé des champs* est une image pour dire *partir en toute liberté* (les champs ne peuvent être ni ouverts ni fermés avec une clé !).

Sens littéral : se contente de donner aux mots d'une phrase ou d'un texte le sens qui figure dans le dictionnaire ; s'oppose à **sens** ou **portée symbolique**. Par exemple : *la rose est fanée*. Sens littéral : la rose a perdu sa fraîcheur ; ses pétales tombent ; ses feuilles sont fripées. Sens symbolique : par sa grâce, sa beauté, la rose fait penser à la fraîcheur et à la grâce d'une jeune fille ; fanée, elle préfigure la vieillesse et la mort.

Séquence narrative : elle comporte :
– une **situation initiale** ;
– un **élément modificateur** (ou **perturbateur**) qui vient modifier la situation initiale ;
– différentes **péripéties** qui marquent le déroulement des événements ;
– un **élément de résolution** qui dénoue la situation en bien ou en mal ;
– une **situation finale** qui peut être le point de départ, c'est-à-dire la situation initiale d'une nouvelle séquence.

Situation d'énonciation : circonstances dans lesquelles certaines paroles ont été prononcées ou échangées. Se définit par les réponses aux questions : *Qui parle ? À qui ? Où ? Quand ? À quel sujet ?*

Situation initiale et **situation finale :** voir **séquence narrative***.

Slogan : terme qui appartient au vocabulaire de la publicité ; désigne une formule brève et frappante destinée à vanter les qualités d'un produit. Exemple : *Renault. Des voitures à vivre.*

Sonnet : voir p. 314.

Strophe : voir p. 314.

Structure du texte : façon dont le texte est organisé.

Subjectif, -ve : qui reflète les pensées, les sentiments de celui qui parle ou qui écrit. Une description ou un portrait peuvent être **objectifs*** ou **subjectifs** ; par exemple, un portrait peut refléter la tendresse, l'admiration ou, au contraire, la haine ou le mépris que l'on éprouve pour quelqu'un.

Suspense : procédé qui consiste à raconter les événements de façon telle que le lecteur attend la suite avec angoisse.

Symbole : le symbole est un objet concret (chose ou animal) qui représente une idée : par exemple, la colombe est le symbole de la paix ; la balance, celui de la justice ; le chien, celui de la fidélité.

Symboliser : être le symbole de...

Synonyme : désigne des mots de sens proche. Les synonymes sont de même catégorie grammaticale ; ils appartiennent au même **champ lexical***. Ils peuvent se substituer les uns aux autres sans que le sens général soit modifié. Par exemple, *maison, habitation, demeure*, etc., sont synonymes.

Tercet : voir p. 314.

Thème du texte : ce dont traite le texte.

Thèse : idée ou position défendue par un **locuteur***.

Type de texte : c'est la forme particulière qui, à l'intérieur d'un domaine plus vaste, se caractérise soit par une mise en pages spécifique (vers ou prose, texte long ou court, mise en forme obéissant à des règles fixes ou non), soit par un sujet spécifique, soit par le registre dans lequel il est écrit. Par exemple, en poésie, un **sonnet** est un type de texte ; dans le domaine de l'information, l'**article de presse** est un type de texte ; dans le genre romanesque, le **roman autobiographique** ou le **roman policier** sont des types de textes particuliers, de même que la **comédie** est un type de pièce de théâtre.

Usuel : terme qui désigne les ouvrages qui sont des outils d'information et que l'on consulte habituellement pour trouver des réponses à des questions précises et techniques ; on englobe sous cette dénomination par exemple les dictionnaires, les encyclopédies, les CD-ROM, les atlas ou encore les grammaires, etc.

Verbe introducteur : verbe qui sert à introduire dans un récit les paroles d'un personnage au **discours direct*** ou **indirect***.

Vers : voir p. 314.

Vignette : terme qui appartient au vocabulaire de la bande dessinée ; il désigne une case comportant une illustration. Les différentes vignettes sont séparées par des blancs ou des filets.

Visuel : terme qui appartient au vocabulaire de la publicité et qui désigne l'image d'une affiche ou d'une page de publicité.

Index thématique

CRÉDITS PHOTOGRAPHIQUES

Page

8 et 9 Ph. © R.G. Ojeda/RMN.
10 *(en haut)* © Archives Larousse.
10 *(en bas)* Bibliothèque nationale de France, Paris-Ph. © BNF.
11 Ph. © Lauros-Giraudon.
12 *(en haut)* Ph. © Collection Viollet.
12 *(en bas)* Bibliothèque nationale de France, Paris-2 Ph. © BNF © ADAGP, Paris, 1998.
13 Collection particulière -Ph. © Edimedia-D.R.
14 Ph. © Lauros-Giraudon © ADAGP, Paris 1998
15 Collection particulière- Ph. © MT-Giraudon-D.R.
16 Ph. © Daniel Frasnay/Rapho.
17 Ph. © M. Dumas/Explorer.
18 *(en haut)* reprise de la p.24.
18 *(en bas)* Ph. Hubert Josse © Archives Larbor © ADAGP, Paris 1998.
20 Ph. © Josse.
21 Ph. © Artothek.
22 Ph. © Lauros-Giraudon.
23 et 24 2 Ph. Jeanbor © Archives Larbor.
25 *(à gauche)* Ph. Joffre © Photothèque des Musées de la Ville de Paris.
25 *(à droite)* Bibliothèque nationale de France, Paris- Ph. © BNF.
27 Cabinet des dessins, Louvre, Paris - Ph. © Gérard Blot/RMN.
28 Ph. © APPIAV/Château de Grignan.
29 Ph. © Pix.
30 Ph. © Claire Matras/Château de Grignan.
31 *(en haut)* Ph. © Gauthier/Pix.
31 *(en bas)* Ph. Gian Carlo Costa © Archives Larbor.
32 Ph. © Bernard/Musées de Vitré (dépôt du musée de Versailles).
33 Collection particulière, Paris - Ph. J. Bottet © Archives Larbor.
34 *(en haut)* © D.R.
34 *(en bas)* Ph. © Gérard Blot/RMN.
37 *(en haut)* Ph. © Erich Lessing/Magnum.
37 *(en bas)* Bibliothèque nationale de France, Paris- Ph. © Josse.
38 Ph. © Jean/RMN.
39 Bibliothèque historique de la Ville de Paris-Ph. © J.L. Charmet.
42 et 43 Ph. © Bridgeman/Giraudon-D.R.
45 Ph. © G. Dagli Orti.
46 *(en haut)* Ph. © F. Colmez.
46 *(en bas)* Ph. © David Hardy/SPL/Cosmos.
47 Ph. Hubert Josse © Archives Larbor.
49 *(en haut)* Ph. Nadar-Coll. Archives Larbor.
49 *(au milieu)* Ph. © Kharbine-Tapabor.
51 © Walt Disney.
53 Ph. © Lauros-Giraudon.
55 *(en haut)* © Editions Gallimard.
55 *(en bas)* Bibliothèque historique de la Ville de Paris- Ph. © J.L. Charmet.
57 2 Ph. Jeanbor © Archives Larbor.
59 Ph. © Josse.
60 et 61 2 Ph. © Sebastiao Salgado/Contact Press Images/Amazonas.
62 Ph. © Pix.
63 Bibliothèque nationale de France, Paris-Ph. © J.L. Charmet.
64 et 65 2 Ph. Coll. Archives Larbor.
67 Ph. © Alon Reininger/Contact Press Images.
68 Ph. © W. Campbell/Sygma.
69 et 71 3 Ph. Coll. Archives Larbor.
73 « Voltaire dans son cabinet de travail », tableau anonyme, XVIIIe s., Musée Carnavalet, Paris-Ph. © Archives Larbor.
74 Bibliothèque nationale de France, Paris -Ph. © B.N.F.
76 et 77 Ph. © M. Bellot/RMN.
78 Bibliothèque nationale de France, Paris -Ph. © B.N.F, Paris.
81 Ph. © Gamma.
83 Ph. © Patrick Bonneau/Sygma.
85 dessin extrait des « Chats » de Dubout, éditions Hoëbeke, 1987 © Dubout.
86 et 87 2 Ph. © J. Van Hasselt/Sygma.
89 Ph. © Fotogram-Stone Images.
90 © J.F. Batellier.
91 Ph. © Agence de l'Eau Adour Garonne.
94 *(en haut)* Ph. © Bernard Rebouleau/Jacana.
94 *(en bas)* Ph. © Josse © ADAGP, Paris 1998.
96 *(en haut)* Ph. © H. Cartier-Bresson/Magnum Photos.
96 *(en bas)* Ph. © Lauros-Giraudon © ADAGP, Paris 1998.
97 Bibliothèque des Arts Décoratifs, Paris - Ph. J.L. Charmet.
98 *(en haut)* Portrait de Jules Michelet par Thomas Couture-Ph. © Archives Larbor.
98 *(en bas)* Ph. © Collection Jonas/Kharbine-Tapabor.
100 et 101 Ph. © Giraudon.
102 *(en haut)* « Portrait de Jean de La Fontaine., peinture de François de Troy, Bibliothèque publique et universitaire, Genève-Ph. J. Arlaud © Archives Larbor.
102 *(en bas)* Ph. © La Cour d'Or, Musées de Metz.
103 Ph. © J.L. Charmet.
104 *(en haut)* « Ésope et le renard », coupe attique, Musée étrusque, Rome- Ph. © Roger-Viollet.
104 *(en bas)* Ph. © AKG, Paris.
105 Ph. © Giraudon.
106 © UNICEF.
108 Photo réalisée gracieusement par Michel Dubois pour la Ligue Nationale contre le Cancer.
110 © Frank Margerin.
111 Bibliothèque des Arts Décoratifs, Paris-Ph. © J.L. Charmet.
112 Ph. © Collection Kharbine-Tapabor.
114 *(en haut)* Gravure d'après Girardet- Ph. © Archives Larbor.
114 *(en bas)* Ph. © Brigitte Enguerand.
117 « Charles de Secondat, Baron de Montesquieu », peinture de 1728- Musée national du Château de Versailles-Ph. Hubert Josse © Archives Larbor.
118 Ph. Jean-Loup Charmet © Archives Larbor.
119 Ph. Hubert Josse © Archives Larbor.
120 *(en haut)* Reprise de la p.123.
120 *(en bas)* Ph. © Musée de l'armée.
121 Ph. Hubert Josse © Archives Larbor.
122 Bibliothèque Thiers, Institut de France, Paris- Ph. G. Dagli Orti © Archives Larbor.
123 Ph. Hubert Josse © Archives Larbor.
125 Bibliothèque nationale de France, Paris- Ph. Jeanbor © Archives Larbor.
128 et 129 Ph. © Sergio Ceccotti.
130 Ph. Coll. Archives Larbor-D.R.
131 © D.R.
132 © Marsu 1998.
133 *(en haut)* Ph. Nadar-Collection Sirot-Angel.
133 *(en bas)* Ph. © Giraudon.
134 Ph. © Giraudon.
135 Ph. © J.L. Charmet.
136 Ph. © Mary Evans/Explorer.
139 Ph. © Collection Kharbine-Tapabor.
140 Ph. © Collection Kharbine-Tapabor-D.R.
141 *(en haut)* Ph. © Louis Monier/Gamma.
141 *(en bas)* Ph. © Giraudon © Succession H. Matisse.
142 Ph. © X. Richer/Hoa-Qui.
144 Collection particulière- Ph. © Josse.
145 © D.R.
147 et 148 2 Ph. © Medialp.
150 Ph. © Arnaudet/RMN.
152 Ph. © J. Bottin.
153 Ph. © Dallet/Pix.
155 Ph. © Lauros-Giraudon.
156 Bibliothèque des Arts Décoratifs, Paris - Ph. J.L. Charmet © Archives Larbor.
158 et 159 Collection particulière- Ph. © BL- Giraudon.
160 *(en haut)* Ph. Archives Larbor-D.R.
160 *(en bas)* Ph. © Lapi-Viollet.
162 Ph. © Coll. Sirot-Angel.
163 Collection particulière-Ph. © J.L. Charmet.
164 *(en haut)* Ph.Archives Larbor-D.R.
164 *(en bas)* Ph. © Josse-D.R.
166 Ph. © G. Shachmes/Sygma.
167 Ph. © Bridgeman /Giraudon.
168 *(en haut)* Reprise de la p. 133.
168 *(en bas)* Ph. Hubert Josse © Archives Larbor.
170 *(en haut)* Portrait de Jean-Jacques Rousseau, pastel de Maurice Quentin de La Tour, Musée Antoine Lécuyer, Saint-Quentin- Ph. Jean Tarascou © Archives Larbor.
170 *(en bas)* 2 dessins © Archives Larousse.
171 *(à gauche)* © Archives Larousse.
171 *(à droite)* Ph. © AKG , Paris.
172 *(à gauche)* Bibliothèque des Arts Décoratifs, Paris- Ph. © Jean-Loup Charmet.
172 *(à droite)* © Archives Larousse.
173 *(en haut)* Reprise de la p.160.
173 *(en bas)* Ph. © Agence Ria-Novosti.
175 Ph. Coll. Archives Larbor-D.R.
176 Ph. Michel Didier © Archives Larbor.
178 Ph. © Fotogram-Stone.
179 Ph. © Edimedia.
180 Ph. © Collection Christophe L.
181 et 220 Ph. Jeanbor © Archives Larbor.
182 Ph. © Giraudon.
183 Ph. © Lauros-Giraudon.
184 Ph. © Tony Frank/Sygma.
185 Ph. © Maria Filopoulou.
188 et 189 Ph. © Roger-Viollet.
190 *(à gauche)* Reprise de la p.133.
190 *(à droite)* Ph. © Archives Larbor.
191 Ph. © Superstock.
193 Bibliothèque nationale de France, Paris- Ph. © Archives Larbor.
195 Ph. Archives Larbor-D.R.
197 Bibliothèque nationale de France, Paris -Ph. © Archives Larbor.
198 *(en haut)* Ph. © Archives Larbor.
198 *(en bas)* Bibliothèque des Arts Décoratifs, Paris- Ph. © Archives Larbor.
199 Ph. © Edimedia.
200 *(en haut)* Graphische Sammlung Albertina, Vienne- Ph. © D.R.
200 *(en bas)* Ph. © Agence Ria-Novosti.
203 *(en haut)* Reprise de la p. 73.
203 *(au milieu)* Bibliothèque nationale de France, Paris- Ph. Jeanbor © Archives-Larbor.
204 Bibliothèque nationale de France, Paris - Ph. © BNF, Paris.
205 Ph. © Josse.
207 *(en haut)* Portrait de Théophile Gautier, dessin d'Auguste Clésinger, 1853- Ph. Françoise Foliot © Archives Larbor.
207 *(en bas)* Collection particulière- Ph. © Josse.
208 Ph. © AKG, Paris.
209 Ph. © D.R.
211 Ph. © Erich Lessing/Magnum Photos.
213 Ph. Hubert josse © Archives Larbor.
214 Ph. © G. Dagli Orti.
218 et 219 Ph. © G. Dagli Orti.
250 et 251 6 Ph.© Léo Mirkine-D.R.
252 et 253 Ph. Jean-Loup Charmet © Archives Larbor © ADAGP, Paris 1998.
254 Ph. © The Art Intitute of Chicago.
255 Ph. © G. Dagli Orti.
256 Ph. Hubert Josse © Archives Larbor.
258 *(en haut)* « Portrait de Molière », peinture de Pierre MIGNARD, 1671, Musée Condé, Chantilly-Ph. Hubert Josse © Archives Larbor.
258 *(en bas)* Ph. © Agence Bernand.
259 Ph. © Courrault/Enguerand.
260 *(en haut)* Ph. © Daniel Frasnay/Rapho.
260 *(en bas)* Ph. © Agence Bernand.
262 2 Ph. © Agence Bernand.
265 © Editions Glénat.
267 Ph. © Bernand.
269 *(en haut)* Reprise de la p. 258.
269 *(en bas)* Ph. © Agence Bernand.
270 Ph. © Agence Bernand.
272 *(en haut)* « Portrait d'Alfred de Musset », peinture de Charles Landelle, 1878, Musée national du Château de Versailles- Ph. Hubert Josse © Archives Larbor.
272 *(en bas)* Ph. © Agence Bernand.
273 Ph. © Marc Enguerand.
274 , 275 et 276 Bibliothèque nationale de France, Paris-3 Ph. © BNF, Paris.
278 Ph. © Agence Bernand.
279 *(en haut)* Bibliothèque nationale de France, Paris- Ph. © BNF, Paris.
279 *(en bas)* Ph. Hubert Josse © Archives Larbor.
280 Ph. © Agence Bernand.
281 Ph. © Agostino Pacciani/Enguerand.
282 et 283 Ph. © Josse © ADAGP, Paris 1998.
284 Reprise de la p. 102.
285 Collection particulière- Ph. © Jean-Loup Charmet.
286 *(à gauche)* « Portrait de Victor Hugo », peinture de BONNAT,1879, Musée Victor Hugo, Paris- Ph. © Archives Larbor.
286 *(à droite)* Ph. © Collection Viollet.
287 *(en haut)* Ph. © Roger-Viollet.
287 *(en bas)* Ph. © Dilip Mehta/Contact Press Images.
288 Reprise de la p.286.
289 Ph. Hubert Josse © Archives Larbor.
290 Ph. Ellebé © Archives Larbor.
291 *(à gauche)* Reprise de la p. 286.
291 *(à droite)* Ph. © Lauros- Giraudon © ADAGP, Paris 1998.
292 Reprise de la p.286.
293 Ph. © AKG, Paris.
294 *(en haut)* Reprise de la p.272.
294 *(en bas)* Ph. © AKG, Paris.
295 *(en haut)* Ph. Nadar-Coll. Archives Larbor.
295 *(en bas)* Ph. © Musée national d'art moderne, C.G.P., Paris © ADAGP, Paris 1998.
296 Ph. © Collection Sirot-Angel.
297 Ph. © Arnaudet/RMN.
298 Ph. Etienne Carjat-Coll. Archives Larbor.
299 Ph. O. Vaering © Archives Larbor © Munch Museet, Munch Ellingsen Group/ADAGP, Paris 1998.
300 Détail du tableau « Un coin de table » par Henri Fantin-Latour, 1872, Musée d'Orsay, Paris- Ph. Hubert Josse © Archives Larbor.
301 Ph. © AKG, Paris © Munch Museet, Munch Ellingsen Group/ADAGP, Paris 1998.
302 *(en haut)* Reprise de la p. 300.
302 *(en bas)* Bibliothèque nationale de France, Paris- Ph. © BNF, Paris-D.R.
303 *(en haut)* Ph. Coll. Archives Larbor.
303 *(en bas et à droite)* 2 dessins © Archives Larousse.
304 *(en haut)* Ph. Coll. Archives Larbor-D.R.
304 *(en bas)* Ph. © Richer/Hoa-Qui.
305 Ph. Archives Larbor © ADAGP, Paris 1998.
306 *(en haut)* Ph.© Lipnitzki /Roger-Viollet.
306 *(en bas)* Ph. © Pascale Néri/RMN-D.R.
308 Ph. © De Sazo/Rapho.
309 Ph. Luc Joubert © Archives Larbor © ADAGP, Paris 1998.
310 Collection particulière-Ph. © Giraudon.
311 *(en haut)* Ph. © Sophie Bassouls/Sygma.
311 *(en bas)* Ph. © Valérie Winckler/Rapho.
313 Ph. © Musée national d'art moderne, CG.P, Paris © ADAGP, Paris 1998.

Mise en pages : Michèle Billerey.
Composition : APS/CHROMOSTYLE.
Couverture : SG Création.
Illustrations p. 221 à 249 : Patrick Deubelbeiss.
Pictogrammes : Eva Vande Voorde.
Cartes : Jean-François Dutilh (p. 16, 30, 66, 124, 197, 222) ; Boris Transinne (p. 28).
Recherche iconographique : Valérie Perrin.
Édition : Françoise Gourraud.
Fabrication : Christelle Leplard.

Dépôt légal 1re édition : 2e trimestre 1998 - Dépôt légal : août 1998
Achevé d'imprimer en août 1998 par TIBER - Brescia - Italie